葛鲁嘉 著

新文化心理学

心理学文化框架与文化内涵

中国社会科学出版社

图书在版编目（CIP）数据

新文化心理学：心理学文化框架与文化内涵/葛鲁嘉著.
—北京：中国社会科学出版社，2023.10
　ISBN 978-7-5227-2501-7

Ⅰ.①新…　Ⅱ.①葛…　Ⅲ.①文化心理学—研究
Ⅳ.①C912.6-0

中国国家版本馆 CIP 数据核字（2023）第 157279 号

出 版 人	赵剑英
责任编辑	朱华彬
责任校对	谢　静
责任印制	张雪娇

出　　版	中国社会科学出版社
社　　址	北京鼓楼西大街甲 158 号
邮　　编	100720
网　　址	http：//www.csspw.cn
发 行 部	010-84083685
门 市 部	010-84029450
经　　销	新华书店及其他书店
印刷装订	北京市十月印刷有限公司
版　　次	2023 年 10 月第 1 版
印　　次	2023 年 10 月第 1 次印刷
开　　本	710×1000　1/16
印　　张	26.25
插　　页	2
字　　数	442 千字
定　　价	158.00 元

凡购买中国社会科学出版社图书，如有质量问题请与本社营销中心联系调换
电话：010-84083683
版权所有　侵权必究

目 录

第一章　文化心理学基本界定 ……………………………………… 1

　　第一节　文化心理学多重含义 …………………………………… 1
　　第二节　文化心理学发展演变 …………………………………… 5
　　第三节　文化心理学研究范式 …………………………………… 9
　　第四节　文化心理学学科地位 …………………………………… 12
　　第五节　文化心理学汇聚整合 …………………………………… 14

第二章　文化心理学思想基础 ……………………………………… 17

　　第一节　文化心理学的哲学基础 ………………………………… 17
　　第二节　文化心理学进化论基础 ………………………………… 19
　　第三节　文化心理学历史学基础 ………………………………… 22
　　第四节　文化心理学人类学基础 ………………………………… 25
　　第五节　文化心理学社会学基础 ………………………………… 28
　　第六节　文化心理学文化学基础 ………………………………… 31

第三章　文化心理学相关学科 ……………………………………… 33

　　第一节　文化神经心理学 ………………………………………… 33
　　第二节　文化社会心理学 ………………………………………… 34
　　第三节　文化适应心理学 ………………………………………… 37
　　第四节　文化建构心理学 ………………………………………… 39
　　第五节　文化心理人类学 ………………………………………… 41
　　第六节　跨文化精神病学 ………………………………………… 44

第四章　心理学与文化的关系 ……………………………………… 47

　　第一节　心理学与文化关系的研究 ……………………………… 47

2 / 新文化心理学

第二节 心理学与文化关系的内涵 …………………………………… 51
第三节 心理学与文化关系的演变 …………………………………… 55
第四节 心理学与文化关系的性质 …………………………………… 57
第五节 心理学与文化关系的反思 …………………………………… 61

第五章 心理学的文化学转向 …………………………………… 64

第一节 心理学的历史考察 …………………………………………… 65
第二节 心理学的现实考察 …………………………………………… 68
第三节 心理学的未来考察 …………………………………………… 72
第四节 心理学的理论考察 …………………………………………… 75

第六章 心理学的多元文化论 …………………………………… 80

第一节 多元文化论世界性潮流 ……………………………………… 80
第二节 多元文化论心理学潮流 ……………………………………… 83
第三节 多元文化论心理学主张 ……………………………………… 86
第四节 多元文化论心理学缺失 ……………………………………… 88
第五节 多元文化论心理学原则 ……………………………………… 90

第七章 文化心理学递进历程 …………………………………… 94

第一节 文化心理学发展阶段 ………………………………………… 94
第二节 文化心理学文化排斥 ………………………………………… 96
第三节 文化心理学文化取向 ………………………………………… 100
第四节 文化心理学文化释义 ………………………………………… 101
第五节 文化心理学学科目标 ………………………………………… 103

第八章 文化心理学的方法论 …………………………………… 105

第一节 心理学研究方法论 …………………………………………… 105
第二节 文化心理研究方法 …………………………………………… 108
第三节 文化心理实证方法 …………………………………………… 112
第四节 文化心理解释方法 …………………………………………… 115
第五节 文化心理扎根方法 …………………………………………… 119
第六节 文化心理学新范式 …………………………………………… 129

第九章　文化心理学核心内容 ········· 133

第一节　文化与心理学的构成 ········· 133
第二节　文化与心理学的理论 ········· 135
第三节　文化与心理学的方法 ········· 137
第四节　文化与心理学的技术 ········· 145
第五节　文化与心理学的工具 ········· 152

第十章　文化环境与生物遗传 ········· 155

第一节　遗传决定与文化决定 ········· 155
第二节　生物基因与文化基因 ········· 159
第三节　生物遗传与行为遗传 ········· 162
第四节　文化心理与文化人格 ········· 165
第五节　交互决定与共生原则 ········· 167

第十一章　文化影响与人格心理 ········· 179

第一节　文化人格的研究指向 ········· 179
第二节　民族性格的研究传统 ········· 182
第三节　人格呈现的心理传记 ········· 186
第四节　人格成长的文化环境 ········· 189
第五节　变态人格的文化根源 ········· 190

第十二章　文化存在与心理自我 ········· 193

第一节　自我分类的文化尺度 ········· 193
第二节　自我发展的文化决定 ········· 195
第三节　自我呈现的文化环境 ········· 199
第四节　自我解说的文化含义 ········· 201
第五节　自我意识的文化资源 ········· 204

第十三章　文化取向与心理动机 ········· 206

第一节　心理动机的探索 ········· 206
第二节　文化动机的考察 ········· 209

  第三节 个我取向的动机 …… 210
  第四节 社会取向的动机 …… 211
  第五节 文化取向的动机 …… 214

第十四章 文化生活与情感心理 …… 217

  第一节 文化的情感表达 …… 217
  第二节 情感的文化表达 …… 219
  第三节 本土的文化情感 …… 221
  第四节 人情的社会运作 …… 222
  第五节 文化情感心理学 …… 223

第十五章 文化建构与认知心理 …… 226

  第一节 认知心理与文化存在 …… 226
  第二节 认知语言与文化符号 …… 228
  第三节 认知结构与文化框架 …… 229
  第四节 认知发展与文化境遇 …… 233
  第五节 认知障碍与文化矫正 …… 234
  第六节 认知治疗与文化资源 …… 236

第十六章 文化演变与心理成长 …… 239

  第一节 心理成长的文化探索 …… 239
  第二节 心理成长的文化含义 …… 241
  第三节 心理成长的文化资源 …… 245
  第四节 心理成长的文化差异 …… 248
  第五节 心理成长的文化沟通 …… 250
  第六节 心理成长的文化促进 …… 252

第十七章 文化生态与社会心理 …… 255

  第一节 社会心理的文化环境 …… 255
  第二节 社会心理的文化性质 …… 257
  第三节 社会心理的文化塑造 …… 259
  第四节 社会心理的文化表达 …… 261

第五节　社会心理的文化资源 ………………………… 262

第十八章　文化病理与变态心理　264

第一节　变态心理界定的文化尺度 …………………… 264
第二节　变态心理生成的文化根源 …………………… 266
第三节　变态心理存在的文化环境 …………………… 268
第四节　变态心理解说的文化含义 …………………… 269
第五节　变态心理矫正的文化方式 …………………… 271

第十九章　文化资源与心理治疗　273

第一节　心理治疗的文化方式 ………………………… 273
第二节　心理治疗的文化资源 ………………………… 275
第三节　心理治疗的文化演变 ………………………… 277
第四节　心理治疗的文化比较 ………………………… 278
第五节　心理治疗的文化思考 ………………………… 281

第二十章　文化尺度与心理健康　283

第一节　心理健康的文化标准 ………………………… 283
第二节　心理健康的文化传统 ………………………… 284
第三节　心理健康的文化差异 ………………………… 290
第四节　心理健康的文化变迁 ………………………… 292
第五节　心理健康的文化促进 ………………………… 293

第二十一章　文化传统与本土心理　299

第一节　本土心理的文化根基 ………………………… 299
第二节　本土心理的文化资源 ………………………… 306
第三节　本土心理的文化演变 ………………………… 314
第四节　本土心理与文化环境 ………………………… 316
第五节　本土心理与文化心理 ………………………… 325
第六节　本土心理与文化多元 ………………………… 327

第二十二章　文化与跨文化心理学 … 329
第一节　文化与跨文化的心理学 … 329
第二节　去文化的跨文化心理学 … 331
第三节　融文化的跨文化心理学 … 332
第四节　新文化的跨文化心理学 … 334
第五节　多文化的跨文化心理学 … 335

第二十三章　文化与心理史学研究 … 338
第一节　心理历史学的兴起与发展 … 338
第二节　心理历史学的危机与转机 … 341
第三节　历史定位与历史分析方法 … 342
第四节　心理定位与心理分析方法 … 343
第五节　文化定位与文化分析方法 … 344

第二十四章　文化心理与心理文化 … 346
第一节　文化心理学的研究定位 … 346
第二节　心理文化学的研究定位 … 348
第三节　双重定位的相互间关系 … 350
第四节　心理学科的文化学基础 … 351
第五节　文化学科的心理学基础 … 364

第二十五章　文化心理学未来走向 … 366
第一节　文化心理学的学科变革 … 366
第二节　文化心理学的研究扩展 … 368
第三节　文化心理学的重心转换 … 373
第四节　文化心理学的演变趋势 … 376
第五节　文化心理学的学术使命 … 378

参考文献 … 381

后记 … 410

第一章 文化心理学基本界定

文化是由聚群的个体所创造的、采纳的和传播的行为和思维的持久方式所构成的系统。这些方式是社会的而不是个体的，是人为的而不是自然的。人的心理就其社会的构成，就其实际的内容，就其运作的方式，就其动力的关系来说，都是文化的存在。文化心理学就是探索和研究社会所建构和所共有的那些心理现象的运作和关联的内容和方式。[①] 文化心理学具有多重的含义与多元的取向。一是涉及心理学研究对象的文化属性，即怎样对待人的心理行为的文化内涵的问题；二是涉及心理学研究方式的文化属性，即怎样对待一门独立科学门类的文化特性的问题；三是涉及心理学研究领域的文化分支，文化心理学、跨文化心理学、本土心理学等，都是涉及文化的重要的心理学研究；四是涉及心理学研究取向的文化多元。文化心理学的兴起意味着心理学本身正在发生深刻的变化。这主要体现为对心理学研究对象的重新理解，对心理学研究方式的积极变革，对心理学理论、方法和技术的原创性建构。

第一节 文化心理学多重含义

在心理学的当代的或目前的发展中，文化心理学作为心理学研究构成中的一个分支、一个学科、一种潮流、一种取向，正在呈现出爆热的态势。对文化心理学的关注和研究，是心理学研究者不可忽视和不容轻视的热点。有研究涉及了有关文化心理学的界定和观点。研究提供了一系列的关于文化与心理学的描述和说明。这包括了认为文化是心智的软

---

① Ratner, C.. *Cultural psychology – Theory and method* [M]. New York: Springer Science, 2002. 9.

件，文化是共有的意义和解释，文化是过去的延续的影响，文化是一组强化的程序，文化是人类环境的人为的部分以及是对人类环境中威胁的心理防御，文化是生活的地图，等等。① 当然，如何理解文化心理学及其演变，其中涉及文化心理学所具有的多重的含义与多元的取向。有研究论述了文化心理学的内涵，文化心理学的发展与启示，文化心理学对心理学方法论的突破。在该研究看来，文化心理学具有双重的内涵。一种内涵可以表达为"文化心理"学，关注的是研究对象的文化特征，以"文化心理"为主要研究内容；另一种内涵可以表达为文化"心理学"，强调的是研究者的文化负载，以"心理文化"为主要研究内容。当前文化心理学的研究并未能够去有效地整合"文化心理"与"心理文化"，这显然妨碍了对文化心理学的整体理解。② 作为心理学研究的一种重要视角，文化心理学实际上蕴含着涉及心理学的研究对象、研究方法、研究目标及学科性质的独特理解。由于文化心理学兴起的时间较短，这就必然还要不断去吸取各种养分，实现内部取向的不断整合，提出更加明确的研究纲领。③ 文化心理学作为一种新的心理学研究取向，在方法论上对主流心理学有很大的突破。这亦即突破了主流心理学研究的还原论、简化论的范式，突出了生态学研究方法，重视了在实际语境中的研究；突破了主客二分范式，强调了主位研究；超越了文化中立、价值中立的范式，重视了同文化的研究；采纳了解释学的方法，用本体论解释学突破或替代了精神分析的方法论解释学。④ 在心理学的探索和研究中，包含了两个核心的组成部分，这也就是心理学的研究对象和心理学的研究方式。文化心理学的研究既涉及学科的研究对象的文化属性，也涉及学科的研究方式的文化属性。

一 研究对象的文化属性

尽管心理学是把心理行为确立为本学科的研究对象，但是心理学早期的目标却是如何把近代自然科学成功的研究方式移植到心理学中，而

---

① Salzman, M. B.. *A psychology of culture* [M]. Gewerbestrasse: Springer, 2018. 1-16.
② 田浩. 文化心理学的双重内涵 [J]. 心理科学进展, 2006 (5). 795-800.
③ 田浩, 葛鲁嘉. 文化心理学的启示意义及其发展趋势 [J]. 心理科学, 2005. 1269-1271.
④ 李炳全. 论文化心理学在心理学方法论上的突破 [J]. 自然辩证法通讯, 2005 (4). 40-45.

没有考虑到心理学研究对象的独特性质。这导致的一个直接的后果，就是按照近代自然科学的方式来理解和对待人的心理行为。显然，心理学的研究因此而忽略和无视人的心理行为的文化特性，也因此而忽略和无视心理科学的文化特性。心理学当代的目标应该有一个重要的转折，那就是从研究对象的独特性质出发，去开创心理科学的独特研究方式，而不是以放弃人的心理行为的某些性质和特点去贯彻自然科学的研究方式。

人类心理与自然物理既有彼此的关联，又有彼此的区别。最根本的关联在于，人类心理既是自然的存在，也是自然发生和变化的历程。最根本的区别在于，人类心理具有自觉的性质，这种自觉的心理历程也是文化创生的历程。正是由于人类心理的特殊性质，导致了人类心理的多样性和复杂性，也导致了心理学研究在理解人类心理时的困难、局限、分歧、争执、对立和冲突。

在心理学科学化的进程当中，西方主流心理学的研究就倾向于把人的心理理解为自然的现象，或者说具有与自然现象类同的性质。这一方面促进了心理学成为独立的科学门类和使心理学越来越精密化，但另一方面也使心理学的研究具有了一定的缺陷。缺陷主要体现在两个方面。一是无文化的研究，或者说是弃除了人类心理的文化性质。像心理学早期的实验研究中，所运用的刺激是物理的刺激而不是文化的刺激，所着眼的反应是生理心理的反应而不是文化心理的反应。二是伪文化的研究，或者说是扭曲了人类心理的文化性质。像在心理学的一些研究中，仅仅把文化看作一种外部的刺激因素，或者说假定了人类心理的共有机制，文化的内容只是其千变万化的表面现象。这也是在心理学的研究中还原论十分盛行的一个重要的原因，亦即把复杂多样的人类心理还原到了生理的甚至是物理的基础上。

显然，对心理学研究对象的理解应该和必须发生一个重要的改变或转折。那就不仅仅是把心理理解为自然的和已成的存在，而且是把心理理解为自觉的和生成的存在。如此看来，人拥有的心理就不仅仅是能够由研究者观察到的现象，而且是拥有心理的人所自觉生成的生活。人的心理生活是通过心理的自主活动构筑的，也是人的心理自觉体验到的。这强调了人与其他自然物的不同，人的心灵具有自觉的性质，而其他的自然物则不具备这样的性质。其他的自然物只能成为研究者的认识和改造的对象，而不能成为自己的认识和改造的对象。心理生活是常人自主生成和自觉体验到的，这不仅可以成为研究者的认识和改造的对象，而且可以成为生活者自己的认识和改造的对象。心理生活的生成历程实际上就是文化的生成历程，所以说心理生活具有文化的性质，或者说文化不过是心理生活的体现。当然，对于人类个体来说，作为人类生活产物的文化可以成为背景或环境。但是，无论是就人类整体而言还是就人类个体而言，脱离了心理生活的文化只能具有自然物理的属性，脱离了人类文化的心理也只能具有自然物理的属性。

二 研究方式的文化属性

由冯特开始，心理学从哲学中独立了出来，成为独立的实证科学门类。这是心理学发展的一个历史性进步。那么，在心理学诞生之后的相当长的时间里，心理学一个主要的奋斗目标就是科学化，也就是使心理学成为一门真正意义上的科学。心理学科学化的努力是以当时已有长足进步和取得了巨大成就的近代自然科学为楷模的。心理学家采纳了传统自然科学得以立足的理论基础，即物理主义和实证主义。

物理主义是有关世界图景的一种基本的理解。物理主义的世界观把自然科学探索的自然世界看作由物理事实构成的，而物理事实也是可以由感官经验把握到的物理现象。物理主义理解的自然世界是按照严格的机械式因果规律运行的，自然科学所揭示的自然规律的普遍适用性是依据于还原主义的合理性。这种物理主义的世界观伴随着近代的科学化的历程而得到了广泛的传播。这在物理科学之后发展起来的生物科学和心理科学中都得到了努力的贯彻，并体现为反活力论、反心灵论、反目的论的运动。

心理学科学化的努力也曾力求使心理学成为一门自然科学，它也采纳了物理主义关于世界图景的理解。因此，心理事实不过是一种物理事实，心理现象也在性质上类同于其他的物理现象。尽管心理现象具有高度的复杂性，但也仍然按照严格的因果规律活动。心理科学所揭示的心理规律的普遍适用性也是立足于还原主义，使心理规律的解释可以还原为生成心理的生理和物理的基础。这曾经在心理学中演变成清除非物理的意识论和清除非因果的目的论的运动。经典的行为主义心理学就是如此。

当心理学的科学化成了自然科学化，当自然科学化在于接受物理主义的世界观，心理学中就必然出现把人当作物来对待和把人的心理还原为生理或物理的研究倾向。显然，人的文化历史的存在和人的心理的文化历史的属性就受到了排斥。心理学也正是靠排斥或跨越文化历史来保证自己的研究的合理性和普遍的适用性。那么，这就使得心理学对科学性的追求和维护是以排除和超越文化为代价的。

心理学跨入了实证科学的阵营，但也使心理学的研究忽视了人类心理的文化特性，也使心理学家忽视了心理学研究的文化特性。心理学常常是非常盲目地追求有关人类心理的普遍规律性，非常盲目地追求有关心理科学的普遍适用性。那么，心理学的研究方式就要面临着变革，这也是心理学现行科学观的变革。

第二节 文化心理学发展演变

文化心理学经历了一系列重要的发展时期。现代实证科学的心理学曾经一度忽视和排斥了文化的存在。这就体现在了西方心理学中早期所盛行的还原主义之中。在心理学的研究中，文化与心理的关系、文化与心理学的关系，都是非常重要的关系和方面。有研究区分了和探讨了宏观的文化心理学，认为宏观的文化心理学并不否认个体的和生物的对于心理机能的作用，而是将其看成是对宏观的文化过程和因素的依附。宏观的文化心理学并不是简单地将特定的文化变量与特定的心理变量的相关联，而是去阐明一些最为基本的问题，如文化与心理学之间的内在的关系，文化是怎样体现在心理现象之中，文化怎样构成了心理学，心理学怎样演绎了文化。[①] 心理学研究者已经开始重视文化的存在和文化的问题，并开始重视关于文化心理和文化心理学的研究。文化心理学也在特定文化背景、文化环境、文化历史、文化传统、文化活动、文化指向、文化内涵，等等之中，探索和研究人的心理行为。

现代实证科学的心理学曾经一度忽视和排斥了文化的存在。这就体现在了西方心理学中早期所盛行的还原主义之中。还原论成为心理学研究中有关人的心理行为的基本解说的原则。还原主义是主导心理学研究

---

① Ratner, C.. *Cultural psychology – A perspective on psychological functioning and social reform* [M]. Mahwah, NJ: Erblaum, 2006. 14–19.

的非常重要的理论原则。其核心思想认为,世界是分层的梯级系统,可以通过已知的、低层级的事物或理论来解释与说明未知的、高层级的事物或理论。① 这实际上就是心理学探索和研究对文化的回避。王海英博士考察了科学主义心理学研究中的还原论倾向。研究指出了,科学主义心理学是心理学自独立以来占据主流地位的心理学。但是,由于科学主义心理学的哲学基础,使其在研究中存在着一种还原论倾向。其核心是对人性的物化,把人的复杂的心理现象简化为物理、化学、生理过程,试图用生物、生理或者机械运动形式来解释人的复杂的心理过程。由此存在着物理还原论、生物还原论和化学还原论。还原论在心理学研究中具有正反两方面的意义。在科学主义心理学研究中,还原论的核心是对人性的物化。具体指在研究人的心理时,忽视人的社会属性以及人的价值,把人的复杂的心理现象简化为物理、化学、生理过程,试图用生物、生理或者机械运动形式来解释人的复杂的心理过程,由此存在着物理还原论、生物还原论和化学还原论。②

在心理学的研究中,还原论一度非常盛行。正是因为心理的存在与其他的存在有着密切的关系,也正是因为心理的存在可以归因于其他的存在,还原主义就成了主导心理学研究的重要的理论原则。还原主义的问题涉及研究的还原主义,还原主义的体现包括了物理主义的还原,也包括了生物主义的还原,还包括了其他不同的还原,重要的问题在于还原主义的理解,在于还原主义的去留。

有研究者对心理学研究中的还原论进行了考察。研究指出了,还原论表现出多种理论形式,如果不计其分类标准及范畴大小,可以随意地罗列出许多种类:本体论的还原论、方法论的还原论、理论的还原论、语言学的还原论、科学主义的还原论,等等。尽管这些还原论的形式各异,但其核心思想却是一样的:它们均认为世界是分层的梯级系统,可以通过已知的、低层级的事物或理论来解释与说明未知的、高层级的事物或理论。

心理学中的还原论是哲学还原论思想在心理学中的反映,其思想传

---

① 葛鲁嘉、陈雷. 心理学研究中的还原主义考察 [J]. 心理学探新,2018 (4). 291-296.

② 王海英. 论科学主义心理学研究中的还原论倾向 [J]. 社会科学战线,2008 (9). 252-254.

统几乎同心理学的历史一样悠久。心理学中的还原论就是坚信以下最基本信念的一种理论，即心理学的研究对象（人的心理或行为）是一种更高层级的现象，对它的研究可以用低层级事物（如原子、神经元、基因等）及其相关理论（如物理学、生理学、生物学等）来加以解释与说明。

与哲学还原论一样，心理学中的还原论也有本体论的还原论与方法论的还原论之分。本体论的还原论坚持"实体的还原"，把心理或行为当作实体，把它还原到、归结为基本的物理、生理实体或粒子（如原子、基因等），企图通过对这些终极构成成分的分析来达成对心理或行为的最终了解。方法论的还原论坚持"知识的还原"，认为心理学是跨越物质运动层次较多的一门学科，心理学的知识可以由低层级事物的相关知识来说明。方法论的还原论又可以分为两种主要的类型。第一种可以称为"元素主义还原论"，主张把心理或行为划分为多个部分或元素，通过对这些部分或元素的研究来了解整个心理或行为。第二种可称为"理论的还原论"，主张通过低层级学科的理论来解释、说明心理学的研究对象，获得心理学知识。根据它将心理学理论还原为低层级事物理论的不同，又可以将其划分为将心理学理论还原为物理学理论、生理学理论及生物学理论三种还原论类型。

还原论是心理学方法论的必然选择之一，但并不是适用于研究所有心理学问题的方法论，它有着自己适用的边界范围与特定的前提条件。具体来说，还原论有两个基本的理论前提与预设：第一，世界是由低级向高级发展的层级系统，心理、行为现象与物理现象、生理现象是不一样的，这一点已经得到人们的普遍认同；第二，这些层级之间是连续的，低层级事物与高层级事物之间存在着因果关联。事实上，还原论之所以能揣着足以致命的顽疾而依然生机勃勃地存活在心理学中，其根本的原因是到目前为止，人们尚无法找到一种比它更为行之有效的方法论来取代它。[①]

有研究者对还原论的概念进行了多维的解说。研究指出了，应该从更广义、较狭义、最狭义三个层次理解还原论概念。第一个层次是更广义的还原论：这是对自然的一种哲学思考，一种探索自然的哲学研究纲领。人类在对自然的探索中，逐渐形成了一些使大多数人都认可的解释

---

① 杨文登、叶浩生.论心理学中的还原论［J］.心理学探新，2008（2）.7-10.

自然的模式，即认为自然界中的各种现象有一种潜在的基础规律，比其表面实在更为根本。科学的目的就是要揭示这种潜在的规律来解释自然，这种解释自然的模式便是广义还原论。广义还原论的最基本内涵是，自然界中所有的现象都能够被还原为某种自然的基本规律，它的总特征是自然的复杂性的祛魅。隐藏在广义还原论后面的基本预设是：自然现象存在着结构。无论这些结构的本质是什么，但有一种结构是最基本的、不可还原的，即自主存在的结构。第二个层次是较狭义的还原论：多视角探索自然规律的方法论。广义还原论伴随着具体科学的进步也呈现出多视角探索自然规律的具体形态，这也就是较狭义层次上的还原论。首先是本质还原论。本质还原论主张，现实中的一切最终仅仅由一种东西所构成，这种东西可能会是神、精神或者物质。其次是方法还原论。这种还原论是和作为研究现象方法的分析相关联的，即将一个复杂的整体解构成该整体更为简单的部分或认识一个现象更低层次的基础，然后研究这些部分或基础的特征和组成，了解它们是如何运作的。再次是结构还原论。这种还原论涉及组成一切基本结构的层次问题，其基本主张是，所有现实中的并非真实的结构都可以还原成物理结构。最后是描述还原论。这涉及对现象的再解释，被还原的观点的术语不得不被转换成新的还原观点的词汇。第三个层次是最狭义的还原论：不同层次理论间的演绎，一种科学认识论的模型。这主要表现为探讨不同学科间的演绎问题，这时的还原论试图在不同的理论间建立起某种科学认识论的模型。这种最狭义的理论还原论至今仍是还原论探讨的最主要方向。对于还原论的概念并不能单从某一个层次来理解，因为还原论概念的三个层次并不是彼此孤立的，而是在还原论思想的发展过程中既有联系，又有区别，是一种辩证统一的关系。这正体现了还原论概念的多面性和广泛性，并且共同彰显着还原论的本质性含义。[1]

实际上，所谓的还原本身既可以成为研究的方法，也可以成为研究的原则，也可以成为研究的思路。从而决定或支配着特定的研究关于对象、理论、方法、工具的理解和把握。那么，在心理学的研究之中，无论是原则、思路、理论，还是方法、技术、工具，都曾经贯彻和体现过不同的还原主义或还原论。从而，还原论也就在很长的时间段中支配过

---

[1] 严国红、高新民. 还原论概念的多维诠释［J］. 广西社会科学，2007（8）. 49—52.

心理学的具体研究。

实证的科学心理学在自己的起步阶段，曾经把物理学当成了自己的榜样，当成了自己的标准。这在心理学史的研究中，被描绘为"物理学妒羡"。这除了心理学家希望心理学能够像物理学那样精密和可靠之外，也给心理学研究带来了物理主义还原的研究方式。那么很显然，物理学所揭示的物理世界被认为是属于最为实在和可靠的存在，物理学所揭示的物理的规律则是属于最为基础的和根本的规律。因此，心理学在解说人的心理行为的过程中，就有过将心理行为的规律归结为物理主义的规律。

同样，生物决定论常常导致的则是生物还原论的流行。这是将人的心理行为的性质、特征、变化、功能，等等，都归结为是人类的生物机体的性质、特征、变化、功能。生物主义或生物决定论曾经在心理学的研究中非常流行。并且在很长的历史时段之内，生物决定论一直都支配着心理学的研究和心理学的解说。心理学的研究也就常常被归结为生物学或生理学的研究。生物属性、生理机制、机体活动、大脑功能，等等常常就占据了或替代了心理学的研究。

在心理学的研究中，关于多元文化论的探讨，关于多元文化论对心理学研究的影响，已经开始成为非常重要的内容。心理学在追求成为独立的实证科学的进程之中，曾经将文化排除在自己的视野之外，实际上却是将自己出身的西方文化当成了唯一合理的基础。但是，伴随着多元文化论的兴起，不同文化的多元化的存在和影响就成了主导的风潮。

第三节　文化心理学研究范式

所谓的"研究范式"就是对学术共同体的科学认识活动起指导和支配作用的思想框架和理论模式。范式的基本要素包括了一定时代科学家的共同信念、共同传统，以及这种信念和传统所约定的解释对象的基本理论、考察变化的基本方法和解决问题的基本范例。并且，这还包括科学实验遵循的基本操作规范和在时代影响下所形成的科学心理特征。库恩所强调的科学研究范式与科学理论结构中的基本理论是相对应的。正是研究范式为理论的确立和发展提供了相应的理论的模型、模式和规范。

库恩将科学发展的过程分为了两个阶段：一个是常规发展阶段，另一个是非常规（危机与革命）发展阶段。在科学的常规发展阶段，科学的发展严格地受控于已有的科学规范（基本理论框架、核心操作方法、习惯范例规则）的支配，科学工作的任务只是努力去阐明和发展现有的科学范式。在科学的非常规发展阶段，科学工作的任务发生了根本性的变化，研究工作不是立足于阐明和发展现有的科学规范，而是立足于对现有科学规范进行质疑、改造或批判，并尝试建立一种新的科学规范来限定、代替现有科学规范。科学常规发展阶段代表的是科学发展的量的积累的渐变过程，而突破既定科学范式界限，通过范式更替或限定旧有范式适应范围的科学非常规发展阶段，则代表的是科学发展的质的进化的突变过程。科学通过非常规发展的阶段实现着自身进步的革命。科学革命通常会在两种意义上展示其变革的结果：一种是新的研究范式在整体上取代旧的研究范式，这是一种范式更替型的革命；另一种是新的研究范式限定了旧的研究范式所适应的范围，这是一种领域分割式的革命。为了强调范式变革的创新性和革命性意义，库恩提出了不同范式之间具有"不可通约性"的理论。[①]

文化心理学正是通过文化来考察和研究人的心理行为的一门心理学分支。文化心理学经历了一系列重要的发展时期。现代实证科学的心理学曾经一度忽视和排斥了文化的存在。这就体现在了西方心理学中早期所盛行的还原主义之中。在心理学的研究中，文化与心理的关系、文化与心理学的关系，都是非常重要的关系和方面。心理学研究者已经开始重视文化的存在和文化的问题，并开始重视关于文化心理和文化心理学的研究。文化心理学也在特定文化背景、文化环境、文化历史、文化传统、文化活动、文化指向、文化内涵，等等之中，探索和研究人的心理行为。

近些年来，文化心理学有较为迅猛的发展。文化心理学的研究成果正在受到人们越来越多的关注。按照余安邦先生对最近30年来的文化心理学发展历程的考察，文化心理学实际上经历了三个重要的发展时期或阶段。在不同的时期里，文化心理学的知识论立场、方法论主张、研究

---

① 葛鲁嘉. 新理论心理学——心理学研究的思想理论框架［M］. 杭州：浙江教育出版社，2019. 357-358.

进路特色及研究方法特征都有重要的变化。①

在20世纪的70年代之前，是文化心理学发展的第一个时期。在这个时期，文化心理学的研究目标是追求共同和普遍的心理机制。当时的文化心理学假定了人类有统一的心理机制，从而致力于从不同的文化中去追寻这一本有的中枢运作机制的结构和功能。研究者通常是采用跨文化的理论概念和研究工具，来验证人类心理的中枢运作机制的普遍特性。

在20世纪70年代到20世纪80年代的中期，是文化心理学发展的第二个时期。在这个时期，文化心理学开始关注人类心理的社会文化的脉络。当时的文化心理学转而重视人的心理行为与文化母体的联系，特别是从社会文化的脉络去考察和说明人的心理行为。这就不是从假定的共有心理机制出发，而是从特定的社会文化出发。这一方面是指有什么样的社会文化，就有什么样的心理行为模式；另一方面是指运用特定文化的观点和概念，来探讨和说明人的心理行为的性质、活动和变化。

在20世纪80年代中期之后，是文化心理学发展的第三个时期。在这个时期，文化心理学强调人的主观建构、象征行动及社会实践的文化内涵。那么，文化就不再是外在地决定人的心理行为的存在，而是内在于人的觉知、理解和行动的存在。社会文化的环境和资源的存在和作用，取决于人们捕捉和运用的历程和方式。正是人建构了社会文化的世界，人也正是如此而建构了自己特定的心理行为的方式。此时的文化心理学开始更多地从解释学的观点切入，通过解释学来建立文化心理学的知识。

这实际上所表明的是文化心理学的学科在思想发展和理论建构的过程之中，进而在研究方法和考察工具的进化之中，最后在学科建设和学术进步之中，自身的理论范式和研究框架的变革和转换。那么，研究范式的转换给文化心理学所带来的就是思想理论的更替、方法工具的转换、学科学术的递进。文化心理学的研究范式的转换和更替，可以体现在以特定尺度来衡量的方面。那么，早期的文化心理学的研究范式是将文化的存在看成就是决定心理行为的，是外在的制约条件。后来的文化心理学的研究范式则排除了文化，而是将心理的存在看成是自主决定的。甚至，心理本身是决定文化的。目前的文化心理学的研究范式则是将文化与心理看作共生演变的，是一体化的进程。

---

① 余安邦. 文化心理学的历史发展与研究进路 [J]. 本土心理学研究, 1996 (6). 2-60.

第四节　文化心理学学科地位

　　有研究者认为，人类的心理学是人类产物的科学，而并不是人类行为的科学，或者并不是人类认知的科学。行为既不是客观的，也不是主观的，而正是意义关联了这两个方面。心理行为是归属于生成和创造意义的文化过程。从而，这种文化心理学也就超越了对行为的客观性的设定，以及将人类心理看成是完全的社会建构。取而代之的则是，将行为看成是行动的人创造意义世界的活动。那么，回归文化心理学就成为心理科学的核心和风潮。[①]

　　在心理学的当代的或目前的发展中，文化心理学作为心理学研究的一个分支、一个学科、一种潮流、一种取向，正在呈现出暴热的态势。文化心理学的关注和研究，是心理学研究者不可忽视和不容轻视的热点。当然，如何理解文化心理学及其演变，其中涉及多重的含义与多元的取向。不断增加的关于文化心理学的探索，论述了文化心理学的兴起和内涵，文化心理学的发展与启示，文化心理学带来的对心理学研究方法论的突破和重构。在有的研究者看来，文化心理学所具有的是双重的内涵。一种内涵可以表达为"文化心理"学，关注研究对象的文化特征，以"文化心理"为主要研究内容；另一种内涵可以表达为文化"心理学"，强调研究者的文化负载，以"心理文化"为主要研究内容。当前文化心理学的研究未能有效整合"文化心理"与"心理文化"，这妨碍了对文化心理学的整体理解。[②] 作为心理学研究的一种重要视角，文化心理学蕴含着对心理学的研究对象、研究方法、研究目标及学科性质的独特理解。由于文化心理学兴起的时间较短，其必然还要不断吸取各种养分，实现内部取向的不断整合，提出更加明确的研究纲领。[③] 文化心理学作为一种新的心理学研究取向，在方法论上对主流心理学有很大的突破。这也就是突破了主流心理学研究的还原论、简化论的范式，突出了生态学研究

[①] Valsiner, J.. *An Invitation to cultural psychology* [M]. London: Sage, 2014. 25.
[②] 田浩. 文化心理学的双重内涵 [J]. 心理科学进展, 2006 (5). 795-800.
[③] 田浩、葛鲁嘉. 文化心理学的启示意义及其发展趋势 [J]. 心理科学, 2005 (5). 1269-1271.

方法，重视在实际语境中的研究；突破了主客二分的范式，强调主位研究；超越了文化中立、价值中立范式，重视同文化研究；重视了解释学方法，用本体论解释学突破或替代精神分析的方法论解释学。①

　　文化心理学的探索和研究带来了心理学学科在学术上的一种矫正和平衡。尽管文化心理学只是心理学众多分支之中的一门分支，但是文化心理学的兴起与流行，却因为迅速的发展而溢出了自己的学科边界。文化心理学成了一种心理学思想框架、研究思路、理论建构和研究方式上的突破和转换。心理学原本在物理科学、生物科学、遗传科学、神经科学，等等一系列自然科学的框架之下，正因为文化心理学的重兴和推展，心理学也开始走向了文化科学、社会科学、语言科学、价值科学，等等一系列社会科学，以及一系列人文科学的取向。这对于心理学摆脱极端的自然科学化、物理科学化、生物科学化等等，进入相对平衡的学术探索和发展走向，都具有决定性的价值和作用。

　　文化心理学的学科与科学门类中，与自然科学、社会科学、人文科学，等等系列化的门类和分支中的许许多多的学科分支，都具有广泛的和密切的联系。同样，文化心理学自身也与众多的心理学分支学科有着多元的和深入的联系。推进文化心理学的发展和壮大，就完全有可能使得文化心理学成为心理学新发展的龙头学科。这不仅在于对心理学研究对象的更为全面和细化的把握和探索，而且也在于对心理学研究方式的更为合理和深化的改变和推进。因此，在心理学探索的科学化的进程之中，文化心理学已经和应该成为具有相应的支配性的学科分支。

　　正如物理的性质和特征、生物的性质和特征、社会的性质和特征，等等具有跨越狭窄的对象属人的普遍性一样，文化的性质和特征、文明的性质和特征、文质的性质和特征，等等也同样具有属人的普遍性。人类存在、人类生活、人类活动、人类创造，实际上都是浸润在文化的形成、文化的传统、文化的传承、文化的生活，等等之中。文化使人成为从生物本性之中提升出来而走向了社会的路径，文化也使人从适应活动之中脱离出来而走向了创造的路径。文化对于人摆脱自然的束缚，改变心理的性质，构造人性的存在，提升心理的生活，丰富精神的境界，都

---

① 李炳全. 论文化心理学在心理学方法论上的突破［J］. 自然辩证法通讯，2005（4）. 40-45.

是必不可少、不可或缺的。文化与心理的贯通，决定了文化学与心理学的贯通；进而决定了文化心理学和心理文化学的贯通。

在心理学学科的发展中，文化心理学分支的兴起和发展，正在使之成为心理学研究中具有引领性和支配性的学科。文化心理学开放了心理学研究的边界，并且将遗传学、生物学、动物学、人类学、文化学、社会学、语言学，以及内含的一系列分支学科，都可以汇聚和整合到一个更大的平台上。从而，使心理学拥有了进行跨学科和整合性研究的可能。这无疑极大地丰富了心理学的探索和研究。文化心理学也可以提供立足于文化基础和心理基础之上的创新性研究的动力。

挖掘文化心理学的学科资源，提取文化心理学的思想框架，丰富文化心理学的研究内容，推进文化心理学的快速发展，增进文化心理学的学术影响，提升文化心理学的学科地位，也就成为文化心理学研究者的最为重要的责任和使命。文化的创造、文化的进步，自然就是心理学的福音，反过来文化心理学研究的推进、扩展、深化，等等也同样可以极大地丰富社会文化，快速地推进文化本身的进步，引领心理学学科的壮大和提升。

人类心理行为的激发、展现、丰富、深化，等等并不是孤立进行的，而是包容性的存在和共生性的历程。这也就决定了心理学的研究、文化心理学的探索，也就必须是包容性的存在和共生性的历程。文化心理学本身研究的壮大、内容的丰富、探索的深入，就取决于其放开的边界和共生的推动。在文化心理学的多学科的汇聚、跨学科的探索、包容性的原则、共生性的倡导和整合性的推动，等等之下，心理学学科将会有重要的变化和变革。

第五节 文化心理学汇聚整合

文化心理学的相关学科涉及的是文化心理学的分文化的探索。文化心理学的分文化研究是指，在特定的文化背景、文化环境、文化历史、文化传统、文化活动、文化指向、文化内涵，等等之中，有关人的心理行为的探索和研究。这可以从如下的几个方面来理解。首先是属于不同国别的文化心理学。这可以包括美国的文化心理学、法国的文化心理学、中国的文化心理学，等等。其次是属于不同类别的文化心理学。这所涉及的不同类别是指不同心理行为的类别。这可以包括文化心理学探索的特定的心理行为，如人格的文化心理学、自我的文化心理学、动机的文化心理学、知觉的文化心理学、思维的文化心理学、治疗的文化心理学，等等。再次是属于不同科别的文化心理学。这所关系到的是不同的或特定的学科门类之中的文化心理学的研究，如经济的文化心理学、法律的文化心理学、政治的文化心理学、文学的文化心理学、艺术的文化心理学，等等。最后是跨文化的文化心理学。这所涉及的是文化比较的文化心理学、文化冲突的文化心理学、文化融合的文化心理学、文化共生的文化心理学，等等。

文化心理学的分文化探索体现了文化心理学研究的非常开阔的空间，也给出了文化心理学探索的非常宽广的视域，也创造了文化心理学学科的非常广泛的前景。这体现了文化心理学与不同的探索内容、与不同的学科门类、与不同的研究方式、与不同的生活应用，等等的紧密和互动的关联。在人类学的研究中，心理人类学的研究已经成为独特的研究分支和研究领域。心理人类学对于人类种族的心理存在、心理构成、文化人格、国民性格，等等的研究，都产生了非常重要的影响。

正是因为民族心理学的研究所涉及的研究对象和所汇聚的相关学科，所以民族心理学的研究方式就可以按照不同形态的心理学来进行定位和考察。在民族心理的构成中，常识、宗教、哲学、文化、科学、资源，都可以成为重要的视角，都可以成为特定的方式。因此，民族心理学的研究可以通过不同的方式来进行。这包括了以民族常识为基点，以民族宗教为基点，以民族哲学为基点，以民族文化为基点，以民族科学为基点，以民族资源为基点，等等。这就可以大大扩展关于民族心理行为的探索的范围和关注的内容。民族心理学研究的基本方式决定的是关于民族心理考察的依据或基点。这所导致的是可以和应该从哪里入手，去考察和探索民族心理，去揭示和解说民族心理，去干预和引导民族心理。[①]因此，关于民族心理学研究的基本方式的探讨，可以极大地丰富关于民族心理的理解和阐释。特定民族的文化传统和民族习俗之中的文化心理

---

① 葛鲁嘉.民族心理学研究的基本方式[J].苏州大学学报（教育科学版），2017（4）.90-97.

学的内容，就成为支配和理解特定民族所具有的文化心理、文化认知、文化理念、文化情感、文化人格、文化互动、文化影响，等等的最为根本和有效的依据。

文化心理学的探索已经进入到了心理学研究的各个不同的分支学科之中，并且已经成了重要的研究取向，提供了多样的研究课题，形成了多元的研究范式，丰富了多重的探索方式，展现了广阔的应用空间，引领了丰富的生活创造。这种文化心理学的爆燃和暴热带来了心理学研究的全方位的变革和进步。因此，文化心理学也就具有了多重的存在身份和研究层级。这不仅是研究的理论原则和基本理念，而且也是具体的研究课题和探索内容。这所提供的是基础理论，也是具体知识。

当然，文化心理学在自身的发展中，需要去汇聚和整合有关文化心理行为研究的不同科学分支、不同研究取向、不同思想理念、不同研究方式、不同应用工具，等等各个方面的学术资源。同样，在文化心理学的研究推进的过程之中，也非常有必要去集合和凝聚多元研究原则、多元研究预设、多元研究思路、多元研究观点、多元研究手段。那么，文化心理学就会因此而成为一门具有综合性框架和容纳性张力的学科，进而则是一门显现影响性作用和渗透性特质的研究。

因此，文化心理学本身就具有自己的研究对象、研究内容、研究方式、研究方法、技术手段、技术工具，但还是会广泛地去吸纳分散在不同的科学门类、学科分支、心理学门类、心理学分支，等等涉及人的心理行为的文化内涵和文化方式的探索、研究、成就、理论、知识、方法和工具。这也就使得文化心理学可以汇聚整合一系列的学术理论、学科知识、学理解说。

第二章　文化心理学思想基础

文化心理学的探索和研究有着自身的思想基础。这成为文化心理学研究的思想原则、理论预设、研究依据。这包括了文化心理学的哲学基础、进化论基础、历史学基础、人类学基础、社会学基础、文化学基础。这些不同的思想基础决定了文化心理学的研究视野、研究思路、研究走向和研究创造。其实，文化心理学的思想基础的雄厚和坚实的程度，是该学科分支的最为重要的发展潜力和成长潜能。文化心理学的发展，文化心理学的探索，文化心理学创新，都取决于自身所立足的思想基础。

第一节　文化心理学的哲学基础

有研究考察了心理学中的文化意识的演变。研究认为，心理学中的文化意识经历了跨文化心理学、文化心理学、文化建构主义心理学三次重大的演变。跨文化心理学认为，文化是心理规律的干扰因素，那么心理学的研究就应该力求"去文化"。文化心理学则认为，心理是文化的"投射"，进而寻求理论的"文化敏感"。文化建构主义心理学则认为，心理与文化是彼此相互影响、相互建构的关系，因而更加关注"心理"、"意义"与"现实"的双向建构过程。[①]

跨文化心理学预设了贯通性、普适性的心理学规律的存在，所谓"跨文化的"就是"贯通"所有文化的，也就是对所有文化都通用的。跨文化心理学的主要功能在于阐述适用于一切个体的规律，因为跨文化心理学家相信，在一定数量个体中的研究结果就代表一个逻辑层次，它将

---

① 杨莉萍. 从跨文化心理学到文化建构主义心理学——心理学中文化意识的衍变［J］. 心理科学进展，2003（2），220-226.

适用于一切个体，并因而适用于人性。所以，尽管跨文化心理学采用了跨文化比较的研究方法，但就其本质而言，这还不属于文化取向的研究范畴，而是一种完全的经验主义范式。

20世纪80年代末至90年代初，真正文化取向的心理学研究开始出现，其主要的理论形态就是"文化心理学"（cultural psychology）。与早期跨文化心理学谋求对理论的"去文化"不同，文化心理学的"文化取向"表现在：一是把心理看作文化的投射。正因为将心理视为文化的投射物、对应物，文化心理学坚决反对跨文化心理学把文化作为寻找具有普遍意义的心理规律所要规避、排除、克服的"干扰因素"，文化心理学认为人的任何内在的和深层的心理结构及其变化都不可能独立于文化的背景和内容，心理和文化既有着相对区分的各自不同的动态系统，又彼此贯穿、相互映射、相互渗透。心理学永远不可能将自己的研究对象与文化情境相剥离。二是凸显"文化敏感"对心理学研究的重要性。文化心理学不再以一种心理学理论为研究背景，去寻求理论在异域文化中的检验，而是从某种社会文化背景下特有的社会问题、心理问题出发，以社会化过程、人际互动过程为研究重点，以"本土心理学"取代"普遍性心理学"。随着文化心理学研究成果的不断增加，对心理的文化负载、文化内涵（content）的理解的不断深化，"文化敏感"对于心理学研究的重要性也愈益凸显出来。三是实地的研究方法由边缘走向中心。以对文化与心理关系的认识转变为导引，实地研究方法作为实验方法的重要补充，正逐步由边缘走向中心，成为文化心理学最常用的研究方法。实地研究更加关注不同文化背景下的心理过程、心理机制和人格品性的个别性、特殊性和差异性。因此它更倾向于选择一种文化、一个对象加以深入研究，并不期望对其他文化加以概括。实地研究的研究者首先必须对所研究的社会结构、文化传统、价值偏好有深入的了解，要参与、融入被研究者的日常生活世界，并与对象建立互信互赖关系。研究者不再企图对被研究者的行为进行纯客观的描述，而是力图"理解"和"体验"研究对象的真情实感，并能站在被观察者的立场上对行为或问题做出的合理的"解释"。

文化建构主义思潮与文化心理学几乎同步发生和发展。文化心理学是视心理为"文化的投射"，而文化建构主义则视心理为"文化的建构"。当然，这并不是对"文化的投射"的简单否定，而是对其进行的超越。

作为后现代精神与后现代文化在当代心理学中的体现，文化建构主义从一开始就谋求消解外源论、内成论所隐含的主、客体二元论的局限，试图在外成论与内源论的两极钟摆之外，去构造一种全新的理论框架。这一框架既不是视心理为单纯的精神表征，即对客观事实的经验性描述（经验主义），也不是视其为一种先验的结构性存在（理性主义），而是将心理置于社会互动的过程中，将其作为一种建构过程的结果加以理解。文化建构主义心理学不仅否定了实证的客观主义范式，也否定了文化心理学的主观主义范式，是一种超越主客对立的后现代取向。以批判为基础，文化建构主义试图在心理学现代叙事的对立面上创建一种全新的反基础主义、反本质主义的后现代的心理学理论与思想构造。文化心理学强调以本土的心理学取代普适的心理学，重视对心理的文化内涵的分析。与之不同，文化建构主义则以作为知识、理论、心理的载体的"话语"作为自己的突破口，通过阐释语言的生成、本质、意义，深刻揭示了知识、理论、心理作为社会文化建构的本质。除了话语分析之外，建构主义关注的另一个焦点是人的内在、外在世界的双向建构过程。建构主义认为"人""自我""情感"乃至一切"人对现实的信念"，都是通过社会互动建构起来的。

第二节　文化心理学进化论基础

生物进化论对心理学的研究和发展产生过重大和深远的影响。在这种影响之下，生物进化的研究与心理进化的研究就成了有着密切关联的探索。心理进化也就成了重要的心理学研究的课题。在当代，进化心理学在很短的时间里就迅速地演变成了最为流行的和最为重要的"心灵的新科学"[1]，"心理学的新走向"[2]，"心理学的新发展"[3]。

---

[1] Buss, D. M.. *Evolutionary psychology: the new science of the mind* [M]. New York: Allyn and Bacon, 2008. 36-48.

[2] Badcock, C. R.. *Evolutionary psychology: a critical introduction* [M]. Cambridge: Polity Press, 2000. 36.

[3] Workman, L. and Reader, W.. *Evolutionary psychology: an introduction* [M]. New York: Cambridge University Press, 2008. 27.

进化心理学认为，人的生理和心理的机制都应该是受进化规律的制约，心理是人类在解决繁殖和生存问题的过程中逐渐演化形成的，科学的进化论应该成为对人类心理起源和本质研究的一个重要理论依据。随着心理学的新发展，进化心理学的发展也必将成为"21世纪心理学研究的新方向"[①]。

进化心理学者普遍认同以下基本观点：一是心理机制是进化的结果，过去是理解心理机制的关键。要充分理解人的心理现象，就必须了解这些心理现象的起源和适应功能，即心理机制的产生及其作用。"过去"不只是指个体的成长发展经历，更主要是指人类的种系进化史。在人类进化过程中，"过去"不仅在人类的身体和生存策略方面刻下了很深的烙印，同样也在人的心理和相互作用策略方面留下印记，成为探索心理机制的基础。二是生存与繁衍是人类进化过程中的主要问题。在人类进化的过程中，要解决两类大的问题：生存和繁殖后代。人的心理就是在解决这些问题的过程中通过自然选择而演化形成的。三是心理进化源自适应压力，功能分析有助于理解心理机制人的心理是适应的产物，某种心理之所以存在，是因为它能解决适应问题。不理解心理现象的适应设计，就很难对心理现象有充分的了解。心理学的中心任务就是去发现、描述或解释人的心理机制，而确定、描述和理解心理机制的主要方法是功能分析。功能分析就是弄清某些特征或机制是怎样用来解决那些适应问题的。四是心理机制是由特定功能的"达尔文模块"构成的"瑞士军刀"结构。进化心理学主张，心理机制是由大量特殊的但功能上整合设计的处理有机体面临的某种适应问题的机制构成的，不同的适应问题会采用不同的解决方法。有研究者把这些具有特定功能的心理机制称作"模块"或特定范围的认知程序。有研究者则把心理隐喻为一把"瑞士军刀"，它包括不同的工具，每一个都能有效完成某个任务。五是心理机制是在解决问题的过程中演化形成的。人的心理机制是演化形成的解决适应问题的策略，具有下列的特征。首先是它以目前的方式存在是因为它在人类进化史上解决了个体生存和繁殖的有关问题；其次是它从环境中积极提取或消极接受某些信息或输入，对于有机体解决适应问题具有特殊的作

[①] 严瑜. 进化心理学对主流心理学的反思和批判［J］. 武汉大学学报（人文科学版），2008（4）. 425-429.

用；再次是通过一定的程序（或决策规则）把输入的信息转换成输出，以调节生理活动、给其他心理机制提供信息或产生外显的行为，解决某个适应问题。六是行为是心理机制和环境互动的结果。进化心理学者反对外源决定论，但他们并不认为自己属于内源决定论或遗传决定论者。他们主张人的行为是心理机制和环境相互作用的结果：心理机制是社会行为的前提，这是对于来自社会环境的影响高度敏感；社会环境则影响心理机制的表现方式、强度以及频率。

有研究指出，进化心理学的研究方法有着难以克服的内在矛盾：关于心理能力的进化起源的研究（进化史），还不足以实现关于认知能力的构架或信息处理机制的探究目标（认知心理学）。进化心理学自诩为一种"新的"认知心理学，实际上是不可能的。[1]

所谓进化心理学方法并不是一种独立于一般认知心理学的新方法，就其实质而言，不过是一种进化史的研究。所谓心理机制的进化史研究实际上是无效的。首先，自然选择的机制不能解答"潘哥拉斯问题"。潘哥拉斯是伏尔泰小说中的一个人物。他将一切事物都解释为按最好的"目的"而设计的。潘哥拉斯的隐喻是要表明这样一个问题：生物的功能机制并非都是自然选择的结果，因而用自然选择来解释生物的所有功能机制就是不合理的。这种"适应论者"的方案也就是将生物体所有的有目的、有用的特性都归结为自然选择的结果。其次，自然选择的机制显然不能解释现代文化的新颖性和多样性。进化心理学家把达尔文模块的功能限定在人类祖先在其生存环境中所面临的适应问题上，但现代文化的新颖性和多样性显然与人类祖先所面临的适应问题无关。再次，更为严重的是，进化心理学家忽视了"文化"能加速进化的重大意义。换言之，他们看不到自然进化或达尔文式进化与文化变异之间的本质区别。第一，文化变异的速度大大超越了达尔文自然进化的最高速度。文化蕴含着巨大的潜力，速度极快，而且可以累积"方向性"。第二，自然进化是异种之间不断分离、区分的过程，而文化进化则导致异种之间的接触融合，从而获得了极大的推动力量。第三，达尔文式的进化，靠的是自然选择过程中间接而效率不高的机制，而直接并有效率的机制则是文化

---

[1] 熊哲宏、杨慧. 是认知心理学，还是进化史——论"进化心理学"研究方法的内在矛盾[J]. 华中师范大学学报（人文社会科学版），2003（4）.134-140.

变异。这种独一无二的人类文化传承模式，使科学技术史有了方向性与累积性的特质。

如此看来，既然诉诸自然选择的机制并不足以解释心理机制或达尔文模块的进化起源的问题，那么进化心理学关于心理机制的进化史研究就是无效的，甚至可能就是无意义的。进化心理学不仅是一种心理学的研究取向，而且是一种心理学的研究思潮。这不仅引导了心理学的具体研究，而且推动了心理学的当代演变。进化心理学已经影响到了心理学的各个研究领域。[1] 但是，正如有学者指出的，进化心理学既对心理学有着积极的意义，也对心理学有着消极的影响。进化心理学既有其合理性，也有其局限性。[2] 应该说，进化论对现代心理学产生了十分重要的影响，把遗传的决定作用和环境的决定作用都引入了心理学关于人的心理行为的解说和解释。其实，进化论在心理学研究中再向前迈进一步，就是与心理学研究直接整合而形成的进化心理学。从进化论的影响到进化心理学的研究，进化心理学就成了更为直接的关于心理行为的系统化的和连贯化的说明和解释，就体现了心理的进化机制的研究，以及心理的一般的、中间的和特殊的进化分析水平或理论解说。这体现了或表明了对人的心理行为的更为复杂的机制进行科学考察的可行的进路。

第三节　文化心理学历史学基础

有研究考察了历史学与心理学的结合。研究指出了，不论是心理史学流派，还是社会心态史研究，其真正目的是研究历史，而非研究心理学。提出历史心理学这个概念，目的是从心理学出发来研究不同历史时期、不同历史人物的心理特征及其动态，研究有关人类心理的民族性、历史性等问题，从而得出对人类心理及个体心理发生、发展的规律性认识。

西方历史心理学的研究，存在三种理论取向：即心理史学研究取向、心态史学研究取向和心理学理论取向。之所以如此，是因为历史心理学

---

[1] 朱新秤. 进化心理学 [M]. 上海：上海教育出版社，2006. 275-276.
[2] 叶浩生. 有关进化心理学局限性的理论思考 [J]. 心理学报，2006（5）. 784-790.

的发生与心理学和历史学有极其密切的关系。历史心理学与历史学关系极为密切，没有确切明显的界限。心理学与历史心理学的关系也像历史学一样密切。文化人类学与历史心理学也有很大关系，文化人类学是研究史前人类和野蛮民族及其文化的科学。原始人心理和民族心理（主要是野蛮民族的心理）是其研究的重要内容。历史心理学要探讨历史上人类心理的演变规律，是离不开对原始人心理和野蛮人心理的了解的。历史心理学所要探讨的问题与社会学也有关系。社会学中的社会冲突和变迁理论、社会角色理论、社会控制理论、社会分层理论，对于研究历史心理学都有重要的参考和使用价值。

历史心理学对历史事件、历史人物的心理分析，能够进入到历史主体深层结构中去，挖掘历史行为背后的心理因素，对心理动因的把握，在某种意义上，不仅可以更深刻地说明"是什么"，而且能够回答"为什么"。心理史学方法为历史学提供了一种新的视野和新的解释。其中的一些具体方法如作品分析法、投射法、社会测量法，在一定程度上，能够改变传统史学那种注重抽象概括、逻辑论证方法所带来的主观性色彩。历史心理学能够在很长的时间跨度内和广阔的空间领域里为心理学提供溯源研究和比较研究的参照。此外，历史心理学还可以克服心理学研究中的被试效应、实验者效应、样本小等局限，可以研究不能接近的研究对象等。[①]

有研究指出，历史心理学是运用心理学的知识研究历史上的个体和群体的心理活动对于创造历史和认识历史的作用与影响的一门边缘学科。这一定义的意义在于：首先，指出了历史心理学的研究对象是历史上的个体与群体的心理活动，暗示了心理活动的三个层面——社会心理、文化心理和认知心理。其次，提出了历史心理学的研究任务和目的，即主要研究心理活动对人们创造历史和认识历史的功用，或者说是研究心理活动对历史发展变化的作用与影响和心理活动对人们认识历史、研究历史、撰写历史所起的作用。最后，道出了历史心理学的研究方法的基本特征。即是运用心理学的方法和结论对历史进行考察，是心理学与历史学的结合，并要求研究者必须既具有历史学的理论与方法，又比较全面完整地掌握心理学的理论与方法。历史心理学是以历史上的社会心理、文化心理、认知心理为其具体研究对象，以阐述这三种心理对人们创造

[①] 郑剑虹. 历史学与心理学的结合 [J]. 社会科学, 1997 (5) . 68—71.

历史和制作历史的作用与影响为主要任务的历史学与心理学自然结合的一门边缘学科。[①]

有研究认为，20世纪是现代历史科学进一步成熟的时期。在研究方法上，叙述史学在向解释史学演化，形成了各种理论模式和边缘学科；在人文史学方面，历史学则向行为科学演化，并深入到对历史人物的心理及其行为进行分析和解释。这样，人的内部世界，包括心理、感觉、欲望、个性，都成了历史研究的重要组成部分，现代历史心理学便由此应运而生。[②]

有研究指出，自进入了新的世纪以来，从心理史学的研究情况看，已不仅仅是过去那种心理学与历史学的简单结合，而是正在逐步吸收社会学、人类学、文化学和伦理学，等等学科的研究方法，向着以心理与历史为主、同时又综合了多种学科方法的"大综合"的方向发展。历史研究所吸收的心理学理论包括了生理心理学、差异心理学、发展心理学、动机心理学、知觉心理学、人格心理学、变态心理学和社会心理学。因此，心理史学已成为多学科研究方法相互渗透与彼此融合的综合性学科。这种综合性研究，由于认识途径、分析手段和研究方法的多样性，给史学的研究带来了很大的方便。研究者可以借助于新方法、新途径的优势，将分析、研究的触角深入到过去研究无法企及的死角，以期克服历史研究所存在的程式化弊端，力求再现历史的真实感和历史人物思想的丰富性。同时，也可通过思想与社会之间的中间环节——社会心理，来把握社会转型与文化变迁的内在动因和变化信息。[③]

有研究考察了西方心理历史学两大主要流派。研究指出了，心理历史学是现当代西方史学领域的新兴学科，依据其源流发展、理论方法及传播地域分别形成了两大主要流派——心理史学与心态史学。心理史学以弗洛伊德精神分析学说为理论基础，以美国为中心；心态史学则由法国年鉴学派开创并倡导，以集体精神状态为对象。两者之间相互交叉又有区别，理论和方法上各有缺陷但又互为补充。

心理历史学一般简称为心理史学，也有学者称为心态史学。事实上，在广义的心理历史学的范畴之下，有心理史学与心态史学两个不同的概

[①] 胡波.试论历史心理学及其研究对象[J].学习与探索，1988（2）.124-129.
[②] 朱孝远.现代历史心理学的产生和发展[J].历史研究，1989（3）.83-94.
[③] 陈曼娜.二十世纪中外心理史学概述[J].史学史研究，2003（1）.61-69.

念，其差异不仅在于前者盛行于美国，后者勃兴于法国；还在于两者在关注人类的心理因素、精神状态在历史中的作用的同时，在具体的研究内容与方法上的分野，它们有着不同的学术渊源与侧重，是当代西方心理历史学的两个主要流派。

心理史学与心态史学是不同的。首先，从两者的理论来源看，心理史学的理论基石主要是弗洛伊德的精神分析学说，而心态史学则植根于法国史学悠久的历史积淀和传统，在理论上偏重于集体心理学或社会心理学。其次，两者的研究对象和范畴也不同。由于精神分析学主要是一种个性心理学，因此传统的心理史学研究主要以心理传记为主，往往偏重于一些在历史上产生过重要影响和作用的精英人物。尽管最近的研究已逐渐地在群体史方面有所突破，但其理论依然根深蒂固地建立在弗洛伊德的个人心理学的基础上。而年鉴学派的历史学家在一开始就将眼光从个体转向集体，用"集体无意识"来取代或压倒弗洛伊德所说的个人的无意识。最后，两者传播的地区范围不一样，这是一个最明显也是较为模糊的特点。心理史学与心态史学的两个最主要的阵地分别是美国和法国，两者基本是在相对独立的范围内各自发展起来的，成为现当代西方史坛一种特有的史学景观。

整合心理与心态两个流派，吸纳非精神分析的其他心理学理论，以及进行更为广泛的多学科综合研究，成为近年来心理历史学发展的最新趋势。① 心理史学与心态史学都逐渐在历史学的研究中具有了一席之地。这不仅是将心理学的研究引入了历史学的研究，而且是通过历史学研究的深入，也挖掘了历史源流和文化传统之中的心理学的内涵和心理学的资源。这实际上也成了文化心理学的历史学的基础。

第四节　文化心理学人类学基础

文化学与人类学是近缘的学科门类，文化心理学与心理人类学也就成了密切关联的学科分支。进而，心理学与文化学，以及心理学与人类

---

① 周兵. 心理与心态——论西方心理历史学两大主要流派［J］. 复旦学报（社会科学版），2001（6）. 51-55.

学，也同样是属于近亲的学科分支。所以，文化心理学与心理人类学也就成了学术研究家族之中的近亲属。文化心理学实际上可以是立足于人类学及其多样化的研究分支之上。在人类学的研究中，一直就有心理学家的身影，反过来也同样是如此。人类学的基础也就成了文化心理学探索和研究的学术资源、思想资源、理论资源、学科资源。

人类学的研究拥有一系列的具体分支，其中包括了哲学人类学、体质人类学、考古人类学、生物人类学、社会人类学、文化人类学、发展人类学、应用人类学、教育人类学、经济人类学、医学人类学、语言人类学、心理人类学、认知人类学、情感人类学，等等。人类学的研究正是通过心理人类学的探索，延伸到了文化心理学有关人类心理文化学的建构；正是通过认知人类学的探究，延伸到了文化心理学有关人类认知活动的考察；正是通过情感人类学的探讨，延伸到了文化心理学有关人类情感活动的求索。同样，也正是通过人类学、心理人类学的具体的研究历程，而延伸到了文化心理学的研究方式、研究方法、研究工具，等等的确立和运用。

在文化人类学和语言人类学的考察中，在社会人类学和心理人类学的研究中，在认知人类学和情感人类学的探索中，一直就存在着普遍主义和相对主义的不同的原则和主张，也一直就存在着理性主义和建构主义的不同的观点和主张，还一直就存在着个体主义和群体主义的不同的强调和侧重。这不仅极大地影响到了人类学的探索，而且极大地影响到了文化学的考察，更是影响到了心理学的研究。

显然，人类学的研究实际上广泛涉及了种族、文化、心理、种族心理、文化心理、人类行为，特别是深入关联到了心理学、民族心理学、社会心理学、文化心理学，等等一系列心理学学科分支的探索和研究。这实际上为文化心理学的研究和发展，提供了非常关键的和特别重要的思想和学术的基础，是将人类学的学术探索、思想构造、研究方式、知识内容、求索结果、理论取向、核心知识，等等，都聚焦和集中在了族类心理行为的方面。那么，心理人类学的学科则成了探索和研究文化差异与文化共性，人类本性与人类思想，文化性质和文化理念，种族心理和文化心理，等等的极为重要的学科领域。很显然，人类学为文化心理学的研究提供了不可或缺的学术和学科的基础。

心理人类学的学科归属问题一直是困扰着心理人类学研究者的一个

重要问题。在心理人类学传入中国之初，中国学术界即形成心理人类学就是美国文化人类学中的文化与人格研究的观念，直到今天还有很多人认为心理人类学就是文化与人格研究，或者说心理人类学是文化人类学的一个分支学科。但是，从近代科学发展的历程看，心理人类学源于哲学、心理学和人类学，简单地把心理人类学归属于文化人类学存在不少问题，以至心理人类学到底应该归属于哪一个学科至今仍然没有解决。

在心理人类学研究中，不同学科的研究者虽然都是在研究不同文化背景下的心理和行为问题，但他们所使用的概念术语完全不一样，甚至同一学科的研究者使用的概念术语也不一样。在心理学界，同是研究中国文化背景下人们的心理和行为问题，有民族心理研究、跨文化心理研究、文化心理研究和本土心理研究等。在人类学界，同是研究不同文化背景下的心理和行为问题，有文化人类学中的心理学派、文化与人格学派、文化与自我研究、国民性研究等。在民族理论界，同是研究共同心理素质的问题，就分别有称为民族共同心理素质、心理素质、民族性格、民族心理、民族心理状态，等等。对于共同心理素质与其他相关概念的关系，有认为共同心理素质就是民族性格，或民族意识，或民族情感，或民族气质等心理特点，也有人认为共同心理素质包含了民族性格、民族意识、民族情感、民族气质，等等心理特点。由于心理人类学的直接来源是"文化与人格"研究，所以，心理人类学确立后，怎样划定自己的研究对象就成了一个十分重要的问题。但是，令人遗憾的是，大多数研究者在论及心理人类学研究对象时，一般都认为心理人类学就是研究文化与人格的相互关系的学科。尽管如此，但是心理人类学与文化心理学显然具有天然的和直接的关联。

人类学取向的文化心理研究所提供的，是有关种族文化和种族心理的，及其相互之间关系的理解和把握。这至少是从两个方面提供了关于文化心理的理解：一是从文化产物、文化形态等方面对心灵的理解，二是从心灵或心理等方面对文化的理解。人类学的研究从来就是将本土的类的文化、本土的种的心理、本土的族的意识，等等都放置在了最为重要的和最为核心的地位上。这也就给了文化心理的研究一个种族或族类的偏重和强调。人类学取向的文化心理研究对于理解和把握国民性、民族性、文化人格、国民心理、民族性格，等等，都提供了不可替代的思想、理论、方法、技术和手段。文化心理学的研究在涉及人类心智、行为遗传、社会行为、人格自我、本土心理，等等一系列的主题时，实际上就能够从人类学的研究中获取相应的研究启示、理论引导、思想隐喻、知识架构、方式方法，等等。

人类学的研究，特别是心理人类学、认知人类学、情感人类学，等等的探索，早就成了文化心理学本身的重要的研究领域和探索课题。例如，认知人类学当前的研究热点就包括了与文化有关的认知模式和认知系统的考察。情感人类学则涉及人类的情感形成、情感体验、情感表达、情感交流、情感激励、情感宣泄，特别是阐释了在特定的文化背景、文化环境、文化构成、文化引导、文化释义，等等之中的人类情感。这都为文化心理学的探索和研究提供了基本的范围和框架。这也为文化心理学的发展和进步创造了合理的阶梯和平台。

第五节 文化心理学社会学基础

社会学对人类社会、对社会群体、对人际关系、对社会个人的研究，也涉及了社会心理的方面，也提供了对人的群体心理和社会心理的描述和解说。所谓社会心理不同于个体心理，而是有新的性质、新的特征、新的表现和新的功能。社会心理包括社会生活环境中的个体心理，小群体心理和大群体心理。社会学的研究也包含社会文化、文化心理、文化人格等方面，也提供了对文化与心理、文化与行为、文化与人格的研究成果。其实，对于社会心理学的学科来说，就有社会学中的社会心理学。这是从社会学的视角，以社会学的方式，对人的社会心理行为的研究。

社会学提供了考察人的社会心理的社会视角。这种社会视角的透视为心理学的研究提供了一系列的核心性概念。这些核心概念使心理学的研究有了解说人的心理行为的基本内容和方式。这些概念包括社会互动。社会互动是指社会上个人与个人、个人与群体、群体与群体之间通过信息的传播而发生的相互依赖性的社会交往活动。这些概念包括社会关系或人际关系。社会关系或人际关系是指人们在人际交往过程中所结成的心理关系，它反映了个人或群体寻求满足需要的心理状态。这种关系的变化与发展取决于交往双方需要的满足程度。这些概念还包括社会角色。社会角色是由一定的社会地位所决定的，是社会地位的外在表现，是符合一定社会期望或行为规范的行为模式。它是人的多种社会属性或社会关系的反映，是构成社会群体或社会组织的基础。这些概念还包括社会群体。社会群体是指通过一定的社会互动和社会关系结合起来并共同活动的人群集合体。社会群体是构成社会的基本单位之一。社会群体的本质在于其内部有一定的结构，即由规范、地位和角色所构成的社会关系体系。这些概念还包括社会大众。社会大众是社会生活中的大多数社会个体的统称，是社会生活中的松散社会集合。

社会学的研究最直接影响到的就是社会心理学的研究。社会学取向是社会心理学研究中的一个重要的研究取向。正如有的研究者所指出的那样，一般而论，社会学取向的社会心理学的突出特征表现在，它以群体变量为研究基点，以社会互动和社会关系为主要研究内容，多采用能在较大范围内实施的研究方法，如观察法、问卷法、跨文化比较研究法等。因而其优势是利于把握宏观的社会心理层面，敏于反映现实生活中的心理动态，研究成果干预社会实际领域的能力较强。所以，加强社会学取向的研究无疑是促使社会心理学把关注点更多地朝向社会的合理策略。①

社会学的社会心理学是从社会视角出发的探索。人的存在也是社会的存在，个体都是社会的成员，其心理行为具有社会的性质。社会学的社会心理学关注的是社会互动、社会关系、社会角色、社会群体、社会大众。社会关系的心理学性质就是人际关系，这是指人们在人际交往过程中所结成的心理关系，它反映了个人或群体寻求满足需要的心理状态。这种关系的变化与发展取决于交往双方需要的满足程度。社会角色是由一定的社会地位所决定的、符合一定的社会期望的行为模式。它是人的多种社会属性或社会关系的反映，是构成社会群体或社会组织的基础。社会角色是社会地位的外在表现，是一整套行为规范和行为期待，是人的多种社会属性和社会关系的反映，是构成社会群体和社会组织的基础。社会群体是指通过一定的社会互动和社会关系结合起来并共同活动的人群集合体。社会群体是构成社会的基本单位之一。社会群体的本质在于其内部有一定的结构，即由规范、地位和角色所构成的社会关系体系。

---

① 沈杰. 社会心理学中两种研究取向的历史作用及其综合趋势［J］. 社会科学辑刊, 1996（3）, 25-30.

社会大众则是泛指社会生活中的群众或人群。

　　社会的视角被认为是社会心理学研究中的社会学的取向。社会学取向的社会心理学首先在不脱离其母体的前提下，被当成一种关于微观社会学的研究。社会学家通过对社会的微观理解，然后形成一套看微观社会的方法。由于社会学学科自身就具有在理论上进行探索的特征，因此社会学中的许多微观研究实际上都是理论性的探索，只是一旦要去关心用什么方法来实现和证实这些理论研究就会遇到许多难以解决的问题。社会学当中的符号互动论虽然不直接进行实证研究，且比较理论化，但为后来的社会学取向的社会心理学带来了无穷无尽的恩泽和灵感。米德的这些思想为后来的符号互动论、社会角色理论、戏剧理论、日常生活方法论和社会交换理论等提供了重要的思想源泉。如果说心理学取向的社会心理学在自身的发展过程中向文化方向迈进是一种权宜之计的话，那么社会学近来也在突破符号互动论和人格与社会结构视角而直接向传统上属于心理学的领域进发。比较明显的是近来兴起的认知社会学（cognitive sociology）和情绪社会学（sociology of emotion）。①

　　社会学的社会心理学研究或社会学取向的社会心理学传统有两个，一个是来自符号互动论，另一个是来自人格与社会结构的观点。在这两种传统中，前者提供的是理论上的探求，是一种理论框架。后者提供的是一种社会学取向的社会心理学理解社会心理的视角，主要是通过社会调查的方法来研究个体心理与社会生活之间的因果或相关的关系。例如，韦伯（M. Weber）在《新教伦理与资本主义精神》一书中，就探讨了在个人价值观中的清教教义是如何促进资本主义的产生与发展的。后来在美国种族偏见的研究中，也多是采用这一视角，即研究个人对种族的歧视如何影响了社会阶层分布、国家经济发展和实际人口流动。跨文化社会心理学看起来还是心理学取向的社会心理学，或者说是心理学取向的社会心理学家从事的。但由于要考虑到把人的心理放在不同的社会文化中来看，因此，许多过去的所谓普遍性的观点开始动摇了。用变量的观点来看，虽然社会心理学在其研究中只加入了文化这一个变量，但这个变量不是一个一般性的变量，它的加入将有可能从根本上改变传统的心

---

① 马怡、翟学伟. 社会学的社会心理学：研究取向及其现状 [J]. 内蒙古社会科学，2003（3）. 107-110.

理学取向的社会心理学。也可以这么说，过去对人的实验和测量之所以能够比较容易地得出普遍性的结论，对人的预测性还有可能都是在于控制了文化变量和假定文化因素不存在的基础上的，人不过是一个比动物复杂一点的（在行为主义看来并不比动物复杂）动物。现在加入了文化，就等于提升了人，包括人的主体性、理解性、人与环境（情境）互动等一系列内容，结果跨文化社会心理学在客观上可能使心理学取向的社会心理学向社会学取向的社会心理学靠拢，尽管这种靠拢目前更多的是形式上的。在研究方法上，心理学取向的社会心理学还是坚守他们的一套做法，比如拿修订后的量表来测量当地人的性格，或在实验时考虑到被试的社会背景差异等，或者干脆就直接设计一种测量文化心理差异的量表，如个人主义和集体主义量表等。

第六节 文化心理学文化学基础

在心理学的研究中，文化与心理的关系、文化学与心理学的关系，都是非常重要的关系和方面。这两种关系是相互贯通，但又是有所区别的关系。文化与心理学的关系是涉及心理学的发展和未来的十分重要的关系。在探讨文化与心理的关系时，有研究指出了文化与心理的关系是相互作用的关系。这也就是说，心理过程影响社会文化的形成与发展，社会文化又给心理过程打上文化的"烙印"，使其折射出所在文化的色彩。因此，两者之间是一种动态交互作用的关系。心理学研究者已经开始重视文化的存在和文化的问题，并开始重视关于文化心理和文化心理学的研究。

当然，在实际的研究进程中，大多数的心理学研究关注的是文化与心理的关系在动态过程中的稳定的部分，通常使用静态的术语使文化概念化，因此加强了对文化的刻板印象，忽视了文化与人类心理过程相互作用的动态的发展变化的一面。为了更充分和更准确地理解文化与心理学之间的关系，在将来的研究中，有必要更明确地关注于文化与心理的动态交互作用过程。一些研究阐述了考察这个动态交互作用过程的几个策略。其中一个策略是考察目前的文化模式如何影响了人际交流过程，而这些人际交流过程又如何对目前文化的发展产生影响。还有一个策略是运用动态系统理论中的逻辑与数学工具,来考察人际互动在个体和文化水平上的纵向结果。[①]

　　但是,这种关于文化与心理学关系的探讨,是一种非常简单的相互作用或交互影响的定位。这实际上是关于文化与心理的关系的探讨,而不是关于文化与心理学关系的探讨。严格地说来,所谓文化与心理的关系同文化与心理学的关系是既有关联,也有区别。文化与心理的关系是指人类文化与人类心理之间的关联,而文化与心理学的关系则是指人类文化与心理学探索之间的关系。这一个涉及的是心理学的研究对象,另一个涉及的是心理学的学科本身。这两个方面都是十分重要的。

　　文化学的研究是关于人类文化的考察和探索。这是对人类文化或社会文化的性质、构成、演变、发展、内涵、功用的研究。当然,文化学是多学科或大学科的研究领域。许多学科都要涉及文化的问题,都要涉足文化的研究。那么,文化学研究与心理学研究的关系,应该是两个学科的研究及研究结果的互涉的问题。

　　其实,在心理学的研究中,无论是关于人的心理行为的理解和解说,还是关于心理学学科的理解和解说,都会与文化产生重要的关联。在心理学成为实证科学的门类之后,心理学的研究曾经以物理学、化学为榜样和为楷模,也曾经以生物学、生理学为根基和依据。这给心理学力求成为精密科学带来了希望。但是,心理学在这样做的同时,却忽略了、忽视了、歪曲了、扭曲了人的心理的文化性质和内涵。

　　那么,在心理学的研究中,文化心理学的兴起就至少可以关系到两个重要的方面。一个是关于心理学的研究对象的理解,另一个就是关于心理学的学科本身的理解。前者使文化成为研究的内容,后者使文化成为研究的取向。前者是对象化意义上的,后者则是方法论意义上的。

[①] 纪海英. 文化与心理学的相互作用关系探析 [J]. 南京师大学报(社会科学版),2007(4). 109-113.

第三章 文化心理学相关学科

文化心理学的研究是属于跨学科的和多学科的探索。这不仅是取决于文化心理的多样化的存在性质和多元化的表达形态,而且也是取决于关于文化心理研究的多视角的考察探索和多学科的研究取向。文化心理学的研究几乎是横跨了自然科学、社会科学、人文科学,等等诸多的学科门类和系列的科学分支。在文化心理学相关学科的研究领域之中,这就可以具体化到文化神经心理学、文化社会心理学、文化适应心理学、文化建构心理学、文化心理人类学、跨文化精神病学,等等一系列不同的学科分支。

第一节 文化神经心理学

有研究对文化神经科学的发展与未来进行了考察。研究指出了,文化神经科学是一门新兴的交叉学科,是通过整合文化心理学、神经科学、遗传学等的理论和方法,研究心理、神经、基因过程中的文化差异,并阐明这些过程及其突现性质之间的双向关系。文化神经科学研究文化价值、习俗、信念是如何塑造脑功能的,研究人脑的文化能力是如何产生并在宏观与微观的时间尺度上传递。文化神经科学在知觉、记忆、情绪及其社会认知等心理学研究领域取得了一系列重要进展。文化神经科学对于促进"科学"与"人文"两种文化的融合有着独特的示范意义,同时也有利于促进不同文化族群之间的交流和理解。

在科学与人文融合对话的第三种文化的语境下,各种整合及跨越自然和社会两大科学领域的理论与方法的综合科学研究正蓬勃兴起。文化神经科学就是这样一门综合科学。文化神经科学研究源于两个有趣的"人性"问题:文化特质(如价值、信念、习俗)是如何塑造神经生物机制和行为的；神经生物机制（如遗传、生理、神经）如何促进文化特质的产生和传递。正是在文化神经科学的框架内，开展了丰富的关于大脑如何促进文化传递的研究。最近的文化神经科学研究主要涉及文化价值观、信念和习俗对神经机制的影响，具体包括从知觉、记忆、情绪到社会认知等心理学研究领域。

文化神经科学为研究文化与大脑关系提供了一个综合、兼容的视角，使得把社会文化现象与神经生物现象进行整合研究成为现实。一方面，文化神经科学的思路和理念有利于促进自然科学与社会科学的融合。社会文化与神经生物的现象一直分属于社会科学和自然科学两个不同的研究领域，二者之间存在着概念和方法的分裂。文化神经科学为整合自然科学和社会科学提供了一个富有启示性的研究框架。文化神经科学充分整合了人类学、心理学、遗传学、神经科学等自然科学和社会科学的理论知识和方法经验，开启了社会科学与自然科学的对话与合作之门。另一方面，文化神经科学的进展和成果有利于促进不同文化族群间的沟通和理解。全球化的发展使得世界范围的文化交往互动空前频繁，不同文化族群之间相互的依赖和影响的程度日益加深，文化神经科学的研究成果将有利于促进不同文化族群之间的互惠共存。文化神经科学则将为"文化多样"和"族群平等"的社会公共政策的制定提供科学证据。[1]

文化神经科学，进而是文化神经心理学，是大跨度的跨学科研究和探索，是将自然与社会、大脑与文化、神经与心理，等等，都整合在了科学研究更为完整的框架和统一的路径之中。这不仅对于文化心理学来说是提供了一个全新的理论框架，而且也是为神经科学的研究提供了一个全新的发展路径。

第二节　文化社会心理学

文化社会心理学是从文化视角出发的社会心理学的探索。人的存在就是文化的存在，个体也是文化的承载者和体现者，群体也是文化的实现者和创造者，其心理也就具有文化的性质。文化学的社会心理学所关

---

[1] 刘将、葛鲁嘉. 文化神经科学的进展与前瞻[J]. 心理研究，2010（6）. 13-20.

注的就是文化传统、文化变迁、价值取向、行为规范、文化人格。文化传统是指社会文化的历史积累和历史传承。文化变迁是指或由于民族社会内部的发展，或由于不同民族之间的接触，而引起一个民族的文化的改变。价值取向是社会和文化的价值定位和价值赋予，这决定了社会中的成员的心理行为的定向和定位。某种价值观一旦对人的认知与行为具有经常的导向性，就称为价值取向。所谓价值取向，即价值标准所取的方向，也即价值的指向性。从价值观的角度，价值的指向性就是价值取向。无论是取向还是指向，其实质都是以谁为价值主体，并对价值主体的需要、目标和理想作何理解的问题。价值信念或价值取向组成一套互相关联的系统，则可称为价值体系。价值信念、价值取向和价值体系可统称为价值观。行为规范是社会、群体和个体的行为准则和行为标准，是社会生活、群体生活或个体生活中，对成员心理和角色行为的约束。文化人格则是指在文化塑造下的人的心理行为的稳定特征。

文化社会心理学的文化人类学和心理人类学的视角，所关注和涉及的核心概念包括种族心理、民族心理、国民性格、人格模式、生活方式、代际差异。种族心理是族群共有的心理模式或行为方式。民族心理主要指一个民族作为一个大群体所具有的典型心理特点，也包括该民族的成员个体身上所体现的这些心理特点。民族心理特点是特定民族在长期的自然环境与社会环境的制约与历史文化的积淀过程中形成的，并通过一定的生产和生活方式及各种文化产品得以表现，如生活习俗、道德观念、生产行为、交往行为以及艺术、体育活动等。国民性格包含国民的政治意识、自我意识、价值观念、社交准则、普遍素质、心理特征等。国民性格是一个国家民族最主要的内在特征。人格模式则是社会文化背景中的社会人群心理行为的整体性特征，或构成方式，或结构形态。生活方式是一个内容相当广泛的概念，这包括人们的衣、食、住、行、劳动工作、休闲娱乐、社会交往、待人接物等物质生活和精神生活的价值观、道德观、审美观。这些方式可以理解为就是在一定的历史时期与社会条件下，各个民族、阶级和社会群体的生活模式。生活方式是人的社会化的一项重要内容，决定了个体社会化的性质、水平和方向。代际差异也称为代沟，是指两代人在思想观念、价值取向、心理特征、行为方式等方面的不同和差异。这涉及不同代人之间持有的价值的多元化、体现的文化的多元化。在不同代社会群体之间，会有上一代人对下一代人的哺育，也会有下一代人对上一代人的反哺。代际差异关系到的是传统与未来之间的关系。

　　文化社会心理学关注和涉及的是文化的独特构成、独特产物、独特机制、独特发展。文化变迁是指或由于民族社会内部的发展，或由于不同民族之间的接触。因而引起一个民族的文化的改变。涵化是文化变迁的一个主要的内容。涵化是文化变迁理论中的概念，美国人类学家称之为 acculturation。在人类学中，文化的适应、涵化、同化的概念包括了由社会影响所带来的变化的含义。在社会学中，社会变革的起源构成了社会运动的社会变化主题。在心理学中，变革特别是在个体的分析水平上得到了探索，如关于学习的研究，关于临床干预的探讨，等等。涵化就是社会变革的独特形式，是与社会文化变革同义的。[①] 价值取向（value orientation）是指一种价值偏好经过长久演变而成为影响重大的基本信念。数项价值信念或价值取向，如能组成一套互相关联的系统，则可称为价值体系（value system）。价值信念、价值取向和价值体系皆可统称为价值观念，或者简称为价值观。某种价值观一旦对人们的认知与行为具有经常的导向性，就称为价值取向。所谓价值取向，即价值标准所取的方向。从本体论的角度看，可以将价值取向称为价值的指向性。从价值观的角度看，价值的指向性就是价值取向。然而，无论是取向还是指向，其实质都是以谁为价值主体，并对价值主体的需要、目标和理想作何理解的问题。行为规范是社会规范的重要组成部分，是人的心理行为所依据的最基本的准则。行为规范会体现在文化的基本构成之中，并通过文化的方式延续和流行。在人的社会生活之中，并通过人的社会化所接受和遵从的行为的准则、行为的约束和执行的准则。文化人格是与文化传统、文化体制、文化构成、文化规范、文化价值，等等相一致的人格模式、性格特质、行为习惯。

---

　　① Chun, K. M., Organista, P. B. and Marin, G. (Eds.). *Acculturation-Advances in Theory, Measurement, and Applied Research* [M]. Washington, DC: American Psychological Association, 2003. 4-5.

第三节　文化适应心理学

　　世界的开放、边界的洞开、人口的流动、文化的融会，都将文化的交流和文化的适应等等的问题凸显了出来。已经习惯了的原初的文化，已经内化了的本源的文化，却要开始面对重新适应。这所带来的是一系列的心理行为上的转换和改变。与此相呼应的则是文化适应心理学的快速迅捷的兴起和突飞猛进的发展。

　　有研究总结了文化适应的心理学研究。研究指出了，随着越来越多的心理学家开始关注主流文化群体之外的少数族群移民的心理健康状况，文化适应（acculturation）已成为跨文化心理学研究中最重要的领域之一。文化适应的过程，包括各种环境、文化、社会和心理的适应。个体从一种文化移入另一种文化时，会面临很多变化和冲击。第一，要面临日常生活环境的变化。第二，要面临文化的变化。新文化与传统文化对人们期望的行为和价值观是截然不同的，如美国文化强调个人主义和独立，而东方文化（如中国）则强调集体主义和相互依赖。第三，要面临多种社会变化，如先前建立的社会网络和人际关系要随之改变。文化冲击理论所说的"文化冲击"是指，由于失去了自己熟悉的社会交往信号与符号，对于对方的社会符号不熟悉，而在心理上产生的深度焦虑。文化冲击大体上会经历四个阶段，蜜月阶段、沮丧阶段、调整阶段和适应阶段。文化适应理论则提出的是文化适应的五阶段模式理论。这包括了接触阶段、混乱阶段、否定阶段、自律阶段和独立阶段。接触阶段是刚进入异文化环境，对新环境文化好奇心旺盛，对异文化表示出强烈的兴奋。混乱阶段是开始觉察文化差异，并感到混乱、困惑、无力、孤独、抑郁。否定阶段则产生攻击性倾向，对异文化产生疑问和否定性行为。自律期阶段能够承认文化差异，个人心理防卫性得以消除，人际关系和语言上已能与环境协调。独立阶段则对文化差异的认识进一步确立，能够采取实现自我价值的行为，已能担负起社会职责，日常生活也很顺利。文化融入理论则强调的是在文化适应结构中要区别群体水平和个体水平的文化适应，文化心理适应主要研究的是后者，即个体从熟悉的母体文化进入新异的异质文化后产生的行为变迁和适应过程。群体水平的文化适应引发的主要是社会结构经济基础和政治组织方面的变化，而个体水平的文化适应往往导致价值观和态度的变化及行为的变迁。①

有研究探讨了文化适应心理学研究的脉络与新走向。研究指出，最初的文化适应带有贬义，关注的是个体层面的土著和移民少数裔的心理健康问题。人类学者较早涉足这一研究领域，在人类学著作中，一般翻译为"文化涵化"，与"文化濡化"相对，被视为社会文化变迁的一种主要形式。文化适应的经典定义来自人类学家，认为由个体组成，且具有不同文化的两个群体之间，发生持续的、直接的文化接触，导致一方或双方原有文化模式发生变化的现象。这一关注群体层面变化的定义被从事相关研究的心理学家们所认可并沿用至今。心理学界虽沿用了人类学对文化适应的定义，却有着截然不同的研究理念和路径。心理学者认为人类有着相同的心理过程和能力，心理学探求的是人类的心理共性，其中的跨文化心理学继而试图在不同文化的语境下来比较人类行为。如今，跨文化心理学者成了文化适应研究的主力军。较早的研究发现，同化并不是文化适应的唯一结果，而是有同化、融合、抗拒三种后果。相对文化适应则认为，在不同的社会文化领域，存在不同的态度与策略。应区分文化的"硬核"如价值观、社会家庭规范、荣誉观、两性关系等，以及"外围"如工作或消费理念等。可以划分七个不同的文化领域：政治和政府、工作、经济、家庭、社会、宗教和风俗、思维方式和价值观。文化适应是切合实际的一种选择。个体可能在一些领域选择分离，在另一些领域选择同化等不同的适应策略。②

有研究探讨了文化适应心理学研究的困境与出路。研究认为，有关文化适应的研究，是始于20世纪初期的美国。在美国这样一个多元文化并存的国家中，各个不同的文化群体在相互交往、相互融合过程中，往往面临着文化适应的问题，特别是主流文化背景下的少数民族或弱势群体，其文化适应及心理健康问题尤其突出。早期的文化适应研究主要由人类学家和社会学家所完成，一般探讨的是群体层面上文化特征的改变历程，即由于与发达文化群体进行接触，较原始的文化群体或是弱势群体改变其原有习俗、传统及价值观等文化特征的过程。之后不同的学科

---

① 徐光兴、肖三蓉. 文化适应的心理学研究［J］. 江西社会科学, 2009（4）. 234-237.
② 李加莉、单波. 文化适应心理学研究的脉络与新走向［J］. 理论月刊, 2012（6）. 49-52.

研究出现了进一步的分化，文化生态学重点关注人类社会群体与环境的适应关系，文化进化论强调纵向的"普遍进化"与适应机制，语言学家从双语和外来语的存在，考查群体成员间进行语言、文化接触的过程和结果。心理学家则注重个体在文化接触过程中文化认同、态度、价值观及行为等的改变，关注文化适应对个体心理过程的影响。文化适应心理学的主要研究趋势表现在：第一，从影响因素研究到对文化适应的态度与行为进行实证研究，并向着更大的范围扩展，如认知趋合、结果逆向等；第二，从整合研究为主到兼顾代际和群际之间的差异、情境变量和人格变量等因素的影响；第三，从概念、模型与维度之争，发展到层次水平的实证研究，随着结构效度的提高，临床研究成果的积累，文化适应与人格、心理健康等关系研究也在不断发展。心理学视域下文化适应的研究困境主要体现在以下几个方面：一是结构维度之争难以通过实证研究给出最终结论；二是文化适应群体的异质性使适应机制难有统一的解释；三是影响个体文化适应的各种因素无法有效进行整合。文化适应心理学研究的出路就在于：一是多学科的互动与对话是文化适应得到系统而深刻解释的基础；二是研究策略的多元化取向是研究走向深入的前提；三是本土化与服务社会是研究的出发点和归宿。[①]

文化适应心理学是伴随着文化开放、文化交流、文化互动，等等的人类活动而迅速发展起来的和不断加以扩展的探索研究。这不仅成了一个重要的研究热点，而且也成了一项重要的研究课题。尽管这是在跨文化心理学的领域所分离出来的一个重要的研究分支，但是却很快就超出了跨文化心理学的研究范围，而成了文化融合、心理融合、行为融合的跨学科和多学科的研究领域。

第四节 文化建构心理学

哲学思想潮流之中的建构主义的兴起、演变和发展，给传统心理学所带来的是建构主义心理学、文化建构心理学，等等的新的突破，新的

[①] 岑延远.文化适应心理学研究的困境与出路[J].西北师大学报（社会科学版），2014（1）.117–121.

转换，新的探索，新的创造。这成了心理学新发展的新的思想基础、新的理论预设、新的学说建构。文化建构心理学是将社会建构论确立为了自己的根基。

社会建构论是西方心理学中后现代取向的主要代表，其基本特征在于如下。一是反基础主义。认为心理学的概念并没有一个客观存在的"精神实在"作为其基础。二是反本质主义。认为人并不存在一个固定不变的本质，所谓人的本质是社会建构出来的。三是反个体主义。认为个体并不是脱离社会的存在。四是反科学主义。认为科学主义对客观性的追求是脱离了现实存在的。① 研究者探讨了社会建构论及其心理学的方法论蕴含，指出了依据于社会建构论的观点，实在是社会建构的产物。实在的知识并不是"发现"，而是"发明"，是特定社会和历史中的人互动和对话的结果。这种观点认为，心理不是一种"精神实在"，而是一种话语建构，服务于一定的社会目的。② 这一观点颠覆了传统心理学的本体论基础，对心理学的认识论和方法论产生了深远的影响。③

传统心理学把知识归结为一种个体占有物的个体主义倾向，以及把知识的起源归结为外部世界的反映论观点，使得心理科学呈现出了下列的特点。第一，心理学追求的是自然科学的客观性、精确性，强调方法的严格性。第二，是从个体内部寻找行为的原因，试图超越历史和文化的制约性。第三，为了获得客观的结论，研究者力求摆脱价值偏见和意识形态的影响，努力做到客观公正、价值中立。第四，也是最重要的，镜像隐喻（mirror metaphor）成为心理科学的根本隐喻（root metaphor），心理学家坚信，心理的内容来自外在世界，心理学的真正知识是对精神实在的精确表征或反映。

社会建构论则认为，心理并没有先在的和不变的基础，而是建构生成的。首先，实在是社会的建构。如果说实在是社会建构的结果，其深层的含义就是说，如果人没有去建构，实在就根本不存在，或者至少说，实在就不是现在这个样子。此外，建构的过程是通过语言完成的，那么

---

① 叶浩生. 社会建构论与西方心理学的后现代取向 [J]. 华东师范大学学报（教育科学版），2004（1）. 43-48.

② 叶浩生. 社会建构论及其心理学的方法论蕴含 [J]. 社会科学，2008（12）. 111-117, 185.

③ 叶浩生. 社会建构论与心理学理论的未来发展 [J]. 心理学报，2009（6）. 557-564.

由于语言符号的社会文化属性，随着社会和文化历史的不同，就出现了不同的实在。其次，知识是社会的建构。社会建构论认为，知识不是一种"发现"，而是思想家的"发明"，是人们在社会交往中对话和互动的结果。最后，心理是社会的建构。传统心理学把认知、记忆、思维、人格、动机、情绪，等等心理现象，视为人体内部的一种精神实在，这些精神实在如同物质实在那样，简简单单的就在那里，正等待着研究者去认识和发现。正因为如此，社会建构论心理学具有四个核心的理念，每个理念都代表着一个重要的思想层面，并以此构造出了社会建构论心理学的体系。一是批判，心理不是对客观现实的"反映"；二是建构，心理是社会建构的产物；三是话语，话语是社会实现建构的重要媒介；四是互动，社会互动应取代个体内在心理结构和心理过程而成为心理学研究的重心。[1]

建构主义、社会建构主义，都是对本质主义的反叛。这也就是说，并没有所谓先在的本质的存在，也没有普适性的关于研究对象本质的理解，一切都是建构出来的。那么，对于人来说，对于人的心理来说，也就并没有先在的人的本质，也没有先在的人的心理的本质，人、人的心理，都是建构出来的，都是社会建构的过程所形成的。这也就给心理学的发展带来了根本性的改观。

第五节　文化心理人类学

人类学的研究也与心理学的研究有着重要的关联。两个学科的交流和汇聚也带来了新的分支学科的出现和发展。在人类学的分支中，心理人类学的研究为心理学提供了重要的学术资源。韩忠太等学者在涉及心理学与文化人类学的关系时谈到，心理学与文化人类学之间的互动使两个学科都得到了长足的进步，并分别在两个不同的领域形成两个新的学科，一个是民族心理学，另一个是心理人类学。民族心理学采用文化人类学的观点研究心理学，心理人类学则用心理学的观点研究文化人类学。

---

[1] 杨莉萍. 析社会建构论心理学思想的四个层面[J]. 心理科学进展，2004（6）. 951-959.

在心理学界，心理学家在长期从事民族心理研究的基础上已经积累了大量经验，而文化人类学家对民族心理的独到研究，则使心理学界对民族心理问题有了更进一步的认识，特别是对民族文化与民族心理之间的相互关系有了更加明确的认识。因此，心理学家在研究过程中，越来越重视民族文化对心理的影响。这实际上是把民族文化作为一个重要的变量在实验设计和调查研究中加以考虑，并特别注意吸收文化人类学研究的理论成果，逐步建立和发展了文化心理学和跨文化心理学。在文化人类学界，文化人类学家应用心理学方法开展文化与人格研究，已把研究的范围从原来主要研究远离现代文明的、人口较少的原始族群，扩展到当代不同文明程度的、人口众多的民族，甚至把日本人、中国人、美国人也都纳入了研究范围。

随着文化人类学界对种族心理或民族心理的研究不断深入，一些文化人类学家已经不再满足于把自己的研究限制在文化与人格的范围之内。他们希望能够通过改变学科的名称来达到扩大研究范围的目的。因此，人类学中的"文化与人格"的研究就开始改称为"心理人类学"。心理人类学成为独立的学科分支以后，研究者将其定义为研究文化与心理、行为关系的科学，认为心理人类学不仅继续研究文化与人格这一传统课题，而且研究文化与认知、文化与情感、文化与意志、文化与态度、文化与行为、文化与心理发展、文化与精神异常等全新的课题。

心理学与文化人类学经过长期互动所形成的民族心理学和心理人类学，在研究对象、研究方法、研究内容、研究目的等方面日渐接近，使两个学科之间的差别性越来越小，共同点越来越多，因此有必要把两个学科合并为一个学科，由心理学家和文化人类学家联手共同开展民族心理研究，把民族心理研究提高到一个新的水平，为解决民族地区社会发展过程中出现的文化与心理问题提供有力的理论帮助。[1]

有研究者认为，哲学、心理学和人类学是心理人类学的三大来源。简单地认为心理人类学是在文化与人格研究的基础上形成的，或直接把心理人类学等同于文化与人格研究，显然是一种很片面的看法。心理人类学实际上所包含的研究内容，早就超出了文化与人格关系研究的范围。

---

[1] 韩忠太、张秀芬. 学科互动：心理学与文化人类学 [J]. 云南社会科学，2002（3）. 60-65.

当然，心理人类学在人类学研究中的兴起和扩展，与有关文化与人格之间关系的考察和探索是直接有关的。

心理人类学的来源之一是哲学。德国古典哲学对心理人类学的起源产生过非常重要的影响。德国古典哲学家对心理人类学的初步探索，为后来心理学和人类学分别从各自学科的特点出发，进一步研究不同民族、不同文化背景下的心理问题，奠定了理论基础。心理人类学的来源之二是心理学。受德国学术界注重研究不同民族、不同文化背景下的心理问题的传统影响，德国心理学家冯特在开创实验心理学研究的同时，也开创了民族心理学的研究。在英国心理学界，策动心理学派创始人麦独孤（W. McDougall）除了进行实验心理学、生理心理学和变态心理学的研究外，还花了大量精力研究民族心理学和社会心理学。在法国的心理学界，心理学家受孔德（A. Comte）的社会学思想影响较深，他们在研究心理学时很自然地用社会学的观点看待心理问题，形成了群体心理学派。心理学对不同民族、不同文化背景下的心理问题的研究不仅丰富和完善了心理学体系，而且对人类学产生了巨大的影响，为心理人类学的确立奠定了坚实的基础。心理人类学的来源之三是人类学。从人类学的发展历史看，在美国学术界有关文化与人格的研究兴起之前，西方一些主要国家的人类学家在研究人类学的过程中同样对不同民族、不同文化背景下的心理问题十分关注，并做了大量的研究。人类学家对不同民族、不同文化背景下的心理问题的研究，不仅有效拓宽了人类学的研究领域，使人类学研究逐渐摆脱只关注表层文化的被动局面，而且使心理学界进一步认识到文化变量在心理学研究中的重要地位和作用，为心理人类学的确立提供了内在的动力。[1]

有的研究考察了心理人类学的核心课题，即文化与人格的关系问题。研究者指出，文化塑造个体的人格，而这种塑造作用在个体人格形成的不同阶段所发挥的作用有所不同，其实质是个体接受文化影响的过程，而且文化的变迁对人格又产生新的影响。同时个体又影响文化接纳和传承。如何在全球化趋势下合理推进不同文化相互作用，引领和预期健康的人格模式，避免诸如不可预期的"文化混血"的人格特征的影响，也

---

[1] 韩忠太. 心理人类学的三大来源 [J]. 云南民族大学学报（哲学社会科学版），2008 (4) . 5–10.

是文化和人格关系研究中面临的一个挑战,也是未来研究的发展方向。[1]

文化与人格的研究产生于20世纪30年代,这类研究关注文化对人格的影响,也关注不同文化背景下表现出来的人格普遍性和文化特殊性。"文化与人格"的研究有兴衰,目前也有复苏。目前,文化与人格的研究领域有研究的进展,也存在着研究的问题。在此基础之上来展望未来的研究趋势,可以认为大五人格是连接文化与人格的概念框架,但对大五人格以及人格测量方法展开进一步探讨,通过理论来整合实证研究,将是未来研究的发展趋势和基本走向。[2] 在关于"文化与人格"的研究中,实际上包含着"文化中的人格"和"人格中的文化"两个命题。当今关于文化与人格的研究中,存在着几个重要的问题,如人格特质的跨文化普遍性问题、人格与文化研究中的文化问题、人格与文化的作用机制问题。要解决这些问题,就要做到如下的几个方面。一是将主位研究与客位研究结合起来,二是将文化看作动态的过程,三是考虑到文化与人格之间起作用的中间机制,四是加强人格心理学与其他学科的联系。[3]

在人类学的研究构成之中,心理人类学的研究早就已经成为独特的研究分支和重要的研究领域。心理人类学对于人类种族的心理存在、心理构成、文化人格、国民性格,等等的研究,都产生了非常重要的影响。这实际上也给心理学的演变和发展,特别是给文化心理学的兴起和扩展,带来了重大的改变和巨大的推进。

第六节 跨文化精神病学

有研究考察了精神疾病的文化相通性与文化相对性。研究指出了,关于文化对精神疾病的影响,目前存在两种不同的观点。一种观点认为精神疾病是普遍存在于不同文化中的客观事实,精神疾病并无文化特异

---

[1] 马前锋、孔克勤. 文化与人格:心理人类学的解释 [J]. 心理科学,2007 (6),1517-1520.

[2] 蒋京川. 文化与人格研究:历史、现状与未来趋向 [J]. 国外社会科学,2005 (5),15-20.

[3] 杨慧芳、郭永玉、钟年. 文化与人格研究中的几个问题 [J]. 心理学探新,2007 (1). 3-7,11.

性；另一种观点则认为精神疾病是相对于文化而言的，其本质、表现和预后都依文化的不同而不同。这两种观点在对精神疾病病因的认识、对精神疾病的诊断及跨文化精神病学的研究方法等方面，均存在着分歧。

20世纪初期，比较精神病学的概念是讨论文化与精神病理现象的开端。许多西方精神病学家将自己的研究范围扩大到非西方社会，应用西方精神病学的概念研究非西方的精神疾病。20世纪的中期，北美精神病学家试图比较不同社会中精神疾病的症状和发病率，并用跨文化精神病学一词来概括其研究。由于各个研究者所采用的诊断标准差异很大，各国资料之间比较的可信度有限。20世纪后期，有研究提出，用西方的精神疾病概念去研究非西方社会中的精神障碍的做法应予抛弃，呼吁建立一种"新跨文化精神病学"来取代旧的跨文化精神病学，并批评那些认为西方精神病学类别可以适用于任何文化的学者犯了"归类错误"，提出西方精神疾病的分类只适用于西方社会。

持文化相通论观点的学者与持文化相对论观点的学者一样，都承认文化在精神疾病的病因学中具有一定的地位。争论的焦点在于：一是在精神疾病的病因学中，文化因素与生物学因素二者中，哪一种是起主要作用的因素？二是精神障碍在本质上到底是类似于生物学上的"疾病"呢，还是不同于"疾病"，而是来源于社会文化塑造的"疾患"？文化相通论者认为，精神疾病特别是精神病有一个基本的生物性"核心"，不论在何种社会文化中，精神疾病的这个生物性"核心"是一致的。文化只影响精神疾病的"内容"，而不影响精神疾病的"类型"，即精神疾病的生物性实质。文化相对论者认为，正如在某一社会中被认为是正确的文化信念、习俗、规范、行为、感受等不一定适用于其他社会一样，对精神疾病的定义也是随文化的不同而异的。精神疾病在不同的文化中表达特定的文化职能。文化在精神疾病的产生中是起主要作用的因素，精神疾病在本质上是由社会文化所构成的，而在这一点上则与躯体疾病不同。[①]

很显然，跨文化精神病学揭示了、说明了和解释了，在不同的文化背景、不同的种族民族、不同的社会群体和不同的发展进程之中，精神

[①] 肖水源. 精神疾病的文化相通性与文化相对性 [J]. 国外医学与精神病学分册，1992（1）.9-13.

病的发病、病因、病种、症状、治疗、预防，等等一系列相关的方面。这所考察的、比较的、揭示的和解释的，实际上是与特定的文化密切相关联的精神病的致病原因、诊断标准、具体症状、对待方式和治疗方法。这不仅成了精神病学发展可供借鉴的内容，而且也成了文化心理学进步可供吸纳的资源。

第四章　心理学与文化的关系

　　心理学的发展和心理学的研究都与文化有着十分密切的关系。心理学曾经是靠摆脱、放弃、回避或越过文化的存在来发展自己，但心理学现在必须是靠容纳、揭示、探讨或体现文化的存在来发展自己。合理地理解心理学与文化的关系，是决定心理学的发展和研究的十分重要的方面。心理学早期是排斥文化的存在来保证自己对所有文化的普遍适用性，而心理学目前则是包容文化的存在来保证自己对所有文化的普遍适用性。最为根本的不是心理学是否与文化有关联，而是心理学与文化是一种什么性质的关系。对心理学与文化的关系进行反思、探讨、揭示、阐释，从而对心理学与文化的关系能够有更全面和更深入的理解和把握，对于心理学学科的发展和拓展，对于心理学应用的推动和推进，都具有十分重要的意义和价值。

第一节　心理学与文化关系的研究

　　当代心理学发展的文化学转向涉及关于心理学研究对象文化内涵的理解，也涉及关于心理学研究方式文化特性的确立。这已经成为心理学研究的重大的变革。[①] 这也是现代西方心理学研究的重要转向。[②] 心理学发展的文化学转向已经成为研究者探讨的一个中心和焦点课题。心理学的发展和心理学的研究都与文化有着十分密切的关系。所谓心理学与文化的关系是指，心理学在自身的研究、发展和演变的过程中，与文化的背景、与文化的历史、与文化的根基、与文化的条件、与文化的现实、

---

　　① 葛鲁嘉、陈若莉．当代心理学发展的文化学转向［J］．吉林大学社会科学学报，1999(5)．79-87.
　　② 叶浩生．试析现代西方心理学的文化转向［J］．心理学报，2001(3)．270-275.

与文化的发展，等等，所产生的关联。心理学与文化的关系有着特定的内涵，心理学与文化的关系也经历了历史的演变。这包括经历了文化的剥离、文化的转向、文化的回归、文化的定位。

在心理学的研究发展之中，已然经历的是心理学研究的文化学转向。在心理学的研究深入之中，进而经历的则是心理学研究的文化学取向。心理学与文化的关系界定所涉及的是心理学的单一文化背景和心理学的多元文化发展。心理学与文化的关系性质所涉及的是文化心理学、跨文化心理学、本土心理学、后现代心理学，等等。心理学与文化的关系意义则涉及的是心理学的新视野、新领域、新理论、新方法、新技术、新发展。多元文化论成为西方心理学发展中的思潮。[1] 因此，有研究者分析了西方心理学中的多元文化论运动。[2] 这包括多元文化论对于跨文化心理学等特定心理学分支的影响。[3] 显然，文化研究与心理学研究交汇在了一起。有研究者对文化与心理学之间的交叉和汇通进行了历史的考察和理论的分析。[4]

有研究把跨文化心理学、文化心理学和本土心理学看成是涉及心理学与文化关系的三种不同的心理学研究，是有关文化与心理学关系的三种主要的研究模式。尽管这是心理学的三个重要的分支学科，但是每个学科都以特定的方式涉及了文化的存在、文化的传统、文化的影响、文化的价值。跨文化心理学涉及的是不同文化群体的心理行为的比较，文化心理学涉及的是文化对人的心理行为的影响，本土心理学涉及的是本土背景中与文化相关的和从文化派生出来的心理行为。这三者是从不同的角度阐明了文化与心理学的关系。[5]

心理学曾经靠摆脱、放弃、回避或越过文化的存在来发展自己，但心理学现在必须靠容纳、揭示、探讨或体现文化的存在来发展自己。心

---

[1] 叶浩生. 关于西方心理学中的多元文化论思潮 [J]. 心理科学，2001 (6) . 680-682.

[2] 叶浩生. 西方心理学中多元文化论运动的意义与问题 [J]. 山东师大学报 (人文社会科学版)，2001 (5) .

[3] 叶浩生. 多元文化论与跨文化心理学的发展 [J]. 心理科学进展，2004 (1) . 144-151.

[4] Adamopoulos, J. and Lonner, W. J.. Culture and psychology at a crossroad: Historical perspective and theoretical analysis [A]. In David Matsumoto. *The handbook of culture and psychology*. New York: Oxford University Press, 2001. 15-25.

[5] 乐国安，纪海英. 文化与心理学关系的三种研究模式及其发展趋势 [J]. 西南大学学报 (社会科学版)，2007 (3) . 1-5.

理学早期是排斥文化的存在来保证自己对所有文化的普遍适用性，而心理学目前则是包容文化的存在来保证自己对所有文化的普遍适用性。这是一个历史性的变化。这种变化是心理学研究在思想框架、理论范式、研究原则等方面的重大跃进。

因此，在一些学者看来，在心理学的研究中，文化学转向或文化转向就被认为是心理学发展的一个新的契机。[①] 这给心理学带来的就是全面的转换，这既包括有关心理学研究对象的转换，也包括有关心理学研究方式的重要转换。心理学在自身的发展和演变的历程中，总是会根据历史的传统、现实的需要和未来的趋势，去不断地转换自己的研究取向，去不断地调整自己的研究中心，去不断地移动自己的研究重点。这所带来的是心理学研究的全面改观或变革。有的研究就指出了，心理学的文化转向具有的是方法论的意义。[②] 有的研究就表明了，心理学的文化转向仍然还存在着方法论的困境。[③] 有的研究则提示了，心理学发展的新思维应该是从文化的转向到跨文化的对话。[④]

因此，对于心理学研究的学科整体来说，对于心理学研究的基本框架来说，对于心理学研究的演变趋势来说，文化心理学本身显然具有超越了单一心理学分支的重要意义和基本价值。[⑤] 这所直接关系到的是主流心理学发展所面临的困境。[⑥] 主流心理学在自身的发展进程之中对文化的回避和排斥，实际上严重地限制了心理学关于研究对象的理解和关于研究方式的确立。那么，重新把握文化心理学的研究的价值，就成了突破心理学研究困境的非常重要的途径。进而，这所带来的是心理学方法论上的突破，包括突破了心理学研究的还原论的制约，也包括突破了心理

[①] 麻彦坤. 文化转向：心理学发展的新契机 [J]. 南京师大学报（社会科学版），2003（3）. 100-106.

[②] 麻彦坤. 当代心理学文化转向的动因及其方法论意义 [J]. 国外社会科学，2004（1）. 2-7.

[③] 霍涌泉、李林. 当前心理学文化转向研究中的方法论困境 [J]. 四川师范大学学报（社会科学版），2005（2）. 49-54.

[④] 霍涌泉. 心理学文化转向中的方法论难题及整合策略 [J]. 心理学探新，2004（1）. 12-15.

[⑤] 田浩、葛鲁嘉. 文化心理学的启示意义及其发展趋势 [J]. 心理科学，2005（5）. 1269-1271.

[⑥] 李炳全、叶浩生. 主流心理学的困境与文化心理学的兴起 [J]. 国外社会科学，2005（1）. 4-12.

学研究中的文化中立和价值中立的限定。[1] 心理学的发展曾经建立在单一文化的背景或基础之上。多元文化论的研究认为，传统的西方心理学是建立在一元文化的基础上，只能适合于西方白人主流文化。因此，多元文化论主张的是文化的多元性，强调的是把心理行为的研究同多元文化的现实结合起来。[2] 多元文化论者反对心理学研究中的"普遍主义"的立场或"普世主义"的主张。心理学中的多元文化论运动强调文化的多样性，认为传统的西方心理学仅仅是建立在白人主流文化的基础之上，是立足于西方文化资源的心理学探索。多元文化论的心理学研究主张，文化的多元化也就是心理学研究对象的多元化，也就是心理学研究方式的多元化。这也就导致了多元文化论心理学认为，在一种文化下的心理学研究的结果，并不能够被无条件地和无选择地应用到另一种文化之中去，心理学的研究应该同多元文化的现实结合起来。这也是跨文化心理学研究方法的进化。[3] 那么，文化与心理学之间的关系也就是双向影响的关系，也就是相互作用的关系。文化的存在和文化的环境不仅会影响到人的心理行为的性质和变化，而且反过来人的心理行为也会影响到文化的形成和发展。[4] 研究认为，心理学的多元文化论运动是继行为主义心理学、精神分析心理学和人本主义心理学之后，心理学中的第四种力量。这一运动目前还面临着许多的争议。

心理学的发展和心理学的研究都与文化有着十分密切的关系。所谓心理学与文化的关系是指心理学在自身的研究、发展和演变的过程中，与文化的背景、与文化的历史、与文化的根基、与文化的条件、与文化的现实等等，所产生的关联。心理学与文化的关系有着特定的内涵。心理学与文化的关系经历了历史的演变，也经历了文化的剥离、文化的转向、文化的回归、文化的定位。

---

[1] 李炳全. 论文化心理学在心理学方法论上的突破 [J]. 自然辩证法通讯，2005 (4). 40-45.

[2] 杨莉萍. 从跨文化心理学到文化建构主义心理学 [J]. 心理科学进展，2003 (2). 220-226.

[3] Vijver, F. V. D.. The evolution of cross-cultural research methods [A]. In David Matsumoto. *The handbook of culture and psychology.* New York: Oxford University Press, 2001. 78-92.

[4] 纪海英. 文化与心理学的相互作用关系探析 [J]. 南京师大学报（社会科学版），2007 (4). 109-113.

第二节　心理学与文化关系的内涵

　　无论是关于心理学的发展，还是关于心理学的研究，研究者关于心理学与文化的关系的理解千差万别。合理地理解心理学与文化的关系，是决定心理学的发展和研究的十分重要的方面。所谓心理学与文化的关系是指心理学在自身的研究、发展和演变的过程中，与文化的背景、与文化的历史、与文化的根基、与文化的资源、与文化的现实等等，所产生的关联。应该说，心理学的学科、心理学的研究、心理学的发展，都是植根于文化的土壤之中的。但是，不同的心理学研究者关于心理学与文化的关系的理解和认识是十分不同的。甚至于在很长的历史时段中，很多的心理学家并没有意识到文化对于心理学研究和心理学发展的重要意义和价值。

　　尽管实证科学的心理学是在心理学实验室中诞生的，但是心理学学科本身的历史发展和演变却是在特定的文化生态环境中进行的。对于心理学的研究来说，无论是研究对象，还是研究方式，都有着文化的体现。或者说，都有着文化的性质、文化的特征。可以说，如果没有对心理学与文化的关系的合理理解，就会使心理学的研究和发展具有很大的盲目性。其实，当心理学的发展依附于自然科学的传统，而忽视自己的社会科学和文化科学的传统时，心理学关于对象的理解和关于学科的理解都曾经是扭曲的。

　　有研究者把跨文化心理学、文化心理学和本土心理学看作涉及心理学与文化关系的三种不同的心理学研究，是有关文化与心理学关系的三种主要的研究模式。跨文化心理学的研究对象是不同文化群体的心理行为比较，文化心理学研究文化对人的心理行为的影响，本土心理学研究本土背景中与文化相关的和从文化派生出来的心理行为。这就从不同的角度阐明了文化与心理学的关系。[①]

　　人的心理行为有对应的两极，关于人的心理行为的研究也就有了两

[①] 乐国安、纪海英. 文化与心理学关系的三种研究模式及其发展趋势［J］. 西南大学学报（社会科学版），2007（3）. 1—5.

极。一极是自然生物的，另一极是社会人文的。因此，在心理学的分支当中，就有了从属于这两极的学科分支。从属于自然生物的心理学分支学科有生物心理学、生理心理学、神经心理学等等；从属于社会人文的心理学分支学科有社会心理学、跨文化心理学、文化心理学等等。

  尽管心理学是把心理行为作为本学科的研究对象，但是心理学的早期目标却是把近代自然科学的成功研究方式移植到心理学中，而并没有考虑到心理学研究对象的独特性质。这导致的一个直接后果，就是按照近代自然科学的方式来理解和对待人的心理行为。心理学的研究因此而忽略和无视人的心理行为的文化特性，也因此而忽略和无视心理科学的文化特性。[①] 心理学当代的目标应该有一个重要的转折，那就是从研究对象的独特性质出发，去开创心理科学的独特研究方式，而不是以放弃人的心理行为的某些性质和特点，去贯彻自然科学的研究方式。人类心理与自然物理既有彼此的关联，又有彼此的区别。其最根本的关联在于，人类心理也是自然的存在，也是自然发生和变化的历程。其最根本的区别在于，人类心理具有自觉的性质，这种自觉的心理历程也是文化创生的历程。正是由于人类心理的特殊性质，导致了人类心理的多样性和复杂性，也导致了心理学研究在理解人类心理时的困难、局限、分歧、争执、对立和冲突。

  在心理学科学化的进程当中，西方主流心理学的研究就倾向于把人的心理理解为自然的现象，或者说具有与自然现象类同的性质。这一方面促进了心理学成为独立的科学门类和使心理学越来越精密化，但另一方面也使心理学的研究具有了一定的缺陷。缺陷主要体现在两个方面。一是无文化的研究，或者说是弃除了人类心理的文化性质。如心理学早期的实验研究中，所运用的刺激是物理的刺激而不是文化的刺激，所着眼的反应是生理心理的反应而不是文化心理的反应。二是伪文化的研究，或者说是扭曲了人类心理的文化性质。如心理学的一些研究中，仅仅把文化看作一种外部的刺激因素，或者说假定了人类心理的共有机制，文化的内容只是其千变万化的表面现象。这也是在心理学的研究中还原论十分盛行的一个重要的原因，亦即把复杂多样的人类心理还原到了生理的甚至是物理的基础上。

---

  ① 孟维杰、葛鲁嘉. 论心理学文化品性 [J]. 心理科学, 2008 (1). 253-255.

正是近代自然科学的研究方式使心理学迈进了科学阵营的门槛，但这也使心理学的研究受到了局限。这种局限不在于是否揭示了心理学的研究对象与其他自然科学门类的研究对象的共同之处，而恰恰是在于无法揭示它们的不同之处。心理学研究中的自然科学方式主要表现在三个方面：一是追求心理学研究的客观性；二是依赖研究者感官经验的普遍性；三是确立实证方法的中心地位。

从第一个方面来看，对心理学研究的客观性的追求强调的是，研究者与研究对象是分离的，追求客观性是为了消除研究者的主观性臆造或主观性附会，是为了从对象出发而完全真实地说明对象。这对于自然科学的研究来说无疑是成功的，但在心理学的研究中却引起了出人意料的后果。那就是在否弃研究者的主观性的同时，也否弃了研究对象的主观性。或者说，是在强调研究对象的客观性的同时，否弃了研究对象的主观性。物理学中有过反幽灵论的运动，生物学中有过反活力论的运动，心理学中也相应地有过反目的论或反心灵论的运动。这就使得心理学研究对客观性的追求变成了对研究对象的客观化，而客观化甚至导致了对研究对象的物化。

从第二个方面来看，对研究者感官经验的普遍性的依赖强调的是，研究者面对与自身分离的研究对象，或者说研究者作为分离的研究对象的旁观者，他对于研究对象的认识应始于他的感官经验。那么，研究的科学性就是建立在研究者感官经验的普遍性上。一个研究者通过感官把握到的现象，另一个研究者通过相同的感官把握到的也会是相同的现象。这对于自然科学的研究来说也无疑是成功的，但在心理学的研究中也引起了出人意料的后果。那就是人的心理也是内在的自觉活动，这通过外在观察者的感官是无法直接把握到的。或者说，依赖于研究者感官经验的普遍性，使心理学无法把握到人的心理的完整面貌。

从第三个方面来看，确立实证方法的中心地位强调的是，为了保证研究者感官经验的可靠性和可信性，只有通过实证的方法来确立心理学的科学性质。心理学的研究运用实证方法是心理学的一个重大的进步。但是，运用实证方法和以实证方法为中心具有不同的含义。发展和完善实证方法是十分必要的，而以实证方法为中心则涉及的是把实证方法摆放到什么位置的问题，即摆放到了一个支配性的地位。在心理学中，以实证方法为中心导致了研究不是从对象本身出发，而是从实证方法出发；

实证的方法不是附属于对人的心理的揭示，而是对人的心理的揭示附属于实证的方法。显然，对实证方法的关注超出了对研究对象的关注。

正是上述的三个方面构成了心理学的小科学观，使心理学跨入了实证科学的阵营，但也使心理学的研究忽视了人类心理的文化特性，也使心理学家忽视了心理学研究的文化特性。心理学常常是盲目地追求有关人类心理的普遍规律性，盲目地追求有关心理科学的普遍适用性。那么，心理学的研究方式就要面临着变革，这也是心理学现行科学观的变革。这种变革就体现在上述的三个方面。

第一个方面是使心理学研究从对客观性的追求延伸到对真实性的追求。这也就是说，心理学的研究不仅要追求客观性，而且要追求真实性。人类心理的性质不在于它是客观性的存在还是主观性的存在，而在于它是真实性的存在。原有的研究仅仅是把物化或客观化看作真实的，其实这是对人类心理的真实性的歪曲。从心理学研究对象的角度来看，心理的主观性或自觉性也都是真实性的存在，也都是真实性的活动。

第二个方面是使心理学研究从对实证（感官）经验的普遍性的依赖，延伸到对体证（内省）经验的普遍性的探求。[①] 人类心理的基本性质在于其自觉性，这涉及两个重要的问题。一是从研究对象的角度，心理的自觉活动是研究者的感官经验所无法直接把握到的。二是从研究者与研究对象不加分离的角度，心理都是自觉的活动。问题是这种自觉活动能否把握到心理的性质和规律。显然，心理的内省经验具有私有化的特征，换句话说，心理的内省自觉具有分离性和独特性。所以，关键在于探求和达到内省经验的普遍性。

第三个方面是使心理学研究从以方法为中心转向以对象为中心。实证心理学曾经有过以研究方法来取舍对象，甚至是以研究方法去歪曲对象。因此，心理学的研究必须以对象为中心。以对象为中心涉及如下两点：一是心理学的研究必须如实地揭示人类心理的原貌，二是心理学的研究必须从对象的独特性质引申出心理学的独特研究方式。方法是为揭示对象服务的。心理学研究的科学性不在于是否运用了客观化的研究方法，而在于是否合理地确立了心理学的研究对象和研究者之间关系的性

---

① 葛鲁嘉. 体证和体验的方法对心理学研究的价值［J］. 华南师范大学学报（社会科学版），2006（4）.116-121.

质，以及是否符合在此基础之上确立起来的研究规范。

上述三个方面的转变，最终都体现为要重新理解和确立心理学的研究对象和研究者之间的关系。心理学现有的研究都是建立在研究对象与研究者的分离的基础之上。这对于研究非心灵的对象来说是必要的和充分的，但对于以心灵为对象的研究来说可能就是不完备的或有缺陷的。那么，心理学的研究能否进一步建立在研究对象与研究者不分离的基础之上。以心灵为对象的研究无疑对科学的发展提出了挑战。中国本土的心理学传统可以为此提供重要的启示。当然，这样的工作是非常艰巨的。这也是心理学本土化所必须面临的任务，是当代心理学研究的文化学转向的核心部分。

第三节 心理学与文化关系的演变

从哲学的怀抱中脱离出来之后，西方心理学直接继承了西方近代自然科学的科学观，或者说直接贯彻了西方近代自然科学的研究方式。这直接决定了心理学家所采纳的研究目标，也直接决定了心理学家为达到目标而采纳的研究策略。此时的心理学家不是通过人的心理的独特性质引申出心理学的研究方式，而是通过贯彻引进的自然科学研究方式来对待人的心理。正是近代自然科学的研究方式使心理学迈进了科学阵营的门槛，但这也使心理学的研究受到了局限。这种局限不在于是否揭示了心理学的研究对象与其他自然科学门类的研究对象的共同之处，而恰恰是在于无法揭示它们的不同之处。心理学研究中的自然科学方式主要表现在三个方面：一是追求心理学研究的客观性；二是依赖研究者感官经验的普遍性；三是确立实证方法的中心地位。

从第一个方面来看，对心理学研究的客观性的追求强调的是，研究者与研究对象是分离的，追求客观性是为了消除研究者的主观性臆造或主观性附会，是为了从对象出发而完全真实地说明对象。这对于自然科学的研究来说无疑是成功的，但在心理学的研究中却引起了出人意料的后果。那就是在否弃研究者的主观性的同时，也否弃了研究对象的主观性。或者说，是在强调研究对象的客观性的同时，而否弃了研究对象的主观性。物理学中有过反幽灵论的运动，生物学中有过反活力论的运动，心理学中也相应地有过反目的论或反心灵论的运动。这就使得心理学研究对客观性的追求变成了对研究对象的客观化，而客观化甚至导致了对研究对象的物化。

　　从第二个方面来看，对研究者感官经验的普遍性的依赖强调的是，研究者面对与己分离的研究对象，或者说研究者作为分离的研究对象的旁观者，他对于研究对象的认识应始于他的感官经验。那么，研究的科学性就是建立在研究者感官经验的普遍性上。一个研究者通过感官把握到的现象，另一个研究者通过相同的感官把握到的也会是相同的现象。这对于自然科学的研究来说也无疑是成功的，但在心理学的研究中也引起了出人意料的后果。那就是人的心理也是内在的自觉活动，这通过外在观察者的感官是无法直接把握到的。或者说，依赖于研究者感官经验的普遍性，使心理学无法把握到人的心理的完整面貌。

　　从第三个方面来看，确立实证方法的中心地位强调的是，为了保证研究者感官经验的可靠性和可信性，只有通过实证的方法来确立心理学的科学性质。心理学的研究运用实证方法是心理学的一个重大进步。但是，运用实证方法和以实证方法为中心具有不同的含义。发展和完善实证方法是十分必要的，而以实证方法为中心则涉及的是把实证方法摆放到什么位置的问题，即摆放到了一个支配性的地位。在心理学中，以实证方法为中心导致了研究不是从对象本身出发，而是从实证方法出发；实证的方法不是附属于对人的心理的揭示，而是对人的心理的揭示附属于实证的方法。显然，对实证方法的关注超出了对研究对象的关注。

　　当代心理学发展的文化学转向并不是要否弃现有的心理学研究，而是对现有的心理学研究的不合理延伸的限制，或是对现有心理学研究的合理部分的延伸。那么，心理学研究中的研究对象与研究者的关系就应该得到改变。要限制绝对的分离，要推动相对的分离。所谓相对的分离是指彼此统一基础上的分离。所谓彼此的统一是指心理学的研究对象与研究者共有的价值追求和共同的创造生成。这就是心理学的文化学要义。心理学在自己的发展和演变的历程中，是需要不断地去转换自己的研究的取向、研究的中心和研究的重心。当然，有的研究认为心理学文化转向有方法论的意义。有的研究认为心理学文化转向还存在着方法论困境。

有的研究认为心理学发展的新思维应是从文化转向到跨文化对话。[①]

心理学研究应该从以方法为中心转向以对象为中心。实证心理学曾经有过以研究方法取舍研究对象,甚至是以研究方法扭曲研究对象。因此,心理学的研究必须以对象为中心。以对象为中心涉及如下两点:一是心理学的研究必须如实地揭示人类心理的原貌,二是心理学的研究必须从对象的独特性质引申出心理学的独特研究方式。研究方法是为揭示研究对象服务的。心理学研究的科学性不在于是否运用了实证的研究方法,而在于是否合理地确立了心理学的研究对象和研究者之间关系的性质,以及是否符合在此基础之上确立起来的研究规范。

第四节 心理学与文化关系的性质

心理学、心理学的研究、心理学的学科发展、心理学的学术演变,都与文化有着非常直接和极其重要的关联。当然,最为根本的不是心理学是否与文化有关联,而是心理学与文化的关系是一种什么性质的关系。在心理学众多的分支学科中,有一些分支学科的研究内容和研究方式,是与社会文化关联非常密切的。那么,考察和探讨这些分支学科有关文化的内涵,就可以理解和阐释心理学与文化的特定的关联。这其中就包括文化心理学的学科,跨文化心理学的学科。当然,要说明心理学与文化的关系的性质,除了考察特定的心理学分支学科,还可以考察在心理学发展中显露出来的特定的研究取向,特定的研究思潮。这其中就包括心理学的本土化的研究思潮、心理学的多元文化论的研究思潮。这都给心理学的发展带来了重要的和标志性的变化和进步。

文化心理学是心理学中原本默默无闻的和非常弱小的分支学科。但是,在近些年来,文化心理学却有大兴和暴热的趋势。文化心理学是通过文化来考察和研究人的心理行为的心理学分支学科。[②] 近些年来,文化心理学有了较为迅猛的发展,正在受到学者和民众越来越多的关注。[③] 文

[①] 孟维杰.从文化转向到跨文化对话:心理学发展新思维[J].南通大学学报(教育科学版),2006(2).47-50.

[②] 李炳全、叶浩生.文化心理学的基本内涵辨析[J].心理科学,2004(1).62-65.

[③] 余德慧.文化心理学的诠释之道[J].本土心理学研究,1996(6).146-202.

化心理学的兴起与主流心理学面对的困境有关。[1] 文化心理学有着自己的发展线索,[2] 也有自己的方法论困境。[3] 在心理学的众多的学科分支中,跨文化心理学也是越来越受到关注和重视的心理学学科分支。特别是在近些年来,跨文化心理学成了心理学研究中的一门显学。在一个不长的历史时段中,跨文化心理学也同样获得了非常迅猛的发展。所谓跨文化心理学,是对文化的变量进行综合比较的心理学研究。进而,所谓跨文化心理学,是通过文化的变量来考察和研究人的心理行为异同的一门重要的心理学分支学科。[4] 这是研究和比较不同文化群体中的被试,以检验现有心理学知识和理论的普遍性,其根本目的是建立普遍适用的心理学或人类的心理学。[5] 显然,跨文化心理学涉及人的心理行为的文化特性,但它目前的研究立场和研究方式却仍然存在着较大的争议。[6] 大部分的跨文化心理学研究都是以西方心理学为基调,采纳的是西方心理学的理念、框架、主题、理论及方法等。那么,通过此类的研究所得出的普遍适用的心理学或全人类的心理学,就只能是西方心理学所支配的心理学。

目前的跨文化心理学研究的确在方法论上存在着重大的困难与障碍。例如,跨文化心理学有两种不同的研究策略,即"主位的"(emic)研究和"客位的"(etic)研究。通常的理解,主位的研究是指从本土的文化或某一文化的内部出发来研究人的心理行为,而不涉及在其他文化中的适用性问题。客位的研究则是指超出特定的文化,从外部来研究不同文化之中的人的心理行为。显然,大部分的跨文化心理学的研究是采取了客位的研究策略。但是,这样的研究策略常常是以西方的文化为基础或以西方的心理学为基调。杨国枢先生后来曾仔细地分析过主位的研究取向与客位的研究取向的内在含义。他认为这两个研究取向有三个对比的

---

[1] 李炳全、叶浩生. 主流心理学的困境与文化心理学的兴起 [J]. 国外社会科学,2005 (1). 4-12.

[2] 田浩. 文化心理学的发展线索 [J]. 内蒙古师范大学学报(哲学社会科学版),2005 (6). 92-95.

[3] 田浩. 文化心理学的方法论困境与出路 [J]. 心理学探新,2005 (4). 7-10.

[4] 郭英. 跨文化心理学研究的历史、现状与趋势 [J]. 四川师范大学学报(社会科学版),1997 (4). 90-95.

[5] Vijver, F. V. D.. The evolution of cross-cultural research methods [C]. In David Matsumoto. *The handbook of culture & psychology*. New York: Oxford University Press, 2001. 78-92.

[6] 李炳全. 文化心理学与跨文化心理学的比较与整合 [J]. 心理科学进展,2006 (2). 315-320.

差异：一是所研究的现象或是该文化特有的，或是该文化非特有的；二是在观察、分析和理解现象时，研究者或是采取自己的观点，或是采取被研究者的观点；三是在研究设计方面，或是采取跨文化的研究方式，或是采取单文化的研究方式。杨国枢先生认为，原有的跨文化心理学研究主要采取的是以研究者的观点探讨非特有现象的跨文化研究。在这样的研究方式中，来自某一文化的心理学者（通常是西方学者，特别是美国学者），将其所发展或持有的一套心理行为概念先运用于对本国人的研究，进而再运用于对他国人的研究，然后就所得出的结果进行跨文化的比较。这种研究方式正在受到质疑和批评，一些跨文化心理学的研究者也正在寻求更好的和更合理的研究方式，如客位和主位组合的研究策略、跨文化本土研究策略等。[1]

心理学本土化的研究思潮和研究取向，本土心理学的研究定位和研究策略，不同于或区别于文化心理学和跨文化心理学的研究。本土的心理学或本土化的心理学兴起于对西方文化和西方文化中的心理学的支配性地位和主导性约束的反叛和反抗，也是来自对西方心理学的唯一合理性和普遍适用性的质疑和挑战。这涉及的是关于文化、关于科学和关于本土心理学的综合的理解和分析。[2] 这体现在三个重要的努力方向上：一是反思和批判西方心理学；二是挖掘和整理本土的传统心理学资源；三是创立和建设本土的科学心理学。

心理学本土化是一个世界性的潮流，中国心理学的本土化是其中的重要组成。科学化与本土化是中国心理学发展的两个重大的主题。[3] 心理学中国化有着自己的学术演进和发展目标。[4] 新心性心理学的理论建构就属于中国本土心理学的原始性理论创新。[5] 中国心理学的本土化发展历程

---

[1] 杨国枢. 我们为什么要建立中国人的本土心理学 [J]. 本土心理学研究，1993（1）. 6-88.

[2] Kim, U.. Culture, science, and indigenous psychologies: An integrated analysis [C]. In David Matsumoto. *The handbook of culture and psychology*. New York: Oxford University Press, 2001. 54-58.

[3] 葛鲁嘉. 中国心理学的科学化和本土化——中国心理学发展的跨世纪主题 [J]. 吉林大学社会科学学报，2002（2）. 5-15.

[4] 葛鲁嘉. 心理学中国化的学术演进与目标 [J]. 陕西师范大学学报（哲学社会科学版），2007（4）. 118-123.

[5] 葛鲁嘉. 新心性心理学宣言——中国本土心理学原创性理论建构 [M]. 北京：人民出版社，2008. 41-42.

是非常值得探讨的学术标本。可以说，中国心理学的本土化起步的时间非常晚，但发展的速度却非常快。中国心理学的本土化研究和本土化历程，在一个比较短的时期里，取得了相当数量的和相当重要的成果。从中国心理学本土化的发展历程来看，可以将其大致地区分为两个阶段。第一个阶段是保守的本土化研究时期，时段大约是从20世纪70年代末期到80年代末期。第二个阶段是激进的本土化研究时期，时段大约是从20世纪90年代初期到现在。

在保守的本土化研究时期，中国本土的心理学者主要是反思和批判西方心理学在研究内容上的狭隘；检讨和重估西化的中国心理学对解释中国人心理的缺陷；开辟和推动本土化的心理学具体研究。但是，这仍然是一个保守的时期，其主要的特征在于仅仅试图扩展西方心理学的研究内容，使中国心理学转而考察中国人的心理行为。这在科学观上并未能够超越西方心理学，或者说仍然是受西方心理学的研究方式的限制。这个阶段的研究是以中国人作为被试，但使用的工具、方法、概念和理论还是西方式的。

在激进的本土化研究时期，中国本土的心理学者主要是反思和批判西方心理学在研究方式上的局限；力图摆脱西方心理学和舍弃西化心理学；尝试建立真正本土的心理学。这进入了一个激进的时期或者阶段，该阶段主要的特征在于开始试图评鉴和扩展西方心理学的研究方式，使中国心理学开始突破西方心理学的小科学观的限制，寻求更超脱的和多样化的研究方法和理论思想。但是，这个阶段的研究还带有相当的盲目性。研究更为多样化，但更具杂乱性。研究带有更多的尝试性，而缺少必要的规范性。当前的研究没有相对一致的衡量和评价研究的标准。

心理学的学科发展曾经是建立在单一文化的背景之中，或者是奠定在一元文化的基础之上。多元文化论者认为，传统西方心理学就是建立在一元文化的基础上，只能适合西方白人主流文化。因此，他们主张和坚持文化的多元性，强调把心理行为的研究同多元文化的现实结合起来。就世界范围来讲，存在着不同的国家和地区，有着不同的文化传统。如东方国家的集体主义的文化传统，强调群体的一致性、个人的献身精神、群体成员之间的相互依赖，等等。如西方国家的个体主义的文化传统，强调个人的独立、个人的目标、个人的选择和个人的自由，等等。就一个国家来说，由于存在着不同的种族，因而也存在着不同的文化。在美国这样的移民国家，文化的多元性就十分明显，存在着白人文化、黑人文化、亚裔文化、异性恋文化、同性恋文化，等等多种文化，是典型的多元文化国家。在多元文化的国家里，如果仅以一种文化作为研究的范例，其研究的结论就无法解释其他群体的行为。所以，多元文化论者反对心理学中的"普遍主义"（universalism）的观点。传统的心理学研究排斥了文化的存在，其发现和成果被认为是可以忽略文化因素而"普遍"通用的。也有很多的研究者对普遍主义的假设有质疑，但由于文化因素在实验研究中很难加以控制，也就采纳了普遍主义的假设。这在社会心理学的研究中十分严重，尽管文化对群体行为有十分重要的影响，但实验的社会心理学家仍热衷于在实验室中研究社会行为，以得到一个普遍主义的研究结论。从反对心理学的普遍主义出发，多元文化论者对西方心理学中的"民族中心主义"提出了强烈批评。

心理学的发展，或者说心理学的全球化的发展，所面对的是多元文化的存在、多元文化的资源和多元文化的发展。这也是心理学所必须面对的文化的多元化的存在，以及在多元文化背景之下的，人的心理行为的多元化的体现和心理学在多元文化中的发展。心理学中的多元文化论运动强调文化的多样性，认为传统的西方心理学仅仅是建立在白人主流文化的基础之上的。心理学研究中的多元文化论的主张，反对心理学研究中所盛行的"普遍主义"。文化的多元化也就是心理行为的多元化，也就是心理学研究的多元化。这也就导致了认为在一种文化下的心理学研究的结果，不能够被无条件地和无选择地应用到另一种文化之中去，心理学的研究应该同多元文化的现实结合起来。

第五节　心理学与文化关系的反思

对心理学与文化的关系进行反思、探讨、揭示、阐释，从而对心理学与文化的关系能够有更加全面和更为深入的理解和明确，对于心理学学科的发展和拓展，对于心理学应用的推动和推进来说，都具有十分重要的意义和价值。心理学的研究或心理学的发展如果脱离或排除关于文化的理解和思考，那就会受到极大的限制和束缚。因此，系统化地探讨心理学与文化的关系，可以给心理学学科的发展，可以给心理学本土的发展带来如下的一系列重要的和根本的改观。

这可以提供心理学研究的新视野。考察和探讨心理学与文化的关系，可以更好地理解心理学与文化的实际关联性，可以更好地理解心理学与文化的关系的演变和发展，可以为心理学的考察和研究提供新的视野。在心理学的研究中，对文化的忽略和排斥，对文化的曲解和误解，都大大限制了心理学研究者的眼界和视野。这使心理学的研究很难更为完整和深入地把握人的心理行为，很难更为系统和全面地理解人的心理行为。合理地说明和解释人的心理行为的文化属性，深入地考察和理解心理学研究的文化性质和文化根基，都可以大大有助于心理学的学科建设和学科发展。

这可以拓展心理学研究的新领域。考察和探讨心理学与文化的关系，可以更有利于开辟和拓展心理学研究的新领域。在近些年来，与文化有关的心理学研究领域和心理学研究分支都有了扩大和增加。这可以包括后现代心理学的研究热潮、本土心理学的研究推进、多元文化论的研究纲领，都极大地扩展了心理学的研究领域。这也可以包括文化心理学分支学科的迅猛发展、跨文化心理学分支学科的快速成熟、社会心理学分支学科的极大扩张。这都使得心理学学科得到了很好的发展和壮大。

这可以建构心理学的新理论。心理学厘清自己与文化的关联性和依赖性，确立自己的文化基础和文化资源，为心理学的理论建构和理论创新提供了资源和养分，提供了灵感和想象的空间和平台，提供了理论应用的途径和方式。长期以来，心理学由于缺乏关于文化的探讨和探索，使心理学忽略和放弃了对自己来说至关重要的文化根基，遗弃和摒除了许多重要的文化滋养。这不仅使心理学的理论建设非常薄弱，也使心理学参与文化创建的功能受到了严重的限制。心理学学科的发展壮大的重要标志，就在于其理论学说的建构和创造。心理学的理论学说的提出、创造和建构，就在于获取更大和更好的平台和资源。挖掘心理学的文化资源，是心理学的理论新生的一个重要的前提。

这可以创造心理学的新方法。对心理学与文化的关系进行探讨，可以革新心理学的方法论，可以衍生心理学研究的新方法，可以把心理学的研究方式和研究方法放置在新的研究框架和研究范式之中。对于心理学的研究来说，其研究方法的确立和更新，曾经在很大程度上借鉴了自然科学的研究。这给心理学的研究带来了精确性，但是，这也有对人的心理行为的曲解。那么，如何把社会科学和文化科学的研究方法引入到心理学的研究中来，如何更好地确定心理学研究方式和方法的文化属性、文化优势和文化缺失，这决定了心理学研究方法的丰富化和多样化。

这可以催生心理学的新技术。心理学的技术应用包括心理学技术手段和技术工具的发明和创造，也包括心理学技术手段和技术工具的使用和推广。这都要涉及心理学应用的文化背景、文化条件、文化环境。心理学技术应用的文化适用性决定了心理学的社会影响力和生活地位。并不是说心理学的技术和工具是可以普遍适用的，是可以跨越文化背景和文化差异加以运用的。怎么样使心理学的技术应用更为有效和实用，对心理学与文化的关系的探讨就起着重要的作用。心理学的新技术的发明、新工具的创造，都要考虑到特定文化环境和文化传统的容纳和接纳的问题。

这可以促进心理学的新发展。心理学学科曾经在自然科学的基础上得到了快速推进和发展，心理学学科也曾经在社会科学的基础上得到了快速推进和发展，心理学学科还应该在文化科学的基础上得到快速推进和发展。这必将使心理学的研究更加贴近人的生活和人的发展。这也必将使心理学担负更重的社会责任和社会使命。文化历史的问题、文化背景的问题、文化环境的问题、文化差异的问题，是心理学学科发展的重大的问题。心理学越是贴近文化，越是体现文化，越是促进文化，就越是能够发展和壮大。这应该成为心理学研究者的明确意识和全力追求。

第五章　心理学的文化学转向

　　有研究指出了，没有一个研究领域如同心理学一样，会遇到文化多样性的挑战。心理学在面对这样的挑战时，则是通过文化心理学分支的研究来应对的。未来想要更好地把握文化心理学，最为重要的就是要把握心理学的研究目的。心理学有两个主要的目的。一是形成关于人的知识，心理学就在于寻求理解心理行为的发生的过程，解释心理行为的发生的原因，甚至是预见心理行为的发生的可能。心理学家未来要实现这个目的，就必须实施相关的研究和创造心智的理论。二是采纳和应用相关的心理学的知识，去实际干预人的心理行为，从而达成更美好的现实生活。心理学家为了实现这样的目的，就要成为理论家、咨询者、训练者和干预者。那么，在心理学的研究中，文化心理学和跨文化心理学就通过考察不同文化背景之中的人的心理行为和通过检验不同心理学知识的文化变量，来达成这样的目标。[1] 当代心理学的发展面临着一个无法回避的重大问题，那就是文化的问题。心理学曾经靠摆脱、放弃、回避或超越文化的存在来发展自己，但心理学现在必须靠容纳、揭示、探讨或体现文化的存在来发展自己。心理学早期是排斥文化的存在来保证自己对所有文化的普遍适用性，而心理学目前则是包容文化的存在来保证自己对所有文化的普遍适用性。这是一个历史性的变化。心理学研究中的文化问题主要体现在两个方面：一是涉及心理学的对象，即怎样对待人的心理行为的文化内涵的问题；二是涉及心理学的学科，即怎样对待一门独立科学门类的文化特性的问题。这两个方面常常是紧密结合在一起的。

---

[1] Matsumoto, D. and Juang, L.. *Culture and psychology* [M]. Belmont, CA: Wadsworth, 2013. 3–7.

第一节　心理学的历史考察

心理学成为独立的科学门类之后，其对待心理行为的文化内涵和对待心理科学的文化特性的态度和方式曾经有过重大的变化。从开始的力求包容，到其间的极端排斥，再到今日的重新审视，这可以看作心理学探索的一种曲折的发展，也可以看作心理学探索的一种历史的进步。心理学如何才能"科学地"揭示人的心理行为，心理学如何才能成为真正意义上的"科学"，心理学显然必须正视文化的问题，或者说文化显然是一个必须逾越的阶梯。

一　冯特的创建：两类心理学

德国心理学家冯特被看作科学心理学的创立者，他使心理学既不再从属于哲学，也不再从属于生理学。他不仅建构了世界上第一个系统的科学心理学的思想体系，而且他也被认为是世界上第一个真正意义上的科学心理学家。因此，冯特被认为奠定了科学心理学后来的发展进步的基础，开辟了科学心理学随后的研究探索的道路。

冯特在他开创性的心理学探索中考虑了文化的问题，但也正因为如此，他对人的心理所给出的是分离的和双重的理解，他设计和建立的是两类不同的和对应的心理学。这也就是个体心理学和文化心理学，以及在此基础之上的实验心理学和民族心理学。因此，可以说冯特的确是力求心理学的研究能够包容对社会文化和文化心理的考察，只不过他对文化的涉及还存在着许多难以克服的障碍。

冯特的学术生涯分成了前后两个部分。在前一部分，冯特致力于个体心理学的创立和建设，研究心理复合体的构成元素和形成规律，这被认为开辟了心理学的实验科学的传统。在后一部分，冯特致力于种族心理学的创立和建设，研究语言、艺术、神话、宗教、风俗、习惯等文化历史的产物，这被认为开辟了心理学的文化科学的传统。心理学后来的发展走入了实验科学的轨道，而放弃了文化科学的努力。这似乎是肢解了冯特建构的合理的和完整的心理学。葛鲁嘉就曾经认为，"科学心理学后来的发展，只推进了个体心理学，而忽略了民族心理学"①。但是，现在经过进一步的研究发现，冯特以个体心理学和种族心理学的划分来确立实验科学的心理学和文化科学的心理学实际上是不合理的。

人的种族属性都是通过个体体现的，人的种族属性有两种不同的存在方式和传递方式，那就是自然的属性和文化的属性。自然的属性是以"生物遗传"的方式传递给个体的，而文化的属性则是以"社会遗传"的方式传递给个体的。换句话说，人类个体能够由生物遗传来体现种族的属性，也能够经由社会教化来体现种族的属性。那么，对于个体来说，个体既可以接受的是自然的刺激和产生自然的反应，也可以接受的是文化的刺激和产生文化的反应。对于种族来说，种族既具有自然性质的共有属性，也具有文化性质的共有属性。显然，问题不在于个体与种族的划分，而在于心理学去追寻人类心理的共有性质和普遍规律时怎样去对待文化的存在。其实，在冯特之后，心理学的发展在相当长的时间里和进程中，放弃了对文化的关注，或者说跨越了文化的差异。这也是心理学在寻求成为严格意义上的实证科学的曲折途径中所付出的一种代价。

二 实证的传统：文化的跨越

由冯特开始，心理学从哲学中独立了出来，成为独立的实证科学门类。这是心理学发展的一个历史性进步。那么，在心理学诞生之后的相当长的时间里，心理学的一个主要的奋斗目标就是科学化，也就是使心理学成为一门真正意义上的科学。心理学科学化的努力是以当时已有长足进步和取得了巨大成就的近代自然科学为楷模的。心理学家采纳了传统自然科学得以立足的理论基础，例如物理主义的世界观。

物理主义是有关世界图景的一种基本的理解。物理主义的世界观把自然科学探索的自然世界看作由物理事实构成的，而物理事实也是可以由人的（研究者的）感官经验把握到的物理现象。物理主义理解的自然世界是按照严格的机械式因果规律运行的，自然科学所揭示的自然规律的普遍适用性是依据于还原主义的合理性。这种物理主义的世界观伴随着近代的科学化的历程而得到了广泛的传播。这在物理科学之后发展起来的生物科学和心理科学中都得到了努力的贯彻，并体现为反活力论、

---

① 葛鲁嘉.心理文化论要——中西心理学传统跨文化解析［M］.大连：辽宁师范大学出版社，1995.29.

反心灵论、反目的论的运动。

心理学科学化的努力也曾力求使心理学成为一门自然科学,它也采纳了物理主义关于世界图景的理解。因此,心理事实不过是一种物理事实,心理现象也在性质上类同于其他的物理现象。尽管心理现象具有高度的复杂性,但也仍然按照严格的因果规律活动。心理科学所揭示的心理规律的普遍适用性也是立足于还原主义,使心理规律的解释可以还原为生成心理的生理和物理的基础。这曾经在心理学中演变成清除非物理的意识论和清除非因果的目的论的运动。经典的行为主义心理学就是如此。

当心理学的科学化成了自然科学化,当自然科学化在于接受物理主义的世界观,心理学中就必然出现把人当作物来对待和把人的心理还原为生理或物理的研究倾向。显然,人的文化历史的存在和人的心理的文化历史的属性就受到了排斥。心理学也正是靠排斥或跨越文化历史来保证自己的研究的合理性和普遍的适用性。那么,这就使得心理学对科学性的追求和维护是以排除和超越文化为代价的。

三　本土的努力:新兴的趋向

心理科学的发展有一个十分明显的特征,那就是社会发展的水平越高,心理学就越发达。不同国家的社会的发展水平是不一致的,所以心理科学的发达程度也就有地域上的不平衡。现代意义上的科学心理学在19世纪下半叶诞生于德国,从20世纪初期开始,科学心理学的研究中心从德国转向了美国。发达国家的心理学家从来就把自己的心理学当作具有科学性的或者具有普适性的心理学,是超越文化的心理学。这种以牺牲心理的文化品性为代价的科学心理学也越出了发达国家的边界,传播到了其他不发达的国家。

到了20世纪下半叶,世界心理学的发展状况才开始有了巨大的改观。一方面,随着心理科学的进步和发展,心理学家开始反思心理学研究中把人加以物化,把人的心理类同于物理,以研究方式来限定研究对象等等的缺陷。另一方面,随着次发达和不发达国家的心理科学的壮大和成熟,其心理学者也对发达国家的心理学是否就是唯一正确的和普遍适用的提出了疑问。20世纪80年代,心理学本土化迅速成为世界心理学发展的一个重要的口号和趋势。

但是,心理学本土化潮流的兴起,无论是积极的倡导者,还是冷眼的旁观者，还是坚决的反对者，都更多地把心理学的本土化看作次发达或不发达国家的心理学家对发达国家心理学的霸权主义的反抗，都更多地把心理学的本土化看作心理学的发展在地域界线上的转移。反对心理学本土化所持有的理由包括：心理学本土化仅仅是落后国家的心理学家的呐喊，是一种边缘心态的表达；科学无国界，心理科学不可能也不应该有地域的划分，否则就会出现中国的心理学、美国的心理学、英国的心理学等等。

这显然还仅仅是对心理学本土化的一种非常表面化的理解。实际上，心理学的本土化可以说是对西方心理学的现行科学观的挑战。从根本上来看，心理学本土化并不是为了锄强扶弱，也不是为了地域保护，而是为了消除"科学的"心理学以其科学性为名对心理的和心理学的文化特性的轻视、排斥、歪曲等，是为了寻求对心理的和心理学的文化特性的合理的或合适的对待方式。所以，心理学研究本土化的真正立足点应该是心理学的科学化，或者说应该是心理学科学观的变革。

第二节 心理学的现实考察

在心理学中，除了上述是否要研究文化的问题，更进一步的就是如何去研究文化的问题。心理学以及与心理学相关的一些分支学科也有专门探讨文化和文化心理的，但研究者却可以采取不同的方式去处理文化的存在。这既有不同研究取向或学科分支之间的差异，也有相同研究取向或分支学科中的不同主张和观点之间的差异。

一 跨文化心理学

简单来说，跨文化心理学是通过文化的变量来研究人的心理行为异同的一门心理学分支学科。这是研究和比较不同文化群体中的被试，以检验现有的心理学知识和理论的普遍合理性，其根本目的实际上是为了建立普遍适用的心理学或属于人类的心理学。

显然，跨文化心理学涉及人的心理行为的文化特性，但是其目前的研究立场和研究方式却仍然存在着较大的争议。杨国枢先生是本土心理学研究的倡导者和力行者，他就认为："目前的跨文化心理学并不是一种真正的、正常的或应然的跨文化心理学，而是沦为一种以西方心理学为主、以西方化心理学为辅的'拟似跨文化心理学'。"① 在杨国枢先生看来，形成拟似跨文化心理学的根本原因，就在于西方的心理学研究者在建立了居优势地位的理论和方法之后，想进一步在非西方国家或文化中验证其理论和方法的跨文化有效性，以扩展其跨文化的适用范围。正因为如此，大部分的跨文化心理学研究都是以西方心理学为基调，采纳的是西方心理学的理念、框架、课题、理论及方法等。那么，通过此类的研究所得出的普遍适用的心理学或全人类的心理学，就只能是西方心理学所支配的心理学。杨国枢先生给了这种跨文化心理学许多称呼，如"拟似跨文化心理学""西化跨文化心理学""伪装的跨文化心理学""旅游式跨文化心理学研究"，等等。②

目前的跨文化心理学研究的确在方法论上存在着重大的困难与障碍。例如，跨文化心理学有两种不同的研究策略，即"主位的"（emic）研究和"客位的"（etic）研究。通常的理解，主位的研究是指从本土的文化或某一文化的内部出发来研究人的心理行为，而不涉及在其他文化中的适用性问题。客位的研究则是指超出特定的文化，从外部来研究不同文化之中的人的心理行为。显然，大部分的跨文化心理学的研究是采取了客位的研究策略。但是，这样的研究策略常常是以西方的文化为基础或以西方的心理学为基调。

杨国枢先生后来曾仔细地分析过主位的研究取向与客位的研究取向的内在含义。③ 他认为这两个研究取向有三个对比的差异：第一，所研究的现象或是该文化特有的，或是该文化非特有的；第二，在观察、分析和理解现象时，研究者或是采取自己的观点，或是采取被研究者的观点；第三，在研究设计方面，或是采取跨文化的研究方式，或是采取单文化的研究方式。杨国枢先生指出了，原有的跨文化心理学研究主要采取的是以研究者的观点探讨非特有现象的跨文化探索。正是在这样的研究方式中，来自某一文化的心理学者（通常是西方的学者，特别是美国的学者），将其所发展的或持有的一套心理行为的概念先运用于本国人的研究，进而再运用于他国人的研究，然后就所得出的结果进行跨文化的比

---

① 杨国枢. 我们为什么要建立中国人的心理学 [J]. 本土心理学研究，1993（1）.45.
② 杨国枢. 我们为什么要建立中国人的心理学 [J]. 本土心理学研究，1993（1）.6-88.
③ 杨国枢. 心理学研究的本土契合性及其相关问题 [J]. 本土心理学研究，1998（9）.75-120.

较。这种研究方式正在受到批评，一些跨文化心理学者也正在寻求更好的研究方式，如客位/主位组合的研究策略、共有性客位研究策略、离中的研究策略、跨文化本土研究策略等等。①

很显然，跨文化心理学对文化存在和文化心理的关注，是建立在对不同文化进行同一标准和尺度的比较的基础之上的。因此，文化的不同、文化的差异、文化的多样，都是被放置在需要跨越的层面之上。那么，这种"跨"文化心理学的研究的中心和重心就不会是在"文化"之上，文化差异和文化心理就成了求同的基础。

二 文化心理学

有研究比较了普通心理学与文化心理学的探索。研究认为，尽管两者都是为了发现人类心理行为的普遍的事实、原理、规律，但是研究的起点却是不同的。普通心理学是寻求发现跨情境的、机制性的和普遍性的原理，而文化心理学则是试图去揭示在社会的、文化的和生态的背景之中的独特的心理行为。本土心理学则代表了一种研究取向。就是将意义、价值和信念等内容，以及家庭、社会、文化和生态的背景，都整合到研究的设计之中。②

文化心理学也是通过文化来考察和研究人的心理行为的一门心理学分支。近些年来，文化心理学开始有了较为迅猛的发展，其积累的研究成果正在受到心理学学科和相类同学科的学者的越来越多的关注。当然，文化心理学经历了自身的发展和演变，并体现出了不同的中心和重心的转换和递进。按照余安邦先生对最近30年来的文化心理学发展历程的考察，文化心理学实际上经历了三个重要的发展时期或阶段。在不同的时期里，文化心理学的知识论立场、方法论主张、研究进路特色及研究方法特征都有重要的变化。③ 这也就是从追求共同和普遍的心理机制，到关注人类心理的社会文化脉络，再到强调人的主观建构、象征行动及社会实践的文化内涵。

三 本土心理学

本土心理学的潮流兴起于对西方心理学的唯一合理性和普遍适用性

---

① 杨国枢. 心理学研究的本土契合性及其相关问题 [J]. 本土心理学研究, 1998 (9). 75-120.

② Kim, U., Yang, G. S. and Huang, K. K. (Eds.). *Indigenous and cultural psychology–Understanding people in context* [M]. New York: Springer, 2006. 3.

③ 余安邦. 文化心理学的历史发展与研究进路 [J]. 本土心理学研究, 1996 (6). 2-60.

的质疑和挑战。这体现在三个重要的努力方向上：一是反思和批判西方心理学，特别是反对和否定将西方心理学看成唯一合理的和不容置疑的心理学探索；二是挖掘和整理本土心理学，特别是在传统的和历史的进程之中所遗留的心理学资源；三是创立和建设科学心理学，特别是立足于不同的本土心理学的新心理学。心理学本土化是一个世界性的潮流，中国心理学的本土化是其中的重要努力。下面就以中国心理学的本土化发展历程作为探讨的对象。

中国心理学的本土化进程和研究，是在一个比较短的时期里，取得了相当数量的和相当重要的成果。从中国心理学本土化的发展历程来看，从中国本土心理学原始性创新程度上来看，可以将其大致区分为两个不同的阶段。第一个阶段可称为保守的本土化研究时期，时段大约是在20世纪的后半期。第二个阶段可称为激进的本土化研究时期，时段大约是在21世纪的前半期。

在保守的本土化研究时期，中国本土的心理学者主要从事的研究在于：反思和批评西方心理学在研究内容上的偏颇；检讨和重估西化的中国心理学对解释中国人心理行为所存在的缺陷；开辟和推动本土化的心理学具体研究。但是，这仍然是一个保守的时期，其主要的特征在于仅仅试图扩展西方心理学的研究被试和研究内容，使中国心理学转而考察中国人的心理行为。这在科学观上并未能够超越西方心理学，或者说仍然是受西方心理学的研究方式的限制。这个阶段的研究是以中国人作为被试，但所使用的工具、方法、概念和理论还是西方式的。

在激进的本土化研究时期，中国本土的心理学者主要从事的研究在于：反思和批评西方心理学在研究方式上的局限；摆脱和舍弃西方心理学和西化心理学；尝试建立和构造"内发性本土心理学"[①]。这所体现出来的最主要的特征就在于，开始试图扩展西方心理学的研究方式，使中国心理学开始突破西方心理学的小科学观的限制，寻求更超脱的和多样化的研究方法和理论思想。

但是，这个阶段的研究还带有相当的盲目性。研究更为多样化，但更具杂乱性。研究带有更多的尝试性，而没有必要的规范性。那么，当前的研究缺少的是相对一致的衡量和评价研究的标准。正如杨中芳指出

---

① 杨国枢. 我们为什么要建立中国人的心理学［J］. 本土心理学研究，1993（1）. 6-88.

的那样，研究者对于如何深化本土心理学研究感到彷徨。① 研究者各做各事，自说自话，各种研究就如同失去了连线的一串落地的珠子。显然，重要的是为中国心理学的本土化研究建立或设置规范。杨国枢所强调的中国人的心理学，② 以及在此基础之上的"本土契合性"的判定标准，③ 就是这样的试图进行规范的努力。葛鲁嘉则进而认为，变革和拓展心理学的科学观是更根本的努力，也就是将西方心理学原有的小科学观转换成为大科学观，④ 从而为心理学研究的本土化确定立足点或设置相应的规范，⑤ 这才能够为突破西方心理学的限制，开创中国本土心理学的新纪元，提供最为基本的前提。本土心理学或中国本土心理学的发展和壮大，关键还是在于鼓励、推动、实现原始性的创新。这才能够真正带来摆脱模仿、实现突破的结果。

第三节 心理学的未来考察

心理学的文化学转向会带来未来的一系列重要的转换。这种转换将成为文化心理学学科的基础的变革。从而，也就会引领心理学学科的定向和发展，带来文化心理学学科的壮大和成熟。并且，促进一系列探索和研究上的变革和转换。文化心理学显然开启和推动了心理学本身的创新之门。

一是从自然主义到生活创造的转换。人是自然演化过程的产物。那么，人的心理也就是自然历史的产物。但与此同时，人的心理也是意识自觉的存在，是自主的活动。所以，人的心理也就是自主创生的结果。这就是自然与自主的内涵。其实，在心理学的研究中，既有心理学家把人的心理设定为是自然历史的产物，也有心理学家把人的心理设定为是自主创生的结果。这就导致了对人的心理行为的完全不同的理解和解释，

---

① 杨中芳．试论如何深化本土心理学研究［J］．本土心理学研究，1993（1）．122-183.
② 杨国枢．我们为什么要建立中国人的心理学［J］．本土心理学研究，1993（1）．6-88.
③ 杨国枢．心理学研究的本土契合性及其相关问题［J］．本土心理学研究，1998（9）．75-120.
④ 葛鲁嘉．大心理学观——心理学发展的新契机与新视野［J］．自然辩证法研究，1995（9）．18-24.
⑤ 葛鲁嘉．心理学研究本土化的立足点［J］．本土心理学研究，1998（9）．187-196.

也导致了对人的心理行为的完全不同的引导和干预。这就是心理学研究中的自然决定和自主决定的区别。

二是从物理主义到心灵主义的转换。在对心理学研究对象的理解方面，西方科学心理学采纳的是近代自然科学中的物理主义的世界观，把人的心理现象类同于其他的物理现象。在自然科学贯彻物理主义的过程中，物理学中有过反幽灵论的运动，生物学中有过反活力论的运动，心理学中也相应地有过反心灵论或反目的论的运动。这就使得西方心理学对研究对象的理解存在着客观化的倾向，而客观化甚至导致了对研究对象的物化。实际上，人类心理与自然物理既有彼此的关联，又有彼此的区别。最根本的关联在于，人类心理是自然的存在，也是自然发生和变化的历程。最根本的区别在于，人类心理具有自觉的性质，这种自觉的心理历程也是文化创生的历程。人类心理的特殊性质导致了人类心理的多样性和复杂性，也导致了心理学研究在理解人类心理时的困难和分歧。

三是从生物主义到文化主义的转换。在心理学的研究中，生物主义是将生物的性质、生物的机能和生物的原则，放置在了核心的和决定的方面。这也就成了塑造和制约心理行为的根本基础。生物决定论重视生物遗传，依赖神经系统，凭借神经基础，强调大脑机能。文化主义则是将文化的存在、文化的构造、文化的生活，放置在了核心和决定的方面。文化是塑造和制约心理行为的根本的基础。文化决定论重视文化的环境，依赖文化的存在，确立文化的基础，强调文化的制约。文化创造、文化规范、文化氛围、文化生活、文化传承，是属于人的心理行为的根本的和核心的存在。文化心理就是人的心理的根本的存在。

四是从镜像主义到建构主义的转换。镜像反映论是将科学认识看成是对客观对象或客观事物的原样的和准确的描摹。共同生成论则认为科学真理是生成性的，这也就是主体与客体、主观与客观，通过活动而共同生成的过程。后人类并不意味着人们不再是人类，而是变成了非人类。甚或是人们注定要抛弃自己的身体或肉身。进而，后人类主义是超越了人类主义的某些人类学的局限，而对人类进行的修正，也是对人们的最为重视的二元思维的质疑和突破，例如主观和客观，公开和私下，积极和消极，人类和机器。后人类主义试图跳出这种二元性，从而努力找到将社会的和技术一体化的方式。后人类主义涉及重新理解我们关联到自己还不习惯的非人的世界。正是由于人类自己和周围环境之间的不断变化的和不够稳定的边界，后人类主义者所强调的是"成为人"而不是"某种人"。因而，后人类主义也就具有的是多重的兴致和重心。生成论或共生主义重视的是建构性的，是创造性的，是演变性的，是历史性的，是过程性的。

五是从已成主义到生成主义的转换。原有的实证心理学的研究是把人的心理看作已成的存在，或者说是已经如此的存在。心理学的研究不过就是描述、揭示和解说这种已成的存在。但是，实际上人的心理也是生成的存在，是在创造和创新中变化的存在。所谓心理现象是已成的存在，所谓心理生活则是生成的存在。心理学的研究不应该是着重于已成的存在，而应该是着重于生成的存在。人不是自己心理被动的承载者或呈现者，而是主动的创造者和生成者。人的心理生活是创造性生成的过程，是人建构出来的结果。关于心理现象的研究是建立于心理学研究中研究对象与研究者的绝对分离。研究者通过自己的感官观察而得到的就是心理现象。关于心理生活的研究则是建立于心理学研究中研究对象与研究者的相对统一。研究者就是生活者。生活者通过自己的心灵自觉来把握、体验和创造自己的内心生活。

六是从反映主义到共生主义的转换。在人类主义的时代，心理学重视的是反映主义，强调人类的心理是对现实的反映。心理学的研究和知识也是对心理现实的如实的反映。在后人类主义的时代，心理学则将自己的中心转移到了共生主义。共生主义不仅是理解心理学的研究对象的基本思想原则，而且是现实生活创造的基本理论原则，进而是心理学研究的方法论的基本原则。共生主义的研究原则是把原本一个整体的存在，但被人为分割成不同的部分，又重新组合或整合为一个整体。认知科学的发展，在认知主义取向和联结主义取向之外，又提出了一个新的取向，亦即共生主义取向。这一取向强调，认知不是预先给定的心灵对预先给定的世界的表征，而是在世界中的人所从事的各种活动史的基础上，世界与心灵彼此之间的共同生成。共生主义的原则给出了关于心理行为和关于心理科学的整合的理解。因此，对于心理学的发展来说至关重要的就是理解和把握共生主义的含义，贯彻和实施共生主义的原则，确立和扩展共生主义的影响。

七是从个体主义到群体主义的转换。每个人都拥有完整的心理，或者说并没有脱离开人类个体的所谓人类群体的心理。但是，反过来，人类群体又拥有共同的心理，或者说不存在彼此隔绝的和截然不同的个体心理。立足于个体，还是立足于群体，这给理解心理学的研究对象带来了分歧。在西方心理学的研究中，个体主义的观点十分盛行。这种观点强调通过个体的心理来揭示整体的心理，而否定从整体的心理来揭示个体的心理。这无疑限制了心理学从更大的视野入手去进行科学研究。在东方心理学的传统中，群体主义的观点则十分流行。这种观点强调群体心理是更具有基础性的心理存在，是超出了个体简单相加的具有新的性质的群体心理行为。问题就在于，不应该是通过个体来否定群体，也不应该是通过群体来否定个体；不应该是通过个体心理来推论群体心理，也不应该是通过群体心理来替代个体心理。

第四节 心理学的理论考察

显然，心理学的研究是否应该涉及文化问题和如何能够涉及文化问题，这是有关心理学发展的重大的和关键的问题。因此，可以说心理学本土化的潮流预示着心理学本身正在发生深刻的变化。这种深刻的变化主要体现在对心理学研究对象的重新理解和对心理学研究方式的积极变革上。

一 研究对象的性质

尽管心理学是把心理行为作为本学科的研究对象，但是心理学早期的目标却是如何把近代自然科学成功的研究方式移植到心理学中，而很少考虑到心理学研究对象独特的性质。这导致的一个直接的后果，就是按照近代自然科学的方式来理解和对待人的心理行为。显然，心理学的研究因此而忽略或无视人的心理行为的文化特性，也因此而忽略或无视心理科学的文化特性。心理学当代的目标应该有一个重要的转折，那就是从研究对象的独特性质出发，去开创心理科学的独特研究方式，而不是以放弃人的心理行为的某些性质和特点去贯彻自然科学的研究方式。

在心理学科学化的进程当中，西方主流心理学的研究就倾向于把人的心理理解为自然的现象，或者说具有与自然现象类同的性质。这一方面促进了心理学成为独立的科学门类和使心理学越来越精密化，但另一方面也使心理学的研究具有了一定的缺陷。缺陷主要体现在两个方面。

一是无文化研究，或者说是弃除了人类心理的文化性质。像心理学早期的实验研究中，所运用的刺激是物理的刺激而不是文化的刺激，所着眼的反应是生理心理的反应而不是文化心理的反应。二是伪文化的研究，或者说是扭曲了人类心理的文化性质。像在心理学的一些研究中，仅仅把文化看作一种外部的刺激因素，或者说假定了人类心理的共有机制，文化的内容只是其千变万化的表面现象。这也是在心理学的研究中还原论十分盛行的一个重要的原因，亦即把复杂多样的人类心理还原到了生理的甚至是物理的基础上。

显然，对心理学研究对象的理解应该和必须发生一个重要的改变或转折。那就不仅仅是把心理理解为自然的和已成的存在，而且是把心理理解为自觉的和生成的存在。如此看来，人拥有的心理就不仅仅是能够由研究者观察到的现象，而且是拥有心理的人自觉生成的生活。人的心理生活是通过心理的自主活动构筑的，也是人的心理自觉体验到的。这强调了人与其他自然物的不同，人的心灵具有自觉的性质，而其他的自然物则不具备这样的性质。其他的自然物只能成为研究者的认识和改造的对象，而不能成为自觉的认识和改造的对象。心理生活是常人自主生成和自觉体验到的，它不仅可以成为研究者的认识和改造的对象，而且可以成为生活者自己的认识和改造的对象。

心理生活的生成历程实际上就是文化的生成历程，所以说心理生活具有文化的性质，或者说文化不过是心理生活的体现。当然，对于人类个体来说，作为人类生活产物的文化可以成为背景或环境。但是，无论是就人类整体而言还是就人类个体而言，脱离了心理生活的文化产物只能具有自然物理的属性，脱离了人类文化的心理现象也只能具有自然物理的属性。

二 研究方式的性质

从哲学的怀抱中脱离出来之后，西方心理学直接继承了西方近代自然科学的科学观，或者说直接贯彻了西方近代自然科学的研究方式。正是近代自然科学的研究方式使心理学迈进了科学阵营的门槛，但这也使心理学的研究受到了局限。这种局限就在于心理学家是通过贯彻引进的自然科学研究方式来对待人的心理，而不是通过人的心理的独特性质引申出心理学的研究方式。心理学研究揭示了心理学的研究对象与其他自然科学门类的研究对象的类同之处，却恰恰难以或无法揭示它们的不同之处。心理学研究中的自然科学方式主要表现在两个方面，一是追求对心理学研究对象的客观化，二是确立实证方法在心理学研究中的核心地位。

从第一个方面来看，对心理学研究对象的客观化的追求直接导致两个后果。一是把心理学的研究对象等同于其他的自然物，二是心理学研究者的价值无涉（value-free）或价值中立的立场。

科学研究对客观性的追求强调的是与研究对象相分离的研究者应持有价值无涉或价值中立的立场。价值取向或价值追求是属于人的。正因为自然科学的研究对象是没有价值取向或价值追求的，所以研究者仅需提供纯粹的客观知识，而无须涉及主观价值。心理学的研究对象是拥有价值追求的人的心理，但研究者却也同样放弃了对价值的涉猎。价值中立的立场也使心理学者处于旁观或隐身的位置，使心理科学无法为人提供价值的说明和价值的导向。

从第二个方面来看，确立实证方法在心理学研究中的核心地位也会直接导致两个后果。一是对研究者感官经验的普遍性的依赖；二是以实证方法作为心理学研究的科学性的唯一尺度。

确立实证方法的中心地位强调的是，为了保证研究者感官经验的可靠性和可信性，只有通过实证的方法来确立心理学的科学性质。心理学的研究运用实证方法是心理学的一个重大的进步。但是，运用实证方法和以实证方法为中心具有不同的含义。发展和完善实证方法是十分必要的，而以实证方法为中心则涉及的是把实证方法摆放到了一个绝对支配性的地位。在心理学中，以实证方法为中心导致了研究是从实证方法出发，而不是从对象本身出发；实证的方法不是附属于对人的心理的揭示，而是对人的心理的揭示附属于实证的方法。显然，这使心理学家对实证方法的关注超出了对研究对象的关注。

三 心理科学的转向

心理学科学观的变革说到底是要重新理解和确立心理学的研究对象和研究者之间的关系。自然科学有史以来的研究是建立在研究对象与研究者的绝对分离的基础之上。心理学现有的研究也同样是建立在研究对象与研究者的绝对分离的基础之上。这对于研究自然的对象来说也许是很必要的和有成效的，但对于以心理为对象的研究来说可能就是不完备的或是有缺陷的。那么，心理学的研究能否建立在研究对象与研究者相对分离或者彼此统一的基础之上，这就要对心理学研究中的研究对象与研究者的关系进行重新的思考和确定彼此的关联。显然，以心理为对象的研究无疑对科学的发展提出了重大的挑战。中国本土的心理学传统可以为此提供重要的启示。①②

文化的最根本的性质体现在两个方面：第一在于文化是价值追求的导向，第二在于文化是创造生成的过程。文化的这两方面的根本性质正是根源于人的心理。人类心理的最根本的性质是其自觉性，而自觉性带来的就是价值的追求和创造的生成。这也是人的心理与其他自然物的最根本的区别。对心理学来说，它的考察者是人，它的考察对象也是人，所以是人对自身的了解。更进一步来说，去认识的是人的心灵，被认识的也是人的心灵，所以是心灵对自身的探索。这显然决定了心理学也应该成为一门文化科学。心理学不仅要揭示出人类心理的自然基础，而且应导引和创造出人类的心理生活。那么，心理学的任务就是把"日常的"心理生活逐步地演变为"科学的"心理生活。

当代心理学发展的文化学转向不是要否弃现有的心理学研究，而是对现有的心理学研究的不合理延伸的限制，或是对现有心理学研究的合理部分的延伸。那么，现有心理学研究中的研究对象与研究者的关系就应该得到改变。要限制绝对的分离，要推动相对的分离。所谓相对的分离是指彼此统一基础上的分离。所谓彼此的统一是指心理学的研究对象与研究者共有的价值追求和共同的创造生成。这就是心理学的文化学要义。

第一是使心理学的研究从对客观性的追求延伸到对真实性的追求。这也就是说，心理学的研究不仅要追求客观性，而且要追求真实性。人类心理的性质不在于它是客观性的存在还是主观性的存在，而在于它是真实性的存在。原有的研究仅仅是把物化或客观化的存在看作真实的，其实这是对人类心理的真实性的歪曲。从心理学研究对象的角度来看，心理的主观性或自觉性也都是真实性的存在，也都是真实性的活动。

第二是使心理学的研究从价值无涉的立场延伸到价值涉入的立场。

---

① 葛鲁嘉．心理文化论要——中西心理学传统跨文化解析［M］．大连：辽宁师范大学出版社，1995．
② 葛鲁嘉．中国本土传统心理学的内省方式及其现代启示［J］．吉林大学社会科学学报，1997（6）．25-30．

这不仅在于肯定人类心理的价值追求的特性，不仅在于揭示人类心理的价值追求的活动，而且在于使研究者提供价值的关切，而且在于使研究者参与价值生成的创造过程。心理学的研究不仅是得出有关心理的客观知识，而且是要引导和创造人的心理生活。这也是人类心灵的个体性自我超越和整体性自我超越的过程。

第三是使心理学的研究从对感官经验的普遍性的依赖延伸到对内省经验的普遍性的探求。人类心理的基本性质在于其自觉性，这涉及两个重要的问题。一是从研究对象的角度，心理的自觉活动是研究者的感官经验所无法直接把握到的。二是从心理都有内省自觉活动的角度，这种内省自觉的活动能否把握到心理的性质和规律。显然，心理的内省经验具有私有化的特征，换句话说，心理的内省自觉具有分离性和独特性。所以，关键在于探求和达到内省经验的普遍性。

第四是使心理学的研究从以方法为中心转向以对象为中心。实证心理学曾经有过以研究方法取舍研究对象，甚至是以研究方法扭曲研究对象。因此，心理学的研究必须以对象为中心。以对象为中心涉及如下两点：一是心理学的研究必须如实地揭示人类心理的原貌，二是心理学的研究必须从对象的独特性质引申出心理学的独特研究方式。方法是为揭示对象服务的。心理学研究的科学性不在于是否运用了实证的研究方法，而在于是否合理地确立了心理学的研究对象和研究者之间关系的性质，以及是否符合在此基础之上确立起来的研究规范。

显然，以心理作为研究对象不完全等同于以自然作为研究对象，但它们都应当是科学研究的对象。人类心理兼具自然、社会和文化的性质，那么心理科学就可以突破原有自然科学的界限，突破自然科学、社会科学和人文科学之间的鸿沟，重塑传统的科学观。当然，这样的工作是非常艰巨的。这也是心理学本土化所必须面临的任务，也是当代心理学研究的文化学转向的不懈追求。

第六章　心理学的多元文化论

心理学的发展在当代面对着多元化的文化。对多元文化的存在、对多元文化的价值的肯定和推崇，这就是多元文化主义的潮流。多元文化论或多元文化主义是流行于现代西方社会科学的一种文化潮流、一种文化转向、一种学术思潮、一种学术探求。心理学的发展在当代面对着多元化的文化。对多元文化的存在、对多元文化的价值的肯定和推崇，这就是多元文化主义的潮流。异质文化或不同的文化资源会给心理学提供什么样的发展根基，是心理学的研究者必须要面对的重大的问题。单一文化的霸权的削弱，多元文化的格局的形成，必然会极大地影响心理学的发展、演变和未来。

第一节　多元文化论世界性潮流

20世纪60年代，多元文化的风潮、多元文化主义在美国、加拿大和澳大利亚等西方发达国家广泛兴起。在几十年的时间中，就迅速成了世界性的文化潮流、文化思潮、文化趋向。就多元文化兴起的背景而言，主要涉及了以下的几个重要的方面。首先，就在于种族的、民族的、国家的文化多样性的迅速显露和快速发展。有学者在研究中指出，在过去的几十年中，世界范围内的现代化运动是最为显著的社会文化变迁。所谓现代化运动是由现代化理论所引导的。但是，研究者在研究中却发现，经典的现代化理论有着一个非常致命的弱点，那就是对文化的多样性或对文化的多元性的忽视。应该说，人类的文化的多样性与自然的生物的多样性一样，对人类自身和人类社会的发展都是至关重要的。因此，为了人类社会的可持续发展，就应该在不同民族、不同文化相处时，倡导文化的多样性和文化的多元性的原则。① 其次，是民权运动在全世界范围内的广泛兴起，弱势的少数民族要求承认和争取平等的呼声日益高涨。最后，是世界范围内的种族和文化的同化政策普遍失败，种族纯洁与文化同质的建国理想破灭。

多元文化主义的兴起不仅仅是一种思想潮流，而且很快被世界性组织落实为全球社会发展的政策。在 1995 年，联合国教科文组织的社会转型管理项目组（MOST）完成了一个重要的文件：《多元文化主义——应对民族文化多样性的政策》。该文件对多元文化主义开展和进行了总体性评估。在同一年，世界文化与发展委员会提出了以多元文化主义作为处理民族文化多样性的基本原则。在随后的一些年，多元文化成了人们关注的重心和中心。1998 年，在瑞典的斯德哥尔摩所召开的"文化发展政策政府间会议"也认可了多元文化的原则。2000 年，联合国教科文组织编写了《2000 年世界文化报告》，集中地讨论了"文化的多样性、冲突和多元共存"。2001 年 11 月 2 日，联合国教科文组织在巴黎举行的第 31 届会议上，发表了《世界文化多样性宣言》。宣言指出："尊重文化多样性、宽容、对话及合作是国际和平与安全的最佳保障之一。"2005 年 10 月 20 日，联合国教科文组织第 33 届大会以压倒性多数通过了《保护文化内容和艺术表现形式多样化公约》（简称《文化多样性公约》）。公约确认了"文化多样性是人类的一项基本特征""是人类的共同遗产""文化多样性创造了一个多彩的世界"等一系列有关人类文化的基本理念，强调各国有权力"采取它认为合适的措施"来保护自己的文化传统和文化遗产。②

多元文化论或多元文化主义（multiculturalism）是流行于现代西方社会科学的一种文化潮流、一种文化转向、一种学术思潮、一种学术探求。所谓多元文化论强调的是文化的多样性，反对把欧美的白人文化看成是世界文化强制统一的标准和唯一合理的尺度，反对单一文化的霸权，强调所有的文化群体和各种类型的文化价值观的多元性和平等性。所谓的多元文化主义则是把文化的多元化存在和文化的多元化发展看作文化的历史进步和文化的演变趋势。多元文化的探索是把文化多元性的现实和

---

① 钟年. 不同民族不同文化的相处之道——现代化问题与文化多样性［J］. 世界民族，2001（6）. 31-35.
② 杨洪贵. 多元文化主义的产生与发展探析［J］. 学术论坛，2007（2）. 75-77.

文化多元性的原则体现和贯彻在了不同的学术领域和学术研究之中。

在当今世界的发展中，与经济全球化相对应的就是对文化多样性的强调，就是对文化多元性的认可。这已经成为文化发展和文化研究的一个十分重要的课题。文化的发展与进步导致的是文化的多样性的现实和文化的多元化的发展。对于许多的研究者来说，全球的一体化和文化的多元化是现实发展的两极。这成为社会发展、科学发展、包括心理学发展所必须面对的文化现实。亨廷顿（S. P. Huntington）指出，经济全球化和全球一体化正在接受文化多元化的挑战。文化的多样性实际上就是全球化过程的文化动力。[①] 当然了，也有研究者认为，亨廷顿的理论存在着多元文化主义的悖论。所谓多元文化主义的悖论是指，既主张文化的多元性和文化是多元的，又认为文化的多元化是不可行的，是必须反对的。[②]

有研究者界定和区分了多元文化、文化多元主义和多元文化主义等概念，认为这三个概念既有联系，也有区别。所谓多元文化是人类社会生活中存在的一种客观事实，是当今世界各国业已存在的一种文化现实。特别是在美国这样一个多种族、多民族、多文化的社会之中，多种或多元的文化共同存在。那么，文化多元主义和多元文化主义则是指民族理论演进过程中，不同阶段的应对多元文化社会客观现实的两种不同理论思潮。"文化多元主义"是世界范围内对"美国化"运动的一种抵制，是对在不同文化传统中对发展自身文化的一种呼声。文化多元主义反对贯彻文化的一元性，鼓励文化的多样性。在美国的社会中，则更为强调互不联系的不同社会集团的独特经历与贡献，更为强调移民或少数族裔集团的无法同化的部分，寻求和要求的是白人社会（或欧洲文明）内部的各种文化之间的平等地位和价值。但是，这还没有或极少涉及那些处于人口少数地位的非白人民族集团文化和利益的问题。"多元文化主义"则不仅明确地认识到决定不同国度社会生活多元化的各种不同种族、族裔和文化集团的存在，而且还将这种多元文化之间的关系同引起社会变化

[①] ［美］亨廷顿等主编（康敬贻等译）. 全球化的文化动力：当今世界的文化多样性 [M]. 北京：新华出版社，2004.

[②] 黄力之. 多元文化主义的悖论——对亨廷顿理论的再评价 [J]. 哲学研究，2003（9）. 36-42.

的其他因素联系起来加以考察。①

但是，无论是多元文化的存在，还是文化多元主义，还是多元文化主义，都是将文化的多样性的现实，文化的多元化的分化，文化的多元化的互动，非常突出地加以了强调。这也就对于文化的存在、文化的现实、文化的功能、文化的演变，等等，给出了一个基本的描述和一种特定的说明。

第二节 多元文化论心理学潮流

心理学中的多元文化论者认为，心理学就其本质来讲是西方主流文化的产物，因此，应该摆脱心理学对西方主流文化的单一依赖性，把心理学的理论和实践建立在多元文化论的基础上，建立一种多元文化的心理学。西方心理学中的多元文化论思潮被称为继行为主义、精神分析和人本主义心理学之后心理学中的第四力量，或心理学的第四个解释维度。②

在心理学的研究中，有所谓的普适主义，也可称之为通用主义。这是主张在心理学的研究中，寻求单一的研究原则和研究标准，追求普遍适用的方法和技术，强调对心理行为的唯一描述和解说。这成了心理学研究的支配性的与核心性的通则。那么，从反对心理学的普适主义出发，多元文化论的持有者和传播者也对西方心理学中的"民族中心主义的一元文化论"（ethnocentric monoculturalism）提出了强烈的批评。认为民族中心主义的一元文化论显然是从自己的民族或种族的文化背景出发，以自身的标准衡量和判断来自其他文化条件下的人，这种"文化霸权主义"必然会扼杀本应丰富多彩的世界心理学。研究者也实际指出了，多元文化论的以文化为中心的观点，促进了心理学家对行为与产生这种行为的文化环境之间的关系的认识，促使心理学家重视行为同本土文化关系的研究，强调心理学研究要紧密联系本土文化的实际，考虑本土文化的特

---

① 韩家炳. 多元文化、文化多元主义、多元文化主义辨析——以美国为例 [J]. 史林. 2006（5）. 185-188.

② Pedersen, P. (Ed). *Multiculturalism as a fourth force* [M]. Washington, D.C.: Taylor Francis, 1999.

殊需要，研究本土特殊文化条件下的人的心理特征等。这就有助于心理学同社会文化之间建立紧密联系，对于心理学在世界范围内的发展是有着积极意义的。[1]

有的研究者认为，无论是单一的西方文化还是单一的东方文化都无法独立地解决目前心理学所面临的问题，这就必须在全球化与本土化互动之间重新建构一种多元文化的现代心理学观。一是西方科学心理学已经面临重重危机，从其文化自身内部无法根本地加以解决，一些西方心理学家也已明显地意识到这一问题，开始关注文化的影响。二是心理学本土化运动的兴起既是对西方科学心理学的反叛，又是一种启示和补充。三是全球化时代的到来使不同文化之间的交流成为可能，为建构多元文化的现代心理学观提供了历史的契机。但与此同时也出现了一些新的问题，这些问题要是用单一文化已经很难加以解释。例如，有关移民的文化适应问题。因此，就非常迫切地需要一种多元文化的心理学观。四是后现代思潮和多元文化论的影响。后现代心理学秉承后现代的思想精神和理论精髓，试图"解构"现代科学心理学的"中心化"地位和"合法性"身份。倡导从文化、历史、社会和环境等诸方面考察人的心理和行为，提倡研究视角的多样化和研究方法的多元化，反对把西方白人的主流文化看成是唯一合理和正确的，强调所有的文化群体和各种类型的文化价值观的平等性。这些观点为建构一种多元文化的心理学观提供了理论上的支持。[2]

在有的研究者看来，多元文化论与本土心理学是完全可以在人类心理学的理论前景中相遇的。他们在研究中指出，本土心理学与多元文化论在人类心理学理论前景上的相遇，至少包含三种历史的和逻辑的根源。第一，多元文化论与本土心理学都是心理学文化转向的组成部分；第二，本土心理学尚缺乏坚实的理论基础，多元文化论则缺乏现实的知识支撑；第三，文化的特殊性与文化的多样性之间的内在逻辑关联，将多元文化论与本土心理学变成了一个问题。它们不得不面对根本上相同的问题。这一问题表达为互相牵制的两个方面。在一方面，心理学必须同时考虑多元化、多样化的文化现实，因而不能陷入任何形式的文化中心主义。

---

[1] 叶浩生. 关于西方心理学中的多元文化论思潮 [J]. 心理科学，2001（6）. 680-682.
[2] 陈英敏、邹丕振. 在全球化与本土化之间：建构一种多元文化的现代心理学观 [J]. 山东师范大学学报（人文社会科学版），2005（3）. 132-135.

在另一方面，心理学必须面对和表达文化的特殊性，即必须能够居于特定文化的主位立场。这两个方面的辩证统一，逻辑地要求某种"去文化"的多元文化论立场。对于本土心理学来说，这种立场意味着元理论的文化基础；对于多元文化论来说，这种立场则是知识学的具体途径。正是在这个意义上，所谓的"去文化"的多元文化论，可能意味着心理学中某种研究范式或知识类型的转移。①

其实，在心理学的研究中，多元文化主义心理学的出现和滥觞，给了心理学的发展和演变一个重要的转机和提示。心理学的发展也就不再是具有唯一标准和唯一尺度，也就不再是具有唯一根源和唯一基础。多元文化纳入心理学的研究视野，多元文化成为心理学的研究基础，多元文化汇入心理学的研究内容，这都在各个层面上改变了心理学的研究进程。这凸显了文化的存在，凸显了文化的价值、凸显了文化的功能、凸显了文化的作用。

心理学的发展和心理学的研究都与文化有着十分密切的关系。所谓心理学与文化的关系是指心理学在自身的研究、发展和演变的过程中，与文化的背景、与文化的历史、与文化的根基、与文化的条件、与文化的现实等等，所产生的关联。心理学与文化的关系有着特定的内涵。心理学与文化的关系也经历了历史的演变。经历了文化的剥离、文化的转向、文化的回归、文化的定位。

有研究者把跨文化心理学、文化心理学和本土心理学看作涉及心理学与文化关系的三种不同的心理学研究，是有关文化与心理学关系的三种主要的研究模式。跨文化心理学的研究对象是不同文化群体的心理行为比较，文化心理学研究文化对人的心理行为的影响，本土心理学研究本土背景中与文化相关的和从文化派生出来的心理行为。它们从不同的角度阐明了文化与心理学的关系。

心理学曾经靠摆脱、放弃、回避或越过文化的存在来发展自己，但心理学现在必须靠容纳、揭示、探讨或体现文化的存在来发展自己。心理学早期是排斥文化的存在来保证自己对所有文化的普遍适用性，而心理学目前则是包容文化的存在来保证自己对所有文化的普遍适用性。这

---

① 宋晓东、叶浩生. 本土心理学与多元文化论——在人类心理学理论前景中的相遇［J］. 徐州师范大学学报（哲学社会科学版），2008（1）. 112-116.

是一个历史性的变化。心理学在自己的发展和演变的历程中，是需要不断地去转换自己的研究的取向、研究的中心和研究的重心。当然，有的研究认为心理学文化转向有方法论的意义，有的研究认为心理学文化转向还存在着方法论困境，有的研究认为心理学发展的新思维应是从文化转向到跨文化对话。

　　心理学的发展曾经建立在单一文化的背景或基础之上。多元文化论认为，传统的西方心理学是建立在一元文化的基础上，只能适合西方白人主流文化。因此，多元文化论主张文化的多元性，强调把心理行为的研究同多元文化的现实结合起来。多元文化论者反对心理学研究中的"普遍主义"的立场或"普世主义"的主张。心理学中的多元文化论运动强调文化的多样性，认为传统的西方心理学仅仅是建立在白人主流文化的基础之上，是立足于西方文化资源的心理学探索。多元文化论的主张，文化的多元化也就是心理行为的多元化，也就是心理学研究的多元化。这也就导致了认为在一种文化下的心理学研究的结果，不能够被无条件地和无选择地应用到另一种文化之中去，心理学的研究应该同多元文化的现实结合起来。心理学的多元文化论运动被称为，是继行为主义、精神分析和人本主义心理学之后，心理学中的"第四力量"。这一运动目前还面临着许多的问题。

第三节　多元文化论心理学主张

　　吕晓峰和孟维杰讨论了多元文化论心理学的多元文化心理观。研究指出了，当代全球化语境下，支配和引领心理学发展的应该是多元文化心理观。多元文化心理观不是要彻底否定现在的心理观，而是以文化框架作为审视心理学的深度视角，扩展现有的心理学观的边界，从而为心理学带来更宽泛和更具深度的研究视野。多元文化心理观是在全球化语境下心理学分裂与统一论争中做出的一种当然选择，体现出一种包容的文化心态和多元的整合观点。将"多元文化"这一术语置于"心理观"前面，是对心理学之当前多元文化特征与时代精神的总体概括和认识，也是对现有心理学观的理性反思、认同与思维界域的进一步拓展，其核心精神就是主张放开眼界，欢迎和接纳一切能够推动和促进心理学建设和发展的活动方式,尤其注重心理学的现实化研究方式,注重文化框架的搭建,考察人与文化之间关联的意义。

多元文化心理观的具体主张如下。第一,坚持和主张心理学的文化立场。从文化学视角看,心理学研究活动就是人的文化活动,心理学是人类活动的产物,是人类在长期历史实践过程中沉淀和创造出来的一种文化形式,它经历了久远的时间跨度和历史上的沉淀。第二,坚持和主张现有心理学观的合理性。不排斥和不拒绝当前现有的心理学观。第三,坚持和主张心理学关于分裂与统一论争是心理学观支配下的多元化表现形态。当前心理学分裂与统一的论争尽管有愈演愈烈的趋势,但是,从文化学视角深入审视会发现,当前心理学分裂与统一的论争就是心理学观之间的立场与主张不同而已。作为多元文化时代下文化语境产物的心理学观,会引领和支配整个心理学研究活动的走向与思想轨迹。第四,坚持和主张心理学观的平等性。不同的文化境遇会产生和构筑表现各异的心理学观。在承认现有的心理学观合理性基础上,必须认同各种心理学观之间的平等性,这种平等性建立在文化范畴之间价值平等基础上。第五,坚持和主张心理学在公约基础上实现多元化统一。多元文化心理观始终坚持心理学的未来前景是统一的,这种统一并不是一元的统一,而是在公约基础上多元化统一。第六,坚持和主张非相对主义。多元文化心理观主张心理学文化形式的平等性,坚持心理学观的多元化,存在着滑入相对主义误区的风险和可能。事实上,多元文化心理观反对相对主义,它的前提是心理学的公约性,它的内核精神是人类对自身秘密的求解和追问,它的核心理念是对话和交流。[①]

有研究者考察了多元文化论与跨文化心理学的发展。研究指出了,依照多元文化论的观点,文化的研究可以有三种形式:第一种是站在文化之外研究文化,这种研究方式以某一种文化作为理想模式,通过两种或两种以上文化的比较,找出不同文化条件下的行为与心理功能上的共同特性;第二种方式不是采取跨文化比较的方式,而是从文化的特性分析心理与行为,其方法论的理想不是把在一个文化中确立的方法和程序应用到另一个文化,而是要通过文化内的生活风格和交往方式来分析心

---

① 吕晓峰、孟维杰.多元文化心理观:全球化语境下心理学观的选择[J].山东师范大学学报(人文社会科学版),2010(3).49-52.

理与文化的内在关系。这是文化心理学的研究特点。第三种是本土心理学的研究模式。这种模式强调从本土文化的角度，在本土文化的框架内从事心理学的研究，确立符合本土居民特征的心理学概念和理论。三种研究方式虽然角度不同，但是都强调了文化与行为的联系。而在多元文化论看来，这三种模式虽然都关注了文化，却仅仅强调了文化与行为联系的一个方面。第一种模式强调了文化与行为的联系，但是却以文化帝国主义的方式把在一个文化中确立的方法和程序强加给其他文化；文化心理学和本土心理学从文化的内部研究文化，注重心理与行为特殊性的研究，但是这种研究模式易于造成对行为的普遍性和一般性的研究忽视。因此，多元文化论认为，应该从多元文化的角度出发，把心理与行为上的特殊性研究与一般性研究结合起来。既强调文化与行为的联系，也注重文化的多元性，同时也注意行为特殊性和行为一般性研究的结合。真正把心理学建立在文化的基础之上。[①]

从而，多元文化论心理学就把心理学关于人的心理行为的研究和解说，放置在了一个更为合理的基础之上。多元文化中的心理学探索和研究，也就使得心理学必须确立自己的多元文化论的心理学观。

第四节　多元文化论心理学缺失

有研究者曾探讨了西方心理学中的多元文化论运动所存在的问题。研究指出了，多元文化论运动所面临的问题之一是多元文化论观点带有相对主义色彩。依照绝对主义的观点，存在着一种广泛适用的价值标准，可以用来评价文化价值观的优劣，多元文化论反对这种观点，认为不存在一个普遍适用的评判准则。另一种观点是从民族中心主义的观点出发，以自己的文化的价值观念作为标准，评价和衡量其他文化的规范和观念，多元文化论对这种观点也持反对的态度，认为这种观点是一种"文化帝国主义"。

多元文化论运动所面临的问题之二是怎样解决维护群体文化的独特

[①] 叶浩生. 多元文化论与跨文化心理学的发展 [J]. 心理科学进展, 2004 (1). 144-151.

性与促进不同文化之间交流的矛盾。多元文化论强调文化的多样性，认为每一种文化都有其独特的价值，每一种文化都有保持自己的文化不受其他文化侵蚀的权力。另外，多元文化论又主张文化之间的相互理解、相互交流，并认为文化之间的交流与对话对于对话的双方都是有益的。

多元文化论运动所面临的问题之三是西方心理学中存在的根深蒂固的民族中心主义和白人中心主义倾向。多元文化论的影响虽然日渐增强，但主流心理学根深蒂固的民族中心主义倾向却难以抵消。这种根深蒂固的民族中心主义或白人中心主义倾向，将成为多元文化论发展的主要障碍。

多元文化论运动所面临的问题之四是怎样避免由多元文化论原则可能导致的心理学的进一步分裂。多元文化论倡导心理学研究应该同本土文化相结合，而在世界范围内，本土文化是多种多样的，同这样的多元文化相联系，势必出现多种多样的本土心理学，出现心理学的多元化，使心理学的分裂和破碎现象更加严重。[1]

当然，在心理学的发展进程之中，心理学的文化学转向与心理学的多元文化论盛行是彼此呼应和匹配的。心理学的文化学转向给心理学带来的改变，不同的学者也会有不同的理解。有研究者讨论了心理学文化转向中的方法论难题及整合策略。研究指出了，心理学文化转向方法论中遇到的第一个难题是，心理学的文化转向研究是加强心理学的理论基础，是促进心理学家理论思考的重要切入点。文化也是理解现代心理学发展的一把钥匙，更是寻求心理学理论建设进一步走向繁荣的内在机制。心理学的文化转向对于心理学共同体改变传统的小科学观，克服"洞穴"思维，无疑具有重要的认识论意义。不过，文化转向的心理学研究也可能在促进科学观转变的同时也容易播下负面的种子，甚至是致命的种子，而对科学的"泛化"理解无疑是一个重要的负面表现形式。心理学文化转向方法论中遇到的另一个难题是，心理学的文化转向能否促进科学观的转变。如何正确处理文化的普遍性与差异性之间的关系。围绕文化的普遍性和差异性的关系以及对不同文化共同体、不同国家民族之间进行文化上的比较研究，一直是现代文化研究的一个重要议题，其间同样存

---

[1] 叶浩生. 西方心理学中多元文化论运动的意义与问题［J］. 山东师大学报（人文社会科学版），2001（5）.11-15.

在着亟待解决的心理学方法论问题。文化转向的心理学研究也不能回避后现代主义与文化全球化进程中出现的诸多问题。后现代性与全球化加重了心理学文化转向研究的分裂，也可能为不同的心理学文化提供了整合的机遇。①

有研究讨论了"去文化"范式的多元文化论心理学，指出了多元文化论的症结就只在于其超越价值或价值中立的立场。换句话说，一方面，多元文化论要求平等地对待任何文化价值，以及要求心理学必须从单一文化的价值偏见中解脱出来，这一点与韦伯关于科学中价值中立的经典论述实质上不谋而合；另一方面，多元文化论却试图站在文化的立场，反对科学主义的研究范式，并在后现代话语背景下，力主在实践中发展某种返魅的心理学。多元文化论在其超越价值或价值中立立场的困境中，既无法证明自身作为元价值判断的合法性，又无法摆脱其单一文化价值立场的背景，从而作为一种关注文化与现实的元理论建构，陷入了僵局。②

无论是文化帝国主义，还是文化相对主义，实际上都无法合理把握文化的具体化的和现实化的存在和作用。那么，在心理学的研究之中，文化帝国主义和文化相对主义则都导致了缺失和偏差。因此，在贯彻多元文化论的思想理论的时候，怎么样去剔除隐含于其中的文化帝国主义和文化相对主义，就成了心理学的学术成长的重要的任务。

第五节　多元文化论心理学原则

心理学的研究和发展都与文化有着十分密切的关联或关系。所谓的心理学与文化的关系实际上是指，心理学在自身的建设和演变的过程中，与文化的背景、与文化的历史、与文化的根基、与文化的条件、与文化的现实、与文化的资源，等等，所产生的各种关联。心理学与文化的关系有着特定的内涵，心理学与文化的关系也经历了历史的演变。这包括

---

① 霍涌泉. 心理学文化转向中的方法论难题及整合策略 [J]. 心理学探新, 2004 (1). 12-15.
② 宋晓东、叶浩生. 本土心理学与多元文化论——"去文化"范式的多元文化论心理学 [J]. 天中学刊, 2008 (1). 132-136.

第六章　心理学的多元文化论 / 91

经历了文化的剥离、文化的转向、文化的回归、文化的定位。这涉及心理学与文化的关系性质、关系界定、关系意义。有的研究则是从历史与理论分析了文化与心理学的交汇。[1]

跨文化心理学、文化心理学和本土心理学被看成是涉及心理学与文化关系的三种不同的心理学研究，是有关文化与心理学关系的三种主要的研究模式。跨文化心理学的研究对象是不同文化群体的心理行为比较，文化心理学研究文化对人的心理行为的影响，本土心理学研究本土背景下与文化相关的和从文化派生出来的心理行为。这就从不同的角度阐明了文化与心理学的关系。[2]

现代的实证科学的心理学是在西方文化的背景下发展起来的。因此，所谓的科学的、实证的心理学，实际上就是西方文化的或是具有西方文化色彩的心理学。但是，在西方文化中发展起来的心理学，却一直都在强调自己是超越文化的或弃除文化的中立的心理学。那么很显然，主流的心理学曾经是靠摆脱、放弃、回避或越过文化的存在来发展自己，但心理学现在必须要靠容纳、揭示、探讨或体现文化的存在来发展自己。在心理学发展的早期是试图通过排斥文化的存在，来保证自己对所有文化的普遍适用性，而在心理学发展的目前则是试图通过包容文化的存在，来保证自己对所有文化的普遍适用性。这是一个历史性的变化。这可以被认为是属于心理学发展的文化学转向。[3] 心理学在自己的发展和演变的历程中，是需要不断地去转换自己的研究的取向、研究的中心和研究的重心。[4] 这种文化的转向也可以被认为是属于心理学发展的新契机。[5] 当然了，在文化学意义之上所导致的心理学研究的转换或转向，在有的研

---

[1] Adamopoulos, J. and Lonner, W. J.. Culture and psychology at acrossroad: Historical perspective and theoretical analysis [C]. In David Matsumoto. *The handbook of culture and psychology*. New York: Oxford University Press, 2001. 15-25.

[2] 乐国安、纪海英. 文化与心理学关系的三种研究模式及其发展趋势 [J]. 西南大学学报（社会科学版），2007（3）. 1-5.

[3] 葛鲁嘉、陈若莉. 当代心理学发展的文化学转向 [J]. 吉林大学社会科学学报，1999（5）. 79-87.

[4] 叶浩生. 试析现代西方心理学的文化转向 [J]. 心理学报，2001（3）. 270-275.

[5] 麻彦坤. 文化转向：心理学发展的新契机 [J]. 南京师大学报（社会科学版），2003（3）. 100-106.

究者看来，所具有的是方法论的意义。① 心理学文化转向还存在着方法论困境。② 有研究探讨了心理学方法论的整合原则和策略。③ 有研究认为，心理学发展的新思维应是从文化转向到跨文化对话。④

很显然，在西方文化生态环境中发展起来的现代科学的心理学，是具有单一文化性质的心理学。但是，这种单一西方文化中的心理学却打着科学心理学的旗号，被推广到了不同的非西方文化生态环境之中。这成了心理学后来的本土化历程的重要转换。那么，在世界范围之内，文化却是多元的存在。在多元文化的背景和潮流之中，心理学的探索和发展就必须从单一文化的基础过渡到多元文化的基础，这就使得心理学的研究和演变面对着多元文化的冲击，从而多元文化的心理学也就有了根本性的改变。

因此，可以说，心理学的发展曾经是建立在单一文化的背景或基础之上。多元文化论主张，传统的西方心理学就是建立在西方的一元文化的基础上。心理学本土化就是对西方心理学以科学化的名义对非西方文化的排斥的一种反叛。心理学本土化就是建立在文化多元化的基础之上。因此，多元文化论强调文化的多元性，强调把心理行为的研究同多元文化的现实结合起来。多元文化论者反对心理学研究中的"普遍主义"的立场或"普世主义"的主张。心理学中的多元文化论运动强调文化的多样性，认为传统的西方心理学仅仅是建立在白人主流文化的基础之上，是立足于西方文化资源的心理学探索。多元文化论的主张，文化的多元化也就是心理行为的多元化，也就是心理学研究的多元化，也就是心理学的理论、方法和技术的多元化。

文化的多元化导致了心理学探索的多样化，也导致了心理学的理论、方法和技术的多样化。这也就否定了西方心理学的唯一合理性，更是否定了以科学化的名义，对非西方心理学或本土化心理学的排斥。因此，多元文化论的心理学也就导致了认为在一种文化下的心理学研究的结果，

---

① 麻彦坤. 当代心理学文化转向的动因及其方法论意义［J］. 国外社会科学，2004（1）. 2-7.
② 霍涌泉，李林. 当前心理学文化转向研究中的方法论困境［J］. 四川师范大学学报（社会科学版），2005（2）. 49-54.
③ 霍涌泉. 心理学文化转向中的方法论难题及整合策略［J］. 心理学探新，2004（1）. 15.
④ 叶浩生. 试析现代西方心理学的文化转向［J］. 心理学报，2001（3）. 270-275.

不能够被无条件地和无选择地应用到另一种文化之中去。① 可以说，文化心理学的兴起是与主流心理学的困境相关联。正是西方主流心理学在文化问题上的短视，而带来了当代文化心理学的振兴。② 很显然，文化心理学的兴起、文化心理学的探索、文化心理学的进步，带来了心理学方法论上的突破。③ 心理学的研究就应该同多元文化的现实结合起来。在西方心理学的发展进程之中，心理学的多元文化论运动是继行为主义、精神分析和人本主义心理学之后，心理学中的"第四力量"。这一运动目前还面临着许多的问题。④ 有研究者进而在心理学与文化的关系方面，探讨了跨文化研究方法的演进。⑤

多元文化论心理学的兴起，给了心理学的当代发展一个更大的空间和更广的前景。这实际上也就是将不同文化中的心理学的现实、心理学的探索和心理学发展，都提供给了心理学的合理化的进程。那么，心理学的演变和发展就必然要通过各种不同文化的洗礼，而获得自己所需要的文化的资源、文化的滋养、文化的促进。多元文化心理学的原则实际上也就是承认和接纳不同文化的心理学的资源，也就是鼓励和促进不同文化的心理学的共生，也就是构造和创建不同文化的心理学的创造。

---

① 田浩、葛鲁嘉．文化心理学的启示意义及其发展趋势［J］．心理科学，2005（5）．1269-1271．

② 李炳全、叶浩生．主流心理学的困境与文化心理学的兴起［J］．国外社会科学，2005（1）．4-12．

③ 李炳全．论文化心理学在心理学方法论上的突破［J］．自然辩证法通讯，2005（4）．40-45．

④ 杨莉萍．从跨文化心理学到文化建构主义心理学［J］．心理科学进展，2003（2）．220-226．

⑤ Vijver, F. V. D.. The evolution of cross-cultural research methods [C]. In David Matsumoto. *The handbook of culture & psychology*. New York: Oxford University Press, 2001. 78-92.

第七章 文化心理学递进历程

有研究探讨了文化心理学成为一个学科的前世今生,揭示了心理学学术研究中的一个重大的矛盾。这也就是一方面文化是人类心理行为的核心特征,另一方面文化又被看成是人类心理生活之中的次要的和表面的作用。因此,心理学家的责任就在于怎样创造出能够包容文化的心理学。[①] 文化心理学经历了自身独特的发展演变和成长历程,这是文化心理学走向成熟和繁荣所必须要经历和磨砺的。文化心理学的不断壮大和进步,不仅体现出了研究中心和探索重心的转换和转折,而且展现出了思想理论和研究工具的丰富和完善。那么,文化心理学的发展历程和演变,有过对文化的接纳和定位,也有过对文化的忽略和排斥,也有过对文化的重视和依赖。文化心理学研究自身也会有不同的文化取向,也有过对文化本身的不同的把握,也体现了文化心理学的未来的走向。

第一节 文化心理学发展阶段

有研究曾经对文化心理学的发展和演变进行了系统化的考察,研究将文化心理学的演变和发展划分为了三个彼此不同的和相互衔接的阶段。那么,在文化心理学的不同的发展阶段之中,所体现出来的是不同的基本主张、各异的思想前提、分别的理论预设,所基本持有的是各自特有的知识论历程、方法论取向、技术论定向。[②]

第一个阶段的文化心理学是着眼于探索普遍心理机制的阶段。这在

[①] Cole, M. *Cultural Psychology-A once and future discipline* [M]. London: The Bellmap Press of Harvard University Press, 1996.1-6.

[②] 余安邦.文化心理学的历史发展与研究进路:兼论其与心态史学的关系 [J].本土心理学研究,1992(6).2-60.

时间段上是在20世纪70年代之前,是文化心理学发展的第一个时期。在这个时期,文化心理学的研究目标是追求共同和普遍的心理机制。当时的文化心理学假定了人类有统一的心理机制,从而致力于从不同的文化中去追寻这一本有的中枢运作机制的结构和功能。研究者通常是采用跨文化的理论概念和研究工具,来验证人类心理的中枢运作机制的普遍特性。在这个阶段的文化心理学在知识论的层面所采纳的是实证主义的立场,认为文化与心理都是实体性的存在,可以由研究者客观地加以把握。在方法论的层面所着重的是通过文化比较或跨文化探索,而寻求人的心理行为的共同性和普遍性。

第二个阶段的文化心理学是立足于探索文化心理特性的阶段。这在时间段上是在20世纪70年代到80年代中期,是文化心理学发展的第二个时期。在这个时期,文化心理学开始关注人类心理的社会文化的脉络。当时的文化心理学转而重视人的心理行为与文化母体的联系,特别是从社会文化的脉络去考察和说明人的心理行为。这就不是从假定的共有心理机制出发,而是从特定的社会文化出发。这一方面是指有什么样的社会文化,就会有什么样的心理行为模式。这在另一方面则是指运用特定文化的观点和概念来探讨和说明人的心理行为的性质、活动和变化。

第三个阶段的文化心理学是集中于探索心理的文化建构阶段。这在时间段上是在20世纪80年代中期之后,是文化心理学发展的第三个时期。在这个时期,文化心理学强调人的主观建构、象征行动及社会实践的文化意涵。那么,文化就不再是外在地决定人的心理行为的存在,而是内在于人的觉知、理解和行动的存在。社会文化的环境和资源的存在和作用,取决于人们捕捉和运用的历程和方式。正是人建构了社会文化的世界,人也正是如此而建构了自己特定的心理行为的方式。此时的文化心理学开始更多地从解释学的观点切入,通过解释学来建立文化心理学的知识。这所强调的是在人类的生存和生活之中,主体与客体、心灵与文化、个人与社会、自我与他人,等等都是相互渗透、密切相关、一体共生的。那么,文化心理学所要关心的是人的意向世界、意向生活,而不是客体世界、客观生活。人的意向赋予了客体世界、客观生活特定的心理意义、生活意义。从而,文化也就成为交互主体之间所建构出来的实在。文化与心理就是相互建构的,文化就是意向性的世界,就是人所创造的世界。

第二节　文化心理学文化排斥

现代实证科学的心理学曾经一度忽视和排斥了文化的存在。这就体现在了西方心理学中早期所盛行的还原主义之中。还原论成为心理学研究中有关人的心理行为的基本解说的原则。这实际上就是心理学探索和研究对文化的回避。

还原主义是主导心理学研究的非常重要的理论原则。其核心思想是：世界是分层的梯级系统，可以通过已知的、低层级的事物或理论来解释与说明未知的、高层级的事物或理论。实证的科学心理学在自己的起步阶段，曾经把物理学当成了自己的榜样，当成了自己的标准。心理学在解说人的心理行为的过程中，就把心理行为的规律归结为物理主义的规律。生物决定论观点认为人的心理或行为主要受人的生物因素所决定，人类的社会行为、人格乃至社会生活的基本方面都决定于这些个体、群体、种族或人种的生物因素。还原论与还原方法既有联系又存在着质的差别。还原论在心理学的研究中有其合理的地方。这也就可以区分出所谓的物理主义的还原、化学分析的还原、生物决定的还原、生理机制的还原、社会决定的还原、文化制约的还原，等等。在表面上看，心理学研究中的还原主义是一种简单化的或简约化的研究处理。但是，在深层上看，心理学研究却借助于还原论而形成了自己的研究框架。并且，这也是将各自不同学科的相关的探索转换成了心理学的学术性资源。[①]

王海英考察了科学主义心理学研究中的还原论倾向。研究指出了，科学主义心理学是心理学自独立以来占据主流地位的心理学。但是，由于科学主义心理学的哲学基础，使其在研究中存在着一种还原论倾向。其核心是对人性的物化，把人的复杂的心理现象简化为物理、化学、生理过程，试图用生物、生理或者机械运动形式来解释人的复杂的心理过程。由此存在着物理还原论、生物还原论和化学还原论。还原论在心理学研究中具有正反两方面的意义。在科学主义心理学研究中，还原论的

---

① 葛鲁嘉、陈雷. 心理学研究中的还原主义问题考察［J］. 心理学探新，2018（4）. 291-296.

核心是对人性的物化。具体指在研究人的心理时，忽视人的社会属性以及人的价值，把人的复杂的心理现象简化为物理、化学、生理过程，试图用生物、生理或者机械运动形式来解释人的复杂的心理过程，由此存在着物理还原论、生物还原论和化学还原论。[①]

在心理学的研究中，还原论一度非常盛行。正是因为心理的存在与基础的存在有着密切的关系，也正是因为心理的存在可以归因于基础的存在，还原主义就成了主导心理学研究的重要的理论原则。还原主义的问题涉及研究的还原主义，还原主义的体现包括了物理主义的还原，也包括了生物主义的还原，还包括了其他不同的还原，重要的问题在于还原主义的理解，在于还原主义的去留。

有研究对心理学研究中的还原论进行了考察。研究指出了，还原论表现出多种理论形式，如果不计其分类标准及范畴大小，可以随意地罗列出许多种类：本体论的还原论、方法论的还原论、理论的还原论、语言学的还原论、科学主义的还原论，等等。尽管这些还原论的形式各异，但其核心思想却是一样的。

心理学中的还原论是哲学还原论思想在心理学中的反映，其思想传统几乎同心理学的历史一样悠久。心理学中的还原论就是坚信以下最基本信念的一种理论，即心理学的研究对象（人的心理或行为）是一种更高层级的现象，对它的研究可以用低层级事物（如原子、神经元、基因等）及其相关理论（如物理学、生理学、生物学等）来加以解释与说明。

与哲学还原论一样，心理学中的还原论也有本体论的还原论与方法论的还原论之分。本体论的还原论坚持"实体的还原"，把心理或行为当作实体，把它还原到、归结为基本的物理、生理实体或粒子（如原子、基因等），企图通过对这些终极构成成分的分析来达成对心理或行为的最终了解。方法论的还原论坚持"知识的还原"，认为心理学是跨越物质运动层次较多的一门学科，心理学的知识可以由低层级事物的相关知识来说明。方法论的还原论又可以分为两种主要的类型。第一种可以称之为"元素主义还原论"，主张把心理或行为划分为多个部分或元素，通过对这些部分或元素的研究来了解整个心理或行为。第二种可称之为"理论

[①] 王海英. 论科学主义心理学研究中的还原论倾向 [J]. 社会科学战线, 2008 (9). 252-254.

的还原论",主张通过低层级学科的理论来解释、说明心理学的研究对象,获得心理学知识。根据它将心理学理论还原为低层级事物理论的不同,又可以将其划分为将心理学理论还原为物理学理论、生理学理论及生物学理论三种还原论类型。

还原论是心理学方法论的必然选择之一,但并不是适用于研究所有心理学问题的方法论,它有着自己适用的边界范围与特定的前提条件。具体来说,还原论有两个基本的理论前提与预设:第一,世界是由低级向高级发展的层级系统,心理、行为现象与物理现象、生理现象是不一样的,这一点已经得到人们的普遍认同;第二,这些层级之间是连续的,低层级事物与高层级事物之间存在着因果关联。事实上,还原论之所以能揣着足以致命的顽疾而依然生机勃勃地存活在心理学中,其根本的原因是到目前为止,人们尚无法找到一种比它更为行之有效的方法论来取代它。[①]

有研究对还原论的概念进行了多维的解说。研究指出了,应该从更广义、较狭义、最狭义三个层次理解还原论概念。第一个层次是更广义的还原论:这是对自然的一种哲学思考,一种探索自然的哲学研究纲领。人类在对自然的探索中,逐渐形成了一些使大多数人都认可的解释自然的模式,即认为自然界中的各种现象有一种潜在的基础规律,比其表面实在更为根本。科学的目的就是要揭示这种潜在的规律来解释自然,这种解释自然的模式便是广义还原论。广义还原论的最基本内涵是,自然界中所有的现象都能够被还原为某种自然的基本规律,其总特征是自然的复杂性的祛魅。隐藏在广义还原论后面的基本预设是:自然现象存在着结构。无论这些结构的本质是什么,但有一种结构是最基本的、不可还原的,即自主存在的结构。第二个层次是较狭义的还原论:这是多视角探索自然规律的方法论。广义还原论伴随着具体科学的进步也呈现出多视角探索自然规律的具体形态,所体现出的就是较狭义层次上的还原论。首先是本质还原论。本质还原论主张,现实中的一切最终仅仅由一种东西所构成,这种东西可能会是神、精神或者物质。其次是方法还原论。这种还原论是和作为研究现象方法的分析相关联的,即将一个复杂的整体解构成该整体更为简单的部分或认识一个现象更低层次的基础,

---

[①] 杨文登、叶浩生. 论心理学中的还原论 [J]. 心理学探新, 2008 (2). 7-10.

然后研究这些部分或基础的特征和组成，了解它们是如何运作的。再次是结构还原论。这种还原论涉及组成一切基本结构的层次问题，其基本主张是，所有现实中的并非真实的结构都可以还原成物理结构。最后是描述还原论。这涉及对现象的再解释，被还原的观点的术语不得不被转换成新的还原观点的词汇。第三个层次是最狭义的还原论：不同层次理论间的演绎，一种科学认识论的模型。这主要表现为探讨不同学科间的演绎问题，这时的还原论试图在不同的理论间建立起某种科学认识论的模型。这种最狭义的理论还原论至今仍是还原论探讨的最主要方向。对于还原论的概念并不能单从某一个层次来理解，因为，还原论概念的三个层次并不是彼此孤立的，它们在还原论思想的发展过程中既有联系，又有区别，是一种辩证统一的关系。这正体现了还原论概念的多面性和广泛性，它们共同彰显着还原论的本质性含义。[①]

实际上，还原可以成为研究的方法，还原也可以成为研究的原则，还原也可以成为研究的思路。在心理学的研究之中，无论是方法，还是原则，还是思路，都曾经得到了不同的贯彻和体现。

实证的科学心理学在自己的起步的阶段，曾经把物理学当成了自己的榜样，当成了自己的标准。这在心理学史的研究中，被描绘为"物理学妒羡"。这除了心理学家希望心理学能够像物理学那样精密和可靠之外，也给心理学研究带来了物理主义还原的研究方式。显然，物理学所揭示的物理世界被认为是属于最为实在和可靠的存在，物理学所揭示的物理的规律是最基本的规律。因此，心理学在解说人的心理行为的过程中，就把心理行为的规律归结为物理主义的规律。

生物决定论常常导致的就是生物还原论的流行。把人的心理行为的性质、特征、变化、功能，等等，都归结为是人类的生物机体的性质、特征、变化、功能。这曾经在心理学的研究中变得非常流行。在很长的历史时段之内，生物决定论都支配着心理学的研究和心理学的解说。

[①] 严国红、高新民. 还原论概念的多维诠释［J］. 广西社会科学，2007（8）. 49-52.

第三节　文化心理学文化取向

在心理学的研究中，文化与心理的关系、文化与心理学的关系，都是非常重要的关系和方面。这两种关系是相互贯通，但又是有所区别的关系。文化与心理学的关系是涉及心理学的发展和未来的十分重要的关系。在探讨文化与心理的关系时，有研究者指出了文化与心理的关系是相互作用的关系。这也就是说，心理过程影响社会文化的形成与发展，社会文化又给心理过程打上文化的"烙印"，使其折射出所在文化的色彩。因此，它们之间是一种动态交互作用的关系。心理学研究者已经开始重视文化的存在和文化的问题，并开始重视关于文化心理和文化心理学的研究。

当然，在实际的研究进程中，大多数的心理学研究关注的是文化与心理的关系在动态过程中的稳定的部分，通常使用静态的术语使文化概念化，因此加强了对文化的刻板印象，忽视了文化与人类心理过程相互作用的动态的发展变化的一面。为了更充分和更准确地理解文化与心理学之间的关系，在将来的研究中，有必要更明确地关注于文化与心理的动态交互作用过程。一些研究阐述了考察这个动态交互作用过程的几个策略。其中一个策略是考察目前的文化模式如何影响了人际交流过程，而这些人际交流过程又如何对目前文化的发展产生影响。还有一个策略是运用动态系统理论中的逻辑与数学工具，来考察人际互动在个体和文化水平上的纵向结果。[①]

但是，这种关于文化与心理学关系的探讨，是一种非常简单的相互作用或交互影响的定位。这实际上是关于文化与心理的关系的探讨，而不是关于文化与心理学关系的探讨。严格地说，所谓文化与心理的关系同文化与心理学的关系是既有关联，也有区别。文化与心理的关系是指人类文化与人类心理之间的关联，而文化与心理学的关系则是指人类文化与心理学探索之间的关系。这一个涉及的是心理学的研究对象，一个涉及的是心理学的学科本身。这两个方面都是十分重要的。

---

① 纪海英. 文化与心理学的相互作用关系探析 [J]. 南京师大学报（社会科学版），2007 (4). 109-113.

文化学的研究是关于人类文化的考察和探索。这是对人类文化或社会文化的性质、构成、演变、发展、内涵、功用的研究。当然，文化学是多学科或大学科的研究领域。许多学科都要涉及文化的问题，都要涉足文化的研究。那么，文化学研究与心理学研究的关系，应该是两个学科的研究及研究结果的互涉的问题。

其实，在心理学的研究中，无论是关于人的心理行为的理解和解说，还是关于心理学学科的理解和解说，都会与文化产生重要的关联。在心理学成为实证科学的门类之后，心理学的研究曾经以物理学、化学为榜样和楷模，也曾经以生物学、生理学为根基和依据。这给心理学力求成为精密科学带来了希望。但是，心理学在这样做的同时，却忽略了、忽视了、歪曲了、扭曲了人的心理的文化的性质和内涵。

那么，在心理学的研究中，文化心理学的兴起就至少可以关系到两个重要的方面。一个是关于心理学的研究对象的理解，另一个就是关于心理学的学科本身的理解。前者使文化成了研究的内容，后者使文化成了研究的取向。前者是对象化意义上的，后者是方法论意义上的。

同样，在心理学的研究中，关于多元文化论的考察和评价，关于多元文化论对心理学研究和探索的影响，也是非常重要的方面和内容。这带给心理学的是，大大促进了心理学面对文化的研究内容、研究方式、现实应用，等等方面的变革和改观。

第四节　文化心理学文化释义

文化心理学在西方的发展所持有的一个非常基本的和特别重要的思想基础就是解释学的文化释义。这涉及在特定的文化根基和文化背景之下的关于心理行为的文化含义或社会意义的理解，这也涉及在特有的文化根基之上的关于心理研究的文化资源和文化方式的把握。因此，文化心理学的文化释义就成了文化心理学的学术探索的一条基本的路径。释义学或解释学就成了文化心理学研究的一个重要的哲学思想来源。

解释学的方法论蕴涵及其对心理学的影响可归纳为四个重要方面：一是将人的心理和行为视为需要解释的文本。体现在心理学的研究中，就是把人的心理和行为看作需要解释的文本，可以通过理解、体验的方式来解释人的意义和价值。二是支持人文科学倾向的心理学的发展，促进了精神分析理论与治疗方法的新发展。解释学方法论在心理学研究中的引入，对科学主义心理学研究取向发起了挑战，强调了人类复杂而多样的心理活动并非用简单的数据就能够替代，而应该依据理解、解释、体验等人文科学的研究方法，对人的心理和行为进行解释性的说明，极大地支持和推动了人文科学心理学的发展。三是强调心理学研究的系统性。解释学特别强调整体对于部分的重要性，正由于解释学将人的心理或行为视为一个可以理解的文本，所以在探究其意义与内涵的同时，必须把握文本的整体性与系统性，才能理解其真实的意蕴。四是强调心理学研究的动态性。解释学认为，人的存在和理解都会受到历史的制约和影响，强调了个体心理活动的动态性与发展性。[1]

有研究指出了，解释学或释义学所具有的是心理学方法论变革的意义和价值。首先，释义学反对研究物质的自然科学应用于以人为对象的人文社会科学。这对于心理学确立适当的科学观和方法论具有启示意义。释义学对自然科学模式和人文社会科学模式所做的区分对于重建心理学的科学观和方法论是有借鉴意义的。心理学研究的是人，不同于自然科学所研究的"物"。人是有目的、有意识的，具有"意向性"能力。其次，作为一种研究方法，释义学的理解与解释（interpretation）为心理学的研究提供了一种质化研究方法，这对于摆脱经验实证方法的束缚，从而进行方法论的变革具有重要意义。主流心理学坚持自然科学的方法论，强调方法的客观效度和数量化特征。释义学提出了性质完全不同的一种方法。这种方法更多的是一种质化研究，其关注的焦点在于意义而不是预测和控制。自然科学把研究对象置于人类的兴趣领域，其目的是预测和操纵自然环境，而释义学把研究的对象放在社会关系的范围里，充分考虑了主体性和主体间性。这实际上就意味着，释义学并不追求自然科学那样的客观、超然态度，它追求的是理解，是意义的追寻。研究者通过个人视域与文本视域的融合，通过对话达到一种新的理解。因此，释义学的研究更多的是一种体验的分析，是质化和定性研究。最后，释义学强调理解和解释的历史置根性，认为理解和解释不能脱离文化历史背景。这一观点对于克服心理学的个体主义和通用主义倾向都具有积极意

---

[1] 谭文芳. 解释学的心理学方法论蕴涵 [J]. 求索, 2005 (7). 116–118.

义。释义学原理对于心理学的方法论变革是有积极意义的。这已经对心理学研究产生了影响,导致了心理学方法论方面的转变。[①]

应该说,解释学的思想是文化心理学研究中对待、理解和把握文化心理和文化科学的文化含义和文化价值的最为重要的哲学思想依据和思想资源。这对于文化心理学来说是能够通过特定方式,去对待心理行为的特定意义和采纳心理科学的特定方式的一种思想依据和理论预设。这对于自然科学的心理学研究常常将人的心理行为自然化,将心理科学自然科学化的不足和弊端来说,是一种重要的纠正。对于文化心理学的探索和研究来说,无论是心理行为还是心理科学,文化释义都是无法回避或必须面对的。

第五节 文化心理学学科目标

有研究探讨了文化心理学的发展趋势。研究表明了,文化心理学正在经历的包括:一是内部多种研究取向的整合。在文化心理学内部,多种主张与研究取向并存。文化心理学并不是一个统一的体系,其理论建设和实践探索都很不成熟。显然,文化心理学中的各种取向都有自己的优势,关注特定的方面。那么,最合理的方法是把各种取向加以整合,采纳各自的研究优势。第一,文化心理学的研究不仅要关注个体心理,同时也要关心集体表征。集体表征是共同文化圈中人们相似的价值观念和意义系统,是与个体心理活动相对应的文化世界。第二,文化心理学将更加注重对解释学、现象学方法的采纳。文化为心理提供意义资源与价值规范,同时文化的意义又有赖于心理的主观解释。第三,文化心理学将更加关注人们的社会实践活动。人类的意向性活动发生在人们的实际社会实践活动中,文化并不是抽象的意义符号。因此,要真正理解心理与文化的互动关系,就必须从人们的日常生活实践出发,从中获得人们心理行为活动的意义资源,建立理解心理与文化关系的基础。二是与相关心理学分支的对话。文化心理学是在当代心理学的文化转向过程中的一种研究形态。在这样的研究背景下,其实有着多种研究分支或研究方向。比较典型的如跨文化心理学、本土心理学等。三是借助多种学科

---

① 叶浩生.释义学与心理学的方法论变革[J].社会科学,2007(3).110-117.

的研究力量。在文化心理学的研究中，必须把社会、文化、历史的研究作为基本框架。对于文化及文化与心理关系的解析，必须从社会的、历史的、语言的多个角度进行整体解释。[1]

有研究对文化心理学能否成为心理学的新主流给出了自己的解答。针对主流心理学的不足，文化心理学提出了新的发展思路和方向。一是重视人性，复兴人文精神。为解决主流心理学忽视人性和强化心理学的自然科学性所带来的问题，文化心理学转而重视人性，突出心理学的人文科学性。理性为自然科学所强调，追求的是"本质"或"真理"，以往属于自然科学模式的心理学主要以此为基础；人性为人文学科所重视，表述和追求的是"存在"，以往的人本主义心理学主要是对人性的探讨；而超越感为宗教神学所突出，主要追求宗教式的体验，超个人心理学可以说以此为基础。由于主流心理学力图按自然科学的模式来构建心理学，因而其主要重视人的理性层面。文化心理学则继承了心理学中的人文主义传统，重视人性，强调心理学的人文学科性。文化心理学重新确立了人性在心理学研究中的地位，复兴了人文主义心理学取向，这使得心理学能够更加完整和协调地发展。二是重视文化研究范式。文化心理学找到了文化研究范式。该范式来自研究以人为中心的人文学科，如人类学、文化学、语言学等。这一方面是由于文化研究范式的人文主义性质和其广阔的学术视野，另一方面是由于其从形成之初起就与哲学密切地结合在一起并逐渐形成文化哲学。三是坚持相对主义和建构主义立场，强调文化差异性。针对主流心理学的本体论立场和普遍的知识观、真理观，文化心理学从相对主义、建构主义的立场观点出发给予否定和批判。[2]

文化心理学的兴起和发展从一开始就具有平衡心理学研究的价值定位。这实际上也就决定了文化心理学的未来走向必然是成为心理学研究中的核心学科、支柱学科、定向学科的位置。从而，文化心理学就不仅仅是属于心理学的一个分支学科，而且是具有心理学研究的方法论意义的探索。那么，这对于文化心理学的未来走向就具有一种独特的定位作用。这种定位也就在于文化心理学对心理学的未来走向所具有的导向作用。

---

[1] 田浩、葛鲁嘉. 文化心理学的启示意义及其发展趋势 [J]. 心理科学, 2005 (5). 1269-1271.

[2] 李炳全、叶浩生. 主流心理学的困境与文化心理学的兴起——文化心理学能否成为心理学的新主流 [J]. 国外社会科学, 2005 (1). 4-12.

第八章 文化心理学的方法论

心理学的研究都有特定的方法论和方法。心理学关于自己的研究的方法论和方法也有着特定考察和探讨。心理学的方法论不同于心理学的方法学。心理学的方法论的探索涉及关于心理学研究对象的立场，关于心理学研究方法的认识，关于心理学应用技术的思考。心理学的方法学则是关于心理学的具体研究方法和研究工具的考察。关于心理学研究方式和研究方法的考察包括体证和体验的方法，也包括定性和定量的研究。方法论是任何科学研究的基础。这既是理论的基础，也是方法的基础，也是技术的基础。因此，心理学的方法论也是心理学研究的基础。方法论的探索是关系到心理学学科发展的核心问题。原有的心理学方法论的研究仅仅涉及关于心理学研究方法的探索，这局限了心理学方法论的研究视野和研究范围。其实，心理学研究的方法论应该得到扩展。方法论的探索包括关于对象的立场、关于方法的认识、关于技术的思考。那么，心理学关于研究方法的专门考察和探索，实际上可以称之为方法学。

第一节 心理学研究方法论

心理学的研究有属于自己的特定的研究方法。心理学具体的研究方法可以包括有许多不同的种类。那么，关于心理学研究方法的探讨就常常被认为是属于心理学方法论的研究内容。但是，一些研究者认为，这种关于心理学具体研究方法的研究，就可以被界定为是属于心理学的方法学。但是，心理学方法论的研究范围实际上要比这种界定宽泛得多。因此，心理学的方法论研究就应该得到扩展。这种扩展后的心理学方法论研究就应该包括关于研究对象的理解和研究的基础，关于研究方法的理解和研究的基础，关于心理学技术手段的理解和研究的基础。

心理学方法论的探索决定着心理学研究的基本思想、理论预设、研究基础、探索方式和干预技术。理论心理学的研究就应该含有关于心理学方法论的探讨、解说、预设。这成为心理学研究的理论根基和理论方法。

心理学的研究可以包括三个基本的部分。一是关于对象的研究，涉及的是心理学的研究对象，是对心理行为实际的揭示、描述、说明、解释、预测、干预等等。二是关于方法的研究，涉及的是心理学的研究者，探讨的是心理学研究者所持有的研究立场、所使用的具体方法。三是关于技术的研究，涉及的是对所涉及的研究对象的干预和改变。那么，心理学研究的方法论也就应该包括三个基本的方面。一是对关于心理学研究对象的理解。这亦即研究内容的确定，是力求突破对人的心理行为的片面理解。二是关于心理学研究方式和方法的探索。这亦即研究方法的创新，是力图突破和摆脱西方心理学的科学观的限制，为心理学的研究重新建立科学规范。三是关于心理学技术手段的考察。这亦即干预方式的明确，是力争避免把人当作被动接受随意改变的客体。

方法论是任何科学研究的基础。这既是思想的基础，也是方法的基础，也是技术的基础。所以，心理学方法论的探讨是关系到心理学学科发展的核心问题。心理学研究基础和核心的方面就是方法论的探索。但是，传统心理学中的方法论的探讨主要是考察心理学研究所运用的具体方法。这包括心理学具体研究方法的不同类别、基本构成、使用程序、适用范围、修订方法等。随着心理学的发展和进步，心理学方法论的探索必须跨越原有的范围，应该包括关于心理学研究对象的立场，关于方法的认识，关于技术的思考。因此，对心理学方法论的新探索，可以说就是反思心理学发展的一些重大的理论问题和方法问题。这些问题的解决关系到中国心理学的发展，而且也关系到整个心理学的命运与未来。[1][2]

杨中芳就认为，在本土心理学刚起步的现阶段，似乎所有的研究都可以

---

[1] 杨中芳. 如何研究中国人：心理学本土化论文集 [C]. 台北：桂冠图书公司，1997. 205-207.

[2] 杨国枢、黄光国、杨中芳（主编）. 华人本土心理学（上册）[C]. 重庆：重庆大学出版社，2008. 109-136.

说是探索性的，因此应该在内容及方法方面具有高度的包容性。[①] 有的研究者则认为，理论和方法的创新也是中国的人类学、民族学、心理学，等等学科的基本目标。[②]

心理学方法论是属于心理学研究的顶层内容，这实际上决定着心理学的具体的研究内容和研究方式，决定着心理学的具体思想预设和理论建构，决定着心理学的具体研究技术和研究工具。

心理学的研究都有特定的方法论和方法。心理学关于自己的研究方法论和研究方法也有着特定的考察和探讨。心理学的方法论不同于心理学的方法学，方法论与方法学应该是有着特定的区分。心理学的方法论涉及的是关于心理学研究对象的立场，关于心理学研究方法的认识，以及关于心理学应用技术的思考。心理学的方法学则是关于心理学的具体研究方法和研究工具的考察。关于心理学研究方式和研究方法的考察包括体证和体验的方法，也包括定性和定量的研究。

方法论是任何一门学科进行科学研究的基础。所谓方法论既是理论的基础，也是方法的基础，也是技术的基础。因此，心理学的方法论也就是心理学研究的基础。方法论的探索是关系到心理学学科发展的核心问题。原有的心理学方法论的研究仅仅涉及关于心理学研究方法的探索，这可以称为心理学方法学的研究。方法论与方法学就具有了重要的区别。心理学研究的方法学是关于心理学具体研究方法的考察。心理学研究的方法论则涉及更广泛的内容。心理学研究的方法论就应该超越方法学而得到扩展。心理学方法论的探索包括关于心理学研究对象的立场，关于心理学研究方法的认识，关于心理学技术工具的思考。

心理学方法论的探讨是关系到心理学学科发展的核心性问题。心理学研究最为基础的和核心的方面就是方法论的探索。但是，传统心理学研究中的方法论的探讨，主要是考察心理学研究所运用的具体研究的方法。这包括心理学具体研究方法的不同类别、基本构成、使用程序、适用范围、修订方法，等等。随着心理学的发展和进步，心理学方法论的探索就必须要跨越原有的范围，就应该包括关于心理学研究对象的立场，

[①] 杨中芳．如何研究中国人：心理学本土化论文集［C］．台北：桂冠图书公司，1997. 322.

[②] 杨国枢、文崇一（主编）．社会及行为科学研究的中国化［C］．台北：中央研究院民族学研究所，1982. 180-182.

关于方法的认识，关于技术的思考。因此，对心理学方法论的新探索，可以说就是反思心理学发展的一些重大的理论问题和方法问题。因此，探讨心理学的科学方法，思考心理学的方法论，都是心理学研究的重要的基础性工作。心理学方法论显然是最为根本的心理学研究的基础内容。

第二节　文化心理研究方法

在不同的科学分支的研究中，都具有定性研究与定量研究的关系的问题。而且，关于定性研究与定量研究，以及关于两者之间的关系，也都有着不同的探讨和考察。在社会科学的研究中，质化研究和量化研究就曾经得到了较多的探讨。[1][2] 有研究比较过在社会科学研究中的定性研究与定量研究。[3] 在心理学的研究中，方法论的研究也已经受到了更多的重视。有研究者关于心理学方法论的研究不仅涉及了心理学方法论的研究对象、研究内容、现实意义和历史概况，还涉及了心理学的研究课题和研究策略，还涉及了心理学的经验事实和研究资料，更涉及了心理学假说和心理学理论。该研究按照心理学的研究活动对心理学现有的研究方法进行了分类和组合。这也就是按照选择心理学研究课题、确定心理学研究策略与计划、获取心理学经验事实、提出心理学假说、形成心理学理论，对心理学的研究方法进行了考察研究。[4] 当然，这种集合式的或罗列式的方法论研究，这种按照哲学方法、心理学一般方法、心理学特殊方法的分类，是已经老套的和过时的研究视野和研究方式了。心理学方法论的研究一直缺乏突破和缺少创新。这也许与在心理学的研究中，研究者一直很少直接涉及关于方法的考察和探讨，有着非常重要的关系。关于心理学方法论的考察和探索应该得到重视和放大。这也就是说，心理学方法论的研究可以延展、拓展或推展到关于心理学对象的立场，关于心理学方法的认识，关于心理学技术的思考。这是对心理学方法论的

---

[1]　沃野. 关于社会科学定量、定性研究的三个相关问题 [J]. 学术研究, 2005 (4). 42-48.
[2]　秦金亮、李忠康. 论质化研究兴起的社会科学背景 [J]. 山西师大学报（社会科学版）, 2003 (3). 19-25.
[3]　陈向明. 质的研究方法与社会科学研究 [M]. 北京：教育科学出版社, 2000. 11.
[4]　朱宝荣. 现代心理学方法论研究 [M]. 上海：华东师范大学出版社, 1999. 25-26.

扩展性的探索。①

无论是在心理学研究的性质上，还是在心理学研究的方式上，还是在心理学研究的方法上，都有定性的研究和定量的研究之分。在心理学的具体分支学科的研究中，都有定性研究和定量研究的区分和运用。甚至于，在心理学史的研究中，也存在有质化的研究和量化的研究。② 其实，在任何一个科学门类和科学分支的研究中，都会运用定性的研究方法和定量的研究方法。那么，在不同的学科门类中，都会面临着共同的定性研究和定量研究的问题。定性研究与定量研究也可以称为质化研究与量化研究。定性研究是对研究对象的性质的断定、推论、考察、说明、解释。③ 定量研究则是对研究对象的数量关系的确定和计算。在心理学的研究中，既包含着定性研究，也包含着定量研究。问题在于心理学的研究对二者优先地位的确定。这所涉及的和表明的是，在心理学的研究中，是定性研究还是定量研究能够和应该占据着优先的或决定的地位。④

对于心理学的研究来说，采纳科学的研究方式和研究方法是心理学长期不懈的追求和一直努力的方向。那么，应该怎样在心理学的研究中去运用定性的研究和定量的研究，应该怎样在心理学的研究中处理好定性研究与定量研究的关系，这都是心理学家的研究所必须面对的。当然，心理学的研究中有过对定性研究和定量研究的不同的强调，有过重视和运用其中的一个方面，而忽视和忽略另一个方面。因而，这也就必然给心理学的研究和发展带来不同的影响。

定性研究或质化研究被看作一种人文社会科学的主观研究范式。⑤⑥ 质化研究强调的是对研究对象的定性描述，主要的研究方法包括参与观察、深度访谈、传记研究、个案研究、社区研究、档案研究、生活史研究、民族学研究、人种学研究、民族志研究、口语史研究、现象学研究、

---

① 葛鲁嘉．对心理学方法论的扩展性探索［J］．南京师大学报（社会科学版），2005 (1)．84-89，100.
② 高觉敷（主编）．西方心理学史论［M］．合肥：安徽教育出版社，1995．111-121.
③ 张梦中等．定性研究方法总论［J］．中国行政管理，2001（11）．39-42.
④ 王京生、王争艳、陈会昌．对定性研究的重新评价［J］．教育理论与实践，2000（2）．46-50.
⑤ 陈向明．社会科学中的定性研究方法［J］．中国社会科学，1996（6）．93-102.
⑥ 凌建勋、凌文辁、方俐洛．深入理解质性研究［J］．社会科学研究，2003（1）．151-153.

等等。关于心理学的质化研究方法的考察认为，质化研究的最为主要的特征在于：人文主义的研究态度[1]、整体主义的研究策略、主位研究的独特视角、主体互动的研究立场、解说对象的表现手段、研究问题的文化性质，[2] 等等。

在心理学的研究中，定性或质化的研究方法近年来也得到了探讨。侧重定性研究的许多研究者认为，定量研究有着许多的不足和缺陷，如人文性的否弃、还原论的盛行、价值说的缺失、简约化的追求。然而，这都是定性研究所具有的优势。

定量研究或量化研究被看作一种实证自然科学的客观研究范式。量化研究强调的是对研究对象的定量描述，主要的研究方法包括实验研究、量表测量、统计分析，等等。量化研究的最为主要的特征在于其客观实证的研究态度、价值中立的研究立场、客位研究的考察视角、分析主义的研究策略、定量描述的表达方式。在心理学的研究中，侧重定量研究的一些研究者认为，心理学中的质化研究有着许多的不足和缺陷，如科学性的不足、思辨性的推论、主观性的猜测、假设性的说明。这都是定量研究所要克服的方面。

近年来，在心理学的研究中，研究者开始自觉面对质化研究与量化研究的关系问题，并且在研究中开始自觉运用质化研究方法和量化研究方法。但是，如何合理地把握质化研究和量化研究，如何能够使心理学的研究既在质化的方面，也在量化的方面，能更好地揭示、解释、说明和阐明对象的性质、特征、变化、演进，等等，成了心理学研究中至关重要的课题。研究者不仅在研究范式上寻找质化研究与量化研究的对话与融通，而且在具体操作上也在探讨质化研究与量化研究相整合的方式。[3][4] 两种研究范式的整合将对我国本土心理学的研究和发展起到重要的推动作用。严格地说，对于心理学的研究，定性研究与定量研究都是必要的和重要的。问题在于，怎样使两者的关系能够得到合理的确认，

---

[1] 秦金亮. 论质化研究的人文精神 [J]. 自然辩证法研究，2002（7）. 26-28, 44.

[2] Ratner, C. *Cultural psychology and qualitative methodology* [M]. New York: Plenum Press. 1997. 123-128.

[3] 张红川、王耘. 论定量与定性研究的结合问题及其对我国心理学研究的启示 [J]. 北京师范大学学报（人文社科版），2001（4）. 99-105.

[4] 秦金亮、郭秀艳. 论心理学两种研究范式的整合趋向 [J]. 心理科学，2003（1）. 20-23.

怎样使两者的运用能够相互地配合。这是两个不同的问题。前者是心理学方法论所要探讨的问题，后者是心理学方法学所要涉及的问题。

心理学方法论的研究是心理学关于自己的研究基础的探讨。这既包括思想的基础，也包括方法的基础，也包括技术的基础。所以，心理学方法论的探讨是关系到心理学学科发展的核心问题。心理学研究基础和核心的方面就是方法论的探索。心理学研究的方法论应该包括三个最基本的方面：一是对关于心理学研究对象的理解。这亦即对心理学研究内容的确定，是力求对心理学的研究对象能够有全面、深入的理解。二是关于心理学研究方法的探索。这亦即对心理学研究方法的确定，是力求对心理学的研究方法能够有规范、明确的理解。三是关于心理学技术手段的考察。这亦即对心理学干预方式的确定，是力求对心理学的技术手段能够有合理、适当的理解。从心理学的方法论入手，就是要理解定性研究与定量研究的关系，并把对两者关系的合理理解带入到心理学的具体研究中。

心理学方法学的研究则涉及的是心理学方法论中的第二个部分，也就是关于心理学具体研究方法的考察和探讨。所以，心理学方法学是被包含在心理学方法论当中的，是其中的一个重要的组成部分。心理学方法学的探讨主要是考察心理学研究所运用的具体研究的方法。[1] 例如，在心理学研究中所运用的具体研究方法，可以包括观察法、调查法、档案法、测量法、实验法，等等。心理学方法学的研究可以涉及心理学研究所运用到的这些具体研究方法的不同类别、基本构成、使用程序、适用范围，等等。从心理学的方法学入手，则是要涉及在心理学研究中，如何能够使定性或质化研究与定量或量化研究有合理的组合。[2] 很显然，心理学方法学是专门指向于心理学研究实际运用的不同研究方法的。

---

[1] 崔丽霞、郑日昌.20年来我国心理学研究方法的回顾与反思［J］.心理学报，2001（6）.564-570.

[2] 向敏、王忠军.论心理学量化研究与质化研究的对立与整合［J］.福建医科大学学报（社会科学版），2006（2）.51-54.

第三节　文化心理实证方法

　　实证论哲学也可以称为实证主义（positivism）。实证主义具有多种理论形态，在此主要泛指传统自然科学获取客观知识的科学方法论。实证主义的科学方法论，不仅涉及获取经验资料的方法，而且涉及构造科学理论的规则。实证主义坚持的原则在于，任何知识都必须依据于来自观察和实验的经验事实，理论命题只有被经验证实或证伪，才是具有实际意义的。这种实证的原则在科学研究中或心理学研究中的最为典型的体现，就是实验主义和操作主义。实验主义是对实验方法的强调和依赖，实验方法的长处在于保证了感官经验或经验事实的可靠性，不仅能使之得到精确的分解和量化的测定，而且能使之得到必要的重复和反复的验证。操作主义是对理论规则的强调，操作定义的长处在于保证了科学概念的有效性，亦即任何科学概念或理论构造的有效性，都取决于得出该概念或该理论的程序的有效性。

　　心理学作为自然科学家族中的一员，采纳了实证主义的立场。这表现为科学心理学一度对实验主义和操作主义的投靠和依赖。许多的心理学家都信奉实验方法，并坚信实验方法对理论的优先功效。这有时被称为"以方法为中心"。坚持实验主义的心理学研究者，会在实验室中像对待其他自然现象那样来捕捉和切割心理现象。操作主义也曾经在心理学中颇为流行，许多心理学家都希望借此来重新清理和严密定义心理学中的许多概念。实证主义的立场使心理学只能以特定的研究方式来考察人的心理。

　　从19世纪的后半叶开始，西方的现代实证主义哲学是以一种时代的精神和研究方法论融入了心理学的研究和探索。从而，实证主义哲学就从方法论的层面，强有力地推动了科学心理学的产生和发展，从而成为西方科学心理学中占有主流地位或居于主导地位的哲学方法论。实证主义哲学在许多的方面支配了现代西方心理学的研究。这包括基本的研究理念，核心的研究方法，数理的计算工具，等等。

　　科学心理学研究中的实证主义方法论有着特定的体现和表达。首先是主客二分的研究范式。所谓主客二分的研究范式，主张以自然科学的研究模式来规范心理学。这种研究范式将心理学的研究对象，亦即将人的心理与行为，视为是与自然物或自然对象同等的认识客体，心理学的研究主体则只是反映客体的一面镜子。这种主张体现的是主体与客体的截然分离，无论是实验操作还是理论构建，均应彻底排除研究者的主体性，甚至是研究对象的主观性。物理主义（或自然主义、机械主义）的世界观、方法中心论的科学本质观、自然科学取向、逻辑主义与还原主义的研究原则、客观主义研究范式、因果决定论的心理学解释框架等，都是其最根本的或最本质的特征。其次是经验证实的研究原则。原则指的是人们说话或行事所依据的法则或标准。经验证实是实证主义的核心思想。一个命题在理论上是否有意义，要看它是否能在经验上得到证实。凡是能够在经验中得到证实的，就是有意义的，否则便是无意义的。持实证主义信念的科学心理学家也同样强调任何概念和理论都必须以可观察的事实为基础，能为经验所验证，超出经验范围的任何概念和理论都是非科学的。最后是还原主义的研究路线。研究路线在此处指进行科学研究时所遵从的整体逻辑思路。科学心理学中实证主义方法论的研究路线主要体现为还原主义。这表现在将心理学概念和理论还原为具体的操作过程和可观察的经验。如概念的操作性定义。这也表现为将心理经验的整体还原为部分或者将部分还原为整体。前者如构造主义的元素分析法，后者如格式塔学派的整体分析法。这也表现为将心理过程归结为生理的、物理的和化学的过程，用低级的表现形式来解释高级的表现形式。

　　实证主义哲学作为科学主义心理学的方法论基础，为心理学的科学化进程作出了一定的贡献。然而，正是由于心理学对实证主义和实证精神的极端追求，引起了许多研究者对科学主义心理学的质疑。科学主义心理学在兴盛了半个多世纪以后，却陷入了空前的危机。科学心理学的实证主义方法论的困境，就在于是将适用于自然科学的研究原则移植到了心理学研究中来，而丝毫不考虑其适用性。[1]

　　当然，实证主义哲学在现代西方心理学发展过程中也有过和也有着积极的作用。曾经有许多的研究者对此进行过总结。按照有关文献的基本观点，实证主义哲学的积极意义主要体现在如下的几个方面。第一，

---

[1] 陈京军、陈功．科学心理学中的实证主义方法论问题［J］．科学技术与辩证法，2007（6）．40-42，54．

相对于早期形而上学的纯粹的哲学思辨而言，实证主义科学观及其科学精神是一种时代的进步。单纯就实证主义追求科学的精神来说，它有力地推动着心理学中实验心理学工作者的艰难探索，并为今后心理学的进一步发展提供了有益的历史经验和教训。第二，实证主义推动了心理学研究的实证或实验方法的完善和发展。在实证方法的完善、推广和运用过程中，实证主义作为一种"强大的思想力量"，曾经起到过十分巨大的作用。第三，实证主义还推动了西方心理学的实证法研究，汲取了大量的来自可观察事实的第一手有益数据和资料，丰富和充实了心理学的知识体系。第四，实证主义在当时科学主义盛行的历史条件下，客观上有利于心理学科学地位的巩固和发展。

不过，实证主义哲学也给现代西方心理学的发展造成过消极的影响。这可以体现在科学观方面、方法论方面、学科性方面，等等。例如，在心理学的科学观方面，学者的研究表明了，实证主义科学观是一种唯科学主义的狭隘的经验主义科学观，是一种"小心理观"。这种小科学观的消极影响是多方面的。（1）导致了心理学发展史上构造主义和行为主义两次重大的心理学危机。（2）把心理学限定在自然科学这一非常狭小的边界里，人为地缩小了心理学的学科范畴。（3）把人文主义心理学划定为非科学的心理学，从而排斥了除实证心理学之外的其他的心理学探索或心理学传统。（4）造成实证心理学更多地着眼于问题的微观细节，缺乏问题的宏观透视，从而导致了实证心理学研究的问题水平的下降。（5）因为实证主义科学观重方法、轻理论，重视实证资料的积累、贬低理论构想的创造，导致其极度膨胀的实证资料和极度虚弱的理论建设之间日益增大的反差。（6）小心理学观体现了自己的反哲学倾向，割断了心理学与哲学之间的天然联系，使心理学缺失了对自己的理论前提的反思和批判。（7）强调了人性观的自然化倾向，对人的社会、文化和历史属性视而不见或有所忽视，导致了心理学与人的现实生活的疏离和隔绝，造成了心理学研究的局限和缺失。（8）小心理学观是唯科学主义的科学观，存在着对实证方法的崇拜，导致了心理学研究中唯实证方法的倾向，忽视了其他研究方法的积极意义。

关于实证主义哲学与现代西方心理学研究的关系，强化相关的研究必须关注如下的重要方面。非常重要的是要严格区分实证主义哲学与实证研究方法。应该深入地开展有关实证主义哲学和实证研究方法的相关专题探讨，将实证主义哲学和实证研究方法的联系与区别、经验与教训、地位与作用、历史渊源与未来趋势等方面的对比或对照的考察和研究，进一步推进和深入下去。当然，与该课题研究相关的一些基本概念及其相互关系还有待进一步明确和界定，以增加研究成果的明晰性。从而，更加便于和强化心理学研究者在实际的研究工作中的互动和交流。当然，也有研究者认为，关于实证主义哲学问题的研究，在心理学史的研究中依然体现或表达得不够。①

实证主义哲学成了西方科学心理学探索和追求的一个重要的思想保障。实证主义心理学也就成了西方心理学的主流。实证主义的思想原则、理论预设、研究主张，都贯彻到了心理学研究的方方面面。实证主义哲学、实证主义原则、实证主义方法都成了心理学的探索和研究的立足基础。

第四节　文化心理解释方法

解释学也常常被称为释义学。解释学是现代西方哲学中非常重要的思想流派。解释学对西方现代心理学的发展产生过重大的影响。许多心理学研究者从不同的方面，考察过解释学对西方心理学的思想性和理论性的引导作用。有研究者指出，解释学、现象学、实证论一道成为西方心理学方法论的"三大势力"，对西方心理学特别是对精神分析心理学的发展产生了巨大的影响。从解释学的发展来看，其经历了狄尔泰的理解心理学、海德格尔和伽达默尔的本体论解释学思想，以及利科的结构主义解释学和拉康的后现代精神分析学。解释学的方法论对心理学的发展产生了深刻的影响，将人的心理和行为视为解释的文本，支持了人文科学倾向的心理学的发展，促进了精神分析理论与治疗方法的新发展，强调了心理学研究的系统性和动态性。②

有研究者曾经系统考察了解释学与当代认知科学的关系。该研究认为，有三个问题值得探讨。一是人们怎样认识客体？即人们怎样了解和

---

① 严由伟. 我国关于实证主义与现代西方心理学研究的综述[J]. 心理科学进展，2003（4）．475-479.
② 谭文芳. 解释学的心理学方法论蕴涵[J]. 求索，2005（7）．116-118.

理解世界中的各种客体？通过对这个问题的回答来表明解释学和认知科学实际上并不对立。二是人们怎样认识情境？即针对各种类型的实际任务或在各种情境中，人们事实上是怎样认知地处理的？通过对这个问题的回答来表明解释学有助于认知科学。三是人们怎样理解他人？通过对这个问题的回答来表明认知科学有助于解释学。该研究得出的结论在于，最好把科学看成是，运用任何可能的手段来说明有什么。如果有什么包括这样一些东西，即不能还原为计算过程或神经元在无意识水平上的激活，或者不能量化，或者无法不折不扣地客观化。然而，这样一些东西对人类生活却是有意义的，它们必然要落入解释学的领域。那么，讨厌它们、否定它们的实在性，就是真正的不科学了。[①]

本体论解释学的发展为古典精神分析理论提供了新的研究方法，进而促进了现代心理咨询与治疗理论和方法的新发展。在弗洛伊德的精神分析理论中，潜意识是其核心所在。他认为潜意识是意识层面以外的活动，是一种无时间、非理性、非逻辑的心理现象，不能够直接被观察和认识到，而只能通过潜意识的符号才能加以了解。所以，在研究潜意识现象时，除了观察以外，最为重要的就是要理解和分析意识层面的现象与潜意识的心理冲突之间的关系。这样，解释、理解、话语分析、协商对话便成为研究精神现象的手段之一。

利科（P. Ricoeur）是 20 世纪法国的著名思想家。利科的解释学现象学使解释学的范围从文本扩展到了人的心理与行为，并扩展到了整个历史领域。他认为文本的内在结构之间存在着关联，究其文本的符号并不单指符号的意义，而在其背后有着所指代的意义和内容。有研究者指出，利科试图通过建立文本理论，从分析语言开始，借助现象学方法，经过语义学层次和反思（reflection）层次，最后进入本体论层次，从而使方法论解释学和本体论解释学在本体论层次上统一起来。利科要在语言本身之内寻找理解是存在的方式，通过语义学的迂回之路达到存在问题。他认为，只有通过对"隐喻"（metaphor）和意义进行反思，才能达到理解的存在论根源。利科的这一思想深深影响到了作为欧洲存在心理学主要代表人物之一的拉康（J. Lacan）。拉康用起源于语义学和文化结构的人

[①] ［美］肖恩·加拉格尔（邓友超译）. 解释学与认知科学［J］. 华东师范大学学报（教育科学版），2004（1）. 34-42.

类文化规则来取代驱力、本能之类的生物学动力因素,从而对精神分析作了存在主义的改造。[①]

解释学的方法论蕴涵及其对心理学的影响可归纳为如下的几个重要的方面。一是将人的心理和行为视为需要解释的文本。体现在心理学的研究中,就是把人的心理和行为看作需要解释的"文本",可以通过理解、体验的方式来解释人的意义和价值。二是支持了人文科学倾向的心理学的发展,促进了精神分析理论与治疗方法的新发展。解释学方法论在心理学研究中的引入,对自然科学主义倾向心理学研究取向发起了挑战,强调了人类复杂而多样的心理活动并非用简单的数据就能替代,而应依助于理解、解释、体验等人文科学的研究方法,对人的心理和行为进行"解释性"的说明,极大地支持和推动了人文科学倾向的心理学的发展。三是强调心理学研究的系统性。解释学特别强调整体对于部分的重要性,正由于解释学将人的心理或行为视为一个可以理解的"文本",所以在探究其意义与内涵的同时,必须要把握文本的整体性与系统性,才能理解其真实的意蕴。四是强调心理学研究的动态性。解释学认为人的存在和理解都会受到历史的制约和影响,强调了个体心理活动的动态性与发展性。[②]

解释学具有重要的心理学方法论意义。解释学方法论作为西方心理学方法论的"第三势力",支持了人文科学倾向的心理学的发展,但同时它自身又具有浓厚的主观主义和非理性主义的色彩。纵观西方心理学百年发展史,解释学对现代西方心理学尤其对理解心理学和精神分析学有着巨大的影响,特别是对现代西方心理学具有方法论的指导意义,主要体现在:以"文本"为对象,以理解和解释为方法,重视整体性和历史制约性原则等四个方面。一是以"文本"作为对象。解释学的关注焦点是日常实践活动的语义的或文本的结构。这个结构是一个有意义的关系整体。表现在心理学中,就是把人的心理现象或人的心理行为看作一个有意义的、有内在结构的统一体,是一个"文本"。二是理解和解释的方法。与研究对象相适应,解释学所运用的方法既不是逻辑分析的方法,也并非观察或实验的方法。解释学所倚重的是内省、体验、理解和解释。

[①] 丁道群. 解释学与西方心理学的发展 [J]. 湖南师范大学教育科学学报, 2002(2). 108-112.

[②] 谭文芳. 解释学的心理学方法论蕴涵 [J]. 求索, 2005(7). 116-118.

三是关联性或整体性的原则。如把人的心理现象或行为看作一个文本，那么，它必定遵循意义的整体性原则。关联性或整体性强调的是整体对于部分的重要性。四是时态性或历史制约性。人的存在和理解都表现为一种历史。相对于人类复杂的心理和行为来说，纯粹的客观性和价值中立是无法实现的，因为人类的心理生活中包含有幸福、满意、本能或目的等价值指向成分。因此，解释学强调解释的时间性和历史性，强调解释必定受一定的历史文化条件，受解释者的知识经验，受解释者所带有的"成见""期望"或"设想"的影响，反而是一种十分合理的见解。

解释学方法论并非十全十美。首先，是在强调理解的历史性时，认为理解者所处的特定的历史环境、历史条件和历史地位必然影响和制约着理解者对"文本"的理解。因此理解者不可能脱离文化历史的影响去做纯客观的研究。突出理解的历史性并没有错，但是过度强调解释中的主观因素，否认有完全符合客观实际的认识或解释则是片面和极端的。其次，解释学方位论带有浓厚的非理性色彩。解释学家认为，生命本身是非理性的。而理解和解释首先是一个创造性的想象过程，是生命整体把握人自己和自己所创造的社会和历史的能力。逻辑推理则不可能建立另一个人的生命整体，也不可能再现任何一种历史的整体。这种非理性的方法论显然与理性的实证主义方法论是对立的，而其缺陷也正是实证主义的优势，即缺乏普遍性、精确性和再验证性。[1]

解释学或释义学的心理学是对现代主义与后现代主义的超越。当代西方心理学中存在着现代主义和后现代主义的对立。二者在对科学的地位、心理现象的实在性和知识的建构性等方面的认识上存在着完全对立的观点。释义学的心理学为超越这两种倾向的对立提供了一种可能。在科学观、方法论方面，释义学既不同于传统的科学主义，也不同于后现代主义的社会建构论，而是为心理学指出了一个新的发展方向。

释义学的心理学既反对现代主义心理学的科学主义倾向，也反对社会建构论的相对主义倾向。释义学的心理学试图超越现代主义和后现代主义的对立，把心理学建立在释义学的基础上。释义学原理为重建心理学的科学观奠定了独特的基础。传统的西方心理学一直试图把心理学建

---

[1] 王国芳. 解释学方法论与现代西方心理学 [J]. 南京师大学报（社会科学版），1999（4）. 80-85.

立在自然科学的基础上，极力仿效自然科学的科学观和方法论。这种科学主义倾向伴随西方心理学发展的始终。但是释义学早就指出了心理学的研究不同于对物质物理现象的研究。心理学研究的是"人"，不同于自然科学所研究的"物"。人是有目的、有意识的，具有"意向性"能力。释义学观点的启示是，对心理现象的研究必须重视心理现象本身的特点，采纳适当的方法，而不能盲目仿效自然科学的方法和模式。释义学的心理学也不支持后现代主义的社会建构论的观点。从主张心理现象不同于物理现象这一人文主义的观点出发，社会建构论走向了另一个极端，它把心理现象归结为一种社会建构，否认了心理现象的实在性，认为所谓的心理现象只不过是特定历史时期的话语建构物，没有本体论的地位。

在方法论方面，释义学的心理学反对现代主义心理学的方法中心论，但是释义学的心理学也不赞成后现代主义心理学的"怎么都行"的相对主义的主张。释义学的心理学采取了另外一条路线。一方面，其主张现代主义心理学的方法中心论在人文科学的研究中是缺乏依据的，因为任何一种方法都不能保证自己的绝对客观性。每一种观察都是一种解释，都是建立在前理解基础上的释义学循环。经验实证方法并没有认识论上的特权。另一方面，释义心理学认为，放弃方法，采取"怎么都行"的态度也是不可取的，必须采纳一定的标准来衡量方法的成败优劣，这个标准就是应用，把用一定方法获得的成果放到实际生活中去，检验其效果，以此评价方法的适当性。[①]

无论是称之为解释学的哲学探索，还是称之为释义学的思想方法，这实际上都是把研究主体、思想主体、心理主体，等等的理解和解释放在了重要的或核心的位置上。这不断弱化和清理了客观主义的思想基础，不断强化了相对主义的思想原则，突出了人的生活和人的心理的人本属性或主体属性。

第五节　文化心理扎根方法

心理学的研究方式和研究方法也可以有本土的特性和特征。方法论

---

① 叶浩生. 超越现代主义与后现代主义：走向释义学的心理学［J］. 河南大学学报（社会科学版），2009（2）. 136-141.

的探索是关系到心理学学科发展的核心问题。方法论是任何科学研究的基础。这既是思想的基础,也是方法的基础,也是技术的基础。扎根理论研究方法论是在社会科学中使用最为广泛却误解最深的研究方法论之一。扎根理论研究方法论的要素,一是阅读和使用文献,二是自然呈现,三是对现实存在但不容易被注意到的行为模式进行概念化,四是社会过程分析,五是一切皆为数据,六是扎根理论可以不受时间、地点和人物等的限制。"扎根理论"是一种质化研究的方式或方法,其主要的宗旨是从经验资料的基础上建立理论。在心理学的研究中,在心理学本土化的追求中,扎根理论也同样被放置在了一个突出和焦点的位置上。那么,对扎根理论研究的方法论考察,就成了重要的课题。

一 心理学本土化方法论

心理学的研究方式和研究方法也可以有本土的特性和特征。这就是心理学本土化的方法问题或方法论问题。方法论是任何科学研究的基础。这既是理论的基础,也是方法的基础,也是技术的基础。因此,心理学的方法论也是心理学研究的基础。

方法论的探索是关系到心理学学科发展的核心问题。原有的心理学方法论的研究仅仅涉及关于心理学研究方法的探索。其实,心理学研究的方法论应该得到扩展。方法论的探索包括关于对象的立场,关于方法的认识,关于技术的思考。[①] 心理学的研究可以包括三个基本的部分:一是关于对象的研究,涉及的是心理学的研究对象,是对心理行为实际的揭示、描述、说明、解释、预测、干预等等;二是关于方法的研究,涉及的是心理学的研究者,探讨的是心理学研究者所持有的研究立场、所使用的具体方法;三是关于技术的研究,涉及的是对所涉及的研究对象的干预和改变。那么,心理学研究的方法论也就应该包括三个基本的方面。一是对关于心理学研究对象的理解。这亦即研究内容的确定,是力求突破对人的心理行为的片面理解。二是关于心理学研究方式和方法的探索。这亦即研究方法的创新,是力图突破和摆脱西方心理学的科学观的限制,为心理学的研究重新建立科学规范。三是关于心理学技术手段的考察。这亦即干预方式的明确,是力争避免把人当作被动接受随意改

---

① 葛鲁嘉. 对心理学方法论的扩展性探索 [J]. 南京师大学报(社会科学版), 2005 (1). 84-89.

变的客体。

方法论是任何科学研究的基础。这既是思想的基础，也是方法的基础，也是技术的基础。所以，心理学方法论的探讨是关系到心理学学科发展的核心问题。心理学研究基础的和核心的方面就是方法论的探索。但是，传统心理学中的方法论的探讨主要是考察心理学研究所运用的具体研究的方法。这包括心理学具体研究方法的不同类别、基本构成、使用程序、适用范围、修订方法等。随着心理学发展和进步，心理学方法论的探索必须跨越原有的范围，应该包括关于心理学研究对象的立场，关于方法的认识，关于技术的思考。因此，对心理学方法论的新探索，可以说就是反思心理学发展的一些重大的理论问题和方法问题。这些问题的解决关系中国心理学的发展，而且也关系到整个心理学的命运与未来。

心理学本土化，中国心理学的本土化发展，也需要有方法论上的考察、探讨、突破和创新。其中，扎根理论的方法论是涉及中国本土心理学的理论创新发展的核心方面。因此，这也受到了许多研究者的关注和探讨。或者说，中国心理学的本土化的研究应该通过扎根理论，去寻求自己的理论创新的方法论依据和根基。

二 扎根理论研究方法论

扎根理论研究方法论（grounded theory methodology）是早在20世纪的60年代由格莱瑟（B. G. Glaser）和斯特劳斯（A. Strauss）提出的质化研究方法。但是，很快就受到了不同学科的学者的关注。该方法论属于质化研究的程序，目前是在社会科学研究中使用最为广泛，也得到了研究者专门的探讨，并已经有了较为深入的考察。[1] 但是，扎根理论研究方法论却是受到误解最深的研究方法论之一。目前，该方法论在许多学科领域，特别是在社会科学领域，得到了研究者的较为普遍的青睐，如在教育学和在心理学的研究中。

在现有的研究方法论文献中，存在着不同的扎根理论研究方法论。格莱瑟和斯特劳斯在他们出版的《扎根理论的发现：定性研究的策略》专著中，对扎根理论进行了最早的阐述。全书共分成了三个部分。一是

---

[1] Charmaz, K.. *Grounded theory: A practical guide through qualitative analysis* [M]. London: Sage Publications Ltd, 2006. 4-8.

通过比较分析生成理论：包括生成理论，理论取样，从实体理论到形式理论，定性分析的不断比较的方法，分类和评估比较研究，阐述和评估比较研究。二是资料的灵活运用：包括定性资料的新来源，定量资料的理论阐释。三是扎根理论的含义：包括扎根理论的可信性，对扎根理论的分析，洞察和理论的发展。[①]

斯特劳斯和科宾（J. Corbin）在《定性研究基础：发展扎根理论的技术和程序》的著作中，共分三个部分系统考察了扎根理论。该著作包括了如下的基本内容：一是基本的考虑，包括导言、描述、概念序列、理论化，理论化的定性和定量的相互作用，实践的考虑。二是编码程序，包括对资料的微观考察的分析，基本操作，提出了问题和进行了比较，涉及了分析工具，开放编码，主轴编码，选择编码，加工编码，条件和序列矩阵，理论取样，备忘录和图表。三是获得的结果，包括写作的论文、著作和关于本研究的讨论，评价的标准，学生的问题及回答。[②]

在国内目前关于扎根理论的介绍中，有对国外的学者的系统研究的翻译介绍。[③] 在关于扎根理论的具体运用的研究中，有涉及在深度访谈中运用的考察。[④] 在国外关于扎根理论的研究中，有研究者则把扎根理论方法论看成是或当成是方法论的解释学。[⑤]

有研究者对质性研究中传统的扎根理论方法和新兴的势头正劲的解释现象学分析进行比较，尤其是考察了二者在抽样、资料收集和资料分析等方面的差异。扎根理论和解释现象学分析都认为研究应该是一个动态的过程，强调研究者悬搁先定的假设和框架，通过对资料的分析结合对自身的反省，以深入探讨现象的意义。在具体的操作思路方面，扎根理论的抽样是针对同一个社会过程的现象有不同经验的参与者，而解释现象学分析则由于更关注于个体对经验的理解方式，所以抽样主要是经

---

① Glaser, B. G. and Stauss, A. L.. *The discovery of grounded theory: Strategies for qualitative research* [M]. New York: Aldine de Gruyter. 1967. 9.

② Strauss, A. and Corbin, J. (1998). *The basics of qualitative research: Techniques and procedures for developing grounded theory* [M]. Newbury Park, CA: Sage. 1998. 12-13.

③ 卡麦兹（边国英译）. 建构扎根理论——质性研究实践指南 [M]. 重庆：重庆大学出版社，2009.

④ 孙晓娥. 扎根理论在深度访谈研究中的实例探析 [J]. 西安交通大学学报（社会科学版），2011 (6). 87-92.

⑤ Rennie, D. L.. Grounded theory methodology as methodological hermeneutics [J]. *Theory and Psychology*, 2000 (10). 481-502.

历过同一经验的同质性样本，并且一般来说样本量较小。在资料分析方面，由于扎根理论追求生产适合资料的理论，所以分析是遵守细致的操作程序，并且是限定在资料中的。而解释现象学分析更偏重于灵活性，并没有提出分析的具体操作程序，在分析中也允许研究者在一定范围内偏离初始问题，关注资料分析过程中显现的新奇主题，并认为这些被参与者忽略的新奇的主题更可能带给人们熟悉的生活经历以不平常的意义。①

有研究者是从认识论的层面比较了实证研究与质性研究的差异，重点介绍了作为质性研究方法的扎根理论的缘起、理论基础和研究程序。表明扎根理论为质性研究的理论建构、为填平经验研究与理论研究之间的鸿沟提出了一整套程序与技巧。当然，该研究是着眼于扎根理论的研究方法对于传播研究的方法论和弱势群体研究所具有的有益启示。研究指出了，由于过分强调经验观察与实验，实证研究受限于经验及理论模式，缩小了研究的范围。对方法的执着及对思辨的避讳也同样使得实证研究技术化，趋于烦琐而难有长足进步。

质性研究具有以下的特性。一是透过被研究者的视角来看待社会，只有去掌握被研究者个人的解释，才能明了其行事的动机。但是，这并不意味着就可以否决研究者"二度建构"的可能。二是研究过程的情景描述被纳入研究中，场景描述能够提供深层发现。三是将研究对象放置在其发生的背景和脉络之中，以对事件的始末做通盘的了解。四是质性研究具有弹性，任何先入为主的或不适当的解释架构都应当避免，采用开放或非结构方式。五是质性研究的资料整理主要依赖分析归纳，先使用一个大概的概念架构，而非确切的假设引领研究，然后再依研究的发现而归纳成主题。在理论形成方面，扎根理论提供了分析、描述及分类的方向。

扎根理论就是为了填平理论研究与经验研究之间存在的令研究者非常尴尬的鸿沟。这为弥补质性研究过去只偏重经验的传授与技巧的训练，而提供了一套明确的和系统的策略，以帮助研究者去思考、分析、整理资料，挖掘并建立理论。扎根理论严格遵循归纳与演绎并用的科学原则，

---

① 潘威. 扎根理论与解释现象学分析的比较研究[J]. 西华大学学报（哲学社会科学版），2010（3）.112-116.

同时也运用了推理、比较、假设检验与理论建立。扎根理论是一个一面搜集资料，一面检验假设的连续循环过程，研究过程中蕴含着检验的步骤。扎根理论的主要目的在于在理论研究与经验之间架起一道桥梁，其严格的科学逻辑原则、开放的理论思考、研究多组、多变量复杂关系的视野，以及在实际工作中开展研究过程，都为质性研究的理论建构提供了一个发展的空间。[①]

扎根理论的方法论已经在许多学科的学术成长和理论发展中，得到了越来越广泛的关注和重视。这成了寻求理论突破的一个重要的选择点或突破口。在心理学的研究中，在心理学本土化的追求中，扎根理论也同样被放置在了一个突出和焦点的位置上。那么，对扎根理论研究的方法论考察，就成为重要的课题。

三 扎根理论方法论要素

研究者指出，在现有的研究方法论的文献中，至少存在着三个扎根理论研究方法论的版本：一是格莱瑟和斯特劳斯的原始性版本（original version）的扎根理论；二是斯特劳斯和科宾的程序化版本（proceduralised version）的扎根理论；三是查美斯（K. Charmaz）的建构论版本的扎根理论（constructivist´s approach to grounded theory）。对于运用不同版本扎根理论的研究者而言，鉴于在社会科学中，研究范式、学科背景、探索领域、面对问题，等等方面的差异，学术界在扎根理论的版本选择问题上，还缺乏基本的共识。

那么，按照相关学者的研究，扎根理论研究方法论的要素，涉及了一系列相关的重要方面。这些方面对于理解扎根理论研究的方法论和运用扎根理论研究的方法论，都是非常重要的。

一是阅读和使用文献。文献回顾可谓是扎根理论研究方法论较之其他研究方法论最具差异性和争议性的研究步骤。避免一个特定的、研究项目之前的文献回顾，其目的是让扎根理论研究者尽量自由、开放地去发现概念、研究问题并对数据进行分析。这样做的目的也是防止已知的文献对后来数据分析和解读所带来的污染。在研究开始就把已知文献放在一边，同时也容许研究者进行理论取样并不断进行其他相关数据比较。

[①] 王锡苓. 质性研究如何建构理论？——扎根理论及其对传播研究的启示[J]. 兰州大学学报（社会科学版），2004（3）. 76-80.

二是自然呈现。通过对不断涌现的数据保持充分的注意力，以便使研究者保持开放的头脑来对待研究对象所关注的问题，而不是研究者本身的专业问题，这是扎根理论研究者所要具备的基本条件之一。

三是对现实存在但不容易被注意到的行为模式进行概念化。扎根理论是提出一个自然呈现的、概念化的和互相结合的、由范畴及其特征所组成的行为模式。形成这样一个围绕着一个中心范畴的扎根理论的目标，既不是描述，也不是验证。它的目的在于形成新的概念和理论，而不仅仅是描述研究发现。原则上讲，扎根理论研究分析的社会世界中所存在的实证问题，是在最抽象的、最概念化的和最具有结合性的层面。

四是社会过程分析。扎根理论是对抽象问题及其（社会）过程（processes）的研究，并非问卷调查和案例研究等描述性研究那样针对（社会）单元（units）的研究。扎根理论的分析关注重点是社会过程分析（social process analysis），而非大多数社会学研究中的社会结构单元（social structural units），例如个人、团体、组织等等。所以，扎根理论研究者所形成的是关于社会过程的范畴，而非社会单元。基本社会过程（Basic Social Process）可以分为两种：基本社会心理过程（Basic Social Psychological Process）和基本社会结构过程（Basic Social Structural Process）。后者有助于在社会结构中存在的基本社会心理过程的运作。

五是一切皆为数据。在扎根理论研究方法论中，所有的一切都是数据。这个要素是极其重要的。在这个研究方法论中，数据包含了一切，可以是现有文献、研究者本身，涉及研究对象的思想观点、历史信息、个人经历。无论是什么研究方法论，研究者本身的主观参与都是一直存在的。

六是扎根理论可以不受时间、地点和人物等的限制。正如上述社会单元和社会过程之间的分析比较中所指出的，扎根理论因其侧重于对社会心理或结构过程的分析，故可以不受时间、地点或人物的限制。扎根理论可以跨场景、跨人物和跨时间加以应用。与其他的研究方法论有所不同的是，扎根理论研究的成果应该具有更大的可推广性（generalisability）、全覆盖性（coverage）、可转移性（transferability）和可持久性（durability）。[①]

[①] 费小冬．扎根理论研究方法论：要素、研究程序和评判标准［J］．公共行政评论，2008（3）．21—43．

有研究者对扎根理论在科学研究中的运用进行了分析。研究指出了，扎根理论方法对资料的分析过程可以分为三个主要步骤，依次为开放性译码、主轴译码和选择性译码。这三重译码虽然在形式上体现为三个阶段，但实际的分析过程中，研究者可能需要不断地在各种译码之间来回转移和比较以及建立连接。

开放性译码的程序为定义现象（概念化）—挖掘范畴—为范畴命名—发掘范畴的性质和性质的维度。经过以上的第一层译码分析，得出的概念和范畴都逐次暂时替代了大量的一手资料内容，对资料的精练、缩编和理解也在逐渐深入，继而分析和研究复杂庞大的资料数据的任务转而简化为考察这些概念，尤其是这些范畴间的各种关系和联结。

主轴译码是指通过运用"因果条件→现象→脉络→中介条件→行动/互动策略→结果"这一典范模型，将开放性译码中得出的各项范畴联结在一起的过程。主轴译码并不是要把范畴联系起来构建一个全面的理论架构，而只是要发展"主范畴"和"副范畴"。换言之，主轴译码要做的仍然是发展范畴，只不过比发展其性质和维度更进一步而已。

选择性译码是指选择核心范畴，将其系统地和其他范畴予以联系，验证其间的关系，并把概念化尚未发展完备的范畴补充整齐的过程。该过程的主要任务包括识别出能够统领其他所有范畴的"核心范畴"；用所有资料及由此所开发出来的范畴、关系等，扼要说明全部现象，即开发故事线；继续开发范畴使其具有更细微、更完备的特征。选择性译码中的资料统合与主轴译码差别不大，只不过它所处理的分析层次更为抽象。①

扎根理论方法论正是通过相对规范的方法论要素和程序，而成了研究中的可以进行推广和实施的研究方式和方法。这也就使得在扎根理论引导之下的研究或者运用了扎根理论研究方法的探索，能够完整和系统地形成研究的相对合理化的结果。

四　扎根理论方法论评判

有研究者详尽考察了扎根理论的思路和方法。该研究认为，"扎根理论"（grounded theory）是一种质化研究（qualitative research）的方式或方法，其主要的宗旨是从经验资料的基础上建立理论。研究者在研究开

---

① 李志刚. 扎根理论方法在科学研究中的运用分析［J］. 东方论坛，2007（4）. 90-94.

始之前一般没有理论假设，直接从实际观察入手，从原始资料中归纳出经验概括，然后上升到理论。这是一种从下往上建立实质理论的方法，即在系统收集资料的基础上寻找反映社会现象的核心概念，然后通过这些概念之间的联系建构相关的社会理论。扎根理论一定要有经验证据的支持，但扎根理论最主要的特点不在于其经验性，而在于扎根理论是从经验事实中抽象出新的概念和思想。在哲学思想基础上，扎根理论方法基于的是后实证主义的范式，强调对目前已经建构的理论进行证伪。

扎根理论的基本思路主要包括了如下的几个方面。一是扎根理论特别强调从资料中提升理论，认为只有通过对资料的深入分析，才能逐步形成理论框架。这是一个归纳的过程，从下往上将资料不断地进行浓缩。与一般的宏大理论不同的是，扎根理论不对研究者自己事先设定的假设进行逻辑推演，而是从资料入手进行归纳分析。二是扎根理论特别强调对理论保持敏感性。由于扎根理论的主要宗旨是建构理论，因此扎根理论强调研究者对理论的高度关注。不论是在研究设计阶段，还是在收集分析资料的阶段，研究者都应该对自己现有的理论、对前人的理论以及对资料中呈现的理论保持敏感，注意捕捉新的建构理论的线索。三是不断比较的方法。扎根理论的主要分析思路是比较，在资料与资料之间、理论与理论之间不断进行对比，然后根据资料与理论之间的相关关系提取出有关的类属及属性。四是理论抽样的方法。在对资料进行分析时，研究者可以将从资料中初步生成的理论作为下一步资料抽样的标准。这些理论可以指导下一步的资料收集和分析工作，如选择资料、设码、建立编码和归档系统。五是灵活运用文献。使用有关的文献可以开阔视野，为资料分析提供新的概念和理论框架。但与此同时，也要注意不要过多地使用前人的理论。

扎根理论的操作程序一般包括如下的方面。一是从资料中产生概念，对资料进行逐级登录；二是不断地对资料和概念进行比较，系统地询问与概念有关的生成性理论问题；三是发展理论性概念，建立概念和概念之间的联系；四是理论性抽样，系统地对资料进行编码；五是建构理论。力求获得理论概念的密度，亦即理论内部有很多复杂的概念及其意义关系，应该使理论概念坐落在密集的理论性情境之中。力求获得理论概念的变异度。力求获得理论概念的整合性。[1]

应该说，在社会和行为科学的研究中，关于研究方法也是非常重要的。在运用不同研究方法的研究中，理论也同样是不容忽视的。正如研究者所指出的："在科学中，理论占有极其重要的地位。事实上，经过证实的科学理论就是科学知识的本身。而从比较广阔的观点来看，理论至少具有以下几项重要的功能：一是统合现有的知识，二是解释已有的事项，三是预测未来的事项，四是指导研究的方向。"[2]

心理学的本土化，本土心理学的研究，需要扎根理论的方法论。[3] 可以说，在心理学本土化的历程中，科学的创意、研究的突破、思想的创造、理论的建构，等等，也同样都是至关重要的。这几乎决定了本土心理学的实际的走向和未来的前途。因此，在本土心理学的研究中，扎根理论受到了研究者的极大的关注和认真的对待。杨中芳就把扎根理论研究法归类在了本土化心理学的研究方法中，指出了扎根理论方法与其他的方法不同，在于扎根理论方法的主要目的是理论的发展建构，而不是验证已发展完成的理论。同时，运用这一策略得到的理论抽象性及普及性都比较低，是属于解释具体内容之说法型的理论。[4]

显然，心理学本土化的理论研究所希望的是，理论的建构能够直接来自关于本土心理行为的资料，而不是从外来的理论中去借用和引申。当然，扎根理论也会有严重的问题，那就是会在经验资料的基础之上，忽视其他的学术性资源。本土的心理学资源会提供基本的理论框架、基本的理论预设、基本的理论前提、基本的理论建构。这是本土心理学的学术性创新或原始性创新的基础。扎根理论希望抛弃原有的学术基础或理论预设，但如果因此而抛弃了自己的学术资源或理论资源，那就会得不偿失。这实际上在本土心理学的研究者中，已经得到了明证。

---

[1] 陈向明．扎根理论的思路和方法［J］．教育研究与实验，1999（4）．58-63．
[2] 杨国枢（主编）．社会及行为科学研究法（上册）［C］．重庆：重庆大学出版社，2006．26．
[3] 黄囇莉．科学渴望创意、创意需要科学：扎根理论在本土心理学中的运用与转化［A］．本土心理研究取径论丛（杨中芳主编）．台北：远流图书公司，2008．233-270．
[4] 杨中芳．本土化心理学的研究方法［A］．华人本土心理学（上册），重庆：重庆大学出版社，2008．115-116．

第六节　文化心理学新范式

　　按照美国的科学哲学家库恩的解释，所谓"范式"就是对人们的科学认识活动起指导和支配作用的理论框架和模式。其基本要素包括一定时代科学家的共同信念、共同传统以及它所规定的基本理论、基本方法和解决问题的基本范例，还包括科学实验遵循的基本操作规范和在时代影响下所形成的科学心理特征。库恩强调的科学范式与科学理论结构中的基本理论是相对应的。正是科学的基本理论为既定的科学理论的确立和发展提供了相应的理论模型、模式和规范。库恩将科学发展的过程分为两个阶段：一个是常规发展阶段，另一个是非常规（危机与革命）发展阶段。在科学的常规发展阶段中，科学的发展严格地受控于已有的科学规范（基本理论框架、核心操作方法、习惯性范例规则）的支配，科学工作的任务只是努力去阐明和发展现有的科学范式。在科学的非常规发展阶段，科学工作的任务发生了根本性的变化，科学工作不是立足于阐明和发展现有的科学规范，而是立足于对现有科学规范进行质疑、改造或批判，并尝试建立一种新的科学规范来限定、代替现有科学规范。科学常规发展阶段代表的是科学发展的量的积累的渐变过程，而突破既定科学范式界限，通过范式更替或限定旧有范式适应范围的科学非常规发展阶段则代表的是科学发展的质的进化的突变过程。科学通过非常规发展的阶段实现着自身进步的革命。科学革命通常会在两种意义上展示其变革的结果：一种是新的科学范式在整体上取代旧的科学范式，这是一种范式更替型的革命；另一种是新的科学范式限定了旧的科学范式所适应的范围，这是一种领域分割式的革命。为了强调范式变革的创新性和革命性意义，库恩提出了不同范式之间具有"不可通约性"的理论。

　　与科学发展的两个阶段相对应，存在着两种不同性质的科学研究活动过程：一种是常规性的科学研究过程，另一种是非常规性的科学研究过程。与两类不同研究性质的科学研究活动方式相对应，在科学家那里存在着两种不同的研究态度。一种是在常规性研究中所具有的保守性的研究态度，另一种是在非常规性研究中所体现出的创新性研究态度。在常规性研究活动中科学家们对待既有科学范式的态度更多具有的是不容怀疑的保守性态度。他们工作的目标不是创建新理论，而是阐释、完善、推广和应用旧理论。在非常规性研究活动中科学家们总是用一种理性怀疑和科学批判的态度对待科学。他们的工作态度更多具有"离经叛道"创新性指向。理论创新就是在不断扬弃原有的思想、学说和理论的基础上，通过创造性的思维活动，不断地破坏旧有的理论范式，创造新的理论范式，提出新思想、新学说和新理论的过程。理论创新是理论突破和理论发展的关键环节，是理论进步的内在驱动力。理论创新是对常规、戒律和俗套及其形成的传统的冲击和挑战，表现为对传统、权威的破坏和断裂。理论创新具有深刻性的特点，不是克隆和简单复制，而是一种开拓性和创造性的活动，表现出用超常、超域和超前的新理论去取代旧理论，使新的理论具有时代性、前瞻性。①

有研究者认为，对心理学而言，库恩的范式论蕴含着丰富的方法论思想：在心理学研究对象上，范式论对科学主义的分析与批判和对科学中人性的张扬，有助于科学心理学重新回到人这一主题；在心理学研究方法上，范式论对自然科学的解释学特征的阐释，使人文心理学的解释学方法纳入科学心理学成为可能；在心理学理论建设上，范式论批判了科学的"积累观"，这就使理论心理学可能走向复兴。②

有研究者主张，范式论对心理学具有双重意义，其中蕴含着深刻的矛盾。就积极方面而言，范式论有利于消解心理学不同范式之间的对立，促进不同范式之间的相互理解与融合。启发人们对传统心理学的理性主义人性观进行批判性反思。彰显了理论研究对心理学的重要性。就消极方面而言，如果不能全面把握范式论对心理学的方法论蕴涵，盲目地将库恩的科学发展模式引进心理学，意味着对心理学中的实证主义倾向的认同。此外，范式论所倡导的相对主义价值观有可能加剧心理学的分裂与破碎。③

有研究者指出，库恩的范式论在心理学界引起"革命论"与"渐进

---

① 刘燕青．科学结构、科学革命与科学家的创新精神［J］．江南大学学报（人文社会科学版），2009（3）．16-20.
② 丁道群．库恩范式论的心理学方法论蕴涵［J］．自然辩证法研究，2001（8）．56-59，69.
③ 杨莉萍．范式论对于心理学研究的双重意义［J］．南京师大学报（社会科学版），2001（3）．90-96.

论"的争论，促进了对心理学的科学性的反思。库恩的范式论本质上是科学观和方法论，是对科学主义的反叛。库恩对文化、社会心理及价值等因素的关注，有利于消解心理学中科学主义与人文主义的对立，促进心理学的统一与整合；范式论强调理论在科学研究中的作用，为理论心理学的复兴提供了哲学依据；库恩对科学主义的"价值中立说"进行了批判，提出了相对真理观和多元价值论，这又为心理学重视文化因素提供了方法论基础。

库恩的范式论从科学哲学内部动摇了科学心理学的哲学根基——实证主义，消解了心理学中科学主义与人文主义的对立，为心理学的统一与整合提供了可能性。一是库恩的范式论是对实证主义的科学观与方法论的反叛，动摇了科学主义的哲学根基——实证主义。库恩的范式论否证了经验实证原则，提出了经验事实具有主观特性的观点，理论已经不再是经过实证研究后的产品，而是一种"先在的"观念、信念的格式塔。库恩注重人的社会、文化历史属性，强调科学研究中人的因素与社会心理的作用，为科学哲学注入了人文的和非理性的因素，使科学哲学从科学主义发展成历史主义，这从科学哲学内部摧毁了科学主义心理学的根基——实证主义，使心理学中重视人文倾向的研究成为可能。二是库恩的自然科学的解释学倾向消解了科学主义与人文主义的对立。科学主义与人文主义的长期对峙构成了西方心理学发展的主线。他强调科学与其他文化的联系、科学的时代性与历史性，及科学活动中人文的价值取向及其作用。科学哲学这种人文转向，为心理学摆脱科学主义的束缚，将人文心理学的解释学方法纳入科学心理学范畴有着积极的意义。也正是在这个意义上，库恩的范式论有助于消解心理学中科学主义与人文主义的对立。三是库恩的范式论促进了科学主义与人文主义的整合，有利于心理学的统一与融合。库恩的范式论大大动摇了科学主义的阵营，使科学哲学转向对人文精神的关注。未来的心理学应该既是科学的，又是人文的；心理学应该是科学主义研究取向与人文主义研究取向的统合、客观实验范式与主观经验范式的统合；心理学必将结束分裂与危机，走向统一与融合。[①]

文化心理学在自身的发展和演变的过程之中，也经历了重要的思想

[①] 郭爱妹. 库恩的范式论与心理学的发展[J]. 江海学刊, 2001 (6). 102-107.

框架、理论纲领和研究原则的变革和更替。这导致的是文化心理学的重要的研究转向和探索跃进。首先，文化心理学的最为重要的范式转换就在于从对民族心理的探索到对文化心理的探索，从对文化产品的研究到对文化人格的研究，从对文化心理静态的考察到对文化行为动态的考察，从对文化心理的单一学科的解说到对文化人格的多元文化的把握。其次，文化心理学的最为明确的范式转换就在于从关于文化心理的依赖于文化哲学的思辨的探索，到依赖于实证科学的实证的研究的重要的转换。再次，文化心理学的最为核心的范式转换就在于从具体研究方法入手的推进，到从思想理论建构为重的突破的关键的转换。

第九章 文化心理学核心内容

正因为文化心理学属于心理学的定向和定位的学科,那么文化心理学的核心内容就与心理学的发展、理论、方法、技术、工具是一致的。这实际上所提示出来的就是文化与心理学的发展、理论、方法、技术和工具的关联。西方心理学、实证心理学、主流心理学的发展真正需要去认真和系统思考文化的存在、文化的性质、文化的价值、文化的推动,等等所有重要的层面或方面。

第一节 文化与心理学的构成

文化与心理学的探索至少是应该涉及文化的存在、文化的传统、文化的资源、文化的历史、文化的未来,等等。这实际上关系到和决定着心理学的基本理论构成,心理学的研究方法性质,心理学的技术应用手段。无论是心理学演变所存在的形态,心理学解说所体现的理论,心理学研究所采纳的方式方法,心理学应用所依赖的技术工具,实际上都体现着或具有文化的基础、文化的方式、文化的呈现、文化的表达、文化的核心。

心理学的探索和研究都具有自身独特的构成、基本的构造、核心的构架、丰富的构筑、多样的构建。这其中最为根本的就是心理学的理论、心理学的方法、心理学的技术、心理学的工具。这些重要的方面的心理学的核心内容,因此都与文化存在、文化环境、文化历史、文化传统、文化氛围,等等,具有十分紧密的关联。

将心理学的理论探索和建构,心理学的研究方法和运用,心理学的技术发明和应用,心理学的工具制造和推广,都与特定的文化、本土的文化、主流的文化、科学的文化、现实的文化,等等相关联、相衔接、相融合，那就会给心理学的创新和创造，发展和壮大，带来不可估量的改观。将心理学的研究和发展直接设立在文化的基础之上，去考量文化心理学的核心内容也就有了基本的尺度、内容和依据。文化心理学的核心内容正是取决于文化与心理学的基本构造之间的关联性。

那么，文化与心理学的理论之间的关系必然决定着文化心理学本身的理论框架、理论预设和理论构造。文化与心理学的方法之间的关系也必然决定着文化心理学研究的基本方式、基本方法和基本手段。文化与心理学的技术之间的关系也必然决定着文化心理学实际的生活应用、生活干预和生活引导。文化与心理学的工具之间的关系还必然决定着文化心理学的工具发明、工具运用、工具效果。

文化心理学的理论、方法、技术、工具属于该学科的核心内容，实际上也体现了文化本身的传统、资源、历史、现实、未来。这也就更进一步给了心理学学科本身发展和壮大的一个重要的平台。心理学的研究正是依赖和通过文化传统、文化资源、文化历史、文化环境，等等而获得了自己的舞台。

心理学的文化导向、心理学的文化价值、心理学的文化性质、心理学的文化方式、都决定了心理学的存在形态，心理学的发展前景，心理学的生活导向，心理学的现实价值。正是因为这一点，心理学才会如鱼得水，心理学也才能加快发展。心理学的理论突破、心理学的方法创新，心理学的技术发明，心理学的工具制造，也就可以去获得长久的动力和不竭的资源。

其实，对于心理学的发展，对于文化心理学的进步，对于新文化心理学的创造，关联到文化的理论、方法、技术和工具，才是最为核心的方面。这不仅使得心理学本身扎根于本土的文化，也使得文化心理学本身融入了科学创新发展的大潮。因此，文化与心理学的构成就成为理解、把握和推动心理学的发展，以及文化心理学的突破等最为重要的方面和焦点。

当然，文化与心理学的理论、方法、技术和工具所具有的关联和所施加的影响，实际上是一个非常复杂和极其多样的存在。任何简单化的理解和把握，都是无法去推进或促进心理学和文化心理学的研究的。

第二节　文化与心理学的理论

　　学科的生成、发展、进步、拓展等等，都需要文化历史的资源。心理学的生成、发展、进步和拓展也同样如此。心理学的发展和心理学的研究都与文化有着十分密切的关系。所谓心理学与文化的关系是指心理学在自身的研究、发展和演变的过程中，与文化的背景、与文化的历史、与文化的根基、与文化的条件、与文化的现实等等，所产生的关联。心理学与文化的关系有着特定的内涵。心理学与文化的关系也经历了历史的演变。这包括经历了文化的剥离、文化的转向、文化的回归、文化的定位。

　　对于心理学的学科发展来说，所谓的资源或所谓的学科资源是指学科生成或演化的基础条件，或者是指学科创生或创造的前提条件。学科的生成、发展、进步、拓展等，都需要文化历史的资源。心理学的生成、发展、进步和拓展也同样如此。心理学的研究是考察人的心理行为。但是，无论是关于人的心理行为，还是关于心理学的研究，或者说，无论是心理学对人的心理行为的研究，还是心理学对学科自身的研究，都需要挖掘和提取自己的或自身的资源。心理资源是多样化的存在，是多元化的形态。可以按照人的生活领域、思想领域、学术领域等，来对心理资源进行界定和分类。资源形态的心理学是科学形态的心理学的进步、扩展和提升。所谓资源形态的心理学是把心理学的学术性资源的开发、累积、运用等作为心理学的核心性任务。

　　心理学的探索、心理学的建构、心理学的发展都是学术的活动，都可以体现为学术思想的创造、发展和传承。其实，在心理学的发展中，心理学家可能更加重视的是心理学的理论、心理学的方法、心理学的技术，而很可能轻视或无视心理学的思想。但是，心理学的发展实际上也可以体现为是心理学思想的演变。其实，心理学思想史与心理学学科史并不是一个含义。并且，心理学思想史也并不就是在科学心理学诞生之前的思想家关于人的心理行为的猜测和思辨的历史。这就好像是科学心理学诞生之后，就终结了心理学思想史的进程。心理学思想是心理学思想家所提供的。心理学学科发展应该关注思想，关注思想的内涵，关注思想的创造、关注思想的积累、关注思想的资源。心理学的思想是需要心理学的思想资源的。获取思想的资源是推动思想的创造的最为根本的活动。

心理学学科的发展和演变会形成一种独特的学术传统。学术传统形成的就是特定的学术资源。学术的活动、心理学的学术的活动，会涉及学术思想的创造、学术研究的推进、学术研究方法的定位、学术干预技术的发明等等的活动。这些特定的学术活动都会与心理学的学术资源有着特定的关联。那么，分解、了解、理解心理学的学科和学术的基础和根基就是十分重要的学术研究目标和研究内容。学术资源、心理学学术资源是有待挖掘的，是有待提取的。学术的资源包括学术制度、学术传统、学术思想、学术创造，等等。在这些非常广泛的学术资源中，最为核心和最为重要的就是学术思想的资源。这正与前面所述的思想资源是相通的。挖掘作为学术资源的学术思想，是思想史研究的内容。心理学思想史的研究就应该是对心理学的学术资源的提取、挖掘和阐释。这就应该超脱关于学科发展历史史实和历史资料的研究和积累。拥有学术传统的学科才会拥有学科的学术资源。心理学学科也是如此。心理学的研究重视自己的研究对象，重视自己的研究方法，重视自己的应用技术，这是心理学研究非常重要的方面，但同样重要的还应该重视自己的学术资源。

心理学在成为独立的学科门类前后，与其他的学科一直有着特定的关系。这种关系决定了心理学的发展和演变。但是，对心理学与相关学科的关系尚缺乏系统和深入的探索。心理学与相关学科的关系经历了历史的演变，从心理学依附于其他学科的发展，到心理学排斥其他学科来保证自己的学术的独立性，到心理学开始寻求与其他学科的合作的关系，到心理学与其他学科应该建立共生的关系。这标志着心理学学科的成熟，也标志着心理学开始容纳所有学术的资源。这意味着心理学不仅借助于其他学科的发展，而且也意味着心理学可以为其他学科的发展提供可以借用的资源。从不同学科的学术独立到不同学科的学术共生，这是一个新旧时代的重大的学术转换。探讨心理学与其他相关学科的关系，是涉及心理学的演变和发展的重大问题。心理学与其他相关学科的关系，经过了历史的长期演变，也有了当代的重新定位。这会在极大程度上加快推进心理学的发展，也会为其他学科的发展提供学术的资源。心理学与其他相关学科经历了从依附的关系到分离的关系，从排斥的关系到合作的关系，从独生的关系到共生的关系等一系列的转换。

第三节　文化与心理学的方法

心理学的研究实际上都是植根于特定的文化传统、文化预设、文化环境、文化背景和文化资源。这几乎是影响到了心理学研究的所有的重要的方面，包括心理学的研究方式、研究方法、研究程序、研究技术、研究手段、研究工具，等等。

一　心理科学研究的方法

心理学的研究有自己的研究方法。那么，科学心理学所运用的方法就是科学的研究方法。但是，在特定的科学观的限定下，所谓的科学就是实证的科学，所谓的科学心理学就是实证的心理学。[①] 其实，在科学心理学诞生之后，心理学就是通过运用实证的研究方法来确立了自己的科学性质和科学地位。因此，所谓科学的心理学就与实证的心理学有同样的含义。实证的科学运用的是实证的方法。心理学在成为独立的科学门类之后，就力图以实证主义的科学观来衡量自己的科学性。这样，是否运用实证方法，就成为心理学研究是否科学的一个根本的尺度。[②] 这就是把实证的方法放置在了决定性的位置。这也就是在科学心理学的发展过程中曾经盛行的方法中心主义。那么，心理学的研究是否使用了实证的方法，就成了心理学是不是科学的唯一尺度。[③]

可以说，心理学正是通过使用实证的研究方法而确立了自己的科学性质和科学地位。其实，在心理学发展史的研究中，就把世界上第一个心理学实验室的建立，看作科学心理学诞生的标志。正是德国的心理学家冯特，他于 1879 年在德国莱比锡大学建立了世界上第一个心理学实验室。这被后来的心理学史学家当作了科学心理学诞生的标志。那么，心理学研究运用了实证的方法或者实验的方法，就成了衡量心理学学科的

[①] 葛鲁嘉. 大心理学观——心理学发展的新契机与新视野 [J]. 自然辩证法研究，1995 (9). 18-24.

[②] 葛鲁嘉. 心理文化论要——中西心理学传统跨文化解析 [M]. 大连：辽宁师范大学出版社，1995.10.

[③] 葛鲁嘉. 中国心理学的科学化和本土化——中国心理学发展的跨世纪主题 [J]. 吉林大学社会科学学报，2002 (2). 5-15.

科学性的基本标尺。这表明了实证方法在心理学研究中的中心地位。[1][2]许多的心理学家都持有方法中心主义的立场和观点。心理学中的方法中心主义就是把科学方法在心理学研究中的运用与否，看作心理学是不是科学的基本标准。

科学研究中方法中心的主张，就是立足于实证主义哲学的方法论。可以说，科学心理学在西方文化中诞生之后，就把自己的研究建立在了实证主义的基础之上。所谓的实证主义有两个基本的理论设定。一个是主观与客观的分离，或主体与客体的分离。这体现在科学的研究中就是研究对象与研究者的分离。研究者必须是客观地或原样地描述和说明对象，而不能够把研究者自己的主观性的东西掺入其中。一个是把主观对客观的把握或主体对客体的把握，建立在感官验证的基础之上。这就是所谓实证的含义。感官的证实就能够去除研究者的主观臆断。那么，客观的观察或者严格限定客观观察的实验就成了科学研究的科学性的保障。没有被感官所验证的，没有被感官的观察所证实的存在就都有可能是虚构的存在。或者说，无法被感官所把握到的存在就都有可能是受到质疑的存在。为了在科学研究中弃除虚构的东西，那就必须贯彻客观主义的原则。所以，科学研究就是证实的活动，就是客观证实的活动，就是感官证实的活动。近代科学的诞生，强调的就是实证主义的原则，进行的就是感官证实的活动。

现代科学心理学的一个重要的起源就是哲学对心灵的探索。在科学心理学诞生之前，哲学心理学对人的心理的探索是着眼于对观念的考察。那么，观念的活动就是心理的活动。观念的存在是无法通过人的感官来把握到的，而只有通过心灵的内省来把握。所以，在哲学心理学的研究中，就运用了内省的方法。西方的哲学心理学就是西方的科学心理学的前身。就在西方科学的或实证的心理学诞生之初，也采纳了和运用了内省的方法，或者说是把内省的方法与实验的方法进行了结合。这就是在科学诞生的时期所盛行的实验内省的方法。但是，在科学心理学的发展过程中，当科学心理学彻底贯彻了客观性的原则之后，就把内省的方法从心理学当中驱逐了出去。内省的方法从此成了非科学方法的同义语。

---

[1] 郭本禹．当代心理学的新进展［M］．济南：山东教育出版社，2003.166.
[2] 叶浩生．西方心理学研究新进展［M］．北京：人民教育出版社，2003.28-35.

内省的主观性和私有性使之被认为是不科学的，是非科学的。因此，在科学的或实证的心理学研究中，也就彻底清除了内省的方法。在实证的心理学看来，内省不仅是非科学的研究方法，甚至也是科学所无法涉及的对象。在实证心理学的视野中，根本就没有内省的位置，也就不可能有对内省的探讨，也就不可能有对内省的揭示。

二 本土的方式方法

在中国的本土文化传统中，也有自己的不同于西方科学心理学的心理学传统。[1] 这是属于东方的心理学传统，是西方心理学所必须面对的另类心理学传统。[2] 中国的传统心理学也有自己独特的理论、方法和技术。那么，中国本土的心理学传统所确立的方法就不是实证的方法，就不是实验的方法，就不是感官证实的方法，就不是实验验证的方法。其实，中国本土的心理学传统所运用的方法是体验的方法或体证的方法。这不是西方科学的心理学或实验的心理学所确立和所运用的实验的方法或实证的方法，也不是西方科学心理学所放弃的内省的方法。这种体证或体验的方法实际上是心灵觉悟的方法，是意识自觉的方法，是境界提升的方法。[3]

实证与体证是相互对应的，实验与体验是相互对应的。这也就是说，现代科学心理学中的实证的方法是与本土传统心理学中的体证的方法相对应的，现代科学心理学中的实验的方法是与本土传统心理学中的体验的方法相对应的。正是在科学心理学诞生之后，实证的方法和实验的方法就成了确立和保证心理学科学性的最为基本的准则。这包括对文化心理的研究和考察。[4] 那么，除此之外的其他的方法或内省的方法就被抛弃到了非科学的范围之中。受到连带的影响，体验和体证的方法也就没有了存在的根基。[5]

在中国本土的文化传统中，倡导的是天人合一的基本理论设定，倡

---

[1] 杨鑫辉. 中国心理学思想史［M］. 南昌：江西教育出版社，1994. 9.

[2] Paranjpe, A. C.. *Theoretical psychology: the meeting of East and West*［M］. New York: Plenum. 1984.

[3] 葛鲁嘉. 心理学的五种历史形态及其考评［J］. 吉林师范大学学报（人文社会科学版），2004（2）. 20-23.

[4] Ratner, C.. *Cultural psychology and qualitative methodology*［M］. New York: Plenum Press, 1997. 27.

[5] 葛鲁嘉. 对心理学方法论的扩展性探索［J］. 南京师大学报（社会科学版），2005（1）. 84-89.

导的是心道一体的基本理论设定。所谓天人合一或心道一体强调的是，不要在人之外或心之外去寻求所谓客观的和分离的道的存在。道不远人。道就在人本身之中，就在人本心之中。那么，人就不是到身外或心外去求取道，而是要反身内求，去体认自己的本心。所以说，人就是通过心灵自觉或意识自觉的方式，直接体验到并直接构筑了自身的心理。① 中国本土文化中的心理学传统所确立的内省方式，强调了一些基本的原则或基本的方面。② 这成了理解体证或体验方式和方法的最为重要的和无法忽视的内容。或者说，中国本土的文化传统中，中国本土的心性学说中，就给出了体认、体悟、体会道的存在的基本的方式和途径。这就是内圣与外王，修性与修命，渐修与顿悟，觉知与自觉，生成与构筑。③

一是内圣与外王。中国本土的心理学传统都强调知行合一的原则，都主张人内在对道的体认和外在对道的践行。这就是所谓内圣外王的基本含义。内修就是要成为圣人，体道于自己的内心。外王就是要成为行者，行道于公有的天下。那么，体道和践道就是内圣和外王的最基本的含义。内圣就是要提升心灵的境界，能够与道相体认。外王就是要推行大道的畅行，能够与道相伴随。所以，对于人的心理来说，怎么样超越一己之心，怎么样推行天下公道，就是最为基本的和最为重要的。

二是修性与修命。正因为人心与天道是内在相通的，所以个体的修为实际上就是对天道的体认和践行。天道贯注给个体，就是人的性命。那么，对天道的体认和践行就是修性与修命。其实，应该说修性与修命的概念带有宗教和迷信的色彩。在中国本土的宗教和迷信的活动中，就有对修性与修命的渲染。但是，如果把这两个概念的基本含义与人的心理生活和生活质量联系起来，就可以消除其宗教和迷信的色彩。人的心理有其基本的性质，也有不同的质量。

三是渐修与顿悟。个体的修为或个体的体悟有渐修与顿悟的不同主张。渐修认为修道或体道的过程是逐渐的，是一点一滴积累而成的。顿

---

① Varela, F. J., Thompson, E., & Rosch, E.. *The embodied mind: Cognitive science and human experience* [M]. Cambridge Mass.: The MIT Press, 1991. 21-23.

② 葛鲁嘉. 中国本土传统心理学的内省方式及其现代启示 [J]. 吉林大学社会科学学报, 1997 (6). 25-30.

③ 葛鲁嘉. 中国本土传统心理学术语的新解释和新用途 [J]. 山东师范大学学报（人文社会科学版），2004（3）. 3-8.

悟则是认为道是不可分割的，只能被整体把握，被突然觉悟到。这成了个体在体道过程中的不同途径和不同方式。那么，无论是渐修还是顿悟，实际上都是人的心灵修养与境界提升的过程。这是人对本心的觉知和人对本心的遵循。

四是觉知与自觉。在中国本土的心理学传统中，"觉"是一个非常重要的概念。觉的含义在于心灵的内省。当然，这不是西方心理学研究中所说的内省，而是中国本土文化意义上的内省。觉的含义也在于心灵的构筑。这是指心理的自我创造和自我创建。因此，觉知与知觉不同，自觉也与自知不同。觉知和自觉强调的是觉，而知觉和自知强调的是知。觉是心灵的把握，而知是感官的把握。心灵把握的是神，而感官把握的是形。

五是生成与构筑。人的心理是自然演化的产物。因此，人的心理是生成的。正是在这个意义上，人的心理具有自然的性质，是自然的产物，循自然的规律。但是，人的心理又是人所创造的，是意识自觉的构筑。正是在这个意义上，人的心理具有创造的性质，是人文的产物，遵循社会的规律。所以，没有一成不变的心理行为，没有被动承受的心理行为。人的心理生活就是人的创造的体现。

三 实证与体证比较

实证与体证在心理学的具体研究中的体现，就是实验与体验的分别与不同。所谓的实验是在实证的基础之上建立的具体研究方式和方法。所谓的体验是在体证的基础之上建立的具体研究方式和方法。

实验的方法被认为是现代科学心理学建立的标志。在心理学研究中，所谓实验的方法是指对所研究的人的心理行为进行定量的考察、分析和研究。这也就是通过研究者控制实验条件，来观察研究对象的实际变化。这包括实验的技术手段或实验的工具仪器，也包括实验者的感官的实际观察。实验的方法对于其他自然科学的发展来说，是至关重要的。或者说，对于自然的对象来说是客观的，精确的。但是，对于人的心理来说，人的意识自觉的心理活动，却是观察者所无法直接观察到的。这给心理学的实验研究带来了很多的困难和障碍，也使心理学的实验研究一直在寻求更好的方法和工具。

作为科学心理学的研究方法，实证的方法或实验的方法都是建立在如下的几个基本的理论假设或基本的理论前提的基础之上的。这些基本的理论前提或理论假设决定了心理学研究方法的基本性质和基本功能。当然，这些理论前提或理论假设可以是明确的，是研究者所明确意识到的。这些理论前提或理论假设也可以是隐含的，是研究者所没有意识到的。但是，无论是明确的还是隐含的，这些理论前提或理论假设都会影响到实际的研究视野、研究方式、研究结果等。其实，心理学哲学和理论心理学的研究，就在于揭示和评判这些理论前提或理论假设，使之明确化和合理化。

一是客体与主体的分离。或者说，就是研究对象与研究者的分离。这是为了保证研究的客观性，是为了消除研究者的主观臆断。那么，心理学的研究者在研究心理行为的过程中，就必须把心理学的研究对象看作客观的存在。心理学的研究就必须是对心理行为的客观的描述和说明。问题在于，心理意识与物理客体存在着根本的不同或区别。人的心理意识的根本性质在于"觉"。无论是感觉、知觉，自觉、觉悟和觉解，都具有觉的特性。当然，在科学心理学传统的研究中，对感觉的研究是在研究"感"，对知觉的研究是在研究"知"，对自觉的研究是在研究"自"，而不是在研究"觉"。更不用说觉悟和觉解，根本就不在心理学的研究范围之中。因此，在心理学的研究中，一直存在着把人的心理物化的倾向。

二是感官和感觉的确证。科学心理学对于人的心理行为的研究，必须是客观的呈现和客观的描述，而不能有虚构的成分和想象的内容。那么，最为重要的就是客观的观察或客观的证实。客观的观察或证实就确立于研究者感官的观察或感官的把握。这就是心理学中的客观观察的方法。在心理学的研究中，定量的研究和定性的研究都是建立在客观观察的基础之上。那么，无法直接观察到的意识活动和内省活动，就曾经被排斥在心理学的研究对象之外。这使心理学的研究不得不把人的心理许多重要的部分排除在研究的视野之外。或者说，在心理学的研究中，是通过还原论的方式，把人的高级和复杂的心理意识都还原为实现的基础之上。如物理的还原，生物的还原，神经的还原，社会的还原，文化的还原，等等。正是基于以上的两个方面，所以心理学的研究对象就被限定为是心理现象，是可以被研究者的感官所印证的客观的存在。但是，如果采取另外的不同研究方式和方法，也就是体证和体验的方法，那心理学的研究对象就不是心理现象，而应该是心理生活。心理生活是可以被体验到的心理存在，是可以加以证实的心理存在，也是可以生成、创造和建构的心理存在。其实，心理生活的创造性决定了心理生活就是文化的存在，就是文化的心理，就是文化的创造。因此，心理生活也就可以成为文化心理学的研究对象。①

四 体验的研究方法

体验的方法则有所不同。体验是人的心理具有的一个十分重要的性质。所谓的体验是人的有意识心理活动把握心理对象的一种活动。这不仅仅是关于对象的认知，不仅仅是关于对象的理解，也包含关于对象的感受，还包含关于对象的意向。体验的历程既是人的心理的自觉活动，也是人的心理的自觉创造，还是人的心理的自主生成。人通过心理体验把握心理自身时，可以是一种没有分离感知者与感知对象，没有分离认识者与认识对象的活动。在这样的心理活动中，人是感受者，是体验者。体证与体验的方法涉及许多重要的方面，也涉及许多重要的关系。因此，体证和体验体现了如下的几个统一：一是主体与客体的统一；二是客观与真实的统一；三是已成与生成的统一；四是个体与道体的统一；五是理论与方法的统一；六是理论与技术的统一；七是方法与技术的统一。

体验是主体与客体的统一。体验就是人的自觉活动或心灵的自觉活动，因此体验并没有分离研究主体与研究客体，并没有分离研究者与研究对象。体验不同于西方心理学早期研究中所说的内省。内省严格来说，仅仅是对内在心理的觉知活动。这是分离开的心理主体对分离开的心理客体的所谓客观的把握。这只不过是把对外部世界的观察活动转换成了是对心理世界的观察活动。因此，体验实际上就是心理的自觉活动。通过心理体验把握的是心理自身的活动。

体验是客观与真实的统一。实证的科学心理学一直强调研究的客观性，强调把心理学的研究对象当作客观的对象。为了做到这一点，甚至不惜把人的心理物化。这种所谓的客观性常常是以歪曲或扭曲人的心理体现出来。体验实际上强调的不是客观，而是真实。真实性在于反对以客观性来物化人的心理行为。当然，体验应该是客观性与真实性的统一。客观性是对虚构性和虚拟性的排斥，而真实性是对还原性和物化性的排斥。体验通过超越个体的方式来达到普遍性。

体验是已成与生成的统一。原有的实证心理学的研究是把人的心理看作已成的存在，或者说是已经如此的存在。心理学的研究不过就是描

---

① Markus, H. R. & Kitayama, S.. Culture and the self implications for cognition, emotion, and motivation [J]. *Psychological Review*, 1991 (2). 224-253.

述、揭示和解说这种已成的存在。但是，实际上人的心理也是生成的存在，是在创造和创新中变化的存在。那么，体验就不仅仅是对已成的心理进行的把握，而且也是促进创造性生成的活动过程。正是通过体验，使人能够创生自己的心理生活。

体验是个体与道体的统一。人的心理存在是直接以个体化的方式存在的。个体的心理是相对独立和完整的。但是，在心理学的研究中，这种个体化或个体性就变成了一种基本的原则，即个体主义的原则。这在很长的时段中支配了心理学的研究，包括支配了对人的群体心理和社会心理的研究。实际上，人的心理的存在就内含着整体的存在。这在中国本土的心性心理学看来，道就隐含在个体的心中，这就是心道一体的学说，这就是心性的学说。

体验是理论与方法的统一。体验是建立在特定理论的基础之上，是由特定的理论提供的关于心理的性质和活动的解说。同时，这种特定的理论又是一种特定的改变或转换心灵活动的方法。那么，理论与方法就是统一的。人在心理中对理论的掌握，实际上就是心理对自身的改变。心理学理论的功能也就在于能够在被心理所掌握之后，实际上改变人的心理活动的内容和方式。

体验是理论与技术的统一。技术活动是发明、创造和使用工具的活动。对于心理学来说，人的心理生活作为观念的活动，理论观念就变成了一种塑造的技术。体验本身就是理论的活动。或者说，体验就是建立在理论的基础之上。所以，这样的理论就不是纯粹的认知的产物，就不是纯粹的认知把握。心理学的理论包含着认知、情感和意向的方面，包含着对心理的形成、改变和发展的影响力。

体验是方法与技术的统一。体验本身是一种验证的活动，是验证的方法。体验带来的是对理论的验证。通过体验，可以验证理论的性质和功能。同时，体验又是一种技术，这种技术是一种软技术。通过特定的体验方式，就可以内在地改变人的心理活动的性质、内容、方式和结果。这就决定了体验实际上也是体证的活动，可以证明理论的性质和功能。体验也是心理活动的基本方式，可以构建、改变和生成人的心理生活。

总之，在心理学的研究中和在心理学的发展中，体证和体验都是值得重视和关注的研究方式和研究方法。在现代科学心理学的诞生和发展的过程中，内省的方法曾经有过从占有支配性地位到因科学性而受到排斥的遭遇。可以说，在科学心理学发展的相当长的时段里，就一直对与内省有关的方式和方法持有排斥和反对的态度。这就是所谓的一朝被蛇咬，十年怕井绳。科学心理学家要么是不齿于谈论和研究，要么是害怕地回避和躲避。其实，内省有完全不同的文化根基，有完全不同的学术内涵，有完全不同的方式方法，有完全不同的结果结论。体证和体验就是独特的研究方式和研究方法。因此，正视和重视体证和体验的方法，挖掘和开发中国本土文化资源中的心理学传统，创造性和发展性地运用了这样的研究方式和方法，从而去开辟中国心理学发展的创新道路，这就是研究和探讨体证和体验方法的最根本的目的。

第四节 文化与心理学的技术

心理学的技术应用就是通过具体的技术工具和技术手段，对人的心理行为进行的干预或影响，以改变人的心理行为，提高人的心理生活的质量。[①] 心理学的技术应用途径是指通过什么方式来引导、影响和改变人的心理行为。这包括消除干预者与被干预者的间隔性，消除被干预者的被动性，确立生活的尺度，进行自主的引导，促进体验的生成，发明应用的技术。这都会增进心理学在现实生活中的影响和作用。

心理学的应用就是通过心理学的技术和手段对人的心理行为进行的实际干预或影响，以改变人的心理行为的现状，提高人的心理生活的质量。但是，在传统的心理学应用中，常常是把心理学的应用对象看作是被动地由心理科学所任意干预的，看作由心理科学的技术手段所实际改变的。其实，人的心理的最为重要的性质就是主动性和自主性。或者说，人的心理是可以自我理解的，是可以自我改变的。因此，应用心理学可以存在两种完全不同的应用途径。这两种应用途径有着不同的前提假设，有着不同的实施方式，有着不同的现实结果。但是，如何使传统的心理学应用途径得到扩展，如何使心理学的应用能够更加适合人的本性或人的心理的本性，那就必须去探索心理学实际应用可能的新途径。这也是

---

① 葛鲁嘉. 心理学应用的理论、方案和领域研究［J］. 河南师范大学学报（哲学社会科学版），2004（6）. 169-172.

中国心理学的科学化和本土化的重要的任务。[①]

一 消除间隔性

心理学应用的一个非常重要的方面是消除间隔性。起源于西方文化的科学心理学或实证心理学，有着一个非常重要的研究预设或理论前提，那就是研究主体与研究客体的割裂或分离。[②] 那么，心理学原有的应用研究也是以干预者与被干预者的分离为前提的，或者说干预者与被干预者是有间隔的。研究者或者应用者是主动的一方，而被研究者或被改变者则是被动的一方。

这种研究主体与研究客体的分离，使研究主体与研究客体之间是有间隔的，是彼此相互隔离的。那么，研究者作为研究主体是价值无涉的，是冷漠无关的，是客观描述的，是外在干预的。所谓科学心理学的研究就是客观的描述，就是客观的解说，就是客观的干预。因此，当心理学的研究对象被确定为是心理现象时，就是建立在把心理学的研究对象与心理学的研究主体彼此分离的基础之上。心理学的研究者是与心理学的研究对象无关的存在，其只能通过感官的客观观察来旁观把握心理现象，来客观描述心理现象。那么，心理学的应用也就不过是研究者通过技术手段的实际干预。

但是，如果把心理学的研究对象从确立为是心理现象转变成确立为是心理生活，那心理学的应用就会有根本性的转变。[③] 心理生活的概念最为重要的是消除了研究者与被研究者、干预者与被干预者之间的分离或间隔。因此，觉知者与被觉知者、观察者与被观察者、干预者与被干预者，都是一体化的存在，都是实际的生活者，都在现实的生活进程之中。

对于心理生活的体验者来说，重要的是觉知、觉解、觉悟。通过觉知、觉解、觉悟，生活者了解了自己的生活，建构了自己的生活，创造了自己的生活。这是心理学研究和应用中的一个非常重要的变化，那就是从把人的心理的物化转向为把人的心理人化。所以，消除心理学研究

[①] 葛鲁嘉. 中国心理学的科学化和本土化——中国心理学发展的跨世纪主题 [J]. 吉林大学社会科学学报，2002（2）. 5-15.

[②] 葛鲁嘉. 心理文化论要——中西心理学传统跨文化解析 [M]. 大连：辽宁师范大学出版社，1995. 52.

[③] 葛鲁嘉. 心理生活论纲——关于心理学研究对象的另类考察 [J]. 陕西师范大学学报，2005（2）. 112-117.

和应用中的研究者与被研究者之间的间隔性，是心理学的应用研究和应用实践的最为根本性的改变。

当然，所谓的研究者与被研究者是可以分离开的。但是，原有的或传统的分离是绝对的分离。那么，消除间隔性的努力也并不是否认研究者与研究对象之间的区分，而是试图将原有绝对的分离改变成相对的分离。所谓相对的分离仅仅在于研究的目的与生活的目的有所不同。

二 消除被动性

心理学应用的一个非常重要的方面是消除被动性。其实，消除了心理学的研究主体与研究客体之间的间隔性，也就没有了对心理学的研究客体作为被动者与研究主体作为主动者的区分。在原有的心理学应用研究中，在原有的心理学实际应用中，在原有的心理学应用技术的运用中，研究者都是主动的，而被研究者都是被动的。研究者一方是主动的干预者，而被研究者一方是被动的被干预者。对于研究者来说，可以通过自己的科学研究和科学干预来主动地改变人的心理行为。那么，人的心理行为作为被干预的对象，只能是被动地承受或被动地接受外在的干预。

但是，心理生活的概念所强调的研究者与研究对象的一体化，则消除了所谓的被动性的一方，这实际上也就消除了人的心理行为的所谓被动性。在人的生活中，其心理生活的承受者实际上也就是心理生活的构筑者。人在觉知、觉解、觉悟自己的心理生活时，实际上也就是在主动地构建、构造、构筑自己的心理生活。

所以，对于人的心理生活来说，尽管人也许会失去或者是放弃对自己的心理生活的主动权，但是，这并不等于人的心理生活就是被动的，就是被动的适应，就是被动的接受，就是被动的改变。那么，消除人的心理生活的被动性，不仅对心理学学科的应用研究来说是非常重要的，而且对生活中的每一个体的生活来说也都是非常重要的。

在传统的心理学应用研究中，存在着把人看作被动的，是被动地接受改变的，是应该按照研究者的方式来存在的。这给心理学的应用研究带来了严重的问题，也给心理学的应用研究带来了严重的障碍。人的心理就如同于物理，人的心理的改变就如同于物理的改变。如果消除了人的心理的被动性，那人的心理也是可以自主改变的。人不仅是可以构筑自己的生活，而且也实际构筑了自己的心理生活。

其实，在传统的心理学研究中，人的心理的存在是已成的存在，是自然天成的,是被动呈现的。但是,对于"新心性心理学"的研究来说,人的心理生活的存在并不是已成的存在,而是生成的存在。生成的存在是一个演变的过程,是一个构建的过程,是一个具有各种可能的过程,是一个没有最终结局的过程,是一个生活者不断有全新体验的过程,是一个生活者的心理成长的过程。

三 生活的尺度

心理学应用的一个重要的方面是确立生活的尺度。如果是消除了干预者与被干预者的区分,那么人的生活,也包括人的心理生活,其引领者就是生活的榜样。所谓的榜样就是生活的尺度。榜样可以成为社会现实中每个人模仿、学习和超越的对象。

在西方的科学心理学的研究中,人的存在就是个体的存在,那么心理学的研究也就是以个体为单位的。个体主义的原则在于,每个个体都是等价的,个人的价值是平等的。个人的存在或个人的心理有着各自不同的特点或特性。这在心理学的研究中,就体现为个体差异的研究。这也是心理学的人格研究的起点,或者说人是有横向尺度的差异。

中国的文化传统中也有自己的心理学传统,尽管这种本土的心理学传统常常只被看作一些古代的心理学思想。[①②] 但是,可以肯定,这也是独特的心理学传统。对这种独特的心理学传统有着不同的学术理解。[③④⑤] 在中国本土的心理学传统中,人的存在不是等价的存在。中国的文化传统强调的是纵向的价值等级。那么,在价值等级的高低排列中,最低级的就不是人,而是畜生。最高级的则不是普通的人,而是圣人或神人。所以,人是有不同的价值地位的,或者说人是有纵向尺度的差异。[⑥]

那么,在人的价值等级的排列中,在价值等级高端的就可以成为或应该成为价值等级低端的榜样。榜样的作用在于处于价值高端的对处于

---

① 高觉敷(主编). 中国心理学史 [M]. 北京:人民教育出版社,1985.1-3.
② 杨鑫辉. 中国心理学思想史 [M]. 南昌:江西教育出版社,1994.9-10.
③ 葛鲁嘉. 对中国本土传统心理学的不同学术理解 [J]. 东北师范大学学报(哲学社会科学版),2005(3).133-137.
④ Paranjpe, A. G., Ho, D. Y. E. and Rieber, R. W.. *Asian Contributions to Psychology* [M]. New York:Praeger, 1988. 2.
⑤ Varela, F. J., Thompson, F. and Rosch, E.. *The Embodied mind*:*cognitive science and human experience* [M]. Cambridge Mass:The MIT Press, 1991. 21.
⑥ 葛鲁嘉. 中国本土传统心理学术语的新解释和新用途 [J]. 山东师范大学学报,2004(3).3-8.

价值低端的有引导、引领、示范模范的作用。所以，在中国的文化传统中，在中国的社会现实中，树立生活的榜样或树立工作的榜样，就成为基本的社会任务。所谓的先进模范、优秀、尖子、典型、标杆、样板等等，都是基于价值等级高低的基础。

其实，如果是从心理学应用的视角去看，心理学的应用还可以通过确立生活的尺度来进行。生活质量高的，心理生活质量高的，就可以成为引领的力量。对生活质量低的，对心理生活质量低的，就可以有引领的作用。生活质量低的，心理生活质量低的，就应该参照和学习高端的榜样，去努力地提升自己的生活质量或心理生活的质量。这也是建构人的心理生活的过程，通过建构出高质量的心理生活，就可以去提升人的实际的心理生活。人的生活、人的心理生活，就是一个不断登高的过程，就是不断上升的过程，就是心理境界提升的过程，就是心灵品质优化的过程。

四　自主的引导

心理学应用的一个重要的方面是确立自主的引导。其实，人的心理生活的引导者不是外在的，也不应该是外在的。对于每一个生活中的个人来说，从来就没有什么救世主，一切都要靠人自己。这就是自主的引导。当然，这种自主不是为所欲为，不是任意妄为，而是对现实的遵循，是与环境的共生，是与社会的共同成长。

人的心理具有的一个重要的特征就是"觉"的性质。如觉知、觉察、觉悟、觉解等等。所谓的觉，就是自主的把握，就是自主的决定，就是自主的活动。"觉"所带来的是人的价值取向和价值定位，"觉"所带来的是人的意义寻求和意义创造，"觉"所带来的是人的生活品质的追求和生活品位的提高，"觉"所带来的是人的生活自主和追求自主。

首先，自主的引导最为重要的是价值的定向。什么是重要的，或者什么是不重要的。什么是有价值的，或者什么是没有价值的。什么是值得去追求的，什么是不值得去追求的。这就是人的心理生活的价值定向的过程。个体一旦确立了自己的价值定向，也就确定了自己的生活的性质和内容。当然，所谓的价值定向也就包括人的心理上的赋值的活动。什么是重要的，什么是不重要的，看重的是什么，不看重的是什么。

其次，自主的引导非常重要的是决策的活动。所谓的决策活动是指活动的目标、活动的程序、活动的步骤、活动的方式、活动的手段、活动的结果等等的制定过程。尽管有许多的生活者在自己的生活中是随波逐流的，是听天由命的，是放任自流的，但是，他们依然在不同的程度上，有对自己生活的心理引导。因此，自主的引导有程度上的区别和差异。但是，无论是什么程度上的自主性，都有生活者对生活或对心理生活的创造或建构。

最后，自主的引导同样重要的是行动的执行。自主的引导最终就落实在行动上。人的活动要引起变化的结果。那么，最为重要的变化结果就是环境的改变和心理的改变，当然也可以是两者的共同改变。这就是共生的历程，是共同的演变和共同的发展。

人的心理不是已成的存在，而是生成的存在。所谓已成的存在是指，人的心理就如同是自然天成的产物，是现成如此的存在，是客观不变的对象。但是，生成的存在则与之有所不同。所谓生成的存在是指，人的心理不过是后天建构的结果，是朝向未来的存在，是共同合成的结果，是不断变化的过程。

那么，如果从生成的方面来看，人的心理生活就与人的心理现象有着根本的不同。心理生活是人自主建构的，或者说是人自主创造的。所以，心理生活是生成的。心理现象则是被动变化的，是生来如此的，是自然天成的。所以，心理现象是已成的。生成心理生活的根本的方式就是人的心理体悟或者心理体验。心理体悟或心理体验不是现成接受的结果，而是心理创造的建构。

这成了当代心理学新进展之中的一个探讨的课题。[1] 这也成了西方心理学新进展之中一个研究的方面。[2] 当然，这实际上也包括了涉及文化心理学研究和探索的两个最为重要的方面。那就是对文化心理的研究和考察，以及对研究方式的探索和确立。这其中涉及了对文化与自我的关系的探讨[3]，也包括了对方法论方面涉及文化心理学与质化研究方法的探讨[4]，还包括了在文化心理学的研究中的通过文化的思考。[5] 那么，除此

---

[1] 郭本禹. 当代心理学的新进展 [M]. 济南：山东教育出版社，2001. 176-177.

[2] 叶浩生. 西方心理学研究新进展 [M]. 北京：人民教育出版社，2003. 18.

[3] Markus, H. R. & Kitayama, S.. Culture and the Self: Implications for cognition, emotion and motivation [J]. *Psychological Review*, 1991 (2). 224-253.

[4] Rather, C.. *Cultural Psychology and Qualitative Methodology* [M]. New York: Plenum Press, 1997. 26-27.

[5] Shweder, R. A.. *Thinking through Cultures: expeditions in cultural psychology* [M]. Cambridge, MA: Harvard University Press 1991. 35.

之外的其他的方法或内省的方法就被抛弃到了非科学的范围之中。受到连带的影响，体验和体证的方法也就没有了存在的根基。因此，发展中国心理学的十分重要的任务是对心理学研究的方法论进行扩展。①

五 应用的技术

心理学的应用技术并不是对心理学研究对象的任意的改变和塑造。那么，这就使心理学的应用技术与其他科学分支的改造自然物的应用技术既有着特别相同和相近之处，也有着十分重要的区别和不同。在心理学的历史发展中，出现过不同形态的心理学传统。② 不同的心理学传统有着不同的应用技术。其实，心理学的应用技术包括两个基本的大类。

一类可以称为硬技术，是指通过实际的或有形的技术工具和技术手段对人的心理行为的改变。那么，心理学的应用就是技术工具和技术手段的发明和创造。其实，在科学心理学的发展过程中，大量的心理学技术工具的发明，有效地促进了心理学的社会应用。

一类可以称为软技术，是指心理意念、心理观念、心理理念等方式对内在心理的改变和引导。所谓的软技术也可以称为体证与体验的方式和方法。体验是值得心理学研究重视的内容。③ 体验是人构建自己的心理生活的重要的方式和手段。那么，所谓的体验就有着一些重要的特点或特征：一是理论与方法的统一；二是理论与技术的统一；三是方法与技术的统一。

体验是理论与方法的统一。体验是建立在特定理论的基础之上，是由特定的理论提供的关于心理的性质和活动的解说。同时，这种特定的理论又是一种特定的改变或转换心灵活动的方法。那么，理论与方法就是统一的。人在心理中对理论的掌握，实际上就是心理对自身的改变。心理学理论的功能也就在于能够在为心理所掌握之后，实际上改变人的心理活动的内容和方式。

体验是理论与技术的统一。技术活动是发明、创造和使用工具的活动。对于心理学来说，人的心理生活作为观念的活动，理论观念就变成

---

① 葛鲁嘉．对心理学方法论的扩展性探索［J］．南京师大学报，2005（1）．84-89．
② 葛鲁嘉．心理学的五种历史形态及其考评［J］．吉林师范大学学报，2004（2）．20-23．
③ ［苏］瓦西留克（黄明等译）．体验心理学［M］．北京：中国人民大学出版社，1989.1，8．

了一种<u>塑造</u>的技术。体验本身就是理论的活动。或者说，体验就是建立在理论的基础之上。所以，这样的理论就不是纯粹的认知的产物，就不是纯粹的认知把握。心理学的理论包含着认知、情感和意向的方面，包含着对心理的形成、改变和发展的影响力。

体验是方法与技术的统一。体验本身是一种验证的活动，是验证的方法。体验带来的是对理论的验证。通过体验，可以验证理论的性质和功能。同时，体验又是一种技术，这种技术是一种软技术。通过特定的体验方式，就可以内在地改变人的心理活动的性质、内容、方式和结果。这就决定了体验实际上也是体证的活动，可以证明理论的性质和功能。体验也是心理活动的基本方式，可以构建、改变和生成人的心理生活。

第五节　文化与心理学的工具

有研究考察了西方的人格问卷，特别是多元文化人格问卷，在中国运用的文化思考。研究指出了，在跨文化适应的诸多预测因素中，人格是较为重要的一个因素。多元文化人格问卷就是这样一种尝试。经过多年的发展，目前多元文化人格问卷发展成由五个维度、91个项目组成的问卷，五个维度分别为情绪稳定性、社交主动性、思维开放性、文化共感性和心理灵活性。实证研究支持了这五个维度的模型。情绪稳定性表示一个人应对压力情境的能力。在面对压力情境时是会保持冷静还是会产生强烈的情绪反应。社交主动性表示一个人是否愿意主动地参与社交活动、善于表达、有交际能力。思维开放性表示一个人是否能对不同群体，以及他们的文化准则、价值观持一种开放的态度，避免产生偏见。文化共感性表示一个人是否能理解来自其他文化背景个体的情感、思想与行为。这表现在对来自其他文化背景的个体感兴趣，同时能很好理解他人的情感、思想或是行为，并对此做出适当的反应。心理灵活性表示一个人是否能够不断调节自己的行为策略使其适应不同的变化的环境，或者把新的情景视为一种挑战来积极探索，或者把出现的新情境视为一种威胁。

在西方人格工具的本土化过程中，仅靠量的分析是不够的，因为有很多文化的方面是无法通过数据分析直接得到。文化与人格的关系是这样紧密，不可能抛开文化来谈人格。将来在发展中国多元文化人格问卷时，需要从概念等值做起。在借鉴外来工具的基础上，还需要做以下工作：第一步应该是建立中国人的多元文化人格结构，并根据此结构编制问卷；第二步是把新问卷与多元文化人格问卷一同施测，进行因素分析，得到适合中国人的多元文化人格模型；第三步是在常模的建立方面充分关注中国被试的反应倾向、自我谦虚等特点。可以看到，在将来工具的发展中，还需要进行更多、更深入的质性研究。[1]

赵志裕的研究指出，在跨文化心理学和文化心理学，跨文化心理测量都是研究文化与行为间关系的重要方法。文化有多种面相，包括文化地区内众人认同的心理特征；被广泛认定为在文化地区内十分普遍的心理特征；地区文化的历史、制度、自然与社会生态。这些文化变量间只有松散的联系。此外，研究者可以在个人和文化层次测量文化心理变量。文化内容的各种面相和在不同层次测量的文化变量经常发生互动，动态地影响行为。

文化心理学的旨趣在了解文化与心理的共构共创历程：在特定时空背景下的文化内容和文化历程如何塑造当时当地的心理结构和特征，当时当地的心理结构和特征又如何影响文化的延续、再生、扩展和蜕变。文化心理学者能接受同样的心理构念，在不同文化中，需要用不同的工具来测量。文化心理学者也能接受：同一工具，在不同文化中所测量的心理内容可能南辕北辙。

文化是一个复杂的构念，涵盖不同层次的变量，其中包括文化地区层面的历史、制度、经济、生态变量，这些变量不是地区内人们心理特征的总和。文化也涵盖地区内人们在个人层次上的心理特征，这些特征包括了个人认同的信念、价值和人格特征，也包括人们对所属文化及文化内他人的特征的认知。文化中的个体可根据他们认同的自评特征和他们对当地文化特征的认知被分派到不同的具同质性的次文化中。不同层次间的文化变量可独立地，或相互地影响行为。由于文化变量的多样性和多层次性，分析个别差异的心理计量模型未必完全适用于文化心理特

---

[1] 严文华. 西方人格工具在中国：文化的思考——以多元文化人格问卷为例 [J]. 心理科学, 2009 (4). 932-935.

征的测量。①

　　心理学的学科具有或拥有多样化的研究工具，这些研究工具可以是涉及人的文化心理行为的，这些研究工具本身也可以是涉及文化的根基和文化的内涵的。因此，这就成了双重的文化心理学的课题。无论是在哪一个层面之上，考量文化的存在和文化的影响，都是心理学的工具所必须要梳理和解说的。

---

　　① 赵志裕. 跨文化心理测量：文化变量的多样性与互动关系 [J]. 中国社会心理学评论（第11辑）. 北京：社会科学文献出版社，2016. 146-161.

第十章　文化环境与生物遗传

无论是涉及人类存在、人类发展、社会生活、社会演变、个体发育、个体成长，等等任何方面，都会关联到生物遗传和社会文化。那么，在相关的科学研究中，遗传决定论和文化决定论就成为无法绕过的主题，也成为各种不同理论学说的特定的旗帜。这在生物心理学研究、遗传心理学研究、社会心理学研究、文化心理学研究中，遗传与文化之间的关系都是核心性的课题。

第一节　遗传决定与文化决定

生物学对心理学的影响和促进是非常重要和重大的。特别是生物进化论和生物遗传学的研究进步和研究成果，几乎是直接影响和扭转了心理学研究的方向和进程。因此，生物进化论和生物遗传学研究的重大的突破，也就是表观遗传学的研究，给心理学的研究带来了不可忽略的影响。表观遗传学强调物种后天接受的影响，以及后天形成的特征，也可以得到遗传的表达，因此，表观遗传学的主张有时也被有的研究者称为后拉马克主义的学说，从而被看成是拉马克主义的复兴。拉马克（Lamarck，J. B. 1744-1829）是18世纪末期到19世纪初期的法国生物学家，也是生物进化论的先驱和倡导者。他提出了用进废退和获得遗传的思想观点。当然，表观遗传学是建立在经典遗传学、生物遗传学、基因遗传学的当代最新发展的基础之上。

正如有研究所表明的，表观遗传学是在研究与经典孟德尔定律不相符的许多遗传现象过程中逐步发展起来的。经典的孟德尔定律认为，表型特征遗传是由于DNA序列突变导致的等位基因的差别而造成的。总体而言，突变是定义表型特点的基础，而表型特点又有助于界定物种之间的界线。按照达尔文进化理论,自然选择压力造就了这些界线。这些理论将突变放在了经典遗传学的核心位置。但是,非孟德尔定律的继承性就在于 DNA 序列并没有发生改变。

表观遗传学研究的一个非常重要的问题是同一个细胞核内等位基因的选择性调控。是什么机制区分了两个完全相同的等位基因?这种区分机制又是如何建立并在连续的细胞传代中维持下去的?是什么原因造成来自同一受精卵的双胞胎并不完全相同?表观遗传学被认为是导致外表特征不同的原因之一。环境、饮食和其他潜在的外部因素都可能通过表观遗传影响基因组表达。全球性的表观遗传学的研究热潮充分表明,这是后基因组时代的一个关键的新前沿。[1]

表观遗传学的研究表明了,需要重新理解遗传决定论的主张,需要重新把握遗传与环境之间的关系,需要重新定位获得性遗传的价值。因此,生物遗传或基因遗传与心理遗传或行为遗传也就有了基本的和重要的关联。

这也就是研究所指出的,表观遗传最重要的特征之一就是表观遗传标记可以从一代细胞传给下一代细胞,并能够调节基因的转录活性。表观遗传信息因此被认为对建立和维持那些决定细胞命运的基因表达程序的确定性和稳定性有重要意义。

发育决定和表观遗传基因调控的相互依赖,在哺乳动物中建立起了遗传和表观遗传的统一体。这种基因表达程序可为表观遗传信息所控制。发育和表观遗传在生殖细胞中的联系更加吸引人,因为这不仅关系到下一代,还很有可能影响到更深远的未来。[2]

人的生活本身,人的心理生活,人的生活经验,人的行为习惯,都可以经由特定的生物性改变而进行代际的传递。这中间有着一系列特定遗传学的机制。这也就是表观遗传学的研究的指向和探讨的内容。这不仅给生物遗传的理解和解说带来了根本性的改变,也给心理遗传的理解和解说带来了核心性的改观。当然,表观遗传学并不仅仅就是生物学的研究进步,而且也是心理学的研究的飞跃。

因此,也就有研究指出了,人们的生活经验,无论是精神上还是身

---

[1] Allis, C. D. and et al(朱冰等译). 表观遗传学 [M]. 北京:科学出版社,2009. 29–30.
[2] Allis, C. D. and et al(朱冰等译). 表观遗传学 [M]. 北京:科学出版社,2009. 447–448.

体上的，都能改变组蛋白乙酰化和 DNA 甲基化的程度，影响人们的精神生活和身体状况。这些不通过 DNA 序列改变而影响身体性状，有时能遗传给后代的变化就叫作"表观遗传"修饰，即发生在 DNA 序列外的变化。表观遗传因素的作用，就是影响 DNA 内存储的信息如何被读取，这与 DNA 中存储的信息量同样重要。如果 DNA 序列以外的修饰能够通过生殖细胞遗传给下一代，那就有了一种与 DNA 遗传不同的遗传方式，它可以把这一代身体的状况遗传给下一代。

表观遗传机制可以使动物打破 DNA 序列变化缓慢的限制，使得后代能迅速获得上一代生物对环境因素做出反应而发生的变化，这对生物种群的生存和繁衍也许是有利的。但是通过"表观遗传"因子传递下去的效果并不总是有利的，上一代的不良环境和生活习惯对后代的健康会产生不利影响就是明显的例子。[①]

表观遗传学的研究会直接具体影响到关于人的心理、人的行为、人智能，等等方面的探索和解说。这也就超出了仅仅是生物的特性和特征，从而包括了心理的特性和特征。有研究就是从表观遗传的视角考察了人类的心智。这也就决定了认知科学的研究发展、理论进程和解释路径。

研究指出了，在表观遗传修饰过程中，细胞内各种调控程序影响了基因的表达，包括表达性质、表达速度和总量变化。许多调控基因的信息虽然本身不改变基因的序列，但可以通过基因修饰等影响和调节基因的功能和特性。如果把传统意义上的遗传学信息比作模板，那么表观遗传学信息则是一套关于如何应用这些模板的指令。

达尔文认为，进化并不是出自物种改善环境条件的愿望，而是一种残酷的自然选择的结果。但是，表观遗传学对此提出挑战，认为生存环境的改变诱导了生物的适应性改变。表观遗传对于经典遗传 DNA 跨代桥接的过于简化的模式无疑是一个有效的补充。作为遗传单位的基因，其定义应超越单纯的 DNA 序列信息，包括表观遗传学修饰信息才能真正反映基因的本质。

从表观遗传学现象中发现的分子机制，并非仅仅局限于一些特殊的生命现象。相反，这些分子机制还在更多的生命进程中被生物体所利用，

---

① 朱钦士. 什么是"表观遗传学"[J]. 生物学通报，2014（8）. 20-22.

心智功能的正常发育及其展现就是其中重要的方面。对于认知科学研究而言，理解"表观遗传状态"的特性至关重要。人类基因组未包含足够的信息以确定成熟人脑的结构及连接，而后者涉及一系列复杂的非线性表观遗传发育过程。神经元功能活动的改变取决于神经元内修饰基因表达的各种调控过程的改变，细胞的学习和记忆能力也都取决于表观遗传状态的准稳态特性。人脑数以十亿计的神经细胞之间有大量的连接，表观遗传的约束对维持其稳定是不可或缺的。[1]

有研究对文化决定进行了审视，研究认为，"文化决定论"有四种所指。其一是指文化决定历史的理论，其基本观点是历史就是文化发展史。其二是指文化决定文化的理论，其基本观点是文化的发展变化由文化本身决定。其三是指文化决定人格的理论，其基本观点是人的性格和以性格为基础的行为模式是由文化决定的。人的性格、气质等心理特征和行为模式不是与生俱来的，也不是由生理结构及性别决定的，而是文化塑造的结果，是文化的产物，是特定社会的文化条件的反映。其四是指文化决定制度的理论，其基本观点是社会或社会制度由文化决定。

根据文化工具论的解释，人是用文化作为工具来满足自己的各种需求的，因而每个人的生活都离不开各式各样的文化工具，文化也由此而成为人们的生活方式。但是，对于具体个人来说，由于绝大多数的工具即文化之物都不是由他本人创造的，而是由前人或他人创造的，所以他要想用这些工具来满足自己的需求，必须先学会使用这些工具的方法，于是每个时代的个人都要通过学习文化来掌握对工具的用法，而这个过程就是个人被"文化"或"文而化之"的过程。决定人的行为模式的，只能是制度。在对人的行为的导向方面，无论是习俗、道德、价值观念、宗教信仰，等等这样的非正式规则，在强度上都比不上有合法暴力支持并拥有最多赏罚之物的制度。[2]

很显然，生物、动物、人类的心智演变和发展是与表观遗传密切相关联的。这也就使得心智本身的活动、心智后天的环境、心智内在的机制、心智互动的过程，都可以在特定的生物机制、特有的遗传发育、特殊的基因表达，等等的方面有着延伸和延续。这也就超越了原有的关于

---

[1] 费多益. 同中之异：心智的表观遗传视角 [J]. 自然辩证法通讯 [J]. 2014 (6). 86-91, 96.

[2] 韩东屏. 审视文化决定论 [J]. 探索与争鸣, 2016 (6). 79-84.

心智研究的生物决定或遗传决定，以及环境决定或社会决定，等等的简单的还原和片面的归属。

第二节 生物基因与文化基因

有研究是从基因科学角度对人类心理行为进行了探讨。研究指出，随着基因科学的不断发展，科学家们对人类心理的研究发展到了一个新的阶段。研究的触角已经从人类的神经系统进一步深入到了对人类遗传起着关键作用的基因上面。从基因角度对人类心理行为的研究主要可以分为三个阶段：确定基因的心理行为外在表现型；确定与表现型相对应的内在表现型；寻找与表现型有关的基因型。

确定外在表现型的一个基本要求是，所选择的表现型必须受遗传的影响，或者与遗传具有非常密切的关系。否则所选择的表现型对研究将毫无意义。在确定外在表现型的过程中，孪生子法是研究者们应用较多的一种研究方法。如果孪生子个体之间比非孪生子个体之间在某种特征上具有更大的一致性，则可以说明这种特征受遗传影响的可能性很大。确定内在表现型的研究表明，每种心理活动的背后都涉及多种神经生理活动或基本认知机制。这些神经系统的活动在遗传上又受基因控制。因此，可以将这些神经生理活动作为研究基因与工作记忆关系的内在表现型。在以内在表现型为媒介对基因与心理行为之间的关系进行研究时，对内在表现型的选择是一个关键过程。内在表现型必须是可靠而稳定的特质（可靠性和稳定性）；必须有证据表明内在表现型受遗传的影响（可遗传性）；内在表现型必须与行为特质或疾病有关（与外在表现型的相关性）；内在表现型与所研究的特质之间必须在一定程度上具有相同的遗传起源（遗传相关性）；内在表现型与研究特质之间的关系必须在理论上有意义（因果关系）。寻找基因型是基因与人类心理行为关系研究中最重要的一步。研究者在进行此类研究的过程中，一般会采用两种研究策略：通过连锁分析进行的全基因组扫描研究；等位基因关联或候选基因研究。所谓连锁分析就是通过家谱调查，对两种性状（两个基因）的重组率进行估计，从而对变异（或致病基因）进行定位的一种方法。等位基因关联分析所需要的样本量要比连锁分析少。①

有研究探讨了文化基因的概念和历史。研究指出，基因研究是 20 世纪人类最为重要的生物学研究，其打开了自然世界的另一个"宇宙"。同时，也为达尔文主义者打开了一条理论通道。国外的文化基因研究始终是在文化复制类似于基因复制的概念上的论述，是文化之社会传递过程的"基因学"，而不是人们所期望的那样，有一个可以像人的生物基因那样精确复制和传递的所谓的文化基因，但这是从文化养成和传播上触动了人类文化本性的深处。人们确实是可以在传递和复制文化的过程中选择并修正自己的文化，"培育"和"改善"自己的文化。

关于文化基因的研究有不同学科的探讨。一是以哲学家为主要群体的文化基因研究。他们主要是从思维模式角度进行研究。二是以一般意义上的文化学者为主要群体的文化基因研究。他们主要从文化历史以及传播传承的角度来进行文化基因研究。三是关于文化基因的中国式的研究。这是认为在人的生物基因之外，人还有社会文化基因。四是以民族学家和人类学家为主要群体的文化基因研究。他们主要从文化结构性研究入手，是一种文化本体性质的研究。这样的文化基因研究是把生物科学的一些研究与人类文化的研究在一定程度上结合了起来。这一研究代表中国的文化基因研究已经是一种结构和性质的研究了。②

有研究考察了基因—文化的协同进化观。研究指出了，人类社会生物学是近年来在西方兴起的新学派社会生物学的重要分支，研究重点显然是人类社会性行为的生物学机制及其演化规律。人类社会并不等同于一般的生物社会，而是有着十分复杂的文化内容，并给人类个体的行为以深刻影响。人类社会生物学家必须回答：遗传进化与文化演进之间是否存在着某种联系？如果有，彼此相互促进或相互制约的条件是什么？有没有可能去发现存在于这两种力量之间并协调其运作的内在机制？

在基因与文化的两极之间，社会生物学家与其说注重两者交互作用产生的某种综合体，不如说更倾向于遗传力量的先决作用。人类同时兼有纯粹遗传传递模式和纯粹文化传递模式两者的某些特点。这就是人类

---

① 刘铎、邵志芳. 从基因科学角度对人类心理行为的探讨 [J]. 心理科学，2006 (1). 231-232.
② 郎丽娜. 文化基因研究的概念和历史 [J]. 广西民族大学学报（哲学社会科学版），2017 (2) . 8-12.

文化的传递模式：基因—文化传递。一方面，文化的发展在某种程度上要受到基因的制约和指导，另一方面，文化发明的压力又影响着基因的生存，且最终改变着遗传纽带的强度和韧力。两者之间的相互作用可称为精神发育的"后生规则"。后生规则是理解基因—文化协同进化的关键。从后生规则概念的提出，到精神→文化、文化→基因双向建构过程的分析，体现出人类社会生物学试图透过纷繁复杂的表面现象，深入探求人类精神之迷宫的强烈愿望。[1]

有研究提出了社会文化遗传基因的学说。该研究指出了，人类对生物遗传的认识经历了漫长的过程，并在20世纪发现了生物遗传基因（DNA），并证明了这是生命系统的决定因素。人类对"文化"同"文明"的认识经历了漫长的过程，至今尚无明确的区分和公认的定义。采用进化的多元论本体论框架，运用系统科学跨学科研究方法，在新的社会系统模型中，发现了社会—文化遗传的中心法则：文化→生产→文明。文化同文明的关系恰好就是"基因型"同"基因表现型"的关系。文化是社会系统内的遗传基因（S-cDNA），文明则是文化的社会表型。文化是社会系统内的最终决定因素，其最终决定社会系统的存在、停滞、变革和进化。

文化是社会系统内的遗传信息，亦即社会—文化遗传基因，文明则是文化的社会表型。文化是信息产品，由语言和文字编码，可以转录和翻译，并由文化遗传而永存；文明则是物质产品，不能转录和翻译，只能随时间衰败和瓦解。文化是社会系统内社会—文化遗传基因（S-cDNA）的总和，是历代社会成员在生存和生产过程中心灵创造的积累，是社会的灵魂。核心是所有成员共同的图腾、信仰、世界观、思维方式、价值和行为准则，其外围则是文学艺术、科学技术、生活常识和生活技能。文化为社会系统个体的心灵结构和行为编码，为社会系统的结构和行为编码，以确保其能在自然和社会环境中生存，并且通过生产不断复制和创造相应的文明表型。文化是社会系统内的最终决定因素，其最终决定社会系统的存在、停滞、变革和进化，决定历史。可以将"文化"定义为"社会系统内的遗传基因"，"文明则是文化的社会表型"。由此，

---

[1] 张博树. 从"基因决定论"到"基因—文化协同进化"观——人类社会生物学述评[J]. 中国社会科学，1988（4）. 127-136.

在现代社会中，文化决定文明是不言而喻的。①

有研究探讨了文化基因的内涵和作用。研究指出了，文化与生物有本质区别，但作为自然生成的系统，都具有复杂性和历史演进的特点，而且从进化的眼光看，文化系统比生物系统更高级。因此，民族文化作为一个有机整体，也应具有控制其发育成长，决定其性状特征的"基因"。那些对民族的文化和历史产生过深远影响的心理底层结构和思维方式，可以称为一个民族的文化基因。②

如果是从延续和传承的角度去理解，生物的和文化的延续和传承都可以被界定为具有基因的性质。但是，两者之间又有着根本性的不同和区别，这也就可以分别将其称之为生物基因和文化基因。很显然，人类的心理行为是生物基因与文化基因所共同决定的。这成为理解和解说人类的心理行为的非常重要和关键的内容。那么，这种解释水平的高低就与遗传学和文化学的发展程度是直接相关的。

第三节　生物遗传与行为遗传

有研究思考了西方心理学中生物学化思潮。研究指出了，从基因的角度认识人的社会行为，以遗传决定论的观点看待心理和行为的产生和发展，这种生物还原论的观点近年来在西方心理学中有着很大的市场。20世纪之初，遗传决定论的观点曾经风行一时，本能论、种族决定论等生物学化观点泛滥成灾。随着行为主义经验论的兴起，心理学中的生物学化观点趋于沉寂，但是在20世纪下半期以后，行为主义的衰落导致遗传决定论观点的再次抬头，习性学、社会生物学和进化心理学就代表了这一趋势。特别是近年来随着遗传科学和神经科学的发展，对这一领域研究成果的不正当解释导致一股生物学化的趋势，似乎所有的行为都可以在基因中找到圆满的解释。

社会生物学在西方心理学的生物学化思潮中有着举足轻重的影响。

---

① 闵家胤. 社会—文化遗传基因（S-cDNA）学说［J］. 杭州师范大学学报（社会科学版），2010（3）.10-16.

② 刘长林. 文化基因的内涵与作用［A］. 闵家胤（主编）. 社会—文化遗传基因（S-cDNA）学说. 桂林：漓江出版社，2012.1-2.

社会生物学的基本命题是，包括人在内的所有生命形式，其存在的根本原因是基因的复制和传播。基因是最自私的，所有生命的繁衍和进化，都是自私的基因为求得自身的永恒而展现的结果。进化心理学同样强调了基因的决定作用。依照进化心理学家的观点，基因可以在两种水平上决定着个体的表现型特征：其一是在种系发展的水平上，在这一水平上，人类祖先的行为倾向通过基因的传递决定了现代人的行为倾向；其二是在个体发展的水平上，在个体发展的过程中，个体的基因型决定着个体的表现型。总之，基因决定着有机体的生理与心理特征，社会行为是被基因所决定的。行为遗传学的研究成果大大促进了人们对遗传因素的认识，使人们抛弃简单的环境决定论，从基因与环境的互动角度来理解个体的发展。行为遗传学家相信，智力和许多人格特征具有高度的可遗传性，个体之间的差异可归因于遗传上的差异。

生物学化思潮的根本缺陷在于以基因的或者遗传的观点看待心理和行为的发展，轻视或贬低发展过程的文化制约性。基因不可能对心理与行为的内容产生直接影响，更不可能控制行为选择，行为是生物因素和社会文化因素共同作用的产物，人的发展过程具有明显的文化历史特性。[1]

有研究考察了行为遗传学的兴起。研究指出了，行为遗传学是在多门学科发展的基础上形成的一门交叉学科。从19世纪末期到现在，行为遗传学已跨入第三个世纪。从孟德尔的单基因遗传定律到多基因系统与环境交互作用影响复杂的人类行为，从传统的计量遗传学研究到连锁、关联研究再到功能基因组学技术的应用，无论在思想体系还是研究方法上，行为遗传学都取得了突破性进展。尽管行为遗传学在阐明基因究竟怎样影响行为的道路上仍处于起步阶段，但毋庸置疑，这一学科的进步将有助于人类了解自身行为，减轻人类病痛，并最终推动整个社会健康发展。

行为遗传学是在遗传学、心理学、行为学和医学等学科发展的基础上形成的。行为遗传学研究那些原本在心理学家和精神病学家研究范围内的行为特征的遗传基础，是以解释人类复杂的行为现象的遗传机制为

---

[1] 叶浩生. 有关西方心理学中生物学化思潮的质疑与思考 [J]. 心理科学，2006（3）. 520-525.

其研究的根本目标，探讨行为的起源、基因对人类行为发展的影响，以及在行为形成过程中，遗传和环境之间的交互作用。目前，行为遗传学领域所涉及的研究内容，已经从过去的单基因遗传病，发展到了对人类自身存在、发展及国计民生有重大关系的人类高级智能活动及复杂行为问题，如神经精神疾病、心身疾病、药物成瘾、儿童行为障碍、自杀甚至包括社会态度、价值观等人类高级意向问题。[1]

有学者考察了行为遗传学研究的进展。研究指出了，行为遗传学研究行为的遗传基础，试图探明遗传因素和环境因素在个体的行为发展差异中所起的作用。定量遗传学是行为遗传学早期的主要研究途径，通过比较双生子和收养研究来寻找遗传和环境影响人类行为的证据。随着研究的深入，人们发现对环境的认识过于笼统，制约着对行为差异的追根溯源。研究者进而区分了共享环境与非共享环境。共享环境指生活在同一家庭的子女在平均水平上所分享的相同环境，包括通常意义上的家庭背景（家庭社会经济地位、父母职业、受教养程度、宗教信仰等）、学校状况、共同伙伴、邻里情况、民族情况等。非共享环境则指子女在家庭内外获得的独特经验，来源于仅仅被一个子女经历的事情或条件，可以分为系统影响和非系统影响。

定量遗传学在理论建构上的突破还在于较深刻地认识了遗传与环境之间复杂的相互影响。大量研究发现，遗传和环境之间既存在着不同形式的相关又具有多样的交互作用。首先，定量遗传学用基因型—环境的交互作用这一术语来表示遗传和环境之间的交互作用，意指个体在环境敏感性上存在的遗传差异。其次，人们在采用自陈问卷和观察研究对环境影响进行测量时得到了意外发现：环境测量结果显示出遗传的影响。

分子遗传学试图确定使行为和心理特质具有遗传性的特殊基因，目前取得的成果虽然还不甚丰硕，但是发展势头非常强劲，成为行为遗传学研究的新兴途径。总体上看分子遗传学目前处于基因组学的阶段，工作重心集中在具体基因的寻找上。心理学家的参与有助于对基因与行为关系的认识；心理学家的主要任务是运用基因。功能基因组学对基因和行为关系的研究是由下自上的分子水平分析，要全面认识基因和行为之

---

[1] 白云静等. 行为遗传学：从宏观到微观的生命研究 [J]. 心理科学进展, 2005 (3). 305-313.

间的联系，还需要自上而下、聚焦于整个生物体行为功能水平的分析，而后者正是心理学的专门任务。心理学家当前的任务就是要学会运用基因，比如通过确定个体的基因型来认识与行为特征有关系的特殊基因；通过基因与环境的交互作用和相关来跟踪特殊基因与行为之间的作用途径；生成以基因为基础的诊断和治疗程序。

行为遗传学的发展前景就是以行为基因组学为中心、定量遗传学和分子遗传学的整合，而此整合的完成需要心理学家的参与。倘能如此，必将成为行为遗传学、心理学乃至生命科学发展进程中的一个里程碑。[①]

有研究通过考察行为遗传学，重新探讨了遗传与环境之间的关系。研究认为，"非共享环境"概念的提出，以及对遗传与环境相关及交互作用的分析，为研究开拓了一个更重要的方向，即探究遗传与环境的关系问题。同时，这使人们重新审视了个体差异中环境的作用，在一定程度上改变了人们的环境观：从环境是如何影响个体的被动模式逐渐转变到个体选择、改善和创造环境时的积极主动模式。个体的差异主要就是由非共享的环境引起的，每一个体都有自己独特的遗传构造和独特的环境因素，其比例则是由个体的基因所决定的。[②]

生物学成为心理学的基础，就将遗传与环境引入到了关于心理行为的存在和演变的理解之中。就将遗传心理学与环境心理学确立为了心理学的核心性和支柱性的分支学科。遗传与心理的关系就延伸为对心理的发展和演变的基础性的关系和根本性的理解。

第四节　文化心理与文化人格

有研究对文化心理与心理文化分别进行了说明。那么，关于文化心理，研究指出了，文化进入心理学的研究视野之后最初体现为对研究对象文化特征的认识，力图扩展主流心理学关于心理普遍性的设定，把心理行为看作特定文化的产物，重视各种文化条件下的心理行为的独特性。文化心理研究基于这样的认识，即人类心理行为是文化历史的产物，与

[①] 刘晓陵等. 行为遗传学研究之新进展 [J]. 心理学探新，2005 (2). 17-21.
[②] 张坤、李其维. 遗传与环境的相关及交互作用分析——兼评行为遗传学研究方法的新进展 [J]. 心理学探新，2006 (2). 13-17.

特定文化有着密切关系，无法脱离文化历史背景进行理解。因此，传统的作为心理学研究对象的"心理"概念应该有一个改变，由"统一心理"变为"建构心理"，由"普通心理"变为"文化心理"。

早期的文化心理研究主要是以文化作为背景，考察不同文化下的心理行为表现，此时的文化心理研究与文化人类学的研究并无本质差异，是以文化与人格为主要研究内容，关注不同文化影响下的人格特征。晚近的有关文化心理的研究重视文化与心理的双向依存关系，以文化与心理的关系作为基本研究内容，试图发现文化传统如何影响人们的心理运作和行为表现，以及人们如何获取文化意义并加以阐释和创新。此时的研究更加重视解释学、质化方法的采用，突出发展理论、建构理论和活动理论的观点。[1]

杨国枢先生曾经对中国本土的文化人格进行过系统化的考察。研究指出，以往的概念分析和实证研究都已经反复表明：在宏观层面上有两个文化特征群（文化的集体主义和个人主义），以及与之相对应的在微观层面上的两种心理特征群（心理的集体主义和个人主义）。这些特征群现今在世界各地的社会中都很流行。从其主要特点来看，中国文化的本质毫无疑问是集体主义的。与中国文化集体主义结合在一起的是中国人心理集体主义，这种心理集体主义具体表现为中国人的社会取向。作为一种集体主义者的心理特征群，中国人的社会取向主要包括关系取向、权威取向、群体取向和他人取向。

中国人关系取向强调关系宿命、关系形式、关系互依、关系和谐和关系决定。权威取向是有利于社会权威的情感、认知和行为的有组织的集合，权威敏感、权威崇拜、权威依赖是其主要特征。家庭取向是以家庭为中心的想法、态度、价值和行为的复杂集合体，家庭取向使中国人将自己的个人目标、兴趣和幸福服从于其家庭的生存、和谐、团结、荣耀、繁荣和长治久安。最后，他人取向包括这样一些心理特点：如经常非常在意非特定他人或一般化的他人的意见，在乎要与非特定的他人保持一致，非常在意社会规范、面子和声誉。[2]

---

[1] 田浩、刘钊. 从文化心理到心理文化：心理学文化意识的拓展［J］. 西北师大学报（社会科学版），2007（3）. 58-62.

[2] 杨国枢. 本土人格研究：中国的情况［A］. 中国社会心理学评论（第四辑）. 北京：社会科学文献出版社，2008. 192-222.

心理学初期对于文化心理的研究主要是针对着文化人格。因此，在文化心理与文化人格之间，就常常是画等号的。但是，伴随着文化人格的研究深化和细化，则开始涉及文化心理的更多的方面或侧面，从而也就逐渐将更多的和更细的内容整合到了文化心理学的研究之中。严格来说，文化心理的研究应该和可以包含着文化人格的研究。

第五节 交互决定与共生原则

在科学研究中，在心理学研究中，在对人的心理行为的研究中，分析、分离、分解、分割常常占有重要的位置。这就把原本是一个整体的对象进行了分门别类的细致的考察和研究。但是，问题就在于，把分析的方法转换成一种研究原则，会导致对研究对象的扭曲和歪曲。为了克服这样的研究缺失，共生主义的原则应运而生。这是把原本为一个整体的存在，但被人为分割成不同的部分，又重新组合和整合为共同存在和共同成长的整体。这就是共生主义的研究原则。正如有研究所指出的，共生主义的新范式对心物和心身关系提出或提供了新的理解。[1] 这部著作被认为提供了关于认知科学整体的共生范式，这成为认知科学非常重要的研究框架。这也被称为"4E"认知，即"embodied""embedded""extended""enactive"，也就是"具体化的""嵌入式的""扩展型的""共生性的"。[2] 因此，就有必要去考察心理学研究中的共生主义，包括其起源、含义、原则、影响。这将会带来心理学研究的根本性改变。

一 共生主义的滥觞

20世纪90年代初期，在认知科学的研究中，出现了一种新的研究取向：共生的研究取向（enactive approach）。这一研究取向给出了人类认知与现实环境，人类心理与现实生活之间关系的特定的和全新的理解。在心理学的研究中，在认知心理学的研究中，在认知科学的研究中，"共生主义"超越了"认知主义"和"联结主义"，是其连贯的发展。认知主

---

[1] Stewart, J., Gapenne, O., and Di Paolo, E. A. (Eds). *Enaction: Toward a New Paradigm for Cognitive Science* [M]. Cambridge, MA: The MIT Press. 2011: 1-5.

[2] Kirchhoff, M. D.. Enaction: Toward a new paradigm for cognitive science [J]. *Philosophical Psychology*, 2013 (1): 163-167.

义的思想隐喻是计算机，联结主义的思想隐喻是神经系统，而共生主义的思想隐喻是人的生活经验。共生主义的观点强调，认知并不是先定的心灵对先定的世界的表征，而是在人所从事的各种活动历史的基础之上，心灵和世界的共同生成。立足于共生的观点，尽管近年来对心灵的科学研究进展很快，但却很少从日常的生活经验来理解人的认知。这导致的是脱离日常生活经验的科学抽象，结果使心灵科学落入客观主义和主观主义的窠臼。这也就是把心灵与作为对象的世界分离开了，假定了内在心灵的基础和外在世界的基础。所以，也可称此为基础主义。如果把认知主义、联结主义、共生主义看作认知心理学或认知科学的三个连续的阶段，那么基础主义随着上述理论框架的变化而逐渐地衰退和崩解了。

认知心理学乃至认知科学要采取共生的研究取向，就必须包容人类的经验。佛教对心灵觉悟的探索和实践是对人的直接经验的极为深入的分析和考察，它不仅强调人的无我的心灵状态，而且强调空有的世界。因此，有必要在科学中的心灵和经验中的心灵之间建立一座桥梁，在西方的认知科学和东方的佛教心理学之间进行对话。这有助于克服西方思想中占优势的主客分离和基础主义的观点。引入佛学传统是西方文化历史中的第二次文艺复兴。总之，认知心理学的研究范式的演化正在从一开始立足于抽象的、人为的认知系统，转向立足于生动的、具体的人的心灵活动。

有研究对共生理念的提出和界定进行了探讨。研究指出了，共生就是不同生物和人类的共生单元之间为了生存和发展而彼此互惠、相互依赖的关系；共生双方或多方都通过这种关系获得持存发展，失去了其中一方，另一方就不能独立存在，共生单元之间构成难舍难分的互依关系，这就要求每个生命体只有保证、维护了共生系统中他者的生存和发展，自身才能得以存在，整个共生系统才能得以平衡协调。

共生的存在、共生的关系、共生的维系，都需要具有一些基本的要素。那么，共生就包括了如下的最基本要素：第一，确定的共生体，即生命体共生的领域和范围，这是共生的基本条件；第二，同一的共生域，即至少有两个以上的异质互补，地位平等的共生单元，这是共生的基本前提；第三，双赢的共生性，即共生必须坚持利益的双赢原则，至少是同一共生体中任何一方的利益不得受损为最低原则，共同获利，但利益不一定均等。

从事实层面看,共生是人类社会的基本存在方式之一。人与自然、人与社会之间的这种相互依赖就形成了共生关系,无论是有益或有害,人类都离不开这种关系,其实质就是利益的共生。共生还是一个矛盾冲突不断、竞争与斗争共存的动态过程,具有现实的复杂性。共生关系的和谐和稳定的状态具有相对性,是在人类漫长复杂的发展过程中,共生单元经过彼此不断斗争、冲突、竞争、妥协和让步的结果。从价值层面而言,共生关系的建立必须具备以下条件:共生单元之间的异质互补、平等独立和共同受益。①

人类对共生本质的认识,最早是从生物界之间的相依为命的现象开始,共生双方通过相依为命关系而获得生命,失去其中任何一方,另一方就不可能生存。生物界的这种相互依存现象反映了生物界的存在本质是共生。进入人类社会,乃至整个宇宙,一般的共生内涵就是:共生是人类之间、自然之间以及人类与自然之间形成的一种相互依存、和谐、统一的命运关系。共生的基本类型可分为包括生物学的共生和人类社会的共生等类型。前者是指生物学性的异种之间的关系,后者则是指以人类这一生物学上的同种为前提的,并有着不同质的文化、社会、思想和身体的个体与团体之间的关系。

二 共生主义的含义

有研究对共生、对共生理念,进行了界定,探讨了作为自然界进化事实的共生和作为文化价值理想的共生。研究认为,共生时代是人类社会的基本趋向。② 所谓共生既是自然生物进化的奥秘,也是人类理性思维的共同追求,既体现着人类文明范式的变革,也体现着人类的本真价值和完善理性,是现代性发展的未来走向。③ 共生有其基本的哲学的理念。④ 共生也是建构的过程。⑤ 共生涉及文化的共生。⑥ 共生的理论也涉及在社

---

① 马小茹.“共生理念”的提出及其概念界定[J].经济研究导刊,2011(4).217-218.
② 张永缜.共生:一个作为事实和价值相统一的哲学理念[J].西安交通大学学报(社会科学版),2009(4).60-64.
③ 张永缜.共生理念的哲学维度考察[J].辽宁师范大学学报(社会科学版),2009(5).11-18.
④ 袁年兴.共生哲学的基本理念[J].湖北社会科学,2009(2).100-102.
⑤ 李思强.共生构建说论纲[M].北京:中国社会科学出版社,2004.135.
⑥ 邱仁富.文化共生论纲[J].兰州学刊,2008(12).155-158.

会科学领域中的应用。①

有研究指出了，共生的方式具有以下本质的特征：一是本源性，这就是说每一个生命的终极存在只能是一种关系的存在，也就是共生的存在；二是普遍性，共生现象是自然、社会历史领域中最普遍的存在方式；三是组织性，共生单元之间总是会按其内在必然的要求而自发结成共时性与共空性、共享性与共轭性相统一的生存方式；四是层次性，"你"、"我"、"他"与"它"是共生的，存在是分层次存在的；五是共进性，万事万物，生生死死，生死与共，以至无穷。共生现象的存在总是意味着，各个共生单元之间各自处于既是彼此独立，而又是相互承认、相互依赖、相互促进、共同适应、共同激活、共同发展；六是开放性，构成共生的基本单元是不确定的，共生也不是由同质的、一元的单元所构成的封闭的系统，而是在开放性的系统运动中，实现物质、信息和能量的有效交换与有效配置；七是主体性，共生不同于共同，共同是以特定程度上的共同价值观和目标为前提，而共生则是异质者的共存。人类因共生共存而彼此之间具有互为主体性，当我作为我自身而存在时，他人也同样作为自身而存在，"我"与"他"彼此互依，自由共在。②

在近些年来，佛教心理学在西方变得越来越流行。一些西方学者已开始在有关人类心灵的东方的理论体系和西方的认知科学之间建筑桥梁。有研究提出，应重新理解认知科学与人类体验之间的关系。人类的心灵应该在一种扩展了的视野中得到探索，这包括对生活中的日常体验的关注，也包括对自然中的心灵科学的关注。研究者指出，认知科学实际上就站在自然科学和人文科学交汇的十字路口上。

"认知科学是个两面神，同时能够看到路的两端。一个面孔朝向自然，把认知过程看作是行为。另一个面孔朝向人文世界，把认知看作是体验。当人们忽视了这一处境的基本循环，认知科学的双重面孔就会成为两个极端：或者是设定人的自我理解简单地说来是错误的，因此最终将会被成熟的认知科学所取代；或者是设定不可能有关于人的生活世界的科学，因为科学必定总是预设人的生活世界。除非超越这种对立，否则在我们的社会中，科学与体验之间的断裂将加深。任何一个极端对一

---

① 杨玲丽．共生理论在社会科学领域的应用［J］．社会科学论坛，2010（16）．149-157．
② 吴飞驰．关于共生理念的思考［J］．哲学动态，2000（6）．21-24．

个多元化社会来说，都是不切实际的，多元化社会必须包容科学和人类体验的现实性。在对人类自己的科学研究中，否定人类自己的体验的真实性不仅是不令人满意的，而且是使对人类自己的科学研究没有了对象。但是，设定科学无助于对人类体验的理解，这会在现代背景中抛弃自我理解的任务。"①

这就在总结认知科学发展的基础之上，在认知主义取向和联结主义取向之外，又提出了一个新的取向，亦即共生主义取向。这一取向强调，认知不是预先给定的心灵对预先给定的世界的表征，而是在世界中的人所从事的各种活动史的基础上，世界和心灵的共同生成。因此，按照这一观点，认知就是具体化的活动。这就提出了一个构造性的任务，即扩展认知科学的视野，使之包容更为深广的人类生活经验。在西方的传统中，现象学曾经是也仍然是有关人类经验的哲学。但是，研究者指出，对人类经验或生活世界的现象学考察完全是理论的，或者说这种理论缺乏任何实用的维度。因此，现象学曾经是也仍然是作为理论反映的哲学，而未能克服科学与经验之间的断裂。从而，许多西方学者开始转向了非西方的哲学传统，这种传统既能够在理论的方面又能够在生活的方面，提供对人类经验的考察。这些西方的学者极为重视对东方或亚洲哲学的重新发现。他们把重心放在了佛教心理学上，特别是放在了促进心灵丰满的方法上。在东方的文化传统中，哲学不是纯粹抽象的工作，它还是特定的经由训练的觉知方法，亦即不同的入静的方法。更进一步，在佛教传统中，促进心灵丰满的方法被认为是根本性的。心灵丰满意味着，心灵就体现在具体的日常经验之中。促进心灵丰满的技术被设计用来使心灵能够摆脱自身的成见，摆脱抽象的态度，进入到体验本身的境界。

因此，依据心灵丰满，可以改变反映的性质，使之从一种抽象的、非具体化的活动转向具体化的（心灵丰满的）和开放式的反映。从而，反映并不仅仅就是关于经验的，而且也是经验本身的一种形式。心灵丰满的实践能够避免两个极端：一是在反映中排除了自我，这意味着有一个对经验的抽象觉知者，该觉知者是与经验本身相分离的；二是容纳了自我，但完全抛弃了反映，赞同素朴的和主观的冲动。心灵丰满则两个

---

① Varela, F. J., Thompson, E., and Rosch, E.. *The embodied mind: Cognitive science and human experience* [M]. Cambridge, MA.: The MIT Press, 1991. pp. 13-14, 31-33.

都不是，这是直接作用于并因此而表达了基本的具体性。毫无疑问，通过统一反映和经验，研究找到了联结科学与经验的可能途径。这就打开了使西方的传统和东方的传统相遇的通道，打开了使西方的科学心理学与东方的体验心理学相遇的大门。这使中国本土的传统心理学有可能会有助于西方心理学的发展。在东方的或亚洲的智慧传统中，中国本土的传统心理学是其重要的构成部分。进而，在中国的智慧传统中，佛教与佛教心理学从印度的方式被吸收和消化为中国的方式后，也成为其重要的构成部分。因此，中国本土的传统心理学能够提供比佛教传统更多的东西。

三　共生主义的原则

认知科学的发展，在认知主义取向和联结主义取向之外，又提出了一个新的取向，亦即共生主义取向。这一取向强调，认知不是预先给定的心灵对预先给定的世界的表征，而是在世界中的人所从事的各种活动史的基础上，世界和心灵的共同生成。因此，要按照这样的观点，认知就是具体化的活动。这就提出了一个构造性的任务，即扩展认知科学的视野，使之包容更为深广的人类生活体验。

在西方的思想传统中，现象学曾经是也仍然是有关人类体验的哲学。但是，对人类体验或生活世界进行的现象学考察完全是理论的，或者说，这种考察就缺乏任何实用的维度。因此，现象学曾经是，也仍然是作为理论反映的哲学，而未能克服科学与体验之间的断裂。从而，有研究转向了非西方的哲学传统。非西方的文化既能够在理论的方面，又能够在生活的方面，提供对人类体验的考察。其所重视的是对东方或亚洲哲学的重新发现。研究把重心放在了佛教心理学上，特别是放在了促进心灵丰满的方法上。在东方的文化传统中，哲学并不仅是纯粹抽象的工作，还是特定的经由训练的觉知方法，亦即不同的心性修养的方法。例如，促进心灵的丰满，就被认为是根本性的。心灵丰满实际意味着，心灵就体现在具体的日常体验之中。促进心灵丰满被设计用来使心灵能够摆脱自身的成见，摆脱抽象的态度，进入到体验本身的境界。

认知心理学的发展打开了使西方的传统和东方的传统相遇的通道，敞开了使西方的科学心理学与东方的体验心理学相遇的大门。在东方的或亚洲的智慧传统中，中国本土的传统心理学是其非常重要的构成部分。这使中国本土的传统心理学必然就会有助于西方心理学的发展。中国本土的传统心理学可以在如下一些方面有助于西方心理学的发展。

首先，中国本土传统的心性心理学所提供的，是对人类心灵的具体而不是抽象的理解和解说，这超越了主观性和客观性的分隔。西方的主流心理学从物理学等发达的自然科学的研究中，继承了客观主义的模式，其最为重要的特点是分割了主体和客体，主体是观察者和研究者，客体是人的心理和行为。从而，观察者和研究者就是镜子，提供的是公开的资料，可为他人重复获得，提供的是公开的理论，可为他人重复检验。中国本土的传统心理学则超越了这个分裂。这种传统并没有分离出研究者与研究对象，而是强调统一性的或一体化的心灵活动的自我理解、自我修养和自我超越的生活道路。

其次，中国本土传统的心性心理学所提出的，是把个人的体验转换为人类共有的体验的解说和实践。按照西方心理学的实证取向，研究者与研究对象的统一，必然会导致把个人的私有性或个人的主观性卷入到研究当中。但是，中国的思想家主张，个体必须超越他自己的片断和片面的体验，以实现共有和整体的体验。因此，人的自我理解就应该是人类共同体的自我理解，人的自我修养就应该是达于无我的精神境界。个体承载着、体认着和实现着天道。

最后，中国本土传统的心性心理学所强调的，是将心灵的活动看成是一个有机的和不可分割的整体，是可以通过生活实践的过程来实现和转换。在实证心理学的研究中，心理学的实验研究所采取的是分析的研究方式。心理现象与环境条件都可以分解成不同的因素，然后在实验室中定量分析这些因素之间的关系。相对照而言，中国的思想家提出的是一种完全不同的生活实践，他们认为，个体通过体证，可以提升精神境界，与天道通而为一。这对每个人来说，不仅是可能的，而且是必要的。

总之，西方的主流心理学的发展经历了两次重要的革命。第一次革命是行为主义心理学的兴起。行为主义革命反对的是内省主义，并取代了之前所盛行的意识心理学。行为主义心理学把客观性的原则贯彻到了心理学的研究中。这种对客观性的追求走向了极端，就是对人的心理意识的否定或忽视。第二次革命是认知主义心理学的兴起。认知主义革命所反对的是抛弃内在心理意识，并取代了之前所盛行的行为主义心理学。当认知心理学的研究转向内在的心理意识时，认知心理学必然要面临着来自其他探索人类心灵的心理学传统的挑战。对于认知科学的发展来说，最为重要的事情是在心灵的科学和人类的体验之间建立有效的循环。这必然会打开西方的科学传统与东方的体验传统相遇的大门。这使中国本土的传统心理学有可能对西方科学心理学有所贡献。传统的中国思想提供了对人类心灵的特定理解，综合了主观性和客观性，提出了使个体体验转变为人类体验的解说和实践，提出了探索人类心灵的超客观和超分析的方式。因此，任何精神境界都可以通过个人的修为来证明。这种"实验"可称为超客观的和超分析的。正如有研究者所说的，体验的理解和科学的理解就像两条腿，缺少任何一条腿，都会无法前行。[1] 正因为如此，人的心灵实际上是具体化在了人的意识和人的行动之中。[2]

四 共生主义的影响

把个人的心理行为与环境的影响作用分离或分裂开来，显然不利于对个体心理和对生活环境的合理的理解。那么，在心理学的研究中，非常重要的是应该把环境与心理理解为交互作用的过程。这种交互作用就不仅仅是环境对人的心理的影响，而且人也会作用于环境的变化。如果进一步地去分析，就会发现，这种交互的作用实际上就是一体化的过程。这种一体化的过程实际上也就是共同生长的历程。任何一方的演变或发展，都会带来另一方的演变或发展。或者说，心理与环境就是共同的变化和成长的历程。那么，心理环境的概念就是有关共生历程的最好的描述。

在目前的社会和人类的发展进程中，人类已经开始意识到，现实世界中，没有单一方面的任意发展，没有互不往来的现实生活。正与之相反，有的是互惠互利的彼此支撑，有的是共同繁荣的生存发展，有的是恩施对手的成长资源，有的是互通有无的现实社会。其实，在科学的研究中，无论是研究自然、生物、植物、动物，还是研究人类的，都要面对着各种不同对象之间的关联性。生态学的兴起就是反映了这样的趋势，生态学的方法论则成了引导科学的研究能够在相互关联的方面去揭示对象的原则。[3]

---

[1] 葛鲁嘉. 心理文化论要——中西心理学传统跨文化解析 [M]. 大连：辽宁师范大学出版社，1995. 177-178.

[2] Hanna, R. and Maiese, M.. *Embodied mind in action* [M]. Oxford: Oxford University Press, 2009. pp. 19-21.

[3] 葛鲁嘉. 心理学研究的生态学方法论 [J]. 社会科学研究，2009（2）. 140-144.

人的心理并不是一成不变的，而是不断地发展变化的。但是，心理的变化并不是零乱的和纷杂的，而是有序的和系统的。更能够说明这种有序和系统变化的术语就是成长或心理的成长。与心理成长相关联的另一个重要的心理学术语就是心理的扩展或心理的丰满。也就是说，人的心理发展是没有止境的。不断地成长就是不断地扩展或不断地丰满。所以，心理的成长是终身的。

其实，在中国本土的文化传统中，就有着天人合一的思想传统，就有着心道一体的理论建构，就有着心灵扩展的心性学说，就有着境界提升的心理历程，就有着自我引导的体证方式。这提供的是一种非常重要的和非常有价值的心理学传统资源。这种资源可以成为中国心理学在新时代创新发展的根基。或者说，本土心理学的发展可以从传统的资源和历史的根基上去求取新的内涵。中国本土的心理学传统就是心性说、心性学、心性论，或者说就是一种心性心理学。在此基础之上的创新和发展就是新心性心理学。新心性心理学的探索包含着六个部分的基本内容，或六个方面的基本探索，那就是心理资源、心理文化、心理生活、心理环境、心理成长和心理科学。

对心理环境的理解和解说是新心性心理学的最为重要的构成部分。心理环境的研究就是试图在新的基点和从新的视角去揭示环境，去揭示环境对人的心理的影响。对于心理与环境的关系的理解来说，共生的概念是非常恰当的和非常重要的。共生就是共同的变化，就是共同的成长，就是共同的创造，就是共同的扩展，就是共同的命运，就是共同的结果。共生的方法论是理解环境或理解心理环境的最基本的和最根本的原则。正是通过共生的概念，才有可能真正理解心理环境的概念。

把人类的心理行为与环境的影响作用分裂开来，显然并不利于对环境的合理理解。那么，非常重要的就是在研究中应该把环境与心理理解为交互作用的一体的过程。[①] 这种交互作用就不仅仅是环境对人的心理的影响，而且人也会作用于环境的变化。这也被称为"新环境心理学"，是人类与环境相互依赖的范式。[②] 如果进一步地去分析，就会发现这种交互

[①] Stern, P. C.. Psychology and the science of human-environment interactions [J]. *American Psychologist*, 2000 (5). 523-530.

[②] Bechtel, R. B. and Churchman, A. (Eds.). *Handbook of environmental psychology* [M]. New York: John Wiley & Sons Press, 2002. 85-94.

的作用实际上就是一体化的过程。这种一体化的过程实际上也就是共同生长的历程,也就是任何一方的演变或发展,都会带来另一方的演变或发展。心理环境的概念就是有关共生历程的最好的描述。①

　　心理学的研究原有对心理成长的理解是有很大的局限的,或者是有很大的缺陷的。例如,一个缺陷是仅仅把发展理解为在个体的早期就完成的,是伴随着个体的机体发育过程而进行的。当个体完成了机体的发育,心理的发展就停止了。现在则开始强调一生的发展。再一个缺陷是仅仅把发展理解成是个体的发展,而将其与人类文化、人类社会、人类群体的发展分离开。没有将其看作一个共同的过程。

　　人的心理存在并不是天然如此的,也不是被动生成的,而是人主动创造的,也是人自主建构的。这就是人的心理生活,心理生活应成为心理学的研究对象。同样,人的环境也不是自然而然的,而是人有意构造的。可以说,人的心理创造主要涉及两个方面。一是人构筑了自己的内心生活,二是人构筑了自己的生活环境。人的心理的一个重要的性质就是它的创造性。当然,这种创造性并不是随心所欲的,并不是凭空妄为的。因此,心理的创造是有前提的。所谓创造的前提可以体现在两个重要的方面。一个就是所谓的客观性,另一个就是所谓的自主性。创造的生成可以体现在两个方面。一个是现实世界的改变,另一个是心理生活的改变。对于人来说,无论是现实世界的改变还是心理生活的改变,都是一枚硬币的两面。其实,没有什么一成不变的东西,也没有什么神创的东西。创造的生活就是人的心理生活。当然,创造的生活可以体现为物质生活的丰富。但是,物质生活的丰富最终应落实为心理生活的丰满。个体创造的汇集就构成历史。历史既是过去的累积,也是未来的走向。人并不是生活在片断的、零碎的、偶然的延伸之中,而是生活在连续的、完整的、必然的延伸之中。所以,人是历史的存在,人就融于自己创造的历史之中。或者说,人是文化的存在,人就生存于自己创造的文化。人的心理就是广义的文化心理。

　　在心理学的研究分支之中,并没有专门的对环境的心理学探索。即便是环境心理学的探索,也仅仅在于是考察与环境相关联的人的心理行

---

① 葛鲁嘉. 从心理环境的建构到生态共生原则的创立［J］. 南京师大学报(社会科学版),2011(5). 119-124.

为。在许多心理学家看来，环境也许并不是或不应该是心理学的研究内容。环境对于人的生存、成长和发展来说，具有非常重要的意义。心理学研究中一直非常重视环境对人的心理的影响，但是其所理解的环境却只是外在于人的存在，是客观的存在，是外力的作用，是独立的作用。对于环境来说，有物理的环境，有生物的环境，有社会的环境，有文化的环境，有心理的环境等。非常重要的是应该把环境与心理理解为交互作用的过程。这种交互作用就不仅仅是环境对人的心理的影响，而且人也会作用于环境的变化。这种交互的作用实际上就是一体化的过程，也就是共同生长的历程，任何一方的演变或发展，都会带来另一方的演变或发展。心理环境的概念就是有关共生历程的最好的描述。

　　对于心理学的研究来说，其研究的对象是人的心理行为。相对于人的心理行为，环境只是外在的影响，或者只是外在的干预。问题在于，无论是普通人还是研究者，人们都已经习惯了把环境看作外在的干预，是不以人的意志为转移的客观的力量。那么，环境就成了异己的力量，就成了强加于人的奴役，是无法摆脱的神喻。人的心理行为就是环境任意所为的对象。环境就是天意，环境就是强权。其实，无论是把环境理解成物理的环境、生物的环境、社会的环境、文化的环境，普通人和研究者都通常把环境看作对人来说是外在的存在，是自足的存在，是异己的存在，是现实的存在，是变化的存在。那么，在环境面前，人只能是受到制约的。相对于无所不在和无所不能的环境来说，人是非常渺小的，是非常无助的，是非常软弱的。

　　如果从环境对人的影响来说，人只是环境的产物，人只能去顺应环境。那么，环境的影响就是不以人的意志为转移的。在心理学的研究中，就有环境决定论的观点和主张。环境决定论是把环境的影响放在了重要的地位。人的心理行为都是环境塑造的，都是随着环境的改变而变化的。早期的或古典的行为主义学派就是环境决定论的代表。在行为主义的创始人华生看来，人的行为并不是本能决定的，或者说就不存在什么本能。所有的行为都是由环境刺激所引起的反应。没有什么中间的过程，没有意识的存在，没有内在的心理。那么，通过揭示刺激与反应之间的关系，就可以通过控制刺激，来控制人的行为。但是，把环境看作仅仅是外在的干预，显然无法完整地理解环境的内涵和作用，或者说只能是片面地理解环境的作用。

所谓的心理环境学是指对人在心理中所把握、所理解、所构建的环境的考察、探索和研究。这样的环境实际上是人所建构的环境，是人赋予了意义的环境，是人与之共生的环境。心理环境学探索的就是人的心理所筑就的环境，考察心理环境的基本性质、构成方式，表现形态，变化过程，实际影响，等等。心理环境学研究的就是人在与环境的一体化过程，这也就是中国文化传统中所强调的天人合一、心道一体、物我为一的心境、意境、情境、化境等。在心理学的本土化的历程中，或者在心理学中国化的历程中，中国本土文化中的心理学传统会为心理与环境关系的理解，带来完全不同于西方心理学的变化。心理环境学不是对环境的物理学的考察、生物学的考察，社会学的考察，文化学的考察，而是对环境的心理学的考察。心理环境学所涉及的是人对环境赋予的心理意义，是人对环境建构的心理价值，是人对环境索取的心理资源。

第十一章　文化影响与人格心理

　　文化与人格之间的关系的考察,乃至于文化人格、民族性格、国民心理、社会行为,等等特定文化心理的探索,是文化心理学研究、人格心理学研究、社会心理学研究和心理人类学研究,等等长期以来所最为关注的课题。那么,如果从文化心理学的视角来看,相关的研究成果不仅是提供了有关文化与人格之间关系的系统化的理论解说,科学化的研究方法,实用化的技术工具,而且是大大推进了相关学科门类的学术整合、学术进步、研究深化、研究扩展。

第一节　文化人格的研究指向

　　有研究将文化与人格的研究发展划分为了兴盛期、衰落期和复苏期。研究认为,20世纪上半叶是文化与人格研究的兴盛时期,许多心理学家、文化人类学家、精神病理学家活跃在这一领域。当时的研究主要采用直觉方法、投射测验、传记材料分析等间接推断人格,通过探查一定生活方式和文化制度对人格特征的影响,实现对文化与人格关系的整体理解。20世纪中叶文化与人格研究进入衰落时期。此时的文化与人格研究失去了理论支撑。精神分析理论开始失去说服力,许多研究者认为其缺乏实证基础,不是科学可信的。奥尔波特、卡特尔创立的特质心理学虽然为文化与人格研究提供了一种新的思路,但这一理论当时还不够成熟壮大,一直未能取得有关基本特质单元的共识。当因素分析、人格测量等客观方法和量化统计引入了文化与人格研究之后,许多社会学者却对这一领域不再感兴趣,因为日益精确化、小型化的人格理论似乎失去了老牌理论的宏大气魄,在解释文化和现实生活时多少显得有些单薄。20世纪后半叶,随着跨文化心理学、文化心理学、本土心理学的蓬勃发展,心理学呈现出了一种新的文化转向,即以文化研究范式取代过去的"经验—理性"范式,人类心理和行为的文化影响因素受到前所未有的重视。这成为文化与人格研究重新焕发活力,走向复苏的一个契机。特质心理学成为文化与人格研究的新范式,为描述不同文化背景下的人格特征提供了一个基本框架,既揭示了人格的跨文化普遍性,又符合文化特殊性的要求,因此一经出现,即成为连接文化与人格的概念体系,使文化与人格研究步入了一个新的发展时期。[①]

有研究对中西方文化的差异所导致的人格结构的差异,以及对人格与行为之间关系具有的影响进行了考察和研究。研究指出了,人们对自身或他人行为和内心体验的描述是探索人格结构的依据,因此,中国人和西方人在人格结构上的差异,可能是由于对自身或他人行为和内心体验的描述策略方面的差异造成的。在对行为或现象的内在规律的认识上,中国人往往会把重点放在行为或现象间以及行为或现象与自己的"联系"上,因此,客观的描述中会带有明显的主观评价色彩,或"评价"与"描述"混合在一起,以评价为主。而西方人则把重点放在行为或现象的本身特点上,主要是客观描述并分析行为或现象的内在特点。当面对自己或他人的某一行为表现或内心体验时,西方人把重点放在对象的特点和内在规律上,是比较客观的认识和评价过程,因此,其反应主要是由情境本身的特点所决定的。而中国人则除了关注对象本身的特点和内在规律以外,还会关注对象与自己、与其他情境或人物的关系,因此,其反应除受情境本身的特点和内在规律的影响以外,还受到个体对该对象评价的影响。

中西方文化的差异不仅是造成人格结构差异的原因,而且也会直接影响到人格与行为之间的关系。中国人一方面非常重视个体的内心体验和动机,而不太重视外在的行为表现;但同时又对行为规范设置了众多成文的或者是不成文的规矩,由此,就把人们的注意力引向了外在的行为规范和行为模式,而对内心的真实想法和动机则有所忽视。这样一种对个体内在和外在特点的相互矛盾的要求,是研究中国人人格时必须予以高度重视的。从某种意义上说,经过了反复的包装和修饰之后,中国

[①] 蒋京川. 文化与人格研究:历史、现状与未来趋向 [J]. 国外社会科学, 2005 (5). 15-20.

人的言行往往只是反映了个体对环境要求的回应，而很少能够体现个体的内心体验和内在动机。相对而言，西方文化中虽然照样存在"个人化行为"与"情境化行为"的区分，但对于行为与内心体验和动机的一致性却不存在相互矛盾的要求。简单地说，在中国文化中，对"情境化行为"的要求是首先满足环境的要求，在此基础上照顾个人的要求；而在西方文化中这种关系可能是颠倒的，即首先考虑个人的要求，并参照环境的要求加以调整。中西方文化对行为的不同影响已经有大量的文献支持，如把中国文化与西方文化分别界定为集体主义（以看重社会及人际和谐为标志）和个人主义（以看重个人利益为标志）文化的观点已经被大多数跨文化心理学家所接受。①

有研究考察了兼顾文化共通性和特殊性的研究人格的方法。研究指出，"跨文化（中国人）个性评估量表"[The Cross-Cultural (Chinese) Personality Assessment Inventory，CPAI] 的发展与在不同文化背景中的应用研究为如何应对人格与文化关系的难题提供了可资借鉴的思路——采用兼顾文化共通性与特殊性的方法，并以文化包容的态度研究人格心理。

首先，CPAI 的本土化发展和跨文化研究促使一些心理学家重新思考人格结构的文化共通性与文化特殊性的关系。CPAI 量表人格构念与评估在西方人格理论发展日趋成熟的基础上，经历了从本土化研究到跨文化研究或文化包容性（共通性与特殊性）的过程。CPAI 的研究与应用表明，在处于具体文化环境的个体人格结构中，既有反映文化共同因素特质的存在，这部分内容可能反映了全人类共同演化的结果；也有反映文化特殊性特质的存在，这部分内容可能反映了特殊社会文化环境的作用。强调文化共通性的西方心理学更关注人类的核心相似之处（core similarities），而忽视文化相关性以及行为模式在不同文化背景中的具体含义。那些从西方引进的测验代表了被认为是人类普适的客位文化观念并被"强加"于本土文化。

其次，尽管有学者试图把"本土化程度"作为衡量本土化人格量表的一个重要标准，但随着人格研究的发展和跨文化心理研究的日益深入，

---

① 王登峰、崔红. 人格结构的行为归类假设与中国人人格的文化意义 [J]. 浙江大学学报（人文社会科学版），2006（1）. 26-34.

所谓的"本土化程度"衡量标准已经变得不适当也不必要。更应关注的是一个量表对文化共同性与文化特殊性的整合程度以及相应的本土化与跨文化经验支持程度。CPAI兼顾文化共通性与特殊性的发展过程得到了大量的本土与跨文化研究的经验支持。这表明了CPAI量表的文化广阔性,尤其是对西方主流人格研究忽视的关系维度的关注,以及其发展思路的理论贡献与现实意义。

最后,CPAI发展与研究方法也促使人们思考如何更加科学有效地进行人格心理的跨文化研究与应用。如何建立人格测验在不同文化间的等值性就显得非常重要了。这方面,CPAI-2对"开放性"的多维研究(6个分量表)以及CPAI量表中源自中国文化的一些维度如人情、亲情、和谐等在西方背景中得到经验支持,也反映出CPAI在输出中国文化背景中比较强调的人格构念以及引进西方文化中比较强调的人格构念方面,也是值得借鉴的。[①]

文化人格的研究指向实际上涵盖了有关文化人格的学术资源、思想构造、理论原则、研究方式和技术创造,等等一系列重要的方面。当然,由于实际上文化基础的差异,学术理念的不同,探索目标的区别,文化与人格关系的探索也就创造出了更为丰富的内容。

第二节 民族性格的研究传统

民族心理学是在西方科学心理学诞生之时,就已经现身的探索和研究。西方科学心理学的奠基人是德国的著名心理学家冯特。冯特所创始和创建的心理学则包含了两个重要的部分,这也就是个体心理学和民族心理学。从个体心理学延伸出来的是后来的实验心理学的传统,从民族心理学延伸出的则是后来的文化心理学的传统。冯特的民族心理学涉及了四个重要的部分,这也就是原始人类的心理考察,图腾制度的心理考察,英雄时代的心理考察,人性发展的心理考察。[②] 有研究指出了,当今

---

① 范为桥、张妙清、张建新、张树辉. 兼顾文化共通性与特殊性的人格研究:CPAI及其跨文化应用[J]. 心理学报,2011(12). 1418-1429.
② 张世富. 冯特的《民族心理学》:体系、理念及本土意义[J]. 西北师大学报(社会科学版),2004(1). 108-113.

的世界，不同民族和不同文化之间的接触、交叉和互动已经超越了历史上的任何一个时期。进而，不同民族和不同文化之间的分离、对立和冲突也已经成了现如今的一个常态。[1] 目前，在中国本土强化民族心理学的研究，也成了中国心理学发展的重要的共识。[2] 有研究指出了，中国的民族心理学的发展应正确处理十种关系。这也就是民族学研究取向与心理学研究取向的关系，质的研究范式和量的研究范式的关系，科学观与文化观的关系，历史与现实的关系，传统与现代化的关系，人类共同心理特征与民族特异心理特征的关系，个体与群体的关系，态度与行为的关系，外显与内隐的关系，政治与学术的关系。一种综合的、包容的、折中的、交叉的、整合的研究取向和研究范式更有利于民族心理学研究的繁荣与发展。[3]

有研究就指出了，探讨文化、种族和民族的心理学，实际上是文化学与生物学的彼此交叉的研究。这不仅是与生物科学、遗传学、神经生物学的探索密切相关，而且是与文化科学、社会学、社会文化学的研究紧密相连。这带来的就是文化学与生物学的彼此交叉，所产生的就是文化生物学、文化神经科学等交叉科学的门类。[4] 有研究表明了，民族心理学是一门跨心理学与民族学两大学科的交叉学科，其研究对象与方法论基础的多元性与独特性构成了学科本身的特殊性。民族心理学除了要关注民族心理过程以及族体人格的研究之外，更要注重对民族心理活动结果的研究，同时也要注意到民族心理构成要素之间的互动关系。在研究方法上，民族心理学有独立的、区别于民族学与心理学的田野实验法，将民族心理放置于真实的田野场景中去研究。[5] 在心理学的特定分支的探索中，例如在社会心理学有关民族心理的探索中，有研究就专门探讨了关于民族同一性和文化多元性的社会心理学的研究。很显然，社会心理

---

[1] Lee, Y. T. and etc. (Eds.). The Global Challenge of Ethnic and Cultural Conflict [A]. In *The psychology of ethnic and cultural conflict*. Westport: Praeger, 2004. 3–20.

[2] 张积家. 加强民族心理学研究促进中国心理科学繁荣 [J]. 心理科学进展, 2012 (8). 1139–1144.

[3] 张积家. 论民族心理学研究中的十种关系 [J]. 华南师范大学学报（社会科学版）, 2016 (1). 44–50.

[4] Causadias, J. M., Telzer, E. H. and Lee, R. M.. Culture and biology interplay: introduction [J]. *Cultural diversity and ethnic minority psychology*. 2017 (1). 1–4.

[5] 李静, 张智渊. 民族心理研究的理论与实践 [J]. 甘肃社会科学, 2014 (5). 243–247.

学的多元的研究也提供了关于民族同一性问题的不同水平的、不同理论的、不同观点的、不同方法的探索。①

民族心理学研究的基本方式决定的是关于民族心理考察的基点和本源、侧重和依据、核心和原则、根本和关键、尺度和规范、主旨和理念。这对于民族心理学的探索而言，所导致的是可以和应该从哪里入手，怎样和如何去把握研究对象，采纳和运用什么研究方式，创造和发明哪些技术手段，去考察和探索民族心理，去揭示和解说民族心理，去干预和引导民族心理。因此，关于民族心理学研究的基本方式的探讨，可以极大地丰富关于民族心理的理解和阐释。

在民族心理学的研究中，研究对象和研究视野、研究内容和研究方式，都应该是一体的和一致的，也都应该是匹配的和呼应的。因此，民族心理学的思想基础和研究方式实际上也就决定着自身的研究对象和研究内容，从而也就规定着自身的发展方向和研究走向。

其实，在不同民族的生活之中，民族的心理、民族的行为都与生活的常识、心理的常识等等密切相关，也都与宗教的信仰、宗教的崇拜紧密关联，也都与哲学的理念、哲学的思想不可分割，也都与文化的背景、文化的传统彼此一体，也都与科学的发展、科学的影响相互一致，也都与传统的资源、心理的资源彼此共生。因此，这实际上所涉及的民族常识、民族宗教、民族哲学、民族文化、民族科学、民族资源，也就成了民族心理学的基本研究方式的关键。这很显然就是民族心理学探索的入手的方式、关注的方式、考察的方式、理解的方式、把握的方式、干预的方式。

有研究探讨了对民俗进行心理分析的可能性与可行性。研究指出了，民俗是人类在不同的生态—文化环境中和心理—智慧背景下创造出来的，并在独特的历史发展过程中积累、传递，演变成了不同的类型和模式。民俗不仅建构了不同民族独有的文化心理行为，而且还构成了各个民族特定的社会文化背景。一般而言，民俗作为人类社会群体固有性的、传承性的文化生活现象，在社会现实中展现出来，就是民众生活里那些没有明文约定的规矩，或是那些在民众群体中自行传承或流转的程序化的

---

① Verkuyten, M.. *The social psychology of ethnic identity* [M]. New York: Psychology Press, 2005. 224-227.

不成文的社会规范，或是那些已经被普遍接受的流行的模式化的行为方式。任何民族中每个心智健全的人，都无法脱离一定的民俗圈而生活。通过对民族心理进行分析，就可以从对某一特定民族的民俗研究中，获得该民族心理活动或行为模式特点的线索。一个民族的普遍价值和稳定态度常常就明显地表现在民俗中。

民俗自身的一些特点，也使得对民俗的心理分析成为可能。民俗的这些特点可以从以下三个方面进行考察。一是民俗是人类生活中既普遍又特殊的一种社会存在。与一般的文化意识不同，民俗是人类文化意识的原型。二是民俗既是文化意识的基本构成，又是社会生活的组成部分。民俗从生活中形成，反馈回去又成为生活的特定样式。这常以独特和习常的文化意识和民族心理为内核，以稳定和固化的生活样式和行为方式为外表，表现为一种对现实生活的心理态度以及与之相适应的一种稳定的生活方式。古老的神话是人类各民族在早期生活中的心理活动的产物，是氏族社会的人们解释和征服生活环境的思想、情感、态度与愿望的表现。这是把人们的宗教信仰、价值观念、生活需要、心理愿望、现实态度和人际关系，以非常奇妙和无穷魅力的形式表现了出来。三是民俗是各民族个体社会化的重要因素。民俗作为民族文化形态之一，具有鲜明的世界观、人生观和价值观的性质。这是将相应的关于自然、人类、社会和生活的认识与判断作为自己的组成部分，对本民族的儿童、少年和青年进行教育、训练和培养。对于具有某种民俗的民族来说，民俗实质上起着一种文化传承的作用。民俗意味着某一民族所选择的文化和生活，包含着某一民族对周围现实的态度和看法，也渗透着某一民族关于生产、生活的技能与知识。

一个民族的民俗心理可以具体表现为该民族的人生观、价值观；可以具体表现为该民族的愿望与需要；可以具体表现为该民族中所有成员对周围现实的态度与看法；可以具体表现为该民族所有成员共有的思维方式与行为模式。民俗心理具有自身的特点，这具体表现为如下几个方面。一是民俗心理具有特定的民族性。由于民族的生活地域、历史文化不同，各民族在历史发展中，在各自生活中，所形成的民俗各不相同，因而任何民俗心理首先都体现为民族心理。二是民俗心理具有鲜明的相符性。民俗心理还以民族成员对所属族群的社会规范、生活期望、价值尺度的相符为重要特征。三是民俗心理具有极大的稳定性。民俗心理一旦形成，便具有相对不变的趋势。

从事民俗分析的民族心理学家认为，探讨社会民俗和民族心理之间的关系，大致可以分为三种不同的途径。一是精神分析的途径。精神分析的研究途径最早关注了潜意识在人类民俗生活和文化形成中的重大作用，比起古典民族学派的唯理论来说，这无疑是向前跨出了巨大的一步。同时，精神分析在考察人类心理的潜意识内容时，合理地指出了性欲和情感的重要意义。从而，研究深入到了原本为巨大空白的领域，并且进行了更为深入和细致的探索。二是文化比较的途径。文化比较的研究途径更多的是对民俗与文化进行了跨文化的横向比较，这对于理解和把握不同的民俗心理，就有着非常重要的比较的优势。三是深度分析的途径。深度分析的研究途径就在于对社会民俗与心理行为的关系进行深度的考察与研究。深度分析所依据的材料几乎全都是民间的文学作品，这也就是把神话、传说和故事作为了主要的研究对象。① 这实际上是试图挖掘民族传统和民族生活背后的、内在的、深层的心理构成、心理结构、心理动力。

因此，特定民族的文化传统和民族习俗之中的文化心理学的内容，就成了支配和理解特定民族所具有的文化心理、文化行为、文化认知、文化情感、文化人格、文化互动、文化理念、文化影响，等等的最为根本和有效的依据。民族心理行为的特殊性常常与特定的文化传统和文化习俗，与特定的文化构造和文化演变，是非常紧密关联在一起的。

第三节　人格呈现的心理传记

有研究对心理传记学进行了界定，认为心理传记学是指明确地使用正式的或系统化的心理学概念、原理或理论于传记的研究，并把个人生命发展历程转换成一个连贯的并具有启发性的故事。按照研究取向的不同，可以将心理传记分为两种形式：因果式和连贯式。因果式的解释在寻找导致承认行为的幼年实践或其背后的原因；而连贯式的解释则试图

---

① 刘毅. 论民俗及其心理分析的可能性与途径——民族心理学研究的新视角 [J]. 贵州民族研究，1994（1）. 47-52.

在个人行动所产生的各种不同资料中，找到统一的整体，例如一个人重复出现的行为模式。

心理传记学具体的研究步骤包括五个阶段：一是选择传主。对传主研究的切入点可以是他生命中的某一时期或特殊心理问题，但仍要了解传主的整体生命发展。二是运用已出版的资料。选定了传主之后，就要确定哪些资料可用。传主的书信、日记、自传、回忆录等相关著作都可以使用。三是收集未出版的资料。这包括传主的手稿、医疗、档案，等等。"档案研究"是心理传记学研究过程中非常必要的研究方法。四是亲自造访相关人士。对在世的传主，亲自访谈或接触其本人可获得真实宝贵的资料；对已故的传主，访问其亲友、同事、朋友会有十分重要的收获。五是撰写心理传记。整个心理传记研究的过程，还须涉及社会、政治、心理、历史等背景。

心理传记学研究对心理学的意义包括如下的方面。一是寻求个人生命意义的理解而不只是统计上的显著。二是运用公共资料进行个案的比较分析。三是心理传记学可以产生新的理论、假设或信息。四是理解重要的个案。心理传记学的研究固然要重视心理学的理论运用，然而心理传记学不能局限于心理学科本身或学术论文发表，而应该走出研究所、高等院校的象牙塔，走进社会、走向大众。精细严谨的心理传记学著作，不仅可以让人们从叙事阅读中理解人性和体悟人生，也能让人们密切自身与历史、社会、文化之间的关系，强化文化认同。

从目前心理传记学的性质和研究者的背景来看，心理传记学的确属于跨学科领域。心理传记学研究涉及历史学、文学、社会学、心理学、人类学等不同学科，心理传记学研究需要不同学科领域的交叉合作。[1]

有研究指出，心理传记学是系统地采用心理学的理论和方法对个别人物的生命故事进行研究的一门学科。心理传记学具有人格学传统、精神分析传统、心理传记学与心理历史学的关系以及心理学的叙事转向对心理传记学的影响等方面论述了心理传记学的学科性质。并从学科历史发展的角度，将心理传记学的研究内容分为历史人物的心理传记学、在世人物的心理传记学和比较心理传记学三个方面。最后从理论层面探讨了心理传记学的学科体系，提出理论、案例和应用三位一体的未来学科

---

[1] 周宁、刘将. 心理传记学探析 [J]. 五邑大学学报（社会科学版），2008（1）.79-82.

体系初步构想。

心理传记学是系统地采用心理学的理论和方法对个别人物的生命故事进行研究的一门学问。这个定义包含三点：一是所选择和应用的是心理学理论，而非别的学科的理论或常识心理学，以区别于一般的传记研究，但也不限定某一种心理学理论的应用。二是对个别人物的心理学研究，既包括在世的，也包括逝去的历史人物，因而排除了对一群人的研究以及仅对历史人物的研究，体现了心理学的一种特殊规律研究取向。三是对生命故事的研究，体现了时间序列和传记性质，隐含着叙事取向，但又在研究方法上采取开放和多元的态度。

心理传记学的人格学（或人格心理学）传统研究的是单个人的生命史，强调从整体取向（holistic approach）对个体进行长时间的考察。因此，从历史传统来看，心理传记学是人格学或人格心理学的组成部分，是人格心理学中的一种个案研究或特殊规律研究。心理传记学的精神分析传统是将精神分析的理论应用于历史人物研究，该方法被许多学科的学者（包括精神分析学家、历史学家、政治学家、文学家等）使用，20世纪20—30年代形成了一种精神分析的心理历史学研究的热潮。心理历史学与心理传记学具有直接的关系。心理历史学属于独立的学科，包含有心理传记学、群体心理历史（group psychohistory）和童年历史（history of childhood）三个分支领域。心理传记学的叙事学传统认为叙事隐喻的成功促进了心理传记学的发展。

从研究对象的角度来看，目前心理传记学研究大致形成了以下三个领域：政治人物的心理传记学研究、心理学家的心理传记学研究和艺术家的心理传记学研究。从时间和发展的角度来看，可把心理传记学的研究内容分为历史人物的心理传记学研究、在世人物的心理传记学研究和比较心理传记学研究三个方面。[1]

心理传记学的研究实际上是将文化心理学、人格心理学、心理历史学，等等的研究和探索整合在了一个特定的视域之中。这所提供的文化心理学的研究资源是非常丰富的，这所提供的心理方法学的研究方式也是特别有益的。这不仅是将人类的整体的心理变化和发展与特殊个体的

---

[1] 郑剑虹. 心理传记学的概念、研究内容与学科体系 [J]. 心理科学，2014（4）. 776-782.

心理经历和成长整合在了一个特殊的框架之中，而且也是将心理学的学科进步和学术变革扩展到了一个丰富的范围之内。

第四节　人格成长的文化环境

有研究对中西方人格思想的文化进行了比较。研究系统指出了，从文化的视角研究人格思想，必须把握文化与人格的核心内涵，以便使中西人格思想的比较研究贴近不同文化的核心价值观和根本理念。人格是广义文化的产物。文化是某一民族生活的总体样法，人格则是特定文化状态下形成的个体生存的性状。一方面，文化是人格生成的母体，决定着人格的特质；另一方面，人格又是文化内涵的核心，体现了某种文化的本质。因此，从文化视角研究人格最能够揭示人格的本质内涵。从整体的、宽泛的意义上来理解文化，对照中西文化的不同，可以看出中西人格思想中体现的人格差异性主要有以下几个方面的特征。

一是单向度进取型人格与双向度复合型人格。西方的文化人格是一种单向度进取型人格；中国的文化人格则是一种双向度复合型人格。中国的文化属于"变换、调和、持中"的文化，既有儒家那种刚健进取的文化精神，又有道家主张变通隐退的精神，所谓儒道互补便是中国文化持中、调和特征的集中体现。因而，中国的文化人格也体现出刚健进取与隐退自足、和谐统一的双重品格。

二是物我分立型人格与物我合一型人格。西方的文化人格是一种物我分立型人格；中国的文化人格则是一种物我合一型人格。西方文化呈现的主客二分思想与中国文化体现的天人合一观念，是公认的中西文化的主要差别之所在。用西方的观点看中国，可以说中国人没有形成一种独立的人格；用中国的观点看西方，可以说西方人没有形成一种社会的人格。

三是外向开放型的人格与内向蕴含型的人格。西方文化及其人格具有开放性；中国文化及其人格具有内向性。中西方的人格思想都分为内在、外在两个层面。所不同的是，中国的人格观念认为个体的人在这两个层面都可以用力，都可以寻求自我实现。尤其在人格的内在层面上表现出极大的积极性、主动性和独立性。如果外在的进取受阻则可在内在的人格修养上用力，道德的自我完善同样体现着人格的独立性发展和自我实现。而西方的人格思想则主要强调外在层面上的积极进取性，人格的独立品格和自我实现是在外在的社会实践行为中体现出来的。对于人格内在道德维度的理解认识则表现出一种消极的、被动的态度。

四是行为独立型人格与德行自足型人格。中西文化人格在其独立性上存在着极为明显的差别。西方的文化人格是一种行为独立型的人格；中国的文化人格则是一种德行自足型的人格。西方所说的独立人格主要是指个人行为的独立性、自主性，即个人完全从自由的意志出发在行为中充分发挥其独特的个性。中国传统思想文化中的独立人格尽管也指个人的特立独行、我行我素而不受世俗规矩的束缚，但更多地体现于个体内在品德的自我超越。这种内在的精神超越具有两个突出的特征：一是内在精神的独立强大可以超出社会现实的束缚羁绊达到一种道德人格的自足与完满，二是这种内在的精神与所遵循的道德伦理观念是完全和谐统一的。

西方现代的文化人格研究无论是人格心理学还是人格科学都是把人格仅仅当作认知的对象加以了解和把握；中国的文化人格研究则是把人格既作为认知的对象又作为塑造的对象进行了解和把握。这有着培养、提升人格和人生境界的明确导向，也就是说这是沿着培养理想人格的道路行进的。[①]

文化给定了人格成长的路径和方向，这也就确立了不同文化之中的独特的人格形态或类型。特定的人格成长都是沿着文化的导向来进行的，这也可以称为人格的文化成长。与此同时，人格的文化共有性所显现的则是文化的质量、文化的层次、文化的侧重、文化的偏向等等。

第五节　变态人格的文化根源

曾有研究宏观考察过文化转型与人格障碍。研究指出，随着社会变迁的加速和深入，文化适应、自我平衡的要求也越来越高，因而人格障

[①] 周波．中西方人格思想的文化比较［J］．山东师范大学学报（人文社会科学版），2015(5)．27-39．

碍的压力也越来越大。认识、分析文化变迁与人格障碍的关系，是文化转型研究的重要课题。在一个文化转型过程中，个体生活的文化环境具有了更大的多变性和不确定性，其社会生活适应的难度剧增，人格障碍也就极为常见。

首先，"改革"从社会内部改变着社会经济关系和体制结构，人际关系、生活态度、价值取向也发生着深刻的变革。但是，传统的民族文化仍从各方面影响人们的思想和行为，人们时时都能感受到传统的人际关系规范、价值标准和思维方式的沉重存在，由于文化心理同时容纳了传统文化的"基因"和社会变革所带来的观点"变异"，人们会强烈地感受到双重人格的压力。新旧文化交替、观念冲突与整合，必然会使人们在心理上产生激越、茫然、冲突、生疏、失落、困惑等基本心态。其次，"开放"很快使我国的社会结构由内向型转变成了外向型，民族文化以前所未有的规模和速度与外来文化进行着相互交流和渗透。

处在这种新旧文化交替、民族文化与外来文化冲突与选择互动的文化背景之下，人们都不同程度地具有"双重人格"的特点。在显观念上，他们充满了对超前思想、现代观念和新型人际规范的向往，充满了对传统文化的反思和叛逆；在潜意识里，民族文化的深厚积淀又使他们对传统的思维定式和行为习惯表现出忍耐。个体的社会适应就会产生障碍，文化转型过程中的人格障碍主要有以下表现类型。

一是反社会人格。具有反社会人格的人，会对社会原有的或自身人格结构中业已形成的价值观和生活方式全盘否定，但新的价值规范尚未形成，对二元价值同时失去信仰，心理无所遵循而失去平衡。二是边缘型人格。这种人格在急剧变迁的社会面前，价值系统混乱且麻木，试图与原有的价值体系和新的文化规范保持距离，对现实保持游离状态，常表现为离群索居、淡漠孤僻，没有是非善恶标准；为人缺少道义和同情，难以与他人和睦相处，喜欢生活在幻想和自我设计中。三是因循型人格。具有这种人格的人，极力维持其社会过程中业已接受的传统价值观念和行为方式，与时代和文化变迁格格不入，因而常常陷入怀旧、失落和自怜境地。四是附和型人格。具有附和型人格的人对新的观念思潮、娱乐方式、流行文化等都积极投入，但他们很少对这些时尚作理性分析和价值判断，而是盲目模仿，"跟着感觉走"，奔忙于"各领风骚"的"流行"之中，导致其内心价值空心化。①

有研究考察了中国人的人格与心理健康。研究指出了，心理健康至少可以从以下四个方面进行界定。第一是身心症状。心身症状的出现与否及其严重程度是最直接的标准。如果个体出现明显的心身症状则明确表明了心理健康状况的问题。即使是普通人群中，心身症状的相对严重程度也可以作为心理健康的指标（尽管并不全面）。第二是行为风格。大量研究表明某些稳定的行为风格或行为模式虽然不一定直接引发心身症状，但却会增加出现某种心身疾病的概率。第三是内心体验。心理健康的特点之一就是个体体验积极情绪的频率和强度比较高，而体验消极情绪的频率和强度比较低。自我与经验之间的和谐程度既可以作为心理健康的指标，又是影响心理健康的重要因素。第四是积极品质。心理健康的个体不仅没有症状、消极的行为方式或内心体验特点，而且还应具备一些积极的心理品质，如幸福感、自我与环境的和谐、自尊、成熟、人格稳定、适应环境并保持独立等。②

无论是在社会学的宏观层面，还是在心理学的微观层面，无论是在文化学的现实层面，还是在病理学的医学层面，社会文化与变态人格都可以体现出特定的、密切的和重要的关联。这其实给了理解和把握文化与人格之间的关系，透视和解说文化与人格之间的互动，等等一个便利的通道。

---

① 孙玉杰、公文华. 文化转型与人格障碍 [J]. 山东医科大学学报（社会科学版），1996（3）. 15-17.
② 崔红、王登峰. 中国人的人格与心理健康 [J]. 心理科学进展，2007（2）. 234-240.

第十二章　文化存在与心理自我

关于自我、自我心理、社会自我、文化自我，等等的研究和探索，都是与文化有着密不可分的关系。有研究指出了，人在当代世界的存在和觉知，或明或暗地与三种基本的力量有关，这就是自我、文化和意识。那么，重要的就是去关联和比较这三个概念的基本特征。[①] 因此，文化与自我之间关系的探讨，自我心理学研究的文化学取向，就具有非常重要的地位和价值。这不仅是伴随着文化心理学学科的重兴和文化学研究取向的盛行，而且也关联着心理学的文化学转向和文化学取向的探索。这所涉及的是文化学的方法论的基础和方法学的贯彻。那么，文化的尺度、文化的决定、文化的环境、文化的含义、文化的资源等等，就决定着自我分类、自我发展、自我呈现、自我解说、自我意识。

第一节　自我分类的文化尺度

有研究提供了四种有关自我边界的划分。研究指出了，区分自我与他人是人类社会生活中最重要的分类，因此，个体如何在某种文化的生态下，建立自己的分类系统和解释系统受到社会心理学界的普遍重视，也成为近年来本土心理学、跨文化心理学、文化心理学等特别关注的焦点问题。

第一种划分是从自我的动机层面，是将自我区分为"公我"、"私我"和"群体我"的理论。"公我"往往是与"自我呈现"和"印象管理"有关，也可以理解为"社会的我"。"私我"是获得个人成就，这是指建

[①] Menon, S., Nagaraj, N. and Binoy, V. V. (Eds.) *Self, Culture and Consciousness－Interdisciplinary Convergences on Knowing and Being* [M]. Singapore：Springer, 2017.4.

立在内在自我评价基础上的个人成就,因此较少受到他人评价的影响,是独立于他人的。"群体我"则是获得群体的成就,自我要完成群体对角色的要求,因此,群体的评价和目标被内化为个体的。这一理论的背景是以个体主义为其特征的文化社会,所有划分的基础是一个独立的、有选择理性和自由的个体具有的自我概念。

第二种划分是按照自我与非我边界的不同性质,认为可以有自足式自我的个体主义和包容式自我的个体主义。前者边界明确、标记清晰、强调个人控制和排他性的自我概念。这种自我有明晰的自我领域和他人领域的区别。后者的边界是流变的,且标记含混,强调的是场域对个人的权力和控制以及包容性的自我概念。这种自我的分类特别注意到自我边界的特征对于区分不同自我的重要意义,这与我国学者费孝通以"差序格局"概念来解释中国人的自我特征的思想是一致的。

第三种划分是依据自我概念中的文化差异,提出了"独立性自我"和"互依性自我"的分析架构。研究认为,西方人(如美国人)和东方人(如中国人)对自我的理解是完全不同的。"独立性自我"主张个体应是指以自己的特性与他人相互区别的、自主的实体。所谓自己的特性,一般是指个体的能力、态度、价值、动机和人格,这些特性必然影响和导致个体的某些与众不同的行为。"互依性自我"主张许多东方文化中,具有保持个体之间相互依赖的机制,在这种文化的影响下,个体的自我特点在于与他人的相互依赖。"独立性自我"强调个体内在特征的完整性和唯一性,在此基础上表现出与他人的区别性与独立性,激励和推动个体去实现自我,发展独特的自我潜能,表达个体特殊的需要和权利,展示个体众多不同的能力。"互依性自我"强调的是个体与他人的联系与依赖。所以,个体行为只有在特定的社会联系中才有意义。互赖性自我对自己的确定不是根据唯一性,而是根据自己与他人有关的那些特性。

第四种划分是在"自我"的范畴内,区分了"个己"与"自己"。前者代表将自己与别人的界限以个人身体为标志,在西方社会心理学的研究中通常称之为"自我";后者则代表一种不但包括个体的身体实体,而且还包括一些具有特别意义的其他人(自己人)。西方社会心理学提出了"社会自我"等相关概念,却仍然是从"个己"的立场出发的。中国人的"我"也是有以身体为边界的"个己"的,并且这个"个己"处于"我"的核心位置上,但是这个"个己"与某些他人的区分不是坚实的和明晰的。[1]

文化学取向的社会自我的研究就在于强调特定的文化给定了自我的边界，给定了心理的控制，给定了时间的定向。自我的边界涉及的是内在与外在，这也就是社会个体怎样去区分或者划分自己与他人、自己与外界。心理的控制涉及的是自控与外控。这也就是人的心理行为的控制点的问题。所谓的心理控制点就是指，人们对影响自己生活与命运的那些力量的看法。心理学家一般将心理控制点分为两种类型，即内部控制和外部控制。具有内部控制特征的人，他们相信自己所从事的活动和活动结果是由自身所具有的内部因素决定的，自己的能力和所作的努力能控制事态的发展。然而，具有外部控制特征的人，他们认为自己会受到命运、运气、机遇和他人的摆布，这些外部复杂且难于预料的力量主宰着自己的生活。时间的定向涉及的是过去与未来。在社会生活之中，有向后看的人，也有向前看的人。有的人生活在过去，有的人生活在未来。

第二节　自我发展的文化决定

符号人类学从符号出发，认为符号是意义的浓缩形式。符号是文化的载体，包含着特定的意义。社会成员是通过理解符号所含的意义来理解文化的，从这个意义上讲，文化是社会成员对符号作出的某种解释。符号人类学关心的是符号如何作为文化的载体来表达意义的。试图找出一种内在的符号结构。他们反对孤立地研究符号，而是试图在行为情景中通过对符号的研究，来发现符号是如何相互结合形成体系以及符号如何影响社会行为者觉察世界、看待世界和思考世界。

认知人类学认为文化不是那些制度、事物，也不是人的行为及情感。文化是人脑中的组织原则，即文化不过是人脑的产物。文化存在于文化所有者的头脑中，每个社会成员的头脑中都有一张"文化地图"。正是这张"文化地图"把社会成员组织在一起，每个成员才有可能交流往来。每一个社会成员都依照"文化地图"对自己的文化作出各自的理解。文

---

[1] 杨宜音. 自我与他人：四种关于自我边界的社会心理学研究述要［J］. 心理学动态，1999（3）. 58-62.

化离开了文化主体，便失去了意义。认知人类学正是基于这种假设，把研究重点放在文化地图上，力图揭示文化主体组织和理解文化的原则。

可以看出，符号人类学和认知人类学有一个共同之处，即都从个体内部来考察文化，强调个体对文化的理解。这表明了，文化人类学在向文化主体倾斜。这样的倾斜也体现在了心理人类学的研究中，其研究重心开始从探讨文化与人格的关系，转向了探讨文化与自我的关系。甚至有的研究者提出要以文化与自我的研究替代文化与人格的研究。

美国哲学家和心理学家詹姆士（W. James）、美国哲学家和社会心理学家米德（G. Mead）早就考察过人的自我。实际上，人格和自我是从不同的角度说明人的心理构成的概念。人格更多的是指心理行为的特征的集合或内在心理的稳定的结构。自我更多的则是指心理意识的动态活动，突出的是其主动性、整体性和创造性。米德创立了符号互动的理论，阐述了自我是如何在符号互动的过程中形成和发展的。后来的研究者对此进行了扩展，认为符号系统是文化的构成，文化的差异显然会通过互动过程影响到自我。

马塞勒（A. Marsella）等人主编出版了《文化与自我——东西方人的透视》一书，汇总了有关文化与自我的研究。这是通过跨文化的比较，特别是对东西方文化进行的比较，考察了自我在不同文化中的差异。研究指出了，自我并不是固定不变的，而是一个在一定社会文化结构中不断进行调节以寻求心理平衡的系统，也就是构成性的和动态性的，始终处在与外界互动的状态之中。每一个体都不是固定的实体，而是呈现为一种动态的平衡状态。每一个人都在寻求着维持心理和人际平衡的满意水平。人的自我是以一种开放的形式与文化发生作用的，文化不断持续地作用于自我，而自我则经过对文化的理解去再现或再造文化，从而影响或改变文化的某些方面。[①]

从这个意义上讲，文化与自我的研究避免了文化与人格的研究的主要缺陷。显然，文化与人格是单面决定的关系，文化与自我则是相互依赖的关系。文化不是外在于人的存在，而是通过人展现出来的。一个社会的文化不取决于其所具有的抽象意义是什么，而取决于社会成员对文

---

① ［美］马塞勒等（任鹰等译）. 文化与自我——东西方人的透视［M］. 杭州：浙江人民出版社，1988. 3-26.

化的理解和解释。同样，人的自我也不是独立于文化的存在，而是通过文化形成和发展起来的。

自我的实际构造和活动是因文化而异的。在不同的文化中，人的自我构造就会不同。马库斯（H. R. Markus）和吉塔雅玛（S. Kitayama）在其《文化与自我——对认知、情绪和动机的含义》一文中，就指出了西方文化和非西方文化中的自我构造是不同的。[①] 这会影响或决定个体的意识经验，包括个体的认知、情绪和动机。他们把西方文化中的自我构造称之为"自我的独立构造"，将非西方文化中的自我构造称之为"自我的相互依赖构造"。在许多西方文化中，信奉的是个人的独立，即独立于他人和确定自己。为达成这一文化目标，个体就要使自己立足于自身的思想、感受和行动。在许多非西方文化中，强调的是人与人彼此的相互联系和相互依附。体验到相互依赖会使个体把自己看作包容性的社会关系的一部分，并使自己立足于关系中的他人的思想、感受和行动。

在对文化与自我的探讨中，应该认识到，文化并没有直接给定人的心理生活。人的心理生活是自我构筑的。这种自我构筑在于对自身心理生活的了解和解释。当然，文化本身也延续着对人的心理行为的基本假定和说明，这也就是心理文化，并且是自我构筑内心生活的文化基础。自我所认定的心理生活是什么样式的，也就会去构筑相应样式的心理生活。英国学者希勒斯（P. Heelas）和洛克（A. Lock）在其所主编出版的《本土心理学——自我人类学》一书中，就包罗甚广的文化里，区分出了一个重要的构成部分，这也就是有关人类心理的假设、理论、观点、猜想、分类和体现在习俗中的常识。这些本土的心理学涉及的是人的本性及其人与世界的关系，包含着对人的感受和行动方式及人怎样在生活中寻求幸福和成功的告诫。希勒斯还强调了本土心理学在人类生活中的重要地位和作用，并进而认为："本土心理学事实上是必要的，这在于实现其三个相互关联的功能：维系'内在的'自我，维系涉及社会文化的自我，使社会文化习俗得以运转。"[②]

实际上自从有了人类和有了人类的意识开始，人就有了对自身心理

[①] Markus, H. R. and Kitayama, S. Culture and the Self: Implications for Cognition, Emotion, and Motivation [J]. *Psychological Review*, 1991 (2). 224-253.

[②] Heelas, P. Introduction: Indigenous psychology [A]. In P. Heelas & A. Lock (Eds.), *Indigenous psychology-The anthropology of the self*. New York: Academic Press. 1981. 3-18.

行为的直观理解和解释。这作为心理文化而积淀下来和传承下去。任何不同的种族和文化，都会有其对心理生活的不同理解和解释，即拥有植根于本土文化的心理学传统。本土的传统心理学可以有两种存在水平，即常识心理学的水平和哲学心理学的水平。社会个体可以通过日常的交往活动和特定的精神修养来掌握本土的心理学传统。个体自我可以依此来理解、解释和构筑自己的心理生活。

对文化与自我的深入考察，带来了对本土文化中的独特心理学传统的关注和研究。例如，对东方文化特别是中国文化中的心理学传统的探索已在不断扩展和深入。中国文化中的哲学心理学不仅给出了对人的内心生活的理论说明，而且给出了提升精神境界的修养方式。这强调了达于无我、大我或真我的自我状态，指出了内心自我超越的精神发展道路。中国文化中的民俗心理学就是在文化习俗中表现出来的常识心理学，这规范和制约着社会民众的日常生活，包括怎样获取内心的快乐和幸福，怎样处理人际恩怨，怎样形成满意的人际关系，怎样把握自己的未来和命运等等。探讨本土的心理学传统，展示了特定文化背景中的人的心理生活，展示了心理学理解、解释和构筑心理生活的特有方式。这无疑会给实证的科学心理学带来有益的启示。

社会自我研究的人类学取向会涉及社会自我的种族的性质，这与社会自我的个体的性质形成了相互关联的两极。其实，种族自我的探索在社会心理学的研究中早就是非常重要的内容。例如，关于国民性的研究就涉及特定种族、特定文化、特定国度，等等的自我的独有性质的存在，独有特征的演变，独有现实的表达。这可以体现在特定种族的关于社会自我的特定的理解和解说，独特的体现和作用，特殊的演变和引导。

社会自我研究的人类学取向还会涉及社会自我的文化的性质，这与社会自我的生物的性质形成了相互关联的两极。那么，人类学的取向会涉及体质人类学的关注内容，也会涉及文化人类学的关注内容，还会涉及自我人类学的关注内容。涉及社会自我的文化的性质，这也就是文化人类学关于文化自我的考察、探讨、解说和干预。

因此，人类学取向的研究将社会自我的种族性质和文化性质都凸显了出来。这也就将社会自我研究的视野进行了极大的扩展。其实，人类学取向的社会自我的研究超越了个体化或个体性的自我的边界。那么，自我就不仅仅是个体性的或个体化的心理构成、心理发展和心理演变。

当自我的边界、自我的范围、自我的表达、自我的成长都超出了个体化的限定,那种族的自我、文化的自我、社会的自我也就成了现实的存在,也就具有了共生的基础,也就涉及了社会的建构,也就包含了族类的整体,也就超越了一己的限定。因此,人类学取向的社会自我的探索将体质的方面、生物的方面、社会的方面、文化的方面,等等都纳入了关于自我的理解和解说。

第三节 自我呈现的文化环境

文化学取向的社会互动研究实际上是将社会互动过程或社会互动进程,都放置在了文化的背景、文化的环境、文化传统和文化的创造之中了。这也就给了有关社会互动研究的基本方式和核心理念一种文化学的定位。因此,并没有脱离开文化存在和文化传统的社会互动过程,也并没有脱离开文化原则和文化范式的社会互动探索。

有研究考察了符号互动论视域中的社会文化与社会互动之间的关系。研究指出了,传统跨文化研究方法因其二元论的简单极性而受到质疑。文化涉及各种符号之间的关系,跨文化研究就是研究不同文化符号意义之间错综复杂的关系,所以跨文化研究需要一个立体的互动视域。米德的符号互动论从自我出发,关注他者,试图揭示语言符号及其使用者的观念和行为之间的互动关系,与跨文化研究探讨不同文化间人们的观念、行为、文化的异同及其因果关系的目的一致。将符号互动论用于跨文化研究,虽未尽完善,但可以为之提供有效的分析方法和手段。

跨文化研究也被称为"全文化研究",是指对不同区域、不同语言、不同民族之间的文化进行比较,从一种通透的世界性大视野出发,研究它们的异同及其形成的原因,从而寻求人类文化的共同特征和普遍规律。跨文化研究最早始于宗教文化领域,现已涉及史学、医学、语言学、心理学、人类学、美学、政治学、社会学、管理学、传播学、教育学,等等领域。符号性语言是构筑人类文化的基础。正是通过语言符号,人类文化才得以代代相传。从这个意义上说,跨文化研究就是研究文化符号意义之间的关系。

行为人的互动要经由符号进行,即双向性活动,符号互动是获取行动意义的外在形式和手段，符号的意义隐含在互动者的解释中。这才是意义产生的关键。符号因为依赖解释，所以互动者一方面要凭自己的经验感知来接受符号，另一方面又要依靠与社会行为的关系来调节自己的经验感知，与社会化了的符号保持一致。符号主体感知到的姿态是互动的基础。换言之，符号使用主体、主体对符号的感知以及符号在具体使用中的适切性三者的互动才是真正起作用的符号。自我经由常规化了的符号不断调试，与社会环境结成稳定的三元关系。

文化是人类认识自身、改变世界的创造物，因此，文化研究要从作为符号化动物的人类本身出发，全方位地综合考察社会文化身份。人类在自我和社会文化身份认同方面，需要对话，需要一种根据姿态的对话，亦即基于符号意义的互动视域。创造性的多元文化不仅包含着人类参与的因素，还包含着解释的因素，这就要求把文化看成是一个多元的社会互动的领域，可以通过其中所隐含的各种不同模式和符号系统来理解文化，从而建立良好的社会文化秩序。[①]

文化的涵化是不同文化之间的碰撞、互动、交融和影响的实际进程。有研究考察了人类学的关于涵化的概念和心理学的关于涵化的理解。研究指出了，从人类学所建构的经典涵化概念的内容和方法来看，忽视个体心理方面是其突出的一个局限，当代心理学逐渐重视文化视角的研究，涵化研究的贡献日益多见。人类学提出了涵化概念，社会学则偏重同化概念。但是，现代人类学家大多反对同化主义，坚持使用体现文化相对主义理念的涵化概念。涵化是指具有不同文化的数个群体的个体之间，发生持续的、直接的接触，结果导致一方或双方原有文化模式发生变化。人类学经典定义较明显的局限是，未反映卷入接触的文化间关系的相对复杂性，即没有表明涵化场境中一个文化是否统治另一个文化，抑或二者处在一个比较平等的平台上；未全面概括涵化实际中存在的几类现象，即接触双方发生互动，或者只是一方向另一方借用，或者结果根本没有互动。该定义要求对文化进行广泛的研究，排斥对文化某一具体维度的考察。这些局限致使难以揭示涵化这一复杂现象的具体过程以及个别差异。这些局限之所以克服得不充分，是因为关于涵化的经典定义还存在一个更为深层的局限，那就是忽视对文化接触所涉及的文化成员个体涵化

---

① 李瑾. 从米德的符号互动论看跨文化研究［J］. 齐鲁学刊, 2013（6）. 102-106.

心理的分析，即心理学方面的局限。随着心理学家对涵化问题探讨的增多，而提出了心理学的涵化概念。完整的涵化概念应综合概括两个或两个以上文化群体成员因接触而发生文化和心理变化的双重过程，因此该概念必须包括以下两个层面：一是在文化层面或群体层面上的涵化，即文化接触之群体在社会结构、经济基础和政治组织等方面发生的变迁；二是在心理层面或个体层面上的涵化，即卷入文化接触之个体在言谈、衣着、饮食等方面的心理行为、价值观念、生活态度和心理认同等方面发生的变化。

跨文化心理学的研究表明，个体心理涵化的适应过程有三种基本的情形：（1）行为变换。在社会文化情境下，个体在经历涵化时，会为了适应新情境，而通过文化学习和文化放弃，以及社会技能习得等方式，实现较容易的心理变化——行为变换，同时对自己的涵化经验和行为变换的意义作出评价，视之为种种机遇、困难、危害。在此阶段，个体可能多少会感受到文化冲突。（2）涵化压力。当个体经历到较大程度的文化冲突时，会感到简单的行为变换不能解决问题，但问题是可以控制和能够克服的。这就会产生涵化压力，亦即文化震荡。为应对这种压力，个体会选择和形成自己的涵化策略等。（3）心理失调。当个体感受到过大的涵化压力导致的问题而自己不能应对时，可能还会出现心理失调。个体的文化适应策略包括四个方面：整合、同化、分离化、边缘化。①

文化学的社会互动的把握和理解提供的是文化决定论的理论主张和理论观点，也提供的是文化生成论的理论主张和理论理解。相同文化中的或不同文化中的社会互动不仅可以提供文化的引导和制约，而且可以提供文化的内涵和价值。符号互动的"符号"就是文化的形态和文化的含义，符号互动的"互动"也就是文化的交往和文化交际。

第四节　自我解说的文化含义

在心理学、社会学、人类学等学科当中，自我也是理解人的心理行为的重要概念。近年来，学者们非常重视自我与文化的研究，把自我放在文

---

① 常永才. 人类学经典涵化概念的局限及其心理学视角的超越[J]. 世界民族，2009（5）. 31-38.

化背景中进行考察。显然，在不同的文化当中，会有相当不同的自我。同样，在特定的文化当中，也存在着独具的有关自我的观点或理论。①

自我的观点或理论会因文化而有所不同。约翰逊（F. Johnson）就考察了西方人对自我的概念所作出的独特贡献。② 有一部分中外学者，则探讨了中国本土传统思想中有关自我的观点。例如，埃尔文（M. Elvin）就涉及了中国的自我观。③ 杜维明（W. M. Tu）则阐述了儒家思想中的自我与他人。④ 相比较而言，西方现代心理学探讨的自我是相对封闭的自我，可以将其看作有我的自我学说。中国本土心理学所探讨的则是相对开放的自我，可以将其看作无我的自我学说。儒家主张，个人实现其道德理想的途径是自我修养。这包括两个基本的方面：一是把他人、家庭、国家等等包容在自我之中；二是实现他本性中的本然的和潜在的善性，完成自我推动的精神发展。很显然，前一个方面是与后一个方面相联系的。只有使自我向社会关系开放，才能够发展和实现天赋的人性。换句话说，儒家的自我包含着自身发展的终极基础，但是，这只有通过不断的学习和实践以容纳社会关系，才会得以实现。

在中国文化当中，儒家思想关注的是社会关系或社会伦理。但是，值得注意的是，儒家传统也十分重视自我怎样与他人或与社会关系相联系、相适应和相同化。这具有深远的心理学含义。自我修养会不断地深化和扩展对他人存在的意识，或者是使自我向他人开放。否则的话，个人就是自我中心的，这很容易导致一个封闭的世界，或者是导致一种麻木不仁的状态。孔子曾说过，己欲立而立人，己欲达而达人。杜维明由此而指出，在人们的自我修养中涉及他人，就不仅仅是利他的，而且也是人们的自我发展的要求。⑤ 儒家思想假定了自我的结构中就拥有超越的强有

---

① Markus, H. R. & Kitayama, S.. Culture and self: Implications for cognition, emotion and motivation [J]. *Psychological Review*, 1991 (2). 224-253.

② Johnson, F.. The Western concept of self [A]. In A. Marsella, G. Devos, & F. L. K. Hsu (Eds.), *Culture and self*. London: Tavistock. 1985. 91-138.

③ Elvin, M.. Between the earth and heaven: Conceptions of the self in China [A]. In M. Carrithers, S. Colins & S. Lukes (Eds.), *The category of the person*. New York: Cambridge University Press. 1985. 156-189.

④ Tu, W. M.. Selfhood and otherness in Confucian thought [A]. In A. Marsella, G. Devos, & F. L. K. Hsu (Eds.), *Culture and self*. London: Tavistock. 1985. 231-251.

⑤ Tu, W. M.. Selfhood and otherness in Confucian thought [A]. In A. Marsella, G. Devos, & F. L. K. Hsu (Eds.), *Culture and self*. London: Tavistock. 1985.

力渴求，这也就是自我超越的推动力量，从而可以超越现存的自我，达于更高的境界。所以，自我既是内在的，又是超越的。显然，儒家的自我拥有自我精神发展的内在根源。人性中的天性是潜在的，只有通过长期的和努力的道德实践或学会自我调节，才能够实现为可体验到的实在。

道家和佛家思想中的自我观点在某些方面不同于儒家思想中的自我观点。根据道家的观点，自我存在的前提条件是自我与外界之间的分离。但是，当人把自己与外界分离开之后，他实际上就远离了道。正是在这个意义上，自我是废道的结果。那么，由于自我的限制，人就无法获得有关道的真知，无法获得人与道的认同，无法获得绝对的自由和幸福。要想获得上述，人就必须消除自我的限制，忘掉障碍体道的自我，与道融为一体。庄子曾经说：至人无己，神人无功，圣人无名。这就是说，至人超越了自我与外界的区别，亦即我与非我的区别，所以至人无己。他与道合一，道为无，所以无功，所以神人无功。他与道合一，道无名，所以圣人无名。由道来看，我与非我是通而为一的，故天地与我并生，而万物与我为一。当然，道家也强调从心上下功夫，心既是主体也是道体。那么，无我就不是使我成为非我，而是达于一种真我或大我，亦即体存天道的境界。

佛家思想认为，自我并不是一种真实的存在。人寻求和实现自我，是为了保存自己的业绩以待来生，这在佛家看来是一个错误。自我是处在因果轮回之中，因此，自我是变化无常的，虚妄不实的。但是，当一个人获得了觉悟，他就能进入无我的境界，亦即超越虚幻的自我，解脱生死的轮回，体认本有的佛性。禅宗反对把自我与非我区分开来，认为无论是自我还是非我都是真如一体的，所以，无我就是体验到物我一如的境界。

文化与自我的关系问题早就已经成为文化学探索和心理学研究中的核心性和关键性的课题。在近年来，无论是社会心理学的研究，还是文化心理学的探索，还是本土心理学的考察，还是自我心理学的阐释，都将自我的文化构成、自我的文化属性、自我的文化根基和自我的文化演变，放置在了重要的和耀眼的位置上。

那么，社会自我研究的文化学取向将会为社会心理学关于社会自我的探索提供全新的文化学的框架。因此，社会自我实际上也就是文化自我，社会自我的存在、性质、特征、演变和作用，也就关系到或牵涉到了文化自我的现实、构成、表达、发展和价值。在文化学的取向中，有关文化自我的理解和解说，涉及文化自我的存在和价值，探讨文化自我的变化和趋势，就是最为核心和根本的内容。

当然，文化学取向的社会自我的探索实际上是一个双向的关联或关系。这也就是不仅文化传统、文化历史、文化环境、文化构成，等等会影响到社会自我的存在、性质、演变和功能，而且反过来自我存在、自我理解、自我把握、自我建构，等等也会影响到社会文化的存在、性质、演变和功能。

第五节　自我意识的文化资源

早就有研究考察了自我发展与文化环境的相互作用。研究指出了，文化和自我都是动态的。人类文化和个体自我在不同地域、不同时间都不一样，这就使得二者的关系变得更为复杂。一是文化价值取向与自我的发展。个人价值取向的文化中，成人注重培养孩子的独立性和创造性，鼓励他们自我实现，这种培养风格助长了儿童私人自我的发展；相反，在集体价值取向的文化中，成人强调孩子们要学会顺从他人，这样儿童的集体自我便得到了更好的发展。由于个人价值取向的文化更加复杂，个人所从属的内群体更多。如果每个内群体对个人的行为都有不同的要求，那么个体的自我监控水平就高于集体价值取向文化中的个体。集体价值取向文化中的个人的行为意图取决于人们对于有关集体生存和利益的认识，而在个人价值取向的文化中，他们只关心个人利益。同质文化比异质文化更可能助长个体集体自我的发展。二是文化严密程度与自我的发展。严密文化往往更容易使个体形成集体自我。文化越严密，规范就越明确，越不允许个人违反规范。而在松散文化中，行为标准比较混乱，个体更能自由选择自己的行为标准。而且，严密文化教育孩子时强调要注意他人的看法和期望，这就更容易形成集体自我。三是文化复杂性与自我的发展。文化越复杂，个人的社会同一性越混乱。在复杂文化中，个体所拥有的内群体更多。他们更可能根据自己的目标进行选择，从而形成私人自我，而公共自我和集体自我则不易形成。四是不同文化中自我的内容。文化环境会影响到自我的内容。自我的形成过程乃是人的社会化过程,而个体的社会化过程就是个体内化文化规范使自己成为某一社会文化中一个合格成员的过程。所以,自我的内容必然会留下文化的印迹,每个民族中个人的自我必然要反映出这个民族的语言、神话以及宗教信仰等方面的特征。[①]

有研究就考察了中国传统文化中的自我意识。研究指出了,中西方人的自我是有着重要差异的。中西方人自我的不同是社会文化造成的。一是中国文化是"抑我"的,而西方文化是"重我"的。二是中国人追求一种忘我的、天人合一的最高境界。西方人的自我发展只关注一般的水平。中国传统文化有对忘我的阐释。道家将人类和宇宙看作一个和谐的完整的整体,认为这是不可分的。一方面,自我意识是人成熟的必然进程,也是区别于、高于动物的特质;另一方面,又正是自我意识将个体与他人、万物及自然分离、割裂、疏远。这是人类的一大基本矛盾。只有达到忘我的最高境界,才能超越这一基本矛盾。儒家的理想是成为"仁者","仁者以天地为一体",到了顺畅通达、与"天地参"的仁者至善的最高境界时,方才能够超然忘我。释家也讲究"忘我"。"无念为宗,无作为本。""妄念不生为禅,坐见本性为定。"坐禅要靠忘我来排除妄念。"忘我"又有以下几层境界:一是轻松愉悦,有助于健康。忘我是暂时地放松自我监控,因此使个体整个身心处在一种积极的休息状态。二是心醉神迷,巅峰体验。忘却自我,我与物化,其间的惬意与舒畅,有时会使个体进入一种难以言传的激动状态,这就是所谓的"高峰体验"。三是超越自我,觉解悟道。这是我与外物融为一体的极其畅快超脱的境界。这一层境界以觉悟为特征。[②]

无论是自我意识的形成和发展,还是自我意识的功能和作用,都是取决于相应的文化环境和文化资源。尽管自我意识有着自主性、自觉性和自决性的存在性质,但是自我意识与文化的互动和与文化的共生,却成了自我意识必须要获取的最为根本的资源。这种资源不仅决定了自我意识的性质和改变,而且支撑了自我意识的扩充和提升。

---

① 张志学.自我发展与文化环境的相互作用[J].心理发展与教育,1990(2).90-94.
② 童辉杰.中国传统文化中的自我意识[J].心理科学,2000(4).502-503.

第十三章 文化取向与心理动机

有研究曾系统地探讨了动机与文化之间的关系。研究指出，对文化与动机之间关系的考量取决于文化的概念与动机的概念，及其相互之间的关联。然而，长期以来，心理学都是关注于个体的动机，并进行了大量的研究和探讨，但却忽视了文化对于个体的行为、价值和信念等的作用。相对应的是，人类学家则倾向于将文化看成是重要的决定因素，并将个体的动机看成是个体所从属于的更大社会的功能。更为重要的是，心理学家是按照个体的动机来解释文化，而人类学家与此相反是按照文化来解释心理动机。因此，心理学家倾向于向下的还原，是通过认知、学习和生物学来说明和解释社会和文化的现象。人类学家则倾向于向上的还原，是按照群体的过程和历史，是按照社会的建构和意义，去说明和解释个体的心理和动机。[①] 人类的心理动机是与人类的文化存在一体的。同样，关于人类心理动机的研究和探索也是受到文化的制约和引导，所体现出的就是文化的取向和文化的结果。那么，关于文化与动机之间的关系实际上也就是心理动机的理解和探索的关键的和根本的方面。对于不同的文化存在和文化预设来说，无论是考察动机的视角，还是解说动机的内涵，都存在着文化的独特性质和表达。

第一节 心理动机的探索

曾经有研究对人类行为的动机进行了系统的考察。研究指出了，动机问题研究从本能论开始至今还没有形成其统一的范式，而是出现了理

[①] Munro, D., Schumaker, J. F. and Caar, S. C. (Eds.). *Motivation and culture* [M]. New York: Routledge, 1997. 3-5.

论观点纷呈、不同学说林立的局面。动机问题的实质尚未揭示,已有的成果不能令人满意。本能论一开始就把其理论建立在人与动物相似的错误假设之上,从动物所具有的本能种类,来推断人的本能数量,从而忽视了人所特有的复杂的社会性动机。驱力理论也大都把驱力视为人与生俱有的东西。需要层次理论则只停留于对需要的内容、种类的区分之上,并没有阐明其动机作用过程和实质。诱因论则主要反映了行为主义的客观立场,从外部来寻求人类行为的动因解释,这未免本末倒置。现代认知动机理论虽然看到了人与动物的根本区别,看到了人类所特有的能动作用,并努力用认知观点来解释人类复杂的动机问题,但其共同失误之处在于大都将自己的理论观点建立在单一的人类社会需要假设之上,忽视了人类复杂的社会行为的多样的方面。通过对动机问题的历史考察发现,动机概念并不是十分清楚的,动机概念常被本能、驱力、需要等概念所取代,这也直接导致了各种不同的理论学说,如本能论、驱力论、诱因论、需要论、归因论、自我论,等等。一个完善的动机概念应包括三个方面的因素:一是动机的内在起因,二是行为的外在诱因,三是中介的调节作用。根据这些特点,可以将动机定义为,在自我调节的作用下,个体使自身的内在要求(如本能、需要、驱力等)与行为的外在诱因(如目标、奖惩等)相协调,从而形成激发、维持行为的动力因素。[1]

有研究探讨了动机研究取向的变化和发展。一是研究的指导思想从科学主义取向发展到人文主义取向。20 世纪初叶,行为的动机问题受到人们的广泛重视,但早期的动机理论由于受到达尔文进化论思想和早期机械唯物主义思想的影响,采用科学主义的研究取向,把人的动机与物理和生理的现象等同起来。这一时期的主要代表理论有两大流派,一派是以詹姆士、麦独孤、弗洛伊德等人为首的本能论。这一流派的心理学家强调人与动物之间的相似性,试图从生物学的角度来解释人的动机。另一派是以赫尔、斯金纳为代表的机械论。与本能论不同,他们倾向于用物理的理论来解释人的行为动机。他们一方面尽可能多地用数学模式来说明动机问题,另一方面引进自然科学的实验研究法,对人类的动机问题进行了一系列的研究。随着人本主义心理学的兴起,心理学各领域

---

[1] 张爱卿. 论人类行为的动机——一种新的动机理论构理 [J]. 华东师范大学学报(教育科学版),1996(1). 71-80.

的研究都进入了新的时期，主观的、能动的心理现象重新引起了心理学界的重视。和心理学其他领域的研究一致，这时的动机研究注重动机社会特质的一面，采用人文科学的描述和解释的方法，通过观察人类的经验与现象来分析人的行为动机。人本主义心理学是人文主义取向的典范，是对人类动机心理研究的一大贡献。这一理论的主要特点为，第一，强调人的自主性、自由性和积极性是人的行为的主要动力。第二，看到了人与动物在行为上的区别。第三，把人的需要看成是多水平、多层次的系统，探讨了人的需要的性质、结构、种类、发生和发展的规律。第四，重视人的认识和情感在动机中的作用。并形成一系列认知动机理论，如班杜拉的自我效能理论、阿特金森的成就动机理论、韦纳的归因理论等都不约而同地把研究重点放在个人认识对动机的调节和支配上。

二是研究的内容从关注低级的生理需要发展到高级的社会行为。在20世纪的中期，动机研究主要集中在了人的低级的生理需要上，认为人类的行为是一个简单的过程，或是来自身体内部的某一本能、驱力或冲动，或是受外部刺激直接控制。因此，研究的内容主要涉及本能、驱力、强化、需要、诱因等几大方面。在20世纪的后期，动机研究越来越多地关注到人的高级的社会行为。虽然此时联结论、驱力论、精神分析论的理论还有一定的影响，但总的说来，对动机研究的影响已大大削弱了。研究的热点已逐步转向人的高级的社会行为，在当今关于动机行为研究的众多课题中，与成功、失败以及与成就追求相联系的研究，特别是志向水平和个体指向目标的研究成为动机实验研究的中心，在当代成就动机几乎成了动机研究的同义词。

三是研究的方法从直接由动物实验结果类推发展到研究人类自身的行为。早期的动机研究特别强调人和动物之间的联系，把人类和动物的动机加以类比，因此在研究中通常表现为从动物的研究直接推断出人的动机过程。虽然这些动物观察和实验的研究科学性较强，又可以重复，但人类的动机问题是相当复杂的，涉及人的心理的方方面面，因此直接用动物实验的结果来说明人的行为动机总是显得牵强附会。后来的动机研究开始注意到人的行为动机的独特性。随着人本主义心理学的兴起，心理学中从动物研究结果直接推论人的行为的做法得到了彻底的否定。虽然认知一致论、成就动机论、自我效能论、归因论等研究的侧重面各不相同，但这些动机研究主要都是在社会情境中以人为被试进行的。①

在动机心理研究的深化过程中，关于动机的文化基础、文化资源、文化环境、文化影响和文化解说的探索，越来越成为一个无法回避和无法忽略的课题。这对于动机心理的把握已经成为至关重要的方面。

第二节　文化动机的考察

有研究探讨了思考成就动机的文化的视角。研究认为，成就动机具有两种不同的含义：一种成就动机可以表达为是情境性的成就动机，与当前的生活情境密不可分，其特点是暂时性、不稳定性；一种成就动机可以表达为，是人格性的成就动机，与个体的内在性格关联密切，其特点是长时性、稳定性。事实上，许多研究表明成就动机的意义具有文化的差异性。因此，有必要从文化的视角对成就动机的内涵进行反思与探讨。

成就动机这个概念在中国文化中也具有独特的含义，而这种含义与西方心理学中的成就动机含义有着巨大的差异或者不同。从根本上来说，西方心理学的成就动机概念主要是个人的，与个体的自我实现的需要密切相关；而中国文化中的成就动机概念主要是社会的，与家庭、国家、社会的集体目标密切相关。因为个人成就动机的形成，总是在家庭、他人、国家、社会的影响之下逐渐形成的，所以对于成就动机的研究就不可能忽略社会的因素。从文化视角对成就动机的探察才显得必不可少。

中国人的成就动机从本质上来说是一种社会取向的成就动机。社会取向的成就动机与中国文化密切相关。中国文化的一个很重要的特征就在于其是一种社会取向的文化，或者说是集体主义的、关系本位的文化，这与西方的个人取向、个人主义与个人本位的文化有着巨大的不同。这种文化的差异表现在成就目标上，就是西方的个人主义文化中人们的成就目标都是个人的、独立的，与他人无关、与社会无关；而中国的社会取向文化中人们的成就目标则是社会的、集体的，与他人相关、与社会

---

① 林锦秀.浅谈动机研究取向的变化和发展［J］.福建教育学院学报，2004（10）.76-78.

相关。换句话说，人们是以整个集体的成就目标作为自己的成就目标，是以榜样的成就目标作为自己的成就目标。①

可以认为，对于人的生活动机、行为动机、心理动机来说，文化是其最为基本的存在方式。文化的基本内涵就体现在心理动机的方方面面。文化与动机是一体化的。对于动机的研究和动机心理学的发展来说，脱离了文化的探索也是抽象的和扭曲的。那么，文化与动机之间的关系实际上就是文化对动机的决定的关系，就是文化与动机的共生的关系。

第三节　个我取向的动机

文化传统和文化特性之中的个我取向是立足于或根源于特定的或西方的文化之中的个人主义或个体主义的理论原则或文化基础。有研究考察了西方文化传统中的个人主义。研究认为，首先，个人主义作为西方文化精神的内在构成要素，始终贯穿渗透于西方的社会文化生活之中，其核心内涵就是注重个体的价值、拓展个体的生存空间和生活意义，以求得个体发展的全面性。无疑这种基本的价值追求对于西方的政治、经济和思想文化发展起了不可忽视的积极作用。其次，从历史主义的视角分析，西方个人主义文化精神在其流变中，因其不同的时代背景也呈现出了不同的发展态势，如古希腊时代，个人主义对西方早期文明如思维方式、社会秩序以及文化生活的积极影响，近代新教伦理对西方个人主义价值的凸显与弘扬，现代西方对个人主义价值合理性的冷静审视，等等，都说明个人主义文化精神在不同历史时期具有不同的特色。最后，任何事物的发展都有两面性，在肯定西方个人主义文化精神在西方文明进程所起的巨大历史进步作用的同时，也应看到其反面影响。②

有研究探讨了作为西方文化核心价值观的个人主义，认为其基本的价值体系可以概括为如下的三个重要的命题：（1）一切价值都以人为中心，即一切价值都是人所经验到的（但并不必然为人所创造）；（2）个人本身就是目的，具有最高价值，社会存在只是达到个人目的的手段；（3）一切个

---

① 王佳宁、于璐．从文化视角对成就动机内涵的思考 [J]．学术交流，2011（11）．30-33．

② 邹广文、赵浩．个人主义与西方文化传统 [J]．求是学刊，1999（2）．12-18．

人在道义上都是平等的，任何人都不能被当作他人谋求利益的手段。个人主义并非一个具有单一内容和含义的孤立概念，作为西方文化的核心价值观，这有着一套完整的价值体系和制度机制，个人主义也只有在这样一套完整的机制中才能够有效地发挥作用。首先，按照个人主义的原理，社会生活的最终构成要素乃是个人，这些个人或多或少总是根据自己的意向和他们对自身处境的认识而采取行动的，所有的社会现象都是个人的意向、信念、行动与社会环境具体组合的结果。其次，个人主义作为一种政治思想，为人们描绘了如下一幅社会图景。政府是建立在公民同意基础之上的，政治代表只是个人利益的代表，政府的目的在于使个人的需要得到满足，使个人的利益得以实现，使个人的权利得到保障。再次，个人主义作为一种经济制度，简单而言就是对经济自由的一种信任。最后，个人主义作为一种伦理价值观念，意味着道德、道德价值和道德原则的源泉、道德评价标准的创造者是个人。[①]

在动机心理的考察和研究中，从西方文化之内发源的个体取向支配之下的探索，就是从西方文化占有支配性的个人主义或个体主义，引申出了关于人类动机的理解。这不但是制约着动机心理的性质和特征，也支配着关于动机的心理学探索和研究。西方文化之中的不同种类的个人动机就是在个体主义的理论原则支配之下，而得到了心理学的思想把握、理论解说和生活应用。

第四节　社会取向的动机

杨国枢先生曾系统考察过中国文化传统之中中国人的社会取向。研究指出了，就个人与环境或社会的关系而言，个我取向与社会取向是在世界各社会中最常出现的两种主要运作型态。世界上的有些社会（如现代西方工商社会），其成员之生活圈内的运作型态比较偏向个我取向；有些社会（如印度、菲律宾），其成员之生活圈内的运作型态则比较偏向社会取向。在前类社会中，人与环境之间的互动虽然皆是个我取向，但其

[①] 杨明、张伟.个人主义：西方文化的核心价值观［J］.南京社会科学，2007（4）.38-44.

个我取向的具体内涵，却会因社会的不同而有异；在后类社会中，人与环境之间的互动型态虽然皆是社会取向，但其社会取向的具体内涵，也会因社会的不同而有异。在中国人的传统社会（包括台湾、香港）中，人们之生活圈内的运作型态主要是一种社会取向。传统中国人的社会取向有其特别的具体内涵。

中国人的社会取向有四大类主要的特征或内涵，即家族取向、关系取向、权威取向及他人取向。社会取向的这四类特征或内涵，并非互相独立，而是彼此关联，分别代表中国人之社会取向的四种次级取向。这四种次级取向所表现出的是：个体如何与团体融合（家族取向），如何与某特定他人融合（关系取向），如何与权威（与团体有关之重要个体）融合（权威取向），如何与非特定他人融合（他人取向）。

中国人之社会取向的第一项重要次级特征是以家族主义为基础的运作方式。在传统中国社会里，社会的基本结构与功能单位是家族，而不是个人。中国人的家族主义在对家族的认知、感情及意愿三方面皆有其特点。在对家族的认知方面，中国人的家族主义主要是强调五种互相关联的事项，即家族延续、家族和谐、家族团结、家族富足及家族荣誉；在对家族的感情方面，中国人的家族主义主要会有六种互相关联的感觉，即一体感、归属感、荣辱感、责任感、忠诚感和安全感；在对家族的意愿方面，中国人的家族主义包含八种行为倾向，即繁衍子孙、崇拜祖先、相互依赖、忍耐抑制、谦让顺同、为家奋斗、长幼有序和内外有别。综合而言，这三方面的特点所组成的是一种个人长期适应传统中国家族及其相关事物所形成的一套心理与行为倾向。

中国人之社会取向的第二项重要次级运作特征是关系取向。中国人的这种凡事以关系为依归的文化特征叫作"关系本位"，这具有以下几项重要特征。一是关系形式化（角色化）。传统中国人强调在人与人的社会关系中来界定自己的身份，这种以关系界定的身份，称为"关系性身份"。中国人以关系来界定身份，实际上也就是以角色来界定自己。在传统的中国社会里，人与人的主要社会关系是相当形式化的（甚至是仪式化的），不是可以依个人意志而随便变动的。在这一方面最有代表性的是五伦的关系。五伦所涵盖的是传统中国人所最重视的五种社会关系，其中父子、夫妻、兄弟（长幼）三者是家族以内的关系（家人关系），君臣、朋友二者是家族以外的关系（熟人关系）。二是关系互依性（回报性)。在传统中国社会内,每一角色的界定,都是与其对应角色密切关联;也就是说,每一人伦角色的行为规范,都与对应角色的行为规范密切配合。人际关系中的对应角色的互惠互依,会使人际关系成为一种共生的系统。在此共生系统中,关系中的两者是互补的,而不是平等的。三是关系和谐性。中国文化的和合性落实在社会关系上,便是强调与追求所有人际关系的和谐。传统中国人之追求人际和谐,已经到了为和谐而和谐的地步,谁先破坏和谐,不管有理无理,都是不对的。四是关系宿命观。认定一切关系都是早已命定的,是逃脱不了的。为此,中国人发明了"缘"的信念。缘是指一种宿命的因素,强调远在关系发生之前,就已前定了某种特定人际关系的必然出现,而且还决定了关系的型态、久暂及结局等。五是关系决定论。中国人之关系取向,在日常生活中最富有动力的特征是"关系中心"或"关系决定论"。在社会互动中,对方与自己的关系决定了如何对待对方及其他的相关事项。在中国人的心目中,家人关系、熟人关系及生人关系三者间,不只是亲疏程度之量的差异,而且也有截然不同之质的区别。这些基本的区别决定了当事人互动的方式。

中国人之社会取向的第三项重要次级运作特征是权威取向。在传统中国社会,都是实行父权家长制。家长在家族中的权威,极易透过泛家族化的历程概化到社会生活之中。在家族内外,自幼长期生活在这样的专制环境之中,自然会形成一种过分重视、崇拜及依赖权威的心理与行为倾向。中国人的这种明显倾向,可以简称为"权威取向"。权威取向有好几项特征,其中最主要的有以下三者。一是权威敏感。到了任何一个场合,总会细心观察或留意,看看有无现成的权威在场,并要弄清楚谁是超乎自己的权威。二是权威崇拜。无论是以在世者或去世者为对象,中国人对权威的崇拜都有明显之绝对化的倾向。中国人对权威的崇拜常是无条件的,而且是不加批评的。中国人对权威的崇拜,在范围上常是漫无限制的,仿佛一个人在某些方面(如辈分或地位)是权威,便在其他方面(如道德或学问)也变成权威。三是权威依赖。中国人既然认为权威是可信的、全能的、永远的,当然在心理与行为上会对权威彻底地依赖。

中国人之社会取向的第四项重要次级运作特征是他人取向。这里所说的"他人"是泛指非特定对象的他人。中国人的他人取向至少有以下几方面的特征。一是顾虑人意。传统中国人对他人的意见非常敏感，往往要花很多时间来留心与打听别人的看法，特别是他们对自己的看法。二是顺从他人。无论在意见上或行为上，传统中国人都有很强之避异求同的心理，也就是有很强的社会顺同的倾向。三是关注规范。在传统中国社会内，社会规范与标准极为重要，是大众言论及行为的主要依据。在传统中国社会内，社会规范与标准不仅是每一个人的言行依据，而且其本身也是世俗成就的准则。四是重视名誉。传统中国人相当重视名誉，因为他们不只是靠角色关系来界定自己，而且也要用名誉（自己在他人心目中的良好形象）来界定自己。[①]

社会取向的动机就是在中国本土心理学的视域之内，而得到了不断深化的探索、理解和把握。各类研究已经揭示了，社会取向的动机是以社会整体、社会群体或社会集团等的存在和性质为依据，其指向的目标、社会的拉动、群体的鼓励、成功的奖励，都是社会群体或社会集体。

第五节 文化取向的动机

文化取向的动机是指依据文化的资源，指向文化的目标，体现文化的内涵，实现文化的追求等的心理驱动。有研究评述了关于成就动机的跨文化研究。研究指出了，成就动机的研究兴趣，导致了跨文化成就动机研究的兴起。概括说来，研究者的兴趣集中于三点：（1）不同社会文化中成员的成就动机是否存在性质上的差异？（2）假若成就动机的本质具有文化上的特殊性，导致这种差异的社会文化因素是什么？（3）不同性质的成就动机对于个人的成就行为与该社会的经济发展是否有不同的影响。

有学者是从文化生态学的观点出发，探讨了不同文化背景中父母的教养方式对儿童成就动机的影响。在不同的文化背景中，人们对成就动机的本质有不同的理解。这种现象不仅存在于东西方这样的迥然相异的主流文化中，也存在于主流文化与亚文化之中。将成就动机置于研究对

---

① 杨国枢. 中国人的社会取向：社会互动的观点 [J]. 中国社会心理学评论（第一辑）. 北京：社会科学文献出版社，2005. 21-54.

象的文化背景和社会情景中去考察，避免了研究者主观文化和文化偏见的影响。这一理论在跨文化研究中很具代表性。中国人的成就动机在本质上不同于西方人。传统中国社会是以家庭为中心的集体主义与家族主义，强调团体主义，个人的成就目标以家庭或家族的目标为准，提倡合作性的成就，反对竞争而致的成功。中国人追求成就主要是为达成他人或团体的期望，是一种社会取向成就动机。西方人则主要表现为一种个我取向成就动机。这种动机根植于现代个人主义社会。人们追求成就，主要是为满足个人的愿望和冲动。任何人都存在这两种成就动机，只是西方人以个我取向成就动机为主，而东方人以社会取向成就动机为主。

经典成就动机理论发端于西方社会，以麦克里兰、韦纳、霍纳等为代表的成就动机理论根植于现代个人主义社会文化土壤，体现了白人中产阶级期望向上流动的强烈愿望。当这些理论与技术被置于全世界多元文化大背景中进行重新检验时，人们对其适切性提出了不同的看法。（1）成就动机究竟是如麦克里兰所言具有文化普遍性的人格特征，还是随着文化差异而变异的具有文化特殊性的人格特质？来自各种非西方文化群体，如原始部落、第三世界国家和地区以及西方社会的一些亚文化群体，包括美国黑人、墨西哥人、夏威夷人的研究表明：成就动机是一个具有文化相对性的概念，成就动机的本质应视不同群体、民族、国家的社会文化特质而转移。（2）在现代个人主义社会中，独立、自律、竞争构成了成就动机的本质，此文化中的个人主义与自由主义致使个体以追求个人性的成就为主。在传统集体主义社会中，由于权威主义与集体主义的文化特质，强调集体（团体）性的成功，依从与责任构成了成就动机的本质。（3）在影响成就动机的家庭社会化因素中，西方文化中强调独立性训练，而非西方文化中，强调依从性训练。（4）在研究方法上，摒弃种族中心主义，避免文化偏见，从被研究者的文化背景出发编制文化公平的测验是人们的共同呼声。[1]

在文化的濡染、文化的引导、文化的推动等之下所激发的心理动机，实际上成为特定文化的最重要的体现。同样，在文化的支配、文化的制约、文化的导向等之下所从事的动机心理学的考察研究和思想解说则成

---

[1] 张兴贵. 成就动机的跨文化研究述评［J］. 湛江师范学院学报（哲学社会科学版），1995（2）. 87-91.

为动机心理学探索的思想理论框架和方法论的原则。尽管这种动机已经是属于文化取向的动机，尽管这种动机的研究也已经是属于文化取向的心理学探索，但是文化取向的动机研究将提供的是关于动机理解和学科阐释的全新的视野和理论的原则。

第十四章　文化生活与情感心理

　　有研究表明和论述了，达尔文的生物进化论开启了关于人的遗传和人与动物的情感表达的探讨。这强调了哺乳动物的情感和认知的相似性。但是，在达尔文之后，关于情感和认知的研究重新陷入了黑暗。这就在于20世纪早期的实证主义的兴起，以及与其相伴的遗传学和行为主义的双重转向。到了20世纪中期，研究者又重新回归了心智的探索，计算机重启了认知科学的革命，并提供了独特的研究启示。进化心理学在20世纪90年代之后开始流行，关于情感的科学研究又有了新的启动。与计算机研究心智的取向不同，情感研究的转向就深深地植根于大脑是生物性的现实。情感系统对于理解人类心智的进化来说是核心性的，那么来自哲学的、生物学的和心理学的探索就共同构成了一个新的研究范式。① 在文化与情感之间，文化可以通过人的情感得到表达，反过来也是如此，情感也可以通过文化而得到表达。在特定的本土文化之中，也就存在着特定的文化情感。在本土的社会文化和社会生活之中，人情是具有特别丰富含义的文化心理或文化情感。在文化的基础之上和在文化的制约之下，所形成的是文化情感心理学。这可以在独特的本土文化形态中，例如在儒家文化之中，体现为有关情感的文化智慧。

第一节　文化的情感表达

　　有研究考察了文化建构情感的特点与机制。研究认为，情绪显然具有非常明确的生物基础，并且其许多方面毫无争议地具有跨文化和社会

---

① Asma, S.T. and Gabriel, R.. *The emotional mind—The affective roots of culture and cognition* [M]. Cambridge: Harvard University Press, 2019.1-3.

的一致。然而，毋庸置疑的是，文化同样显著地影响情绪的很多方面，包括认知评价、表达以及主观体验。每种文化、每个民族都逐渐形成了独特的处理和陶冶情绪的文化体系，这类文化意义系统或多或少是情绪日常实践的精确重构，帮助人们反思他们的情绪行为——识别出情绪的原因、效果和后果——并由此自动地作用于日常情绪性行为调节。当下迫切地需要在文化学和心理学之间建立能够相互通达的阶梯，将文化意义上的重情和文化性情感追求，转化为人们日用伦常"用情"的同时，陶冶情感，维护心灵和身体的健康，提升生命的创造力。

文化会通过奖惩机制，即他人的积极或消极反应，维护这种社会文化环境，促进与文化要义相一致的情绪反应，抑制不一致的反应，实现文化水平的调节。另外，日常生活的结构化组织通过情境支持和强化，增强人们的情绪体验、表达与文化要义的一致性。现代情绪心理的研究，最突出的一个问题，就是只讨论个体暂时的情绪状态，而不是持久徘徊，让人萦绕反思，具有文化共通意义的情感。如果个体在反思品味的过程中，进一步借助文化共通的符号表征，获得符合文化情感逻辑的表达，那么，则在文化共通的意义上实现了情感的共享。文化对情感的建构并不仅仅止于情感符合文化模式的要求。文化还进一步把各种暂时情绪状态精致优化为艺术作品和生活形态，在文化水平上记忆情感，在共享水平上沟通情感，在历史的深厚积淀中涵养情感。如儒家文化一再讨论的人生之乐，这种体验不再仅仅是某种暂时的情绪状态，而是一种整体性的情感追求和精神享受。情感的文化精致，使得身体的情感体验超脱了自然情感的局限，成为可以在心灵层面感受和回味的重要资源。文化最为重要的使命，就是创造各种可能的模式，解决生命境遇中的各种不能调和的情感冲突，比如，生与死、成功与挫折、别离与相思等。通过文化的创造，恐惧和痛苦的压迫性威胁得到消减，成为在心理意义上可以深入加工的资源，个体借以更为全面地观照人生的意义和价值。

一是文化通过定义"自我—他人"的关系选择情绪。在每一种文化中，情绪调节的终结点或目标由该文化所重视的人际模型所规定，并且对这个目标的遵守，会获得奖励。建立和维持恰当而良好的人际关系，是进行情绪调节的重要动机。文化通过其对自我与人际关系所持有的特定规则、价值和规范影响情绪加工过程。通过塑造不同的自我概念，对情绪产生直接的影响。二是文化通过价值偏爱调节情绪的强度。文化差异不仅反映在人们认同的感受规则中,而且还反映在人们"理想情况下应如何感受"的预期中。三是文化通过设计心灵归宿引导情感生活的取向。每种文化的意义体系表征为其独特的价值体系和实现路径,引导个体情感生活的取向。文化还通过创造性转换,实现情感的艺术提升,使得在自然情感层面体验到的情感冲突和强烈的情感体验转化为审美情感。四是文化通过塑造神经生理结构固化情绪调节习惯。总之,从文化—心理互动的视角来看,文化对情感的建构就不仅仅是限制性的加工,即个体的情感体验不仅与文化模式的要求相符,而且在人类共生共荣的精神家园的滋养下,获得自然情感多方面的提升和转换。①

所以,不仅仅是生物的存在生成了情感,而且也是文化的存在创造了情感。文化的情感就是人类创造的。正是通过人类的情感创造而具有了人的情感智慧。可以说,正是文化的独特性决定了情感的存在、表达、交流、体验、感染等方面。反过来,人类的情绪和情感则正是表达了文化的含义、文化的取向、文化的目的。

第二节　情感的文化表达

有研究探讨了情绪体验和表达的文化差异。研究指出,文化意识形态、制度及实践为复杂情感背后的互动过程提供了背景和规则,在家庭组成,母婴互动,抚养孩子的方式上存在的文化差异都会对整个情感系统产生一定的影响,不仅制约着情感的"表现规则"和身体的实践,更规范了社会能否接受的普遍情感表达模式。同时,文化为情感体验提供了类别及表达的词汇,使一些感受比较凸显而一些情感则难以表达;为特定的情绪及强烈的情感设置了容忍的限度,也为控制烦躁不安奠定了理论基础并提出了相应的策略。文化会影响困苦的起源,疾病经验的形式,疾病的症状,对症状的解释,应对苦难的方式,求助方式及社会对苦难及疾病的反应。以上种种都会对情感调节产生一定的影响,而这又会在临床中对情绪体验的表述产生潜在的影响。在西方尤其是受西方生

---

① 孙俊才、傅永聚. 文化建构情感的特点与机制——以儒家文化为例[J]. 苏州大学学报(教育科学版),2014(4). 58-66.

物医学传统影响的美国精神科医生看来，抑郁症是一种情感表述方式，一种症状模式，或一种疾病概念，而在中国社会中，人们对抑郁症的体验不是心理的而是身体的。许多中国的抑郁症患者不报告情绪郁闷症状而是表达自己的无聊、不舒服、压力大的感觉，报告疼痛、头晕和疲劳的症状。①

有研究指出了，西方文化强调自由和开放的情绪表达。换言之，西方文化规范下个体的情绪表达是受到鼓励和支持的，且个体也不擅长使用情绪抑制，那么在支持情绪表达的文化规范下（如美国），个体的情绪表达矛盾是不符合文化规范的，而做出不符合文化规范的行为会导致一定的心理症状。很多西方文化背景下的研究证实了情绪表达是有益的，促进情绪表达对保持正常功能来说是基本的，情绪反应本身就存在被表达的动机性含义。近期研究也发现，不管是在日常生活情境还是学业环境中，情绪抑制通常与大量消极心理结果有关。

中国文化抑制个体情绪的自由表达。在这种文化中，人际关系和谐被认为是核心的社会规范。有研究表明，过度表达积极情绪可能会伤害人际关系，消极情绪的自由表达也可能造成人际和谐的短暂中断，所以，人们会通过积极和消极情绪体验间的平衡来寻求一个中庸之道，维护与他人关系的和谐；该种文化规范要求人们谦让和克制，隐藏强烈的情绪、保持冷静被认为是成功的前提，随意表露情绪而不加以克制是心理不成熟、非理性和不合时宜的表现。正是这种抑制情绪自由表达的文化规范，不鼓励也不允许个体真实地表现他的情绪体验，致使个体从小就习得了掩盖自己的真实情绪，久而久之就内化了该种规范，没有感到激烈的内心冲突，也能够避免由强烈情绪体验所带来的潜在负面影响。②

可以说，情感将是以文化的独特方式，所呈现于个体的日常生活和社会的互动关系之中的心理行为和生活体验。无论是情感的表达方式、互动方式、交流方式，还是情感的体验方式、感受方式、理解方式，都会不可避免地体现在特定的文化构成之中。

---

① 何伶俐. 情绪体验和表达的文化差异[J]. 医学与哲学，2017（5）. 70-73.
② 常保瑞，谢天. 情绪表达矛盾一定会带来心理症状吗——文化规范的调节作用[J]. 中国社会心理学评论，2018（15）. 16-39.

第三节　本土的文化情感

有研究探讨了文化情感的特定体现和表达的乡愁。研究指出了，文化记忆是文化人类学中的重要概念，记忆可划分为三个维度，分别是个体维度、社会维度和文化维度，也可以更明了地理解为个体记忆、社会记忆和文化记忆。文化记忆是过去的文化在空间上通过图像、文本、文物、遗址等方式的聚合，然后在大众的集体意识中被重塑，进而成为社会集体记忆的重要组成部分。文化记忆通过语言、信仰、文学、教育等途径储存、复制而较为稳定地存在，成为社会群体的共同认知，并且很多文化记忆最终融入民族性。可以将文化记忆分为知识维度、情感维度和社会维度（包括政治、经济、宗教、法律等）三个方面。情感维度是文化记忆重要的引导者和构建者。"乡愁"无疑是指一种对于过去曾经的、业已逝去的生活方式和文化方式的迷惘和惆怅的心理情感。这是一种普遍意义的社会文化心理的"乡愁"，这种"乡愁"在过去的特定时代是缺失或者被社会集体遗忘的，而今正逐渐汇聚为社会集体意识。情感维度上的主动性代表了文化记忆的基本活力，没有情感维度的关照精神和引导能力，文化记忆就成了冰冷的储存和僵化的知识。所以，文化乡愁从启蒙到构建都是文化记忆不可分割的情感维度。[1]

有研究曾专门探讨了中国人社会交往中的人情。研究认为，人情是中国人与他人进行交往、建立关系的主要依据和准则，这决定了中国人在与没有血缘联系的他人进行交往互动时所表现出的互惠互利的社会性交换行为以及在人际交往活动中的关系取向；作为一种行为规范，人情的产生和形成则起因于中国的家族制度和家族主义文化观念在社会发展的过程中逐渐深化成为社会的基本制度以及文化的泛化过程。在中国社会中，存在有许多人们在宏观社会文化的影响和制约之下，在世俗的社会生活中逐渐累积和提炼而形成起来的"世俗化的文化概念"，诸如人情、关系、面子、缘分、命运等，这些概念本身包含有一定的文化内涵，反映出社会的物质文化、制度文化和观念文化，同时又具有行为规范的

---

[1] 陶成涛. 文化乡愁：文化记忆的情感维度 [J]. 中州学刊，2015（7）. 157-162.

约束、限定、支配和制约的作用。

人情这一概念作为一语词而言，其所包含的意义大体上可分为三种：一是人情即人之情感，所谓喜、怒、哀、惧、爱、恶之类，是人生而有之的一种心理状态；二是人情乃人与人之间进行社会互动和交往时与对方进行交换的资源，这种资源可以是物化的、有形的实际存在物，如金钱、礼品等人之衣、食、住、行所需之一切物品；也可以是非物化的、无形的，表现为一种活动或者过程，如给予某种机会和帮助、提供某类便利或支持、作出某些允诺或让步等，而两者在人际互动交往的活动中所具有的价值往往都是难以客观衡计的。常言所说"人情说不尽"、"人情债还不清"，即是这个意思。三是人情指人与人交往相处所应遵守的规范准则，即人与人相处之道。通常所说"通情达理""人情练达"，即是指人熟知和深谙人与人相处所应遵循的规范准则，并善于根据这些规范准则来待人接物处世，把握人与人之间的交往和关系。

作为一种生活理念，人情在中国人的社会生活中具有重大的作用，是人们判断和决定自己与周围其他人发生互动交往、建立相互关系的一个重要的依据和基准。① 实际上，人情是一种彼此融合、多元汇聚的生活、文化、互动、交往、影响等的汇聚体。这已经不单单就是情绪和情感的活动了，而是成为社会交往、社会互动、社会交换和社会制约的心理综合体。甚至在特定的极端的情形之中，人情也成为社会交换、社会利益、社会规范、社会赏罚、社会控制等的重要的手段、工具和技巧。

第四节　人情的社会运作

正如前述有研究从本土化社会心理学的角度探讨了普遍存在于中国社会之中的人情这一"世俗化的文化概念"，着重分析了人情概念作为一种行为规范在中国人的社会交往中所具有的意义、作用、产生的影响及实际运作的过程。

人情这一语词，在中国人的社会中是非常容易感知到的，在日常的

---

① 李伟民. 论人情——关于中国人社会交往的分析和探讨[J]. 中山大学学报（社会科学版），1996（2）.57-64.

社会交往中也是能够频繁地接触到的。古往今来，不乏人认为中国人是讲人情和重人情的。中国人讲人情，时常是与"理"相提并论的，如通情达理、合情合理、情想理谴、情理不容等，意即关于人之为人处世、待人接物的规范准则有人情和事理两类，但中国人是把情放在理的前面，情先理后、情主理次。由此而言，在中国人的社会互动和人际交往过程中，作为一种待人接物的行为规范，人情是至关紧要的、至上为先的；与理相比较，人情的意义、价值和作用都大于理、重于理、超越于理。

在中国人的社会中，由于社会演变和发展的进程中经历了家族化过程，存在有普遍的泛家族主义的文化观念，因此，人们在进行交往建立关系的活动中则是遵循人情法则而表现出相应的互惠互利行为。这种人情法则与互惠互利行为是由亲情法则和奉献行为演化而来，因此带有人与人之间情感的内涵和成分，但这种情感自然不是与血缘相连的血亲之情，而是与地缘、业缘、人缘相连的乡情、友情和交情，如同乡之情、同学之情和熟人之情等；另一方面，这种人情法则与互惠互利行为又运用于与没有血缘联系的人的交往活动之中，因此又带有双方交换的性质，只是这种双方的互相对换与公平法则之下发生的交换行为有所不同，这并非纯粹是根据交往双方个人利益得失、需要满足的权衡比较和交换是否公平而进行的，而是根据交往双方之间的人情厚薄进行的。①

人情的社会运作有自己独特的社交背景、社会规则、运行方式、交换条件、理解基础、思想原则、理论原理、知识构成、前提预设、结果预期等重要的方面。这成为普通人理解社会关系和把握社会交往的关键的内容。中国人的人情往来渐渐地成为普通人社会生活之中的互动方式、关系构造、交换原则、生活工具、计算方法。

第五节　文化情感心理学

有研究考察了儒家文化的情感智慧。研究认为，从孔子起，儒学的特征和关键正在于其是建筑在心理情感原则上，建构在人际世间的伦常

---

① 李伟民. 论人情——关于中国人社会交往的分析和探讨 [J]. 中山大学学报（社会科学版），1996（2）. 57-64.

情感之上。特别是孔子以"情"作为人性和人生的基础、实体和来源。《论语》一书中多次出现的基本概念如诚、敬、庄、慈、忠、信、恕等，无一不与具体的情感心理状态有关。孔子身上体现出的主要是愉悦、和乐、恭敬、谦和、端正、舒缓等状态。原典儒学把"德"的生发点建构在内源性的心理体验，特别是情感。把"修己以生德"的向善意志追求，建构在心的感应性功能，即情感体验上，从主体意向性上保障了德在社会实用主义层面上能够保持历久弥新性。以规则为中心的道德体系的根本问题是规则并不能够总是告诉我们应该如何去做。现代心理学研究已经证明情感是人类意识和记忆的起点，在大脑的认知与思维过程中，情感不仅作为一种心理背景参与其中，还常作为引起意识的首因。

从儒家文化来看，情感不仅是自我体知的信息源泉，以此实现德配天地的自我修养，而且由于情感具有进化意义上的类属可通约性，由此出发，借助关系认知的思维方式，构造着心心相印的人际的情感联结。在心理学研究中，从思维的起点不同，提出两种相互对应的大脑智慧进化的假设，即认知的与社会的，人类大脑在进化过程中发展了两类相互独立的理性思维系统，分别关注物理与社会两种不同性质的世界。虽然在现实生活中，任何社会都需要这两种类型的思维，但是不同的文化却对这两类思维系统各有侧重，对个人主义价值追求的社会来说，优先发展了非关系性认知，通常更关注智力，而在集体主义价值追求的社会，比如中国，则优先发展了关系认知。相比较而言，关系认知与非关系认知各自有不同的侧重点。在关系认知中，主体知晓他人的观念、感受和主观经验，旨在增加与他人之间的沟通与共情，最终实现维系人际亲密情感联结的目标；与之相反，在非关系认知中，主体围绕问题解决而发现、传播和使用知识，知识的终点在于主体自身，这与关系认知中旨在增加他人的情感幸福和亲密感受不同。中国文化把情感感应能力作为积极的个性品质，并通过情感感应拓展意识。儒家文化以孝亲为情感起点，构造了人际情感交流的互惠伦理，即"父慈子孝、兄友弟恭、夫义妇顺、君惠臣忠、朋友有信"等人际情感交流的价值规范，这些规范对情感互动提出了具体的要求。

儒家文化从情感出发，不仅通过关系认知构造了人与人，人与世界之间的道德情感联结，更为重要的是，儒家文化通过情感的转换和创造，在心灵层面上构造了超越性的自由状态。目前，积极关注人自身的发展已经成为潮流，在这种时代背景下，更有必要深入理解理想心理状态——心灵自由之境的实现方法与路径。就心灵自由的自我培育来说，儒家文化发展了情感精致的培育路径。情感精致需要两种能力：体验觉察与复杂认知。体验觉察是复杂认知的基础，个体必须在多水平层次上感知到情绪的微妙变化，品味是这种觉察的典型方式。情感精致过程之所以需要复杂认知这种能力，是因为达成情感和谐需要复杂认识所涉及的核心要素，辨别、分化和综合。①

如果是将文化情感单独分离出来，将其与心理研究密切关联起来，那么，文化情感心理学也就可以成为非常重要的研究领域、研究门类、研究课题、研究思路。在各种不同的文化心理学的探索之中，文化情感心理学可以成为不同的心理学家共同体的共有的研究内容和研究指向。其实，在众多的文化心理学的研究视域之内，文化情感心理学无论是从研究课题的新潮，还是从研究指向的新颖，都决定了这完全能够被确立为非常重要的文化心理学的探索内容。

---

① 孙俊才、石荣. 儒家文化的情感智慧 [J]. 南京师大学报（社会科学版），2016（5）. 101-111.

第十五章 文化建构与认知心理

在认知的研究和社会认知的探索之中,有关认知和社会认知与文化和文化环境之间的关联,已经成为非常重要的课题。特定的文化存在、特定的文化背景、特定的文化环境和特定的文化机制,实际上都会决定和制约着社会认知。同样,社会认知与社会文化也是共生的关系,社会认知也决定着、体现着、制约着社会文化的创造、构造和变造。因此,从文化学取向去把握和理解社会认知就成为重要的途径。

第一节 认知心理与文化存在

文化与心理的关系研究可以包括文化与认知的关系,文化与情感的关系,文化与行为的关系。文化与认知的关系涉及文化对思维方式的影响。思维方式是人们用来处理信息和感知周围世界的一种思维习惯,这是一个民族在长期的历史发展中形成的一种较为固定的元认知模式。从某种意义上讲,思维方式体现着一个民族的文化特征,是一个民族文化的核心部分。东方人的思维方式是整体性的:这种思维强调事物之间的联系,强调主体和环境之间的和谐以及环境的影响,强调承认矛盾以及学会用矛盾论的观点看世界。西方人的思维方式则是分析式的:这种思维方式强调事物本身的特性,强调用逻辑的、非矛盾的观点看待和分析问题。有研究认为中国人的辩证观念包含三个原理:变化论、矛盾论及中和论。美国人更相信亚里士多德的形式逻辑思维,这所强调的是世界的统一性、非矛盾性和排中性。文化与情感的关系涉及文化对情感表达的影响。长期以来,情感被看作个体的事情,同社会的关系不大,因而理所当然地成为心理学研究的对象。但是,在西欧和北美,这种看法受到了一些社会学家的挑战。他们认为,情感并不完全是个体的心理现象,这同时也是社会的现象。因此，情感社会学作为一门新的社会学分支，在 20 世纪的 70 年代末和 80 年代初，开始出现在西欧和北美。在美国，对情感社会学作出了较突出贡献的是美国的社会学家戈夫曼（E. Goffman，1922—1982）。他在《日常生活中的自我呈现》一书中对印象和情感的自我管理和控制做了精辟的分析，该书堪称情感社会学的经典著作。[①] 研究涉及了情感的社会接受方式、社会沟通方式和社会支持方式。文化与行为的关系则涉及文化对行为习惯的影响。那么，在特定的文化背景、文化传统、文化情境、文化演变中，都会形成特定的行为模式、行为变迁、行为规范、行为发展，等等。

有研究考察了视觉感知的社会心理学。研究指出了，对于觉知者来说，视觉感知的经验是无须努力的，是自动进行的，是瞬间完成的，大部分人都会简单地设定，他们看到的就是事物的本身。视觉系统的运作就如同照相机，只是被动地接纳面前的一切。然而，现实的视觉是高度建构性的，依赖于各种生成意义的从顶层到底层的对感知信息的加工。这种从顶层到底层的加工既是生物遗传获得的，也是生命初期视觉经验获得的。这就是通过与养育者和小同伴的系统的社会互动方式而得到改变的。通过社会化而出现的一个重要的心理过程就是注意。觉知者可以通过注意而有选择性地聚焦于感官世界的特定的方面，同时将其他的方面排除在意识觉知之外。因此，注意是基本的认知过程，决定的是哪些视觉信息会得到加工。在社会化过程中，多样化的文化则促进了注意的发展。不同文化中的人会在生命的早期就获得不同的注意策略。注意策略的差异会导致生活在不同文化中的人是以不同的方式来看待共同的世界。[②] 人的社会认知实际上就可以体现在社会生活之中的思维认知方式、情感认知方式和行为认知方式上。那么，人的现实生活或心理生活就包括了关于自我和他人的认知、情感和行为的认知活动。

有研究在涉及社会认知研究的基本趋向时，就指出了文化对社会认知发展的研究要把握两个重要的变量。一是发展的变量，即随年龄的增长逐渐提高的社会认知能力，如社会观点采择能力；二是文化的变量，

---

① Goffman, E.. *The presentation of self in everyday life* [M]. Edinburgh: University of Edinburgh, 1956. 132–135.

② Balcetis, E. and Lassiler, G. D. (Eds.). *Social psychology of visual perception* [M]. New York: Psychology Press, 2010. 51.

即考察不同文化社会传递的社会标准、社会行为规范、价值观以及所预期的行为如何在心理不断发展变化的个体与文化群体身上逐步实现。社会信息心理加工机制的形成与变化的重要影响因素是文化变量。有关研究业已证实：不同的社会文化环境中，人们的社会行为具有不同的特点和表现形式。社会信息的心理加工过程一般涉及社会信息的辨别、归类、采择、判断、推理等心理成分，即涉及人对社会性客体之间的关系，如人、人际关系、社会群体、自我、社会角色、社会规范等的认知，以及对这种认知与人的社会行为之间的关系的理解和推断。[1]

文化心理学与社会心理学原本就是紧密关联和不可分割的。因此，文化认知心理学与社会认知心理学也就是紧密相连的、相互交叉的和彼此互动的探索和研究。这也是在更深的层面上去揭示有关人类的认知活动和社会的认知活动。在本土心理学的潮流和探索之中，就有大量的关于特定的文化传统、文化背景、文化环境、文化性质的心理认识或社会认知的考察和探索。

第二节　认知语言与文化符号

有研究考察和指证了认知语言学的"文化转向"。该研究指出了，认知语言学学派提出了许多颇具影响力的理论及方法，如概念隐喻、意象图式、概念整合、具身认知、构式语法等，认知语言学业已成为当今国内外的主流语言学派。近年来，越来越多的学者意识到了"文化"维度在语言研究中的重要性，而且相信认知并不是独立于社会文化而存在的。当前的认知语言学在理论发展上已呈现出失衡局面，集中表现在以下四个方面。一是重体验性，轻文化性。主张概念、范畴、心智和推理并不是外部世界客观的、镜像的反映，而是基于人们的身体经验形成的，尤其是由感觉运动系统形成的。但是，在语言与现实之间，除了认知以外还有文化，人类对于现实的认知也必须通过文化的滤镜。认知语言学对语言涉身性的探讨不仅应当考虑其自然生物维度，还应当考虑其社会文化维度。二是重个体性，轻社会性。认知语言学是建立在"具身认知"

---

[1] 王沛、林崇德. 社会认知研究的基本趋向 [J]. 心理科学, 2003 (3). 536-537.

基础之上的。认知语言学的具身认知虽然通过身体将认知与外界联系起来，却很少关注认知的社会维度，仍然局限于个体性的认知，即个体的具身认知，尤其强调个体在与基础物理环境如空间等的互动。社会认知则是研究人关于自己生活其中的社会世界的知识。社会认知理论认为，认知并不仅仅是发生在人们大脑中的心智活动，而是发生在人与人、人与社会之间；人并不是生活在真空中，人与社会的互动产生了认知活动并构建了关于世界的意义。从社会性方面来说，认知主体存在各种各样的差异，如性别差异、民族差异、贫富差异、工作差异、制度差异等。三是重普遍性，轻差异性。认知语言学的立足点在于人类的普遍身体经验，试图用一种理论来统一解释语言的各个层面，这使得其理论发展偏向于语言的普遍性，而忽视了语言的差异性。认知语言学在以后的发展中应该更加注重横向发展，多做跨文化、跨语言、跨民族的认知研究，不仅发现语言的共性更要发现语言的差异性并作出解释。四是重共时性，轻历时性。认知语言学之所以注重共时性研究，其另一个根源在于早期研究中对社会文化因素的忽视。早期认知语言学主要揭示语言的来源、形成过程、表征形式，并未从社会文化角度对语言进行全面综合的历时性研究。认知语言学的"文化转向"将有助于探究和揭示认知的文化差异性。通过对文化因素的引入，不仅可以完善认知语言学所具有的科学与人文双重性格，同时也可以完成对不同文化中语言现象的认知阐释，形成语言、认知和文化三者的良性互动。[①]

认知语言学的探索要想在自身的课题探索上取得重要的突破和进展，那文化的维度或文化心理学的取向，就是一个最具深度和广度的课题选择。语言学的探索、符号学的理解、语言心理学的考察、心理语言学的研究、认知语言学的考量，等等，实际上都与文化的构成、文化的符号、文化的运行、文化的价值、文化的意义等紧密关联。

第三节 认知结构与文化框架

有研究探讨了文化认知观。文化认知观是指从生态、社会和文化的

[①] 冯军. 认知语言学的"文化转向"[J]. 四川民族学院学报，2015（2）.82-88.

视角研究人类认知的一种理论模型,其基本依据是:第一,文化存在实质上就是人类认知能力作用的结果和表现形式;第二,在当今的人类社会中,人类生活的各个方面尤其是认知活动,都可以纳入文化框架中去分析和认识。人类认知是在社会和文化环境中发生的,文化为认知提供工具,而大量的认知又是关于和涉及社会和文化现象的。

文化是人类独有的进化形态,这种进化形态与人类认知关系密切。文化与认知可以互为视角,可以从认知的角度研究文化,也可以从文化的角度研究认知。不同的视角导致产生了两种互补的研究理论:认知文化观和文化认知观。前者指文化的认知依据,后者指认知的文化特征。社会文化心智观十分强调文化在认知活动和心理过程中的作用,认为文化因素对某些认知成果的产生和发展具有促成、引导或约束的作用。社会文化认知观还有一种更为激进的思想,这种思想在确立认知既是心理过程又是社会过程的基础上,不仅强调文化工具对认知的重要作用,甚至还提出,人类的心智就是由社会和文化因素构成的。其含义是,人类的心理过程在每时每刻和每一项活动中都在利用文化工具,首先是语言,其次是认知图式和其他知识模型。

文化主义表现出以下的三大特点。第一,反自然主义的理论。激进的社会文化认知观认为,人脑可以是一种自然系统,但心智绝不可能是自然系统,尽管心智活动离不开人脑作为物质条件。这是因为,文化不仅为心智提供信息进而使心理活动和过程转变为社会活动和过程,更为重要的是心智就是通过文化手段和途径在社会中建构起来的。第二,生态心理学方法。这种方法最突出的两点是,一方面强调信息结构而不是刺激对心理过程的重要作用,另一方面强调环境与互动因素对心智活动的影响。激进的社会文化观十分推崇认知心理学的这一基本理论,并使之成为自己的方法论基础。第三,以探索认知意义为目的。激进的社会文化观认为,常规的认知并不是在信息有限且可控、环境固定不变的实验条件下进行的,而是在信息多变的社会互动背景下进行的。分析、研究实验条件下的认知活动,目的在于探索认知过程的法则,而研究社会环境下的认知,目的在于揭示认知过程的意义。

文化认知观十分强调文化工具对认知活动的重要作用。语言是最重要的一种文化工具,其作用在于,人类个体可以通过语言来"接近"文化观念,而通过使用语言来进行文化实践。作为一种文化工具,语言可以直接影响人类的整个心理过程。图式是一种认知结构，代表着关于一个特定概念的有组织的知识。首先，图式是对现实的积极建构。图式指导着对新信息的知觉、对旧信息的回忆，以及超越这两者的推理。其次，图式是在对与特定主题有关的信息进行认知加工的过程中形成的，图式一旦形成就可以运用于新的情景。最后，图式具有持续性。图式一旦形成就十分稳固，很难发生改变，这是因为图式是在类别经验中抽取出来的。图式也可以称之为框架，框架是一种符号场。

对社会文化框架观，可进行以下三个方面的分析。第一，在认知心理学上，一种知识表征不仅有其特定的构型，更重要的还有知识的内容以及采集、组织和使用知识的方法。知识表征含有定义性信息、描述性信息和程序性信息，而这些内容和方法方面的信息都具有社会文化规定性，因为信息知觉都是发生在一定的社会文化背景之中的。第二，从社会认知上来看，知识可以分为个人知识和社会知识。社会知识是一个社会群体的所有或者大部分成员所共享的知识，而个人知识只与具体的人相关。社会知识具有规约性，而个人知识具有特殊性。第三，一种框架是在社会知识的基础上产生的，框架的意义在于对给定社会文化人群在特定情景中的可能预期作出说明：应该或者可能出现什么对象，这些对象具有什么特征，这些特征之间又具有什么关系和组织结构。[①]

尽管社会认知的内容丰富多样，但其核心在于社会个体对"自我"的认知，对"他人"的认知，进而对这两者之间关系的理解。文化作为一种独特的社会现象，对社会认知有着广泛影响，这一点集中体现在文化对"自我"与"他人"信息加工及其大脑机制的影响上。文化神经科学的研究表明，文化显著影响自我记忆、自我表征、自我觉知等自我认知过程。这可能主要来源于不同文化人群自我建构方式的不同。这种差异的神经机制主要体现为不同文化人群自我相关加工时，其内侧前额叶功能性变化的不同。与此相对应的是，文化同样显著影响人们对他人，尤其是对他人情绪的认知。这一点集中表现为表情认知的文化优势效应及共情过程的文化差异。在神经机制上这一差异主要体现为杏仁核功能的文化可塑性。文化神经科学的未来研究，可继续探讨主流文化、区域

[①] 吴晓燕、陈忠华. 文化认知观：认知的生态、社会和文化特征[J]. 烟台大学学报（哲学社会科学版），2007（1）. 114-119.

文化、宗教文化等各种形式的文化差异，对自我认知与情绪认知相互作用的影响与神经基础；以及对共情心理（empathy）、社会比较（social comparison）、心理理论（theory of mind）、协同行为（joint action）等多种社会认知过程的影响及其神经机制。[1]

很显然，文化的框架实际上决定了关于人类的认知心理和社会认知的可能的和合理的把握和解说。进而，这也就将原本是抽象化的关于社会认知的理解具体化了，这也就将原本是分离化的关于社会认知的把握整合化了，这也就将原本是学术化的关于社会认知的应用生活化了。从文化的剥离到文化的融入，也就决定了社认知心理学的研究的合理化。

社会认知心理学的研究应该具有文化的根基、文化的定位、文化的阐释、文化的融入和文化的理解。反过来，文化认知心理学的探索也应该具有社会的根基、社会的阐释、社会的融入和社会的理解。

这实际上所表达的就是认知与文化的共生，就是社会认知和社会文化的共生，就是社会认知研究和社会文化研究的共生。文化学取向并不仅仅是简单地将文化附加在社会认知活动之中，而是彻底地改变了有关社会认知的理解和把握，真正赋予了社会认知以文化的生命和文化的创造。

社会认知研究的文化学取向所代表的和表达的是文化的创造性本质带给社会认知探索的根本性变革，也是认知的创造性本质带给文化存在探索的核心性促进。其实，社会认知的文化属性和社会文化的认知属性就是这种交融和交互的分别的体现。这不仅是使社会认知回归到文化的本原之中，而且也是使社会文化回归到认知的创造之中。

因此，社会认知的探讨就必然要依赖于或依附于文化学的取向、文化学的框架、文化学的思路和文化学的主张。这也就必然使得关于社会认知的探索更为丰富，也更为真实，也更为合理，也更为深入。人的社会认知与人的文化根基是一体的，同时也与人的文化存在是吻合的，进而也与人的文化创造是匹配的。这也就给社会认知的研究带来了宽广的眼界和远大的前景。

---

[1] 袁加锦等. 从个体关系的角度看文化对社会脑功能的塑造［J］. 心理科学，2013（4）. 1014-1022.

第四节 认知发展与文化境遇

有研究考察了儒家文化对认知发展的影响。研究指出了如下的四个方面。一是儒家文化强调把早期冲动控制的掌握作为日后学业成功的先决条件。在儒家文化中，控制冲动和学业成就是最重要的两个社会教育目标。其中，控制冲动比学业成就更为基本，无论人的学业怎么样，控制冲动是个体满足社会控制的要求的基本前提。社会控制越严格，要求个体控制冲动的压力越大。二是中国人的言语能力相对于非言语能力而言较弱。这个假设认为，"保守认知主义"与言语功能的关系，比与非言语功能的关系更密切。三是由于认知保守性，中国人忽视创造力的培养。因此，中国人在发展多维思考能力方面较弱。华人在创造力或多维思维（特别是独创能力）的测验比不上美国人。四是华人更为重视学业成绩。由于儒家文化强调教育，中国儿童在社会化过程中被教导要在学业上取得成功。因此，中国儿童的学业成就动机应当是极度强烈的。光宗耀祖是中国传统孝道的重要组成部分；相应地，望子成龙也就成为中国父母最大的心愿。望子成龙的父母极度重视子女的教育。五是中国人的成就动机具有很强的集体取向，而非个体取向。集体取向是从孝道之中衍生出来的，这是将个人成就与家庭取向的成就联结起来。六是儒家文化中，教育者认为勤奋是学业成功的关键。因此，努力被看作决定成败的主要因素。"书山有路勤为径，学海无涯苦作舟"这两句话正是传统中国人对于学习所持的观念。由于在心理上相信努力是成功的要素，学生对成功的解释都强调内在因素而不是外在因素。七是由于儒家思想认为经书是神圣的，学习方式强调记忆和重复练习，而忽视了理解和探索。另外，儒家思想强调掌握正确知识体系，为了符合这个观点，学生只好专注于应付考试，学习的方式也受到课程的限制。[①]

人的认知发展是与其基本的文化境遇直接相关联的。文化的存在、文化的条件、文化的环境、文化的影响等实际上直接或间接地决定了人

---

① 何友晖等. 儒家文化对认知发展的影响［J］. 教学研究，2005（5）. 381-388.

类认知的发展方向、发展进程、发展阶段、发展结果、发展偏差、发展正道，等等。

第五节 认知障碍与文化矫正

有研究考察了正念认知疗法。研究指出，在正念认知疗法（Mindfulness-based Cognitive Therapy）中，融合了"认知疗法"与"正念减压疗法"的成分用来解决抑郁症的问题。正念训练使训练者"面对"而不是"逃避"潜在的困难。参与者被要求培养一种开放的、接受的态度来应对当前出现的想法与情绪。这都是通过打坐、静修或者冥想来完成，其核心的技术是集中注意力；觉察自己的身体与情绪状态；顺其自然；不作评判。这种正念练习促使产生一种"能意识到的"觉醒模式，而不是一种习惯化、自动化了的浑然模式。因此，正念训练可以在早期就觉察到能导致抑郁复发的消极思维模式，从而消除抑郁复发。除此之外，还可以采取认知疗法的技术，加强关于抑郁症的思想与症状的心理教育，能够促使患者更早觉察到这些体验，因而及时地采取干预措施而防止抑郁复发。[①]

有研究探讨了正念训练中的认知转变机制。研究指出了，正念这一概念源自东方佛教思想。在西方替代医学和心理治疗领域中经历了无神论的科学化过程后，正念训练成为当代认知行为疗法的前沿技术。正念训练对于缓解身心疾病、提升心理机能和幸福感有着良好的效果。研究通过梳理关于正念作用机制的各种理论观点，总结出了以元觉知为基础的四个具体作用机制，即对注意的控制、接纳的态度和反应灵活性、动态的自我观以及对价值观的反思。

正念训练是源自东方佛教的一种修行方式。修炼者们通过禅修、静观、冥想、瑜伽等形式修炼身心以期破除执迷，获得智慧与解脱。在此基础上，洞见事物之间的联系，体验一种物我无分、人我无别的融合，从而达到心态的平和，获得观照的智慧。正念的内涵包括两方面：一是注意聚焦于当下，沉浸于正在发生的事情中。练习者需要将注意力投注

[①] 熊韦锐、于璐. 正念疗法——一种新的心理治疗方法［J］. 医学与社会，2011（1）. 89-91.

于当下的每一个瞬间,观察时间是如何从这一刻流淌到下一刻的,并观察自己的内部和外部经验。二是以一种不刻板的、不带有任何好坏利害评判的态度去接纳所注意的内容。非评判的态度是指聚焦当下时采取的一种态度。这种态度既不是冷酷的、批评的,也不是热情的、逐求的。而是开放的、耐心的、仁慈的、无为的。

认知行为疗法的最终目的是通过生活中的行为实践,最终实现认知的转变;因此,有必要深化对正念训练中认知转变路径、目标、机制的分析,充分吸收正念训练的理论内核。研究涉及以元觉知为元机制的四个具体作用机制,即对注意的控制、接纳的态度与反应灵活性、动态的自我以及对价值观的反思。通过长期的正念练习,人们观察自己内外部经验的视角会发生重大转变。观察视角的这种转变,被称为元觉知或再感知。元觉知受到研究者们的普遍重视,并被赋予了具有相近内涵的不同名称,包括去中心化、去自动化、解离等。这种由元觉知引起的视角的转换使得个体能够获得彻底的平和与宁静,安住于每一个瞬间,觉察每一个当下,实现自我的超越。

注意控制是指对注意状态的元觉知,能灵活自如地操控和调节自己的注意指向。对认知、情绪和行为反应的元觉知,有助于人们摒弃刻板的、自动化的或反射性的反应模式,进而客观而清晰地看待外在环境、内在体验以及事物间的相互联系。发展出动态的自我观,动态自我观是对"自我"的元觉知,亦即佛教中所说的"观自在"。使人的在世状态从行动者变为存在者,从利害承受者变为观察者。随着正念练习的深入,练习者参训动机会逐渐发生变化,可能经历自我调节—自我探索—自我解放三个阶段。在这一过程中,练习者开始对自己原先持有的价值观进行反思,从反射性的价值观转变到反思性的价值观。[①]

正念认知疗法实际上是一种文化整合的心理疗法。这包括了东方文化与西方文化的整合,这也包括了宗教文化与科学文化的整合,这还包括了思想文化与心理文化的整合。这种文化整合对于确立文化心理学关于认知活动、认知障碍、认知矫正、认知治疗等的研究和探索,是重要的和关键的文化资源、思想资源、学术资源。

---

① 翟成、盖笑松等.正念训练中的认知转变机制[J].东北师大学报(哲学社会科学版),2016(2).182-187.

第六节　认知治疗与文化资源

有研究探讨了认知行为治疗运用中涉及的中国文化因素。研究指出，"语境模型"是探索心理治疗起效机制的一种假说，该模型认为心理治疗的效果受心理咨询师或治疗师在病理模型的理解和治疗方式上与来访者文化背景相匹配的程度的影响，即文化背景匹配度越高，心理咨询或治疗的临床疗效越好。首先，认知行为治疗的基本理念是个体的认知模式影响情绪和行为反应，而中国文化中也有与之类似的哲学思想，如儒家文化代表人物王阳明提出"知行合一"的治学理念以及佛教中有关心身健康的"八正道"的养生之道等，均是认知行为治疗原理的直接体现。其次，秉持情绪附属于认知的理念，在一定程度上符合了儒家文化对情感克制的要求，受集体主义文化的影响，在中国承认情绪问题和表达负面情绪被认为是一种给家族带来耻辱的行为，而认知决定情绪和行为的基本理念顺应了中国的文化传统。再次，认知行为治疗认为个体情绪症状的缓解，是通过修正歪曲认知实现的，在这个过程中，来访者会建立起更加理性和逻辑的认知模式，这吻合了当代中国教育重视发展逻辑能力的治学理念，同时在务实主义思想的影响下，国人更习惯于用理性和结构化的方式来概念化问题，显然这与认知行为治疗在目标上保持了一致。最后，平衡且灵活的认知和行为方式也是认知行为治疗的最终目标，这无疑迎合了中国文化对健康的要求，即"中庸之道""阴阳平衡""过犹不及"等。因此，从总体上来讲，认知行为治疗的治疗理念与中国典型的文化传统具有文化一致性，这可能也是认知行为治疗在中国取得大量实证研究的文化基础。[1]

有研究探讨了中国儒道文化中的心疗思路与认知治疗。研究认为，人的情绪来自人对所遭遇的事情的信念、评价、解释或哲学观点，而非来自事情本身。情绪和行为受制于认知，认知是人心理活动的决定因素。传统中国文化蕴含着丰富的心理咨询和心理治疗的思想，具有处理心理

---

[1] 宋红燕、郭志华、李占江. 认知行为治疗运用中涉及的中国文化因素 [J]. 医学与哲学，2018（2）.74-78.

健康问题的功能。类似于认知治疗，也注重于人的精神或信念的重塑，将信念或传统文化中的某些信条内化到人的思维体系之中，通过塑造合理的认知体系来解决心理冲突，从而去改变人的认知和行为。一是儒家的信念——养气思路。提倡"仁""义"之信念。人要有"克己""爱人"的广阔胸怀。儒家劝诫人们要奉行"忠恕之道"，强调通过外在的社会规范展现仁爱精神，以尊重、友爱、宽容、恭敬的人道原则和平共处，营造出一种人人将心比心，关心他人，互相宽恕、忍让、谅解的和谐气氛。良好的人际关系和社会氛围是保持心理健康的基础。儒家以"修身齐家治国平天下"的入世思想为人生纲目，而事实上社会并不一定以他们希望的方式发展，这就会遇到各种各样的挫折，而挫折会导致各种相关心理问题。儒家以"守义"来解脱。培养"浩然之气"处理身心健康。所谓"浩然之气"是指道义和信念支撑起来的气节。这种气节"至大至刚"，"塞于天地之间"，充分体现了信念的力量。要培养"浩然之气"，孟子指出应当"尽心""知性""知天"。儒家在维持身心健康上强调通过日常内省、自我调整来调节情绪，维护自己身心健康。二是道家之明道——守柔思路。道家文化展示出了一个清静无为的精神家园，以出世、无为而治的信条为人的心灵指点迷津，要求人们遵守"道"。这是道家信念体系的根本。道家采取退让，通过弃智守朴、去用取无、以下为上的策略来解决心理问题。道家倡导返璞归真，复归于朴、见素抱朴，就是要从世俗的种种限制中超越出来，从过度社会化的束缚中解脱出来，从见利忘义、尔虞我诈的旋涡中升华出来，在生命之场中自如地突显出自己，这既是一种精神的回归，同时又提供了一种更为合理的人生选择和行为方式。

儒道文化的心疗思想与西方认知治疗技术的结合并非指将二者简单地糅合在一起，而是指将儒道文化在处理心理问题方面的思想导入认知疗法的操作之中。如在合理情绪疗法中，与患者不合理信念进行辩论时导入儒道文化的思想，用其合理信念改变其不合理信念。道家认知疗法主要分为五个步骤。一是测查当前的精神压力，帮助患者找出主要的精神刺激因素，并对精神压力进行定性和定量分析；二是调查人生信仰和价值系统；三是分析心理冲突和应对方式；四是道家哲学思想的导入与实践；五是评估与强化疗效。道家哲学认知疗法具有四个基本原则：第一条原则是利而不害，为而不争。核心是不争。第二条原则是少私寡欲，知足知止。核心是知足。第三条原则是知和处下，以柔胜刚。核心是和柔。第四条原则是清静无为，顺其自然。核心是无为。①

在任何一种文化的存在、文化的形态、文化的资源之中，实际上都具有各自不同的、非常丰富的、复杂多样的、鱼龙混杂的、有待开发的这些认知治疗、心理矫正、文化疗愈的方式、方法、手段、技术、工具。这种认知治疗的文化资源是人类的认知活动、认知矫正、认知治疗、认知成长等所不可或缺的。进而，这对于人的心理生活、心理健康、心理丰满等都是最为重要的文化基础。

---

① 潘明军、李玉辉. 中国儒道文化中的心疗思路与认知治疗 [J]. 山西高等学校社会科学学报，2007（5）. 90-93.

第十六章 文化演变与心理成长

有关生命全程发展的研究实际上是涉及了三个相互关联的系统，也就是生物的、社会的和心理的系统。发展中的人不仅是由先天的和后天的力量所塑造的，而且也是通过运用心理的系统而积极地投身于发展的进程。那么，心理的系统也就是生成和创造意义的系统。这所实现的是寻求信息、整合信息、评价经验，哪些是积极的，哪些是消极的，哪些是鼓励的，哪些是威胁的。[①] 文化也是关联到人的心理成长的核心的方面和内容。新文化心理学的一个重要的领域是关系到人的心理成长的探索和研究。正是通过文化的存在、文化的含义、文化的演变、文化的环境、文化的影响、文化的作用，也正是通过文化的探索、文化的考察、文化的资源、文化的差异、文化的沟通、文化的促进，才能够揭示和解释、理解和把握人的心理行为的演变、发展、成长。因此，不仅是在文化环境和文化系统的现实之中，才有人的心理行为的成长，而且也是在心理理解和心理创造的进程之中，也才有文化的意义和价值。文化与心理、文化的演变与心理的成长，实际上所体现的就是共生的关系。

第一节 心理成长的文化探索

人类心理是创造性生成的，心理创造是成长性发展的。那么，心理生成、心理创造，就是人的心理成长的重要前提，也就使人类心理成长成为可能。人创造了自己的生活，也创造了自己的心理，也促进了自己的心理成长。人的心理成长就是无中生有的历程，就是具有多种向度的

[①] Newman, B. M. & Newman, P.. *Development through life: a psychosocial approach* [M]. Belmont, CA: Wadsworth Publishing, 2008.6.

创新的历程。其实，人就是在自己的创造性生成的过程中，获取自己的心理成长的结果。无论是把心理学的研究对象界定为什么，基本上所有的研究者都是把心理学的研究对象确定为是已成的存在。人的心理成长则是生成的存在，是创造性生成和创造性成长的历程。在不同的文化传统之中，存在有大量的关于人的成长、人的心灵成长、人的境界提升的思想资源。

涉及人的心理行为的演变和发展，已经有了特别广泛和极其深入的考察，也已经有了非常系统和复杂多元的理论。有研究对发展心理学的理论进行了系统化的考察，并进而指出了，所谓的发展心理学的理论实际上具有三个不同的任务：一是去描述一个或多个心理行为领域中的变化；二是去描述不同心理行为领域中的关系的变化；三是去解释所描述的心理行为发展的进程。正是通过这样的三个重要任务，才有可能去考评现有的心理行为发展理论的成果。[1]

有研究探讨了人类发展的文化性质。研究表明了，人类的发展就是文化的过程。人是生物的物种，也可以按照人的文化参与来界定。人通过文化的和生物的承继来运用语言等文化工具，并相互学习，通过语言和文化遗产形成对个人没有经验过的事件的集体记忆和进入跨代的他人的经验。成为人就源自人类长期的实践历史。每一代人在面对环境时，都会持续地修正和改变人类的文化的和生物的遗传。那么，重要的就在于通过考察人类共同体的实践和传统中的差异性和相似性来理解人类发展的文化模式。[2] 有研究探讨了对发展心理学的解构。这取决于发展心理学本身所存在的一系列的问题。该研究指出了如下重要方面的问题。一是测量的工具决定了研究的对象和研究的主题，认为发展心理学是由测量的技术所驱动的。二是在许多方面，发展心理学的研究是通过母亲或有时是父亲取代了对儿童的调查和研究。三是发展心理学所提供的标准化的描述滑入了自然主义的传统，这受到了生物学和进化论的推动。四是关注了发展心理学与精神分析的关系。五是选择儿童作为发展心理学研究的对象会忽视对心理背景的解说，这实际上是对社会建制的个体主

---

[1] Miller, P. H.. *Theories of developmental psychology* ［M］. New York：Worth Publishers, 2009. 8–11.

[2] Rogoff, B.. *The cultural nature of human development* ［M］. New York：Oxford University Press, 2003. 3.

义的把握。着眼于母亲和家庭会掩盖社会的、文化的和世界的问题。① 那么，在不同的社会生活之中，在不同的文化背景之下，文化的存在、文化的演变、文化的发展，就包含或内含心理的成长，可以将其称为文化的心理成长。文化与人类是密不可分的关系。人类创造了文化，反过来文化又创造了人类。文化的存在与心理的存在是互生的关系，是互依的关系。那么，就可以从文化发展和文化演进的方面去理解人的心理成长。同时，也可以从人的心理创造和心理建构的方面去理解文化的发展。文化与心理就是一种共生的关系。

第二节 心理成长的文化含义

"心理文化"概念和理论的提出，是用以去考察心理学成长的文化根基，探讨心理学发展的文化内涵，挖掘心理学创新的文化资源。心理学的产生和发展都是根源于和立足于特定的文化。或者说，文化是心理学植根的土壤和养分的来源。② 在过去，无论是心理学的发展还是对心理学发展的探索，都缺失了文化的维度。其实，文化是考察当代心理学发展和演变的重要视角。当代心理学的发展越来越重视对文化、心理文化、文化心理的探讨。西方科学心理学和中国本土心理学生长于不同的文化根基，植根于不同的心理生活。起源于西方文化的科学心理学，立足实证的研究方法和客观的知识体系，提供了对心理现象的某种合理理论解释和有效技术干预。但这仅揭示了人类心理的一个部分或侧面。起源于中国文化的本土心理学也是自成体系的心理学探索，这揭示了具有意义的内心生活和给出了精神超越的发展道路。"心理文化"概念和理论的提出，有利于探明不同文化传统中蕴藏的心理学资源和推进对其挖掘，有利于审视西方心理学的文化适用性和推进对其改造，有利于考察中国本土的心理学传统和推进对其的解析。中国现代科学心理学主要来自西方科学心理学，问题是中国本土也有自己的心理学资源。探察该资源，就

---

① Burman, E.. *Deconstructing developmental psychology* [M]. London: Routledge, 1994. 4-6.
② 葛鲁嘉. 心理文化论要——中西心理学传统跨文化解析 [M]. 大连：辽宁师范大学出版社，1995. 28-29.

要扩展心理学的视野和设置文化学的框架，将中国本土心理学看作与西方实证心理学具有同等文化价值的探索。要发展中国的心理学，就有必要追踪中国本土文化中的心理学传统，确定其所含的资源，具有的性质，包括的内容，起到的作用。心理文化的探索力图找到和深入挖掘心理学创新的文化根基。中国有自己的文化传统、心理文化、心理学探索、创新性资源。

中国的文化传统中蕴藏着丰富的心理学资源，问题是没有得到充分挖掘和利用。心理学的发展需要资源或需要文化资源。西方心理学就是植根于西方的文化传统，从本土的文化资源中获取了心理学发展的动力和研究的方式。中国心理学的创新和发展也同样应植根于中国的文化传统，从本土文化资源中获取心理学发展的动力和研究的启示。中国的文化传统中并没有专门研究和探讨人的心理行为的学科。中国现代心理学的发展长期是引进和模仿西方心理学。中国现代科学心理学是外来的和传入的。尽管有学者去发掘中国历史上和文化传统中的心理学思想，但他们持有的框架、衡量的标准、提取的内容、评价的尺度等，仍是西方科学心理学提供的。按照西方心理学的筛子去筛淘，研究者得出的是如下结论：一是中国的文化传统中没有自己的心理学，只有零碎的和片断的心理学思想，所以无所谓中国的心理学传统；二是中国的文化历史中具有的是思辨猜测和主观臆断的心理学思想，缺乏科学的依据和证明。这样的心理学思想只具有历史的意义，而不具备现实的意义；只具有哲学的意义，而不具备科学的意义。中国古代思想家提供的不过是安乐椅中的玄想，是无法确证或无法证实的推论；三是中国文化思想中包含的心理学可按照西方科学心理学的尺度来分类和梳理，可从中分离出所谓普通心理学思想、教育心理学思想、社会心理学思想、生理心理学思想、发展心理学思想等。结果，充斥在中国心理学思想史研究中的是贴标签式的方法，得出的是奇怪的结果。

所以，如果按照西方科学心理学的标准来衡量，中国并没有自己的心理学。一些学者就此认为，在中国古代的典籍中，在古代思想的演变中，在思想理论的论述中，只有一些零散的心理学猜测。但是，如果放弃西方心理学的衡量标准，去重新认识中国的文化传统，其中也有独特和系统的心理学。在中国的文化传统中，思想家提供了对心理行为进行解说的概念和理论、进行考察的方式和方法、进行干预的技术和手段。

第十六章 文化演变与心理成长

当然,中国的心理学家还没有把中国本土的心理学传统当作创新和发展的资源。中国心理学思想史的研究还是按照西方心理学的尺度,来衡量中国古代思想家的所谓心理学思想,去筛淘中国古代思想家的所谓心理学建树。例如,孔子是中国古代思想家、儒家创始人、儒学奠基者。按某些中国心理学思想史研究者的理解,孔子也提供了心理学的思想,其中包括普通心理学的思想、教育心理学的思想、发展心理学的思想、人格心理学的思想、社会心理学的思想等。这就是按照西方建立的科学心理学的分类去切割孔子的思想。其实,儒家提供的是一种心性学说,是心道一体的理论假设,是内省体道的心理历程,是心灵境界的提升途径,是心理生活的构筑方式。同样,道家和佛家也都提供了独特的心性学说。

如果放弃西方心理学的框架,从中国本土文化出发重新确立一个更合理和更适用的参考系,就可以得出完全不同的结论。中国本土文化中不是只有零碎和片断的心理学思想,也有独特和系统的心理学。有没有系统的心理学,可按三个标准衡量:一是有没有心理学的概念和理论,可用来说明和解释人的心理行为;二是有没有心理学研究的方式和方法,可用来考察和揭示人的心理行为;三是有没有干预心理行为的手段和技术,可用来影响和改变人的心理行为。由此来看,中国文化传统中也同样有并非西方科学心理学意义上的系统心理学。中国本土的传统心理学也有独特的理论概念和理论解说。例如,中国思想家所说的心、心性、心理,行、践行、实行,知、觉知、知道,情、心情、性情,意、意见、意识,思、思考、思想、思索,体、体察、体验、体会,格、人格、品格、性格,品、人品、品性、品行,道、道理、道德、道义、道统,等等,都有其独特的心理学含义。中国本土传统心理学也有独特的验证理论假说的方式和方法,而不只是思辨和猜测。当然,中国文化中并没有产生出西方科学意义上的实证方法或实验方法。但是,中国古代思想家却提出了知行合一的原则,即践行或实践的原则。理论解说的合理性要看能否在实践中获得预期结果,或行动实现的是否为理论的推论。这是验证理论的不同途径。中国本土传统心理学也有独特的干预心理行为的手段和技术,并成为对人的心理生活的引导、扩展和提升。

由于原有的研究在抽取和摘引中国古代思想家思想的过程中,是按照西方科学心理学作为标准,结果就是一些破碎的片段和摘引的语录。这等于是打碎了一个完整的东西,又把碎片按西方心理学的标准进行了重新组织。这种破碎片段和语录摘引式的理解，出示的仅是中国古代思想家以肤浅的形式或幼稚的话语表达的某种前科学猜想。按西方科学心理学的标准，这些萌芽形态的"心理学思想"只具有历史遗迹的意义，而没有现代科学的价值。这仅表明中国文化历史中有过某些关于心理行为的零星猜想和思辨推论。这种对中国古代心理学思想史的研究程序，就是从古代典籍中寻找说明和解释心理行为的话语，然后把古代文言文翻译成现代白话文，然后按照科学心理学去理解其中的含义，然后去评价对科学心理学的意义和价值。这甚至仅是为了证明中国古代心理学猜想的久远和古老，高明和伟大，深刻和奥妙。这样的研究方式常常会进一步演变成为非常肤浅的文字游戏、语言游戏、智力游戏、思想游戏、猜测游戏、组装游戏、想象游戏、学术游戏。

　　如果是完整系统和深入全面的理解，就可以看到一种独特的心理学。这不是西方的科学心理学，但也是系统的心理学探索。中国古代思想家提供的心性学说就是独特的心理学，是对心理学事业的独特贡献。西方科学心理学运用的是实证的方法。中国本土心理学运用的则是"体证"的方法。体证就是通过意识自觉，直接体验到和构筑出自身的心理。体证的重要特点是意识的自我觉知和自我构筑。中国本土心理学强调知行合一的原则，主张内在对道的体认和外在对道的践行。这就是所谓的内圣外王。内修要成为圣人，体道于自己的内心。外为要成为王者，行道于公有的天下。因为人心与天道内在相通，所以个体的修为就是体认天道。天道贯注给个体，就是人的性命。对天道的体认就是修性与修命。个体的修为或体悟有渐修与顿悟的不同。渐修在于修道是逐渐的，是点滴积累的。顿悟在于道只能整体把握和突然觉悟。这是体道的不同途径和方式。

　　从认为中国本土文化中没有自己的心理学传统，到认为有自己的独特的心理学传统，这是一个根本性的进步和变化。但是，当心理学者去挖掘、梳理和阐释中国本土的传统心理学时，却常常是仅限于传统和解释传统。限于传统和解释传统就是回到传统和遵循传统。也许承认中国传统文化中有自己独特的心理学，这是一种进步。但是，如果仅仅是限于传统和解释传统，那也是一种倒退。承认中国本土文化传统中有自己独特的心理学，不是要放弃现代科学心理学，不是要证明现代科学心理学的学术贡献早在中国文化历史中就已经完成了，而是要立足于传统，借用本土传统的心理学资源。任何的发展都需要资源，心理学的发展也是如此。文化和文化传统就是一种有益的学术资源。但是，资源是需要利用和转化的，文化资源是需要筛选和提炼的。重新发现、仔细解读、详尽分析、系统阐释古典文献，这不是心理学研究的最终目的。对中国本土传统心理学进行研究，就是要奠定创新的基础、明确创新的立场、启动创新的程序。

中国本土的传统心理学可称为心性心理学。在此基础上的新探索和新发展可命名为"新"心性心理学。心性心理学仅是传统和古老的心理学。新心性心理学不是重走老路而是力求创新。只有从发展和创新的视角去理解，中国本土的传统心理学才有现代的意义和价值，才能成为学术的资源和资本。新心性心理学试图重新把握心理学的研究对象和研究方式，并通过学术创新来吸纳中国本土的心性心理学。当代心理学的发展重视未来前途和前景，而轻视文化历史和资源。任何心理学的学术创新都不是横空出世和独来独往，而必须植根于文化和历史的土壤，从中获取自己成长的动力和养分。从新心性心理学的视角去理解，可以确定中国本土心性心理学探索的贡献。一是提供了透视人的心理的特定角度，这为全面和深入地理解人的心理带来了可能。二是提供了解释人的心理行为的独特概念、理论、思想，这其中有着多样的说明人的心理行为的内涵和意义，而这都是在长期生活实践中累积起来的。三是提供了揭示人的心理行为的非常独特的方式和方法。如中国文化中的儒家、道家和佛家都提供了心灵内省的途径。这不仅是心灵认识和理解自身的方式和方法，也是心灵改变和提升自身的方式和方法。四是提供了影响和干预人的心理行为的技术和手段。中国本土的心性心理学有其改变或提升心灵境界的手段和途径。

第三节　心理成长的文化资源

心理资源的概念有着特定的内涵，也有着不同的界定。人的心理或人的心理生活是生成性的，或者说是创造性的。在生成与创造的过程中，是需要特定的资源的。所谓的心理资源就是指人的心理或人的心理生活的建构的基础，生成的养分，拓展的依据。人的物质生活需要自然的资源,而人的心理生活需要文化的资源、社会的资源、历史的资源、现实的资源。中国本土心理学的发展和演变应该是立足于本土的资源,应该是提取本土的资源,应该是利用本土的资源。在本土文化的基础之上来建构特定的心理学,也是近些年来许多学者努力的方向。在中国本土文化的基础之上来建构中国本土的心理学,这也是当前中国心理学研究者追求的目标。回到中国本土文化之中,挖掘中国本土文化中的心理学资源,这已经成为许多中国心理学研究者的自觉行动。当然,不同的研究者着眼点也不同,关注的内容也就不同,思考的方向也就不同。

有学者的研究指出,"心"或"心理"等词语在汉语中有相当长的历史,对这些词语的理解反映了中国人关于"心理"的认识和理解。中文的"心"往往不是指一种身体器官而是指人的思想、意念、情感、性情等,故"心理学"这三个汉字有极大的包容性。任何学科都摆脱不了社会文化的作用,中国心理学亦曾受到意识形态、科学主义和大众常识等方面的影响。近年中国学者对心理学自身的问题进行了反思。从某种意义上说,中国人对"心理"和"心理学"的理解或许有助于心理学的整合,并与其他国家的心理学一道发展出真正的人类心理学。[1]

其实,中国的文化传统中,有自己的独特的心理学传统。这也是独立的和自成系统的心理学探索。在中国的心理学传统中,也有着特定的和大量的心理学术语。当然,最为重要的是提供对本土的心理学概念的考察和分析,并能够从中找到核心的内涵和价值。[2]

有研究者考察了中国文化与心理学,在他们看来,"东—西方心理学"作为心理学的一个术语,那么它的基本内涵是要把东方的哲学与心理学思想传统,包括中国的儒学、道家、禅宗以及印度佛教和印度哲学、伊斯兰的宗教与哲学思想、日本的神道和禅宗等,与西方的心理学理论及实践结合起来。由于"东—西方心理学"这一概念主要是西方心理学家们提出来的,所以,它所强调的是对东方思想传统的学习与理解。[3]

中国本土的学者也探讨了《易经》与中国文化心理学,他们认为,中国文化中包含着丰富的心理学思想和独特的心理学体系,那么这种中

---

[1] 钟年. 中文语境下的"心理"和"心理学"[J]. 心理学报, 2008 (6). 748-756.
[2] 葛鲁嘉. 中国本土传统心理学术语的新解释和新用途[J]. 山东师范大学学报(人文社会科学版), 2004 (3). 3-8.
[3] 高岚、申荷永. 中国文化与心理学[J]. 学术研究, 2008 (8). 36-41.

国文化的心理学意义，也自然会透过《易经》来传达其内涵。他们在"《易经》与中国文化心理学"一文中，以《易经》为基础，分"易经中的心字"、"易传中的心意"和"易象中的心理"等几个方面阐述了《易经》中所包含的"中国文化心理学"。同时，他们也将比较与分析《易经》对西方心理学思想所产生的影响，尤其是《易经》与分析心理学所建立的关系。例如，汉字"心"的心理学意义可以是在心身、心理和心灵三种不同的层次上，表述不同的心理学意义，但以"心"为整体，却又包容着一种整体性的心理学思想体系。比如，在汉字或汉语中，思维、情感和意志，都是以心为主体，同时也都包含着"心"的整合性意义。这也正如"思"字的象征，既包容了心与脑，也包容了意识和潜意识。[①]

应该说，中国文化、中国哲学、中国传统中的心理学是非常值得挖掘的。当然，这不仅是文化、哲学和传统中的心理学思想和心理学古董，而且也是特定的心理学形态和心理学资源。问题的关键在于找寻中国本土心理学的核心理论。这就是心性学说，这就是心性心理学。而在此基础之上的发展就是中国心理学的当代创新。

有的研究者曾试图把中国的新儒学看作中国的人文主义心理学。但是，这种研究仍然没有很好地说明西方的人本主义心理学与中国的人本主义心理学的联系和区别。在该研究者看来，与西方心理学以科学主义为主体的"由下至上"的研究思路不同，中国传统心理学探究走的是"由上至下"的研究路线，即从心理及精神层面最高端入手，强调心理的道德与理性层面，故其实质是人文主义的。现代新儒学作为人文主义心理学研究典范，具有心理学研究"另一种声音"的独特价值与意义。现代新儒学研究背景及思路的展开，呈现出以传统心理学思想为深厚根基的中国近代心理学的独特个性与自信。这是现代新儒学对中国心理学的最大贡献。中国心理学发展由于其特殊的历史条件，在进入近代时期开始明显地区分为两条路线：一条是直接从西方引进的科学主义心理学，如果说这一路线是外铄的结果，那么另一条则是自生的人文主义心理学。近代时期不仅是中国科学心理学的确立与形成期，更是中国人文主义心理学在与外来文化的对撞、并融中，对自身特质的首次自觉、反省与确证，而现代新儒学无疑是担当这一重任的主角。西方心理学中的科学主

[①] 申荷永、高岚. 易经与中国文化心理学［J］. 心理学报，2000（3）. 348-352.

义和人文主义主要是源自心理学学科的双重属性，且人文主义更多是科学主义的附属与补充。中国近代心理学的科学主义和人文主义，从根本上来看，则是由本土文化繁衍的人文主义对自西方外铄而来的科学主义的抗衡，相比于西方人文主义的阶段性与工具性，本土人文主义具有更多的主动性与自觉性。作为中国思想文化组成之一的中国心理学，将以其独步样式影响并带动西方心理学共同实现人性的真实回归也并非奢望。而这也是现代新儒学之于中国心理学的最大贡献所在。[1]

儒学也好，新儒学也好，其最大的心理学贡献应该是儒学的心性学说，是儒学的心性心理学。科学主义和人文主义的分离、分裂和分立是西方文化传统的特产。在中国的文化传统中，原本就没有这样的分离、分裂和分立。从中国本土心性心理学，或者说从中国儒家的心性心理学传统，可以提取、发展和创新的是心道一体或心性统一的心理学。所以，没有必要按照西方的方式来开发中国本土的心理学。

第四节　心理成长的文化差异

有研究者认为，文化的因素在人生的不同阶段起着不同的作用，从人类个体的幼年到成年，文化因素的影响力会逐渐增长。毕生发展的研究观点使得文化的相关性变得更加重要。从文化上来看毕生发展，可以发现在不同的社会文化背景中，人们以不同的方式度过和理解不同的人生阶段。[2]

有研究者指出，文化可以划分或体现为两种模式，即个体主义文化和集体主义文化。个体主义文化倾向于把注意的焦点放在个体身上，强调个体的独特性、独立性、自主性，强调个体与他人和群体的不同；而集体主义文化则把注意的焦点放在群体或社会水平上，强调和睦的关系、人际的相互依赖、个人为集体利益所作的牺牲、个人对社会的义务和职责、个体在群体和社会中所扮演的角色，等等。个体主义和集体主义的

---

[1] 彭彦琴．另一种声音：现代新儒学与中国人文主义心理学［J］．心理学报，2007（4）．754-760．

[2] 史密斯（严文华等译）．跨文化社会心理学［M］．北京：人民邮电出版社，2009．100-105．

文化在以下几个方面存在着明显的差异。

一是自我概念的含义不同。在不同的文化模式下，人们形成含义截然相反的"自我"的概念。在个体主义的条件下，个人是社会的中心，观察和分析问题的落脚点都是在个人的自我水平上。在这种文化模式下，个人的"自我"被看作自主的、独立的，不同于他人的"自我"，也独立于群体和社会。个人在做出决定时，其参考系是自我的种种特性和能力，考虑的是个体内在的价值和特征，社会的要求和群体的期望是第二位的。个体主义的文化要求人们成为独立的自我，并确立自我区别于他人的独特性质。与之形成鲜明对照的是，在集体主义的条件下，个人的"自我"并非独立的，自我和他人之间的界限并不是那么截然分开的，自我同他人相互依赖，共同构成了一个群体（如家庭）。个人决断的作出首要参照的是集体的要求和社会的规范，自我的内在特性、价值地位、个人潜能是次要的。

二是行为目标的性质不同。在个体主义的文化条件下，由于自我是独立的，对于个体来说最重要的是确立自我不同于他人的独特品质，因而个体行为的目标是实现个人内在的潜能与价值，而行为的这种目标往往同群体的目标是不一致的。在冲突的目标面前，个体主义文化条件下的人给予个人的目标以优先权，首先考虑的是个人的价值和目标的实现。然而对于集体主义文化条件下的人来说，个体主义行为的性质无异于"自私自利"，是应该受到文化谴责的。在集体主义的文化中，自我和他人之间是相互依赖的关系，个人的自我仅仅是群体的一个组成部分，自我只有同他人组合成相互依赖的群体才是完整的，因而个人行为目标不是弘扬自我的独特性或个人的自我实现，而是怎样与群体的目标保持一致，在维护群体的一致性方面作出贡献。

三是决定行为的因素不同。社会行为的决定因素繁杂多样，难以用简单明了、整齐划一的方式来加以测定。但是，集体主义和个体主义两种文化模式的确影响着行为，使得人们产生不同的行为倾向。在集体主义的条件下，自我的内在价值，自我的独特品质不是强调的中心，人们更关注群体利益和群体目标，因而在这种文化中，行为的决定因素更多在于社会规范、家庭责任和社会义务。在个体主义的文化模式中，决定行为的首要因素是态度、个人需要、天赋的权利等。

四是社会关系的倚重不同。在集体主义的文化条件下，由于自我并不是独立的和自主的，而是与他人相互依赖，彼此共同构成了一个紧凑的群体，因而在这种文化条件下，人们更关注社会关系的重要性，更重视与他人的和睦相处和互帮互助。但是，在个体主义的文化条件下，社会中的人们并不把社会关系看得那么重要，因为每个人都是独立的，个人的一切都需要依赖自身的勇气和力量。因而在这种文化条件下，人们在作出决定之前，首要考虑的不是关系，而是个人的利害得失，是在反复权衡收益和损失的基础上，才能理智地做出自己的决定。①

心理的差异、文化的差异、心理文化的差异，必然决定了和导致了心理成长的不同的目标、不同的导向、不同的中心、不同的重心、不同的路径、不同的结果。这成为人的心理成长的不可忽视的方面。

第五节　心理成长的文化沟通

跨文化发展心理学是发展心理学的一个组成部分，是跨文化心理学比较研究的一个重要分支。发展心理学研究人类心理系统发生发展的过程和个体心理发生发展的规律，而跨文化发展心理学的目的在于研究不同文化背景中不同年龄的个体行为表现或心理发展的类似性和差异性。跨文化发展心理学的成果有助于解释人类行为的起源及其发展过程，有助于区别在文化依赖和文化独立两种情况下产生、发展的行为，还有助于揭示影响儿童如何仿效成人行为的各种因素，如家庭结构、宗教、经济状况等。文化发展心理学的基本特征就是比较研究不同文化背景下儿童经验和行为以发现文化因素对儿童心理发展模式的不同影响。它采用的方法就是跨文化研究和发展研究二者方法的密切结合。跨文化研究就是力图从人们跨越地理环境的各种历史活动中去发现和把握各种不同文化的形态差异，探讨文化的静态结构，而发展研究是指从人类个体的胚胎期开始一直到衰老的全过程，探讨个体心理如何从简单低级水平向复杂高级水平的变化发展。②

目前，关于跨文化交流研究的一个重要的课题是关于文化适应的研

---

① 叶浩生. 文化模式及其对心理与行为的影响[J]. 心理科学，2004（5）. 1032-1036.
② 王亚同. 论跨文化发展心理学[J]. 心理发展与教育，1991（1）. 37-42.

究。文化适应的经典定义是：由个体所组成，且具有不同文化的两个群体之间，发生持续的、直接的文化接触，导致一方或双方原有文化模式发生变化的现象。早期的文化适应研究是由人类学家或者社会学家所组织进行的，并且一般都是集体层次上的研究，他们探讨的通常是一个较原始的文化群体，由于与发达文化群体接触而改变其习俗、传统和价值观等文化特征的过程。心理学家在这一领域的贡献主要是最近几十年来的工作，他们通常更加注重个体这个层次，强调文化适应对各种心理过程的影响。

首先是单维度模型。最初的文化适应理论是单维度的，或单方向的。这一理论认为文化适应中的个体总是位于从完全的原有文化到完全的主流文化这样一个连续体的某一点上。并且，这些个体最终将到达完全的主流文化这一点上，对于新到一个文化环境的个体来说，其文化适应的最后结果必然是被主流文化所同化。同时，个体受到主流文化的影响越多，原有的民族文化对他的影响就相应地越少。其次是双维度模型。单维度模型在20世纪前期和中期占据着统治地位，但是自20世纪70年代以来，越来越多的心理学家对单维度模型提出了挑战。一些心理学家相继提出了他们的双维度模型，并且得到了许多实证研究的有力支持。两个维度分别是保持传统文化和身份的倾向性，以及和其他文化群体交流的倾向性。这两个维度是相互独立的，也就是说，对某种文化的高认同并不意味着对其他文化的认同就低。根据文化适应中的个体在这两个维度上的不同表现，可以区分出四种不同的文化适应策略：整合，同化，分离，边缘化。第三是多维度模型。随着心理学对文化适应研究的深入，一些心理学家甚至提出了从三个或三个以上的维度来研究文化适应。在双维度基础上增加的一种维度，就是当主流文化群体承认其他文化的对等重要性，并追求国家的文化多样性时，就出现了与"整合"相对应的"多元文化"。这一策略已开始在全球范围内获得越来越多的重视。第四是融合性模型。文化适应中的个体实际上面对的是一种全新的"整合的文化"，而不是单一的主流文化或原有文化。这种整合的文化可能包含了两种或多种文化中所共有的精华部分，也可能包含着某一或某类文化所特有的却不突出的内容。

跨文化心理学中的文化适应研究越来越多，也涉及许多方面，但总体来说可以归为两大类。一类是文化适应理论方面的探讨，主要有理论框架的讨论、比较，以及量表的发展和修订；另一类则是探讨文化适应与各种心理过程和行为方式的关系，其中研究得最多的是文化适应对身心健康的影响。文化适应研究对中国本土具有重要的意义。首先是在全球化背景下我国与其他国家在文化交往、融合的过程中所产生的文化冲击和文化适应问题；其次是在我国日益加速的城市化进程中，大量的农民工进入城市后面临的文化冲击与文化适应问题；最后是我国少数民族在与汉族的交往和融合过程中所产生的文化冲击和文化适应问题，这也是一个非常值得关注的问题。[①]

不同的心理文化之间的沟通，将会给人的心理成长带来丰富性和复杂性。这在当代的开放性、交互性、流动性等的文化碰撞之中，已经非常鲜明地得到了体现。当封闭性被解除之后，有关心理成长的心理文化之间的沟通就成为常态。关于心理成长的心理文化的多元化的把握，多样化的理解和多重化的互动，就自然转换成为心理成长的最为重要的心理资源和文化资源。

第六节 心理成长的文化促进

目前，心理学研究主要涉及的不是心理成长，而是心理健康。当然，这是两个彼此相关的问题。有研究者考察了心理健康教育的文化意蕴。中西方文化的差异，使人们的心理健康问题的表现也存在差异。在个体主义文化为基础的西方文化中，人的心理问题主要表现为自我中心主义、自我人格分裂、孤独感等。在集体主义文化为基础的中国文化中，人的心理健康问题更多表现为自我压抑、自我冲突、焦虑、抑郁等。当然，随着社会的变迁和多元文化的碰撞，中国传统文化对现代人的心理健康的影响将会变得越来越复杂，但其所具有的积极作用却是毋庸置疑的。

心理健康教育的积极应对包括如下的几个重要方面。一是树立生态化的心理健康教育理念。生态化的心理健康教育观认为，人的心理和行为是主体与其环境相互作用的结果，每个人既是独立的又与社会环境密

[①] 余伟、郑钢. 跨文化心理学中的文化适应研究 [J]. 心理科学进展，2005 (6). 836-846.

不可分，人与环境系统失衡就会产生心理功能障碍。心理健康教育的重要任务就是要促进个体与社会系统达成协调一致，从心理层面而非仅仅从行为层面促使个体适应社会环境，并在社会环境中得到充分和自由的发展。二是建立本土化的心理健康标准。心理现象就其起源、发生和发展来讲，会受到文化因素的制约，都是植根于具体的历史和文化之中，并打上了深深的文化烙印。心理健康标准是心理健康概念的具体化，是不同心理观和心理健康观的反映。对心理健康标准的不同认识和确定，是不同文化内涵在心理健康问题上的体现。在不同的社会文化背景下，由于人们心理观和心理健康观的差异，使得人们关注心理健康的侧重的方面不同，衡量的依据也有不同。三是建构专业化的心理辅导机制。不同的文化模式影响着个体对心理问题的处理思路和处理方式。不同文化背景下，人们对待心理问题、调适心理健康的方式确实存在差异。重要的是逐步建立起专业化的心理咨询和辅导机制，从而提高心理健康教育的实效；四是探索发展性的心理健康教育模式。不同的心理健康教育模式反映了不同文化影响的印记。国内外采用的心理健康教育模式从宏观上大致可以分为四类。首先是医学模式，采用心理治疗方法，目的是消除心理疾患。其次是社会学模式，采用行为矫正技术，目的是改善心理和行为障碍者的社会适应性。再次是教育学模式，采用心理辅导法，目的是促进学生的自我发展。最后是心理学模式，采用专门的心理咨询和辅导技术，目的是解决或消除某些心理问题。[①]

有研究者是从中国本土文化传统中去寻求引导人的心理健康的思路和方式。这实际上是确定和确立了关于人的心理健康乃至于心理成长的本土的心理文化传统。这种心理学的传统是关于人的心理成长的心理文化资源。显然，这是对人的心理成长的心理文化促进。这种思路和方式是按照如下的一种等级差异来确定的。

一是信仰与养性的思路。信仰与养性的思路是指通过培养人的生存信仰，来解决人的生存问题，包括解决心理问题的理论和方法。其特征是，通过教育，培养人的信仰，从而统合、控制，甚至压抑心理问题，客观上起到维护心理健康的功用。它们偏重于在人的生存价值和心灵层面上作用。这一思路体现在儒家、道家和佛家的学说中。儒家是正面控

[①] 任其平. 心理健康教育的文化意蕴［J］. 教育研究，2007（10）. 49-53.

制，即发挥主体性，控制引发心理冲突或困惑的事件，解决心理问题；道家是采用退让，弃智守朴，去用取无，以下为上来处理遇到的困境；佛家则是化解，把生存困惑化解为其他方面，以来生化苦、超脱轮回来解决人的困境和问题。

二是养生与治身的思路。养生与治身的思路是指在中国传统文化中，那些通过生理（身体）和精神控制、调整或治疗，来实现健康（包括心理健康）的理论和方法。这具体表现在中国传统的养生学说和中医治疗精神疾病的学说中。传统的阴阳五行学说、藏象学说和经络学说是养生与治身思路的理论基础。阴阳五行学说解释世界的起源和变化的机制，藏象学说主要是解释身体的结构和功能，经络学说则说明身体的不同部分和结构如何相互联系的。这完整地解释了人的物质结构与生理机能、精神的相互作用过程。养生与治身的思路有两种相关的做法：精神养生和身体养生。前者类似于通常所说的心理保健，后者类似于现在所说的心理治疗。

三是迷信与功利的思路。这是属于民间的方式和手段。迷信与功利的思路是指通过带有神秘性的、超现实的某种人物或事物的中介来调整心理，克服心理问题，解除精神苦恼的主张和方法。这一思路表现在各种各样的民间文化中。从心理健康的角度看，迷信与功利的思路主要表现在以下两个大的方面：其一，具有心理调节作用的民间文化。主要有"缘分"观念，"报应"思想，天命文化。其二，具有心理治疗作用的民间文化。常见的形式有民间的宗教、算命、巫术，等等。[①]

如果把上述的三个思路或三个阶梯看作一种等级差异的提升过程，或者说将其看成是从迷信，到养生，到信仰，或者说将其看成是从功利，到治身，到养性，这样的升级过程也就是一种特定的成长历程，也就是一种心理的成长历程。人生的道路、生活的演进、心灵的扩展、精神的提升或心理的成长，中国的本土文化为此提供了一种人生智慧，本土的心理文化为此确立了一种心理道路。这也可以成为心理成长的阶梯。

[①] 景怀斌. 传统中国文化处理心理健康问题的三种思路 [J]. 心理学报，2002（3）. 327—332.

第十七章 文化生态与社会心理

文化的视角被认为是社会心理学研究中的文化学的取向。可将文化心理学定义为研究人的文化心理或文化行为的一门具有边缘性质的独立学科。对种群、种族和文化中的个人来说，文化心理或文化行为的形成过程即刺激的价值或意义的创造和取得的过程，是心理与文化的相互建构和生成的过程。由于刺激的意义或价值对于特定的文化语境中的人来说都是特殊的或者是有差异的，因此，对其研究应在具体的文化语境中体验、认识、解释与探究。再由于文化心理学具有交叉和边缘性质，因此其研究方法或方法论是多元的，需要多种方法的综合运用。

第一节 社会心理的文化环境

文化学的社会心理学是从文化视角出发的探索。人的存在也是文化的存在，个体也是文化的承载者和体现者，其心理也就具有文化的性质。文化学的社会心理学所关注的是文化传统、文化变迁、价值取向、行为规范、文化人格。文化传统是指社会文化的历史积累和历史传承。文化变迁是指或由于民族社会内部的发展，或由于不同民族之间的接触，而引起一个民族的文化的改变。价值取向是社会和文化的价值定位和价值赋予，这决定了社会中的成员的心理行为的定向和定位。某种价值观一旦对人的认知与行为具有经常的导向性，就称为价值取向。所谓价值取向，即价值标准所取的方向，亦即价值的指向性。从价值观的角度，价值的指向性就是价值取向。无论是取向还是指向，其实质都是以谁为价值主体，并对价值主体的需要、目标和理想作何理解的问题。价值信念或价值取向组成一套互相关联的系统，则可称为价值体系。价值信念、价值取向和价值体系可统称为价值观。行为规范是社会、群体和个体的行为准则和行为标准，是社会生活、群体生活或个体生活中，对成员心理和角色行为的约束。文化人格则是指在文化塑造下的人的心理行为的稳定特征。

　　人类学的社会心理学关注和涉及的核心概念包括：种族心理、民族心理、国民性格、人格模式、生活方式、代际差异。种族心理是族群共有的心理模式或行为方式。民族心理主要指一个民族作为一个大群体所具有的典型心理特点，也包括该民族的成员个体身上所体现的这些心理特点。民族心理特点是特定民族在长期的自然环境与社会环境的制约与历史文化的积淀过程中形成的，并通过一定的生产和生活方式及各种文化产品得以表现，如生活习俗、道德观念、生产行为、交往行为以及艺术、体育活动等。国民性格包含国民的政治意识、自我意识、价值观念、社交准则、普遍素质、心理特征等。国民性格是一个国家民族最主要的内在特征。人格模式则是社会文化背景中的社会人群心理行为的整体性特征，或构成方式，或结构形态。生活方式是一个内容相当广泛的概念，这包括人们的衣、食、住、行、劳动工作、休息娱乐、社会交往、待人接物等物质生活和精神生活的价值观、道德观、审美观。这些方式可以理解为就是在一定的历史时期与社会条件下，各个民族、阶级和社会群体的生活模式。生活方式是人的社会化的一项重要内容，决定了个体社会化的性质、水平和方向。代际差异也称为代沟，是指两代人在思想观念、价值取向、心理特征、行为方式等方面的不同和差异。这涉及不同代人多元的价值和多样的文化。在不同代社会群体之间，会有上一代人对下一代人的哺育，也会有下一代人对上一代人的反哺。代际差异涉及的是传统与未来之间的关系。

　　文化学的社会心理学关注和涉及的核心概念包括：文化传统、文化变迁、价值取向、行为规范、文化人格。文化传统是文化的独特构成、独特产物、独特机制、独特发展。文化变迁是指或由于民族社会内部的发展，或由于不同民族之间的接触，因而引起一个民族的文化的改变。涵化是文化变迁的一个主要的内容。涵化是文化变迁理论中的概念，美国人类学家称之为 acculturation。在人类学中，文化的适应、涵化、同化的概念包括了由社会影响所带来的变化的含义。在社会学中，社会变革的起源构成了社会运动的社会变化主题。在心理学中，变革特别是在个体的分析水平上得到了探索，如关于学习的研究，关于临床干预的探讨，等等。涵化就是社会变革的独特形式，与社会文化变革是同义的。[1] 涵化是由个体所组成而具有不同文化的群体，发生持续的文化接触，导致一方或双方原有文化模式的变化现象。价值取向（value orientation）是指一种价值偏好经过长久演变而成为影响重大的基本信念。数项价值信念或价值取向，如能组成一套互相关联的系统，则可称为价值体系（value system）。价值信念，价值取向和价值体系皆可统称为价值观念，或者简称为价值观。某种价值观一旦对人们的认知与行为具有经常的导向性，就称为价值取向。所谓价值取向，即价值标准所取的方向。从本体论的角度看，可以将价值取向称为价值的指向性。从价值观的角度看，价值的指向性就是价值取向。然而，无论是取向还是指向，其实质都是以谁为价值主体，并对价值主体的需要、目标和理想作何理解的问题。行为规范是社会规范的重要组成部分，是人的心理行为所依据的最基本的准则。行为规范会体现在文化的基本构成之中，并通过文化的方式延续和流行。在人的社会生活之中，行为规范是通过人的社会化所接受和遵从的行为的准则、行为的约束和执行的条例。文化人格是与文化传统、文化体制、文化构成、文化规范、文化价值等相一致的人格模式、性格特质、行为习惯。

第二节 社会心理的文化性质

文化的视角被认为是社会心理学研究中的文化学的取向。可将文化心理学定义为研究人的文化心理或文化行为的一门具有边缘性质的独立学科。所谓文化心理或文化行为，是指人在一定的语境中具有的对一定的文化刺激所做出的该文化所规定的反应，即特定文化中的人内在固有的对刺激的解释和以此为基础表现出的行为模式或方式。所谓文化刺激，是指某一种群或种族在其进化和发展中，根据自己的需要或一定的目的，而赋予一定意义或价值的刺激，即对该种群或种族的人具有特定意义或价值的刺激。换言之，文化心理或文化行为是个体依据赋予刺激的特定

---

[1] Chun, K. M., Organista, P. B. and Marin, G. (Eds.). *Acculturation-Advances in Theory, Measurement, and Applied Research* [M]. Washington, DC: American Psychological Association, 2003.4-5.

意义或价值所表现出的心理或行为。对种群、种族和文化中的个人来说，文化心理或文化行为的形成过程即刺激的价值或意义的取得过程，是心理与文化的相互构建过程。由于刺激的意义或价值对于特定的文化语境中人来说都是特殊的或者是有差异的，因此，对其研究应在具体的文化语境中体验、认识、解释与探究。再由于文化心理学具有交叉和边缘性质，因此其研究方法或方法论是多元的，需要多种方法的综合运用。这包括有实证的方法，也有解释的方法；有量化的方法，也有质化的方法；有客位的研究策略，也有主位的研究策略。[1]

文化向度一旦被纳入社会行为的考察范围，立即就使社会心理学关于社会行为的研究进入了一个广阔的领域。借助于文化研究，社会心理学走进了一个五彩缤纷、各具特色甚至是"千奇百怪"的人类行为的大世界。文化是社会行为的最根本的决定因素，无论是社会群体中的相互作用还是个体对于一定社会事物的反应，都是受制于某种特定的文化的。因此，由于文化的不同，在不同的社会里便存在着不同的行为模式。同样，一个社会中由于拥有某种共同的文化（如习俗），其成员便对某类特定的事物作出相对一致（不是共同）的反应。这种结论对于社会心理学来说至少有以下两方面的启发意义：第一，在某一特定社会中所获得的关于社会行为的结论不能简单地推及整个人类社会；第二，社会心理学必须将建立在文化模式基础上的社会行为模式纳入自己的研究视野，这既是正确把握社会行为本质的需要，更是建立完整的社会心理学学科体系的需要。许多社会心理学家已经充分意识到了文化在社会行为中的决定作用，自觉地反省实验主义给社会心理学带来的局限，不仅力图恢复社会心理学的欧洲人文主义传统，而且也正在通过对文化科学成果的吸纳，使以社会行为为研究对象的社会心理学的学科体系不断地得到完善和发展。可以肯定地说，没有对文化的研究也就没有真正意义上的社会心理学。[2] 有研究就对人类的合作和利他的心理行为进行了考察和探索。该研究既探讨了有关合作进化的理论工作，也涉及了来自实验室和现场实验的范围广泛的实验结果。在理论的前沿，提供了整合文化、心理、

---

[1] 李炳全、叶浩生. 文化心理学的基本内涵辨析 [J]. 心理科学, 2004 (1): 62-65.
[2] 马广海. 文化研究的社会心理学意义 [J]. 山东大学学报（哲学社会科学版），1999 (4). 93-97.

进化的理论框架。[①]

文化学取向的社会心理学是将文化的存在、文化的构成、文化的传统、文化的演变、文化的决定、文化的现实，放在了理解人的社会心理或社会行为的最为重要的和决定性质的位置上。这最终决定了人的存在的性质、人的心理的性质、人的发展的性质。在人的社会构成和社会生活之中，文化的存在和文化的濡染，就成为核心的和根本的方面。在人的心理构成和社会行为中，文化的人格、文化的心理、文化的情感、文化的行为则都是本质的和基础的存在。文化论的或多元文化论的思潮也就广泛地影响到了社会心理学的理论的基础、探索的方式和具体的研究。

第三节 社会心理的文化塑造

有研究通过跨文化心理人类学的角度考察了人格与文化特性的关系。研究指出，文化特性是由一定文化群体的成员，在其一系列的行为活动中表现出来的。属于一个群体共同的和稳定的行为内在倾向，直接源于这个类群人格动力系统的制导作用。一个民族的人格及特征，则是这个民族的历史、生态环境、社会生活事件以及某些复杂而微妙的社会生物因素的综合产物。按照心理人类学普遍的看法，一个民族或种族共同性的人格特征，是群体遗传和生活经历相互作用的结果。人类丰富多彩的文化特性，不过是各种人格类型特征的变项，是不同群体人格类型体现出来的文化多态性。各自不同的文化特性，是各个民族在自身的历史变迁中所经历的人与文化生态互为选择、自然融合的结果。这也就必然使每一个民族在自身的人格体系中建立起稳定而独立的精神气质，这包括一个民族特定的历史传统、风俗习惯、价值观以及种族的生态特性等因素的积淀。

有研究考察了心理人类学关于情绪的长达半个世纪的探索。研究表明了，时过境迁，在"人格与文化"的研究之后，人类学又历经了象征主义、结构主义、解释主义等诸多的研究范式，关注的焦点也从"探讨

[①] Henrich, N. and Henrich, J.. *Why humans cooperate-A cultural evolutionary explanation* [M]. New York: Oxford University Press, 2007. 3.

人格的形成与跨文化的差异"转到了文化内部，指向了个人对于该文化的不同解释、实践与表达。与此前"文化与人格"学派相区别，解释主义之后的人类学不再将文化作为整体赋予个体无差别人格特征，而是关注心理情绪层面的认知与表达，使得情感、情绪研究进入人类学的视野。从跨学科的角度看，情绪研究强调了情绪与社会生活、文化意义之间的关系，并将情绪视为联结心智与身体、自然与文化、个人与社会等二分论述的一个中介物。尤其是社会学和人类学的一些研究者认为，特定的情绪概念与情绪范畴，不仅是文化与历史脉络的产物，更与社会生活息息相关。

随着认知与符号、象征、阐释等认识论哲学思想进入人类学研究领域，人类学和心理学等学科一样，从关注人的理性行为，进入人的感性乃至非理性领域的研究之中。将情绪分析与社会背景、政治、权力、阶级与控制结合在一起，情绪分析被纳入更大的社会领域之中，打开了社会科学各学科之间建构对话的可能性。情绪在人类学研究领域中成为一个以文化为中心的现象，而不再是被假定的生物普遍性为本质的生理现象。情绪不仅能够展现社会常态下的文化社会生活，而且当人们情绪展现变得反常的时候，同样可以提供解读文化信息的符号。人类学家正是通过多元的途径来印证了情绪由多元文化构建，并通过多元文化表达的核心特征。①

人的社会心理行为具有文化的性质。人的存在也就是文化的存在，人类文化也体现和包含着心理行为的层面。人创造了自己的文化，文化延续成为特定的文化历史和文化传统。人就生活在自己的文化背景和文化传统之中，人通过文化濡染和文化塑造，而形成了自己的文化心理和文化人格。文化氛围、文化历史、文化环境、文化体制、文化创造，都密切关联着心理构成、行为方式、人格模式。这就是人的文化心理、文化行为和文化人格。

---

① 马威. 五十年来情绪人类学发展综述——心理人类学发展的趋势［J］. 广西民族研究, 2006（3）. 60-66.

第四节　社会心理的文化表达

　　文化学取向的社会心理学的研究包括了对文化与人格的研究，对文化与自我的探索。或者是在文化学取向的社会心理学研究中，经历了从文化与人格的研究到文化与自我的探索的重要的转换。这实际上体现在了心理人类学的研究重心的转移或转换之中。心理人类学的研究重心从文化与人格转向文化与自我，体现了如下两点。首先是人类文化的回归，亦即从立足于文化，通过文化来理解心理，回归到立足于心理，通过心理来理解文化。文化不再是一种外在于人的抽象的存在，不再是从外部对人的塑造和控制，而是人的自我创造，亦即人的自我决定。其次是日常生活的凸显，亦即从立足于人的抽象心理人格，转向了立足于人的日常心理生活。人的心理生活是人的最直接的现实体验，这是人主动构筑的。人对自身的心理生活有什么样的把握和理解，也就会构筑什么样式的心理生活。而且，这种把握和理解有其文化的传承。上述两点，对于全面和深入地理解文化与人类生活、文化与心理生活的关系，都具有重要的学术和生活意义。西方社会心理学的发展有过忽视文化而导致的危机，因此也就有了关注文化的研究转向。文化学取向的社会心理学不但探索了文化心理，也探索了多元文化与社会心理学研究的关系。

　　社会心理学与文化心理学是彼此密切关联的心理学分支。文化心理学的兴起和热潮是近些年以来心理学研究的中心和重点。有研究指出了，目前人们主要是从两个方面来界定文化心理学的内涵：一是从研究对象和研究内容上，一是从研究方式和研究方法上。前者实际上是要求拓宽心理学的研究范围和内容，从新的角度开展心理学研究。后者实际上是要求突破传统心理学的立场观点和方法，克服其研究方法的不足。文化心理学是研究心理的文化意义的一门学科。"文化"是有意识的人类活动，因而就具有人的意义。人在进入文化创造和从事文化活动之前，只是自然界中存在的一个物种，还算不上真正意义的人。正是文化使人成为人，使世界成为人的世界，使自然现象具有了人的意义，使心理行为成为人的现实。人在社会生活实践中，逐步地通过心理的活动，在促使了外在自然人化的同时，也导致了内在心理自然的人化。从而，这创造出了一个意义或价值的世界，并通过意义或价值把人与自然、人与他人和人与文化等联系了起来。进而，则是以意义或价值为中心来构建自己的心理观念、生活方式、社会制度等。正是这种以人的存在和性质为中心，从人的立场和视域去出发，文化才得以形成，世界才有了意义，万物才具备价值。心理与文化的相互建构是文化心理学的基本观点和研究内容。心理是与外在文化世界相应的内在世界，而文化是对外在文化世界的心理展现。作为一种新的心理学研究思路或研究方法的文化心理学，心理学研究必须要以实际的文化语境为起点和归宿。因为人生活于特定的文化中，文化是人生活的基本方式，所以心理学研究必须以文化情境为起点和归宿，并在具体的文化语境中去进行。文化心理学可以采用主位研究的方略进行研究。主位研究强调文化心理行为与当地的地理环境、社会文化、历史语境等具有的密切关系，研究就应该在其中进行。文化心理学研究主要就是采用了这一方略。

第五节　社会心理的文化资源

外部环境是影响行为的重要变量，但其运作方式则是人与环境的双向选择的互动作用。任何环境因素，在经历了人的长期改造之后，只是作为人的对象化活动的产物而存在。人实际上是生活在文化生态圈中。人格是在群体的生态性适应活动中建立起来的。人对特定的自然与社会生态环境适应方式的选择，将决定着人格行为倾向的特征。这一过程首先发生在人格的微观社会生物学基础上，即大量信息编入种群基因的编码中，从而以这个群体固有遗传频率在代际间进行表达。

行为模式上的这些差异来自人格对自身机体和环境因素及相互关系的整合作用，其基本意义在于调整群体的生态适应性，并能够在某种特殊的生存方式中保存和发展自己独特的文化价值。这是一个种族生态特性的形成和演变过程。不同种族群体各自独特的行为方式，实际上这正是人格在复杂整合的漫长历史中确定下来的，是千百次生态调适、价值选择、劳动分工等活动在人格中的编织与修改的结果。

由于不同文化所处的时空条件上的差异，因而衡量某一文化特性的适应力、生活质量以及生态均衡性，主要应从人格这种内在尺度去评价。

因为人格的民族自我意识及其多方面素质，实际上正是群体内聚力适应力、健康水平以及创造力等方面的全面反映。民族自我意识的价值观和生活态度，则体现为成员对生活方式的选择与评价。这在群体成员自我意识中统一性的程度，反映着文化的内聚力和完整性的状况。[①]

[①] 王曙光.人格与文化特性——跨文化心理人类学的研究 [J].社会科学研究，1991（1）.66-71.

第十八章 文化病理与变态心理

有研究涉及了文化、健康和疾病的主题。研究指出了，跨文化精神病学也可以称之为文化精神病学。这是研究和比较不同文化和不同社会群体中的精神疾病及其治疗的。这实际上是医学人类学的主要分支，也是非常有价值的了解不同文化之中的健康以及疾病与健康的性质的有价值的资源。该主题的研究是由两种不同类别的群体所完成的：一是受过西方训练的精神病学家，他们遇到了在非西方的世界中所不熟悉的心理失调，但却是按照西方精神疾病类别去理解这些症状；二是社会的和文化的人类学家，他们的主要兴趣在于去界定不同文化之中的正常和变态，以及文化对于塑造人格结构，对于影响到心理疾病的根源、表达和治疗的作用。[①] 无论是心理变态还是变态心理，实际都具有文化的尺度、文化的根基，文化的环境、文化的制约、文化的影响和文化的矫正。这成为变态心理学研究中的最为重要的内容，也成为变态心理学理论中的最核心的解说，也成为变态心理学治疗中的最为根本的方式。因此，从文化入手去理解和把握变态心理，就为变态心理学的研究设立了更为全面的思想理论框架，以及更为有效的解说治疗的思路。

第一节 变态心理界定的文化尺度

有学者考察了精神疾病的文化相通性与文化相对性。研究认为，关于文化对精神疾病的影响，目前存在两种不同的观点。一种观点认为，精神疾病是普遍存在于不同文化中的客观事实，精神疾病并无文化特异性；另一种观点则认为，精神疾病是相对于文化而言的，其本质、表现

[①] Helman, C. G.. *Culture, health and illness* [M]. London: Hodder Arnold, 2007. 245.

和预后都依文化的不同而不同。20世纪初期的比较精神病学是讨论文化与精神病理现象的开端。自此以后，许多西方精神病学家将自己的研究范围扩大到非西方社会，应用西方精神病学的概念研究非西方的精神疾病。20世纪中期以来，北美精神病学家试图比较不同社会中精神疾病的症状和发病率，并用跨文化精神病学来概括相关的研究。20世纪后期，有学者认为，用西方的精神疾病概念去研究非西方社会中的精神障碍的做法应予抛弃，呼吁建立一种"新跨文化精神病学"来取代旧的跨文化精神病学，并批评那些认为西方精神病学类别可以适用于任何文化的学者犯了"归类错误"，提出西方精神疾病的分类只适应于西方社会。"新跨文化精神病学派"称自己的理论模式是文化相对论，称传统的跨文化精神病学模式为文化相通论。

持文化相通论观点的学者与持文化相对论观点的学者一样，都承认文化在精神疾病的病因学中具有一定的地位和占有一定的位置。争论的焦点就在于：（1）在精神疾病的病因学中，文化因素与生物学因素二者中，哪一种是起主要作用的因素？（2）精神障碍在本质上到底是类似于生物学上的"疾病（disease）"呢，还是不同于"疾病"，还是来源于社会文化塑造的"疾患（illness）"？文化相通论者认为，精神疾病特别是精神病有一个基本的生物性"核心"，不论在何种社会文化中，精神疾病的这个生物性"核心"是一致的。他们并不否认文化对精神疾病产生影响，但认为文化只影响精神疾病的"内容"，而不影响精神疾病的"类型"，即精神疾病的生物性实质。文化相对论者认为，正如在某一社会中被认为是正确的文化信念、习俗、规范、行为、感受等不一定适用于其他社会一样，对精神疾病的定义也是随文化的不同而异的。精神疾病在不同的文化中表达特定的文化职能。文化在精神疾病的产生中是起主要作用的因素，精神疾病在本质上是由社会文化所构成的，在这一点上而与躯体疾病不同。文化相对论走向极端即形成激进文化论。这种理论认为，精神现象的"正常"与"异常"完全是由社会文化所决定的，二者之间并无生物学的区别存在。文化相对论者对制定统一的分类系统和诊断标准缺乏热情，他们提倡在不同的文化背景中可以使用不同的、适合于特定文化的分类系统与诊断标准。[①]

其实，在将文化的尺度转换成为临床诊断的标准的过程之中，这所涉及的是生活性的标准与医学性的标准之间的转换或互换的问题，也是医学性的标准与文化性的标准之间的转换或互换的问题。变态心理的临床诊断与变态心理的文化尺度之间，最为需要的是建立起一个彼此能够镶嵌的界面。实际上这也就能够促成将变态心理当成是文化的、社会的、生活的和人性的综合考量的对象。

第二节　变态心理生成的文化根源

早就有研究指出，当人的社会—文化关系发生了变化，而人所形成的一定的人格及其内在的心理品质与行为反应方式却不能作出相应的适应性的变化，或者作出的变化过于迅速或强烈，超出了主体所能适应的能力范围，或者人的社会—文化关系并没有变化，而主体本身的人格及其内在心理品质与行为反应方式却发生了显著改变，同时又不能相应地协调起来，这时，就会出现人的社会—文化关系失调的情况，并可能导致心理的异常。

显然，一切心理行为的变态，都可以在不同程度上归因于人的社会—文化关系出现的失调。就拿最简单的异常心理现象感觉异常来说，发生在癔病患者身上的表现可以非常严重，但却找不出任何神经系统方面的病变，因此可以肯定这只能是社会—文化关系失调的产物。精神疾病中有一类称为"心因性精神病"，都是由精神因素（精神创伤）造成的。所谓精神创伤就是人的社会—文化关系失调的直接后果。不同的社会—文化关系（或环境）不仅制约着人的心理异常表现的内容，而且影响到心理异常的表现方式。同样的一种心理异常，在不同的时代、不同的社会—文化背景下，其表现方式可以是很不相同的。不同的社会—文化关系还会造成一些独特的心理异常表现，而在别的社会—文化关系下

[①] 肖水源．精神疾病的文化相通性与文化相对性［J］．国外医学精神病学分册，1992(1)．9-13．

是不会有的，只是在特定的条件下才会产生。①

有研究探讨了心理疾患的社会文化根源。研究指出了，导致精神疾病形成的心理社会因素，遍及了人格、家庭、社会、文化等诸多方面，而心理异常最深层的根源则是来自文化上固有的缺陷。这也就是说，传统文化本身就存在着促发心理疾患的病态基因。在传统文化的指导下，中国人的早期社会化多经历四个方面的训练：依赖、求同、自抑、忍让。这些训练内容与强迫、抑郁、焦虑、社交恐怖这四类神经症倾向的形成有着直接或间接的关联。

依赖训练是出于中国人代际间的相互依附关系。在中国的家庭中，代际间尽管在尊卑辈分上有明显的划分，但是在人格和自我上却缺乏界限。因父代视子代为己身的延续，故不希望代际间出现断裂，为此要训练子代对父代的服从与依附。在这种强烈依附的代际关系下所进行的依赖性训练，使个体的自我总是处于萎缩状态，同时也缺乏足够的社会生存能力，由于个体的独立性差、适应能力低，一旦在实际生活中面临无以依附的境遇，将不可避免地产生紧张焦虑、恐慌、退缩等神经症倾向。

求同训练是出于传统文化中的从众性。中国是一个不尚异的民族，求同即是墨守大众的成规，抑制自我的异端。为了达到求同的标准，个体不仅要刻意追寻众人的趋向，而且还要不断地束缚自我。求同训练的实质是非个性化，其结果必然导致刻板的生活方式与思维方式，故极易形成强迫性倾向，乃至构成强迫性症状，如产生强迫性观念或强迫性行为。

自抑训练是由中国文化的自制性所要求的，自抑的内容则主要是那些被文化价值体系所贬斥的个人欲望，如对个人思想情绪的自我表现、对个人生存利益的公开追求等。自抑训练必然导致过度的自我控制，而精神疾病的最初倾向便是过度的自我控制倾向，这种自我控制是强迫性的，个体是身不由己地严格实行着这种控制。导致这种过度自我控制的文化根源便是文化本身具有的压抑性。

忍让训练是由中国文化的自谦性决定的。在中国这个注重人际关系的社会里，忍让是保持人际和谐必不可少的能力，同时也是比自抑更强

---

① 张伯源. 心理活动及其异常表现的社会—文化根源 [J]. 心理科学通讯, 1987 (1). 11-15.

大的自制力量。对于中国人来说，人际关系称得上是社会生活里最重要的内容，至于如何掌握忍让的尺度，以便在维护人际关系的和合性与维护自己的切身利益之间寻找平衡，则是每一个体都必须面临的社会问题，同时也是产生心理冲突及心理失调的一个重要的困扰源。①

在人类学的关注之中，在心理人类学的研究之中，与特异的文化相关联的变态心理是非常突出的。这不仅带来了不同的文化所导致的不同的变态心理，而且也带来了不同的变态心理建构的不同的病态文化。

第三节　变态心理存在的文化环境

有研究探讨了文化环境的功能。研究指出了，文化环境与人类的前途、民族的命运、社会的发展、国家的利益、个人的幸福息息相关，是与人类存在和发展的方方面面都密切相连的社会历史现象。文化环境既是人赖以存在和发展的根基，又可以成为制约人及社会进步的强大力量。正因为文化环境对人具有双重效应，努力创造一个良好的、进步的文化环境，对人的健康发展至关重要。

文化环境是一种效应环境，这不是僵化的、枯死的，而是变化的、鲜活的，和人发生互动作用的效应场。文化包括一套工具及一套风俗——人体的或心灵的习惯，它们都是直接地或间接地满足人类的需要。文化环境的效应是对人的效应，因为任何文化创造、文化抉择乃至文化优化，无不围绕人的存在和发展而展开，无不以人的解放、自由、幸福和价值实现为最终目标。因此，关注文化环境，也就是关注人自身。

文化环境是人赖以存在和发展的根基，对人的生存与发展极为重要。文化一旦形成就成为一种具有客观力量的模式和生存环境。每一个文化个体都是被"抛入"文化世界中来的，其生长和发展都以文化环境的存在为前提和依托，以被迫接受文化环境的熏陶、塑造为起点，通过与文化环境间的相互作用，生成中的文化个体逐渐理解、适应、掌握、驾驭、超越文化环境，最终完成从自然人向文化人的转化和生成。文化环境有助于人格的塑造和养成。影响和制约人格形成的因素十分复杂，但对于

---

① 上官子木. 心理疾患的社会文化根源 [J]. 北京社会科学, 1994 (2). 132-139.

文化人来说，文化环境对人格的塑造和养成具有决定性的作用。文化环境为人的发展提供价值指向。任何文化环境都是以某种占主导地位的价值体系为导向。

文化环境中落后保守的方面往往会扼杀人的创造力。人的创造性的发挥自始至终会受到来自环境尤其是文化环境的制约。恶劣的文化环境是病态人格的温床。优质的文化环境则有利于良好、健康、高尚人格的塑造和养成，但是落后的、保守的，甚至是反动的文化环境或者是文化环境中某些腐朽的方面，以及文化环境的失调，往往会制约人们的日常思想和行为，给人的进步和发展带来障碍，造成人格发展的内在不协调，从而容易形成病态人格。文化环境扼杀人的本质的丰富性，阻止人的潜能的全面实现。文化环境异化为文化困境，从而阻碍人的发展。①

心理与环境是共生的存在，具有共生的效应。文化的问题、文化的失序、文化的病态、文化的腐败，实际上可以导致相应的人的心理行为的障碍、疾病和变态。因此，心理问题的发生实际上是文化问题的发酵；心理治疗的进行也就可以是文化疗愈的进行。因此，不仅是从环境可以找到心理变态的根源，而且从变态心理的治疗也可以定位于社会文化的改变。

第四节　变态心理解说的文化含义

有研究讨论了心理障碍的文化建构。研究指出，心理障碍患者可能以某种方式建构他们的心理不适体验，而医生或民间治疗家们可能根据自己的一套文化体制以另一种完全不同的方式进行建构，这种区别的产生源于患者和治疗家所掌握的不同文化，所以说文化在心理障碍的建构中发挥着重要的功能，主要表现在如下几个方面。一是象征功能。象征功能是指文化使文化群体像社会组织那样运作，使身处其中的个体能够认识和表达外部世界并与群体成员之间进行信息交流。在对心理障碍进行界定的时候，人们也是使用具体的符号来进行描述，所以，只有先了

---

① 苗伟. 论文化环境的效应——文化环境的功能论探析［J］. 未来与发展，2011（10）. 12-14.

解符号所处的文化，才能了解符号所代表的心理障碍。因此说，文化决定了心理障碍的表现形式。二是建构功能。文化意义体系建构了事物，否则事物就不会存在，这就是文化的建构功能。疾病分类体系就充分体现了文化意义体系的建构功能，许多疾病分类标准都是集体一致性同意的结果，也就是一些专家互相交流，然后集体决定到底是什么原因导致了特定障碍的出现。三是指导功能。人们创造了文化实体，这些实体就成了文化意义体系的一部分，对人类生活产生冲击并且指导着人类的行为，这就是文化的指导功能。所以说，文化指导着社会环境中的患者、医生和其他人的行为。四是唤起功能。文化实体不仅指导着人类的行为，还会唤起某种情绪。文化提供了个人生活中最具有情感意义的时刻，并唤起人们的某种情绪，幸福或悲伤。

　　文化影响临床诊断事实的第一种方式就是文化基础上的主观经验影响着心理疾病临床事实的建构。文化影响临床诊断事实的第二种方式就是文化基础上的悲伤惯用语。这些惯用语是患者表达自己心理不适的方式。文化影响临床诊断事实的第三种方式就是文化基础上的诊断。就是说，本土医生评估和诊断问题的方式总是与本土文化相一致。文化影响心理障碍临床事实的第四种方式就是文化基础上的治疗。这就是说对心理疾病的合适治疗是由文化和临床治疗模式界定的。文化影响临床事实的第五种方式就是文化基础上的结果，也就是说心理障碍的最终治疗结果会怎样，主要取决于治疗过程中的特定文化。

　　心理障碍的文化建构则强调心理障碍本质上是一种社会文化建构的产物，是人类通过文化建构起来的客观现实，而客观现实的本来面目并不为人们所真正熟知。因此在对心理障碍进行诊断和治疗的时候，文化建构强调利用文化对障碍进行重新建构，改变原有的消极建构，形成一种新的健康认识，从而消除障碍性的认识和行为。因此"文化建构障碍"的观念将会推动心理治疗模式向人文、社会医学模式转变。[1]

　　在任何的文化传统之中，都能够找到有关人类的心理障碍和心理疾病的某种程度上的理解和解说。这成为文化的传统、文化的系统、文化的含义等的一个关系到人类群体和社会个体的心理行为的文化的资源和

---

[1] 付翠、汪新建. 心理障碍的文化建构——健康心理学发展中的新趋向［J］. 心理学探新，2006（1）. 25-29.

文化的依据。那么，关于变态心理的解说就存在着与本土文化相通的含义和意义。

第五节　变态心理矫正的文化方式

有研究曾探讨了文化、社群、治疗与疗愈。研究指出了，在过去的一个世纪中，治疗心理疾病的主导模式一直是由个体治疗师调动个体心理资源进行个体治疗。在发达社会中，该模式是一种稀缺性商品，而社会取向的治愈模式已被淡忘。疗愈的文化和社群模式更关注的是社群中的疗愈，注重公共利益，采用共同体的叙事视角，并将社群纳入疗愈的环节之中。许多传统社会中都存在疗愈性的社会仪式，其中许多方面或许都值得现代社会借鉴：社会—文化治疗关注社群的整体健康、调动社群的资源，并尊重特定社群的价值观和风俗习惯。社群叙事和将社群纳入疗愈过程的干预方式包括：（1）疗愈型社群的结构，包括协同性庆典、赋能性的生活叙事和富有象征性的治疗者个人魅力；（2）文化厚度与复原力之间的关联；（3）调动社群的疗愈资源，该社群仍然保留着有效的疗愈仪式。研究还讨论了如何重振业已丧失疗愈资源的社群。

外来的、非本土的、个体化的治疗模式在全球各地都受到广泛的青睐，并且占据主导地位。当这些模式被输出时，人们假定其是普遍适用的。然而，疗愈或许存在着某些共通之处，但不同文化的疗愈是不同的，因为语言有差异，对病理的感知和对健康的看法也不尽相同。现代文化或许会强调使用谈话疗法和药物来治疗源于环境和生理问题的情绪障碍；而其他文化则可能更重视强身健体、平衡膳食、灵性修炼或深层关系。世界上存在着许多传统社群及其社会取向的疗愈仪式和方法，现代主义者或许能够从中找到可以借鉴之处。健康的文化是可以疗愈的文化。

文化和社群取向的心理治疗面临着两个障碍。一是现代个人主义向非西方社会蔓延，随之而来的则是个体取向的心理治疗被输出，继而与当地本土的社群疗愈模式相竞争。二是对于大多数国家精神健康资源匮乏的情况，为数众多的个体取向心理治疗师也无能为力。对应于社会中的个人主义文化，个体取向的心理治疗在西方已蓬勃发展了百多年。促成改变的主要资源也被认为存在于个体之内，因此治疗师常常被鼓励：

帮助来访者强化主观能动性、探索替代性方案、改变行为模式、管理情绪、消除非理性思维、肯定内在潜能、承担风险、承担适当的责任、识别投射，以及将过度泛化的观念具体化等；而这些方面都是内在的、个体化的心理过程。

心理治疗的理论和实践实际上还可以依赖于特定的文化概念、价值观念、文化实践、符号仪式。注重文化的疗愈方法强调叙事、庆典、记忆、保护、重读传统、畅想未来，并运用的是本土解说。在对社群传统保持敏感性的疗愈方法中，关注点并不局限于个体是否实现自己的梦想，而更注重个体是否有效地社会化、是否融入其所在的社群。对文化传统保持敏感性的疗愈方法是更为社群取向的，会强调个体与所在社群及其文化之间的联结。[1]

关于变态心理矫正的文化治疗方式、文化治疗方法、文化治疗技术、文化治疗手段、文化治疗工具和文化治疗痊愈，已经开始成为文化心理学研究和探索所非常关注的中心和重心。这实际上是将变态心理矫治的视野和方式扩展到了文化的存在、文化的干预、文化的疗愈。文化的传统、文化的资源、文化的释义、文化的工具都将在心理治疗的实施过程之中得到重视和强化。

---

[1] 杜艾文等.文化、社群、治疗与疗愈［J］.社区心理学研究，2017（1）.135-173.

第十九章　文化资源与心理治疗

有涉及文化精神病学的研究认为，全球化是复杂的、广泛的社会现象，为心理健康的服务提供了挑战和机遇。这关系到服务的提供者和使用者的日益增长的文化的多样性，关系到移民对心理健康的影响，关系到培训、政策和教育的国际协议的履行。这种对生物、心理和社会的精神病学原则的鲜明回归，以及对全球化的积极应对，将会促进适合于患者变化的需求的有效的诊疗模式的发展。[1] 有研究则指出了，当代的心理健康的实践者广泛地认识到了心理治疗之中的文化问题的重要性。在心理治疗过程中的有关文化因素的知识和处理文化因素的技能，对于成功的心理治疗结果来说是非常必要的。然而，这又是非常具有挑战性的做法，因为文化问题常常是神秘的、误解的和缺失的。[2] 心理治疗是关联到文化的活动，而且文化是提高心理治疗的效果的最为重要的和特别关键的依据。在心理治疗的文化方式、文化资源、文化演变、文化比较和文化思考等方面，都明确体现了文化存在和文化影响的重要性。将心理治疗放置在文化的框架之内，无疑会打开理解、把握、创造和实施心理治疗的新的门户。

第一节　心理治疗的文化方式

有研究者对文化与心理治疗进行了考察。研究指出了，"文化相对论"认为，文化与心理治疗不可避免地交织在一起，对心理障碍，必须

---

[1] Bhattacharya, R., Cross, S. and Bhugra, D. (Eds.) *Clinical topics in cultural psychiatry* [M]. London: RCPsych Publications, 2010. 3.
[2] Tseng, W. S. and Streltzer, J. (Eds.) *Culture and psychotherapy—A guide to clinical practice* [M]. Washington, DC: American psychiatric Press, 2001. 3.

在它们所发生的文化框架内才能被恰当理解和有效治疗。而"文化中立论"认为，心理异常及其治疗与文化无涉，具有一定的普遍性或跨文化相似性。首先是关于心理变态的界定。"文化中立论"认为，存在着跨文化的判断或确定心理异常的标准，其途径是采用统计学方法和确立心理异常的一般标准。"文化相对论"认为，不存在跨文化的判定心理异常的标准，只有把文化语境因素考虑在内，才能理解和界定心理异常。因此，应采用文化相对主义原则。其次是心理变态的表现、分类、评估与诊断。"文化中立论"认为，心理变态的表现（症状）具有跨文化普遍性，由此可以依据其表现（症状）对之分类、评估和诊断。"文化相对论"认为，心理变态的表现（症状）受文化的影响或制约，具有文化差异性，无法据此对之进行跨文化分类，因此也就无法用相同的方法对之进行评定或诊断。最后是心理和行为异常的治疗。心理治疗涉及心理治疗的理论与实践两个方面，二者都主要是西欧文化的产物，且在西方文化中得以发展。它们是否具有跨文化普遍性已成为心理治疗领域所要考虑的问题。"文化中立论"认为，心理治疗理论、方法和技术具有普适性，可用于不同文化中的心理治疗。而"文化相对论"则认为，源于西方文化的心理治疗理论、方法和技术对西方人比较适合，但对其他文化不适合，甚至还会有不良影响或副作用。

要想明确心理治疗究竟是否具有文化相对性与差异性，就需要明确以下的几个根本性的问题。一是心理治疗的基本文化假设。有研究表明，心理治疗是建立在基本文化假设基础上，也就是采用了文化的公设或母题。二是心理治疗理论与方法的文化普适性。心理治疗理论和方法源自文化，是基本文化假设在心理治疗领域的具体表现，是否就一定表明它们具有文化依存性？对这一问题，有文化普遍论与文化相对论两种观点。前者认为，虽然心理治疗的理论和方法发轫于具体文化，但并不表明它们具有文化依赖性。后者认为，源自文化的心理治疗理论与方法具有文化依存性和相对性，只有在自己的文化中才有效。三是心理异常及其治疗的文化特殊性。既然心理治疗的理论和方法是源出于特定的文化，那么心理和行为变态本身也就可以源出于文化，具有文化的特殊性。

无论是心理治疗的理论，还是心理治疗的方法，都既具有文化普遍性，也具有文化相对性，可以将其称为有限相对性。一是既有文化普遍性的心理变态，也有文化特殊性的心理异常。二是心理和行为异常在本质上具有普遍性，而其内容或表现具有文化特殊性。三是心理治疗的理论与方法在其根源上有文化差异，但在其具体运用上则具有普适性。四是心理与行为异常的发生率及其治疗的难易程度受文化制约。五是心理与行为异常及其治疗的模式具有文化相对性或差异性。①

文化的存在、文化的现实、文化的关联、文化的差异、文化的互动，都是决定着心理障碍矫治的重要方面。社会个体、社会群体、社会心理等，实际上也是以文化的方式存在和延续。这也就决定了心理障碍的矫治会以文化的方式体现出来。这也就具有了不同文化传统中或不同文化背景下的，不同的心理治疗的思想和理论、方式和方法。

第二节 心理治疗的文化资源

有研究考察了文化与适合华人的心理治疗。研究指出了，文化精神医学的发展，帮助临床专家或学者们开始注意并意识到，心理治疗的施与要考虑患者的民族背景及文化习俗。施行配合文化的心理治疗时，还需要从以下几个层面来分析与考虑。一是临床技术上的调整。这是指如何配合社会背景与文化习俗及期待而采取适当的治疗措施，具体包括：保持配合文化的适当医患关系；跨越言语的障碍而进行合适的会谈与沟通，并且施行恰当的解释与指点；选择适当的辅导模式等。二是现实因素的考虑与配合。心理治疗的施行不能脱离现实进行。由于每个社会有不同的现实条件，包括经济水准、交通情况，人们对心理治疗的了解程度，社会提供的医疗系统、医疗保险制度等，都会无形中左右心理治疗的操作。三是有关学说的调整与更改。心理治疗要依靠心理与行为的学说，包括对心理问题与精神病理的了解。可是目前多数学说都是西方学者根据他们的社会情况与临床经验而创立，不一定适合东方社会，所以还需要进行修正与调节。四是哲学上的考虑。到底怎样的精神状态才是健康的，怎样的心理情绪才是成熟的，并不能单靠医学的知识来回答，还得参考哲学上的思维。哲学思维比较抽象，但是很重要，涉及一些根本性的问题。例如，从文化的立场探讨什么是健康的思维，什么是成熟

---

① 李炳全. 文化与心理治疗 [J]. 医学与哲学（人文社会医学版），2007（2）. 53-55.

的心理与卫生观念，什么是适当的人生目的等，都是比较根本的问题。因为，这些哲学上的思考会直接或间接地左右心理治疗的性质、方向与最终目标的关系。

配合文化的心理治疗可包括如下。一是快速综合疗法的创立。这包括心理治疗、药物治疗、理疗及体疗等相结合，以综合方式、以快速治疗为目标，能够在较短时间内施行。这种治疗方法，在某种程度上说来，其作用是给患者提供了短暂性的"文化暂停"或"文化假期"。二是森田疗法的引进和运用。森田疗法的基本哲学源于禅道，而禅道思想源于中国，因此容易被华人接受。另一个原因是森田疗法的操作简单，刚学习者都容易去操作，不像分析性心理治疗那么复杂，还要懂得深厚理论与施行经验的关系。三是道学认知疗法的创用。道学认知疗法是为了适合华人而创立的本土心理治疗。该疗法研究道学处世养生法的精华与特点而列出"利而不害，为而不争；少私寡欲，知足知止；知和处下，以柔克刚；清静无为，顺其自然"的要义，用来透过认知的过程来辅导患者的思维、态度与生活方式，以应对生活里所面对的挫折与压力。[①]

心理治疗的文化资源实际上可以体现在一些重要的和不同的层面上。一是在文化传统和文化历史之中，所遗留下来的有关人类的精神问题、心理疾患、精神疾病、心理障碍的解决思路、理论考量、治疗方案、具体技术、实用工具，等等。这实际上在有史以来的普通人的日常生活之中，都对于人的心理疾患有着特定的功效。二是在心理治疗和心理矫正之中，所确立起来的有着实际功效和治愈结果的文化的方式、文化的形态、文化的手段、文化的途径、文化的工具，等等。这些都具体体现在人的文化生活、文化创造、文化建构之中。

心理治疗的文化资源是需要挖掘的，也是需要提取的，更是需要创新的。这给心理治疗所能够带来的是非常重要的历史的、现实的和未来的启示、促进、滋养、借鉴、突破、创新和效果。这种文化资源对于心理治疗来说，可以是文化的存在、文化的形态、文化的价值，也可以是有特定的文化所支撑的更为具体的心理治疗的思想理念、方式方法、具体工具、相应技术。

---

① 曾文星．文化与适合华人的心理治疗［J］．中国心理卫生杂志，2011（4）．241-243.

第三节　心理治疗的文化演变

有研究对中国传统心理治疗进行了探讨。研究指出了，现代心理学和现代心理治疗理论是产生于西方的，但是关于心理治疗理论与方法却可以追溯到中国的古代。在中国古代医典里，蕴含着丰富而较系统的心理治疗思想，可以称之为中国传统心理治疗理论。正如中医能跟西医并称一样，中国传统心理治疗理论也可以跟现代西方心理治疗各派理论并称。传统心理治疗的理论基础，可以从古代医典的医学理论的论述中得到证实，归纳起来就是内外统一的整体观，神形相即的身心观，"医国—医人—医病"的医学模式，和"标本相得"的医患模式。各种具体的心理治疗方法，都是在上述两种观点和两个模式的理论基础上发生出来的。

一是内外统一的整体观。中医学认为，人与天地相参，人身乃一小天地，人体是一个统一的整体，十二脏腑相使而不得相失。人体由五脏六腑、四肢百骸、五官九窍等组成，人体以五脏为中心，通过经络的沟通和气血的运行，而成为有机的整体。中医学认为人体的整体性除了生理活动的统一，还包括心理活动与生理活动的协调。人的精神、情态等心理活动跟心密切相关。中医学还认为，人体和外界环境也是密不可分的，人是自然实体又是社会实体，接受自然环境和社会环境的影响。四时变化，水土方宜，人事关系，社会状况等对人的健康与疾病会产生积极的或消极的作用。整体观的思想里，还包括重视药物治疗和心理治疗在治病中的整体效应，对某些疾病甚至将心理治疗置于首位。

二是神形相即的身心观。早在先秦，荀子提出"形俱而神生"的观点；到南北朝时，范缜已发展为一种完善的"形神相即""形质神用"的身心观。中国古代医家的身心观（亦即形神观）跟思想家们的形神观是互为影响的，并具有一致性。中国古代医家从形神密不可分的观点出发，认为治疗疾病不仅要治其身更要治其心。善医者先医其心，而后医其身。将治心调节人的心理状态放在首位；实施治疗中以心理治疗为上，药物治疗为下。这些都为心理治疗提供了理论的依据。

三是"医国—医人—医病"的医学模式。长期以来，在西方医学中形成了一种生物医学模式的概念。心理学和社会学的研究，促使形成了另一种新的医学模式，即生物心理社会医学模式。中国古代医学里很早就重视五脏六腑、情志变化、人事关系等多种因素对疾病的影响，涵盖着生物、心理、社会三方面的因素，甚至可以说已形成一种近似现代的生物心理社会医学模式。古之善为医者，上医医国、中医医人、下医医病。医国指的是社会因素，"医人"指的是心理因素，"医病"指的是生物因素。[①]

心理治疗的文化演变实际上是意味着，伴随着文化的、依附着文化的、紧跟着文化的和贯穿着文化的一系列心理治疗的改变和变革。在中国的文化传统之中，拥有着由文化的形式所体现出来的独特的理念、方式和方法。这对于任何一种特定的心理治疗来说，文化传统和文化生活的变革和变更都会导致心理治疗本身的变化和变革。那么，文化历史之中的心理治疗、心理矫正、心理咨询，都具有自身的演变的空间，演变的历程、演变的趋势。

心理治疗的文化演变实际上所展现的，是文化本身的不断的革命、持续的变更、原始的创新和发展的变化，所直接导致的和后续带来的心理治疗的理论、方法和技术更加的丰富。当然，心理治疗本身是直接伴随着文化的演变而不间断地有所更新和创造。那么，在不同文化传统之中的不同的心理治疗，不同的文化国度之中的不同的文化历史，就足以构成特定的文化传统之中的心理治疗的活动。

第四节　心理治疗的文化比较

有研究考察了文化与心理治疗的关系。论述了文化与各种心理治疗的模式，以及心理辅导的文化意义。研究阐释了特定的治疗模式的文化意义。一是民俗辅导。这是以超自然为取向，而部分则为"自然"取向进行的辅导型的医疗工作。方法是举办仪式、经由祈祷、象征解释、民俗说明、神性信仰、魔术效果、暗示作用、欲望满足、情绪宣泄等来达成治愈。二是文化治疗。这所依赖的是文化思维、哲学理念、社会心理、

[①] 杨鑫辉．中国传统心理治疗探讨［J］．南京师大学报（社会科学版），1995（4）．50-55．

自我检讨、生活经验、群体推动等方式来进行。通过态度改变、自我领悟、心身调节等机制来改变生活方式、生活理念、人生观念、生活态度。三是心理治疗。这是配合精神医学的知识和观点，针对心理疾病、心理障碍、心理问题，给予治疗和辅导。注重的是心理学的技巧，包括支持、领悟、心理改变、行为矫正。[1]

有研究者对中西方心理治疗思想进行了比较。研究指出了，中西方的心理治疗思想都以各自的文化为缘起，从各自的文化中衍生出来，与各自的文化观念保持一致。两者都是各自的医学理论的重要组成部分，产生于各自的医学思想。换言之，中西心理治疗思想都植根于自己的文化和医学理论。这些都说明心理治疗思想有自己的文化土壤。但是，中西心理治疗思想都是以心理活动为出发点和归宿点，都是着眼于用心理学的办法来解决心理问题，所谓"心病要用心来治"。两者之间的差异就在于如下的方面。

一是文化根基上的差异。中西方的心理治疗思想分别扎根于各自的文化，由于中西方文化存在着很大差异，因而其心理治疗思想也存在很大差异，二者的差异首先表现在它们的理论基础上。西方文化的最基本特征是个体主义，其治疗思想明显具有个体主义特征。西方文化是以个人为本位，以个体自己的需要或欲望为导向，强调个人的中心地位和作用，要求尊重个体，从个体出发考虑问题，突出个体的价值、自由和权利。中国文化的最为基本或最为核心的特征是整体主义，突出整体、和谐。以社会和群体为本位，以特定社会组织如家庭和团体的需要和规则为导向，强调以社会和群体为中心，突出社会和群体的地位和作用，要求个体对社会和群体的服从和对社会和群体利益的维护。

二是医学基础上的差异。西方的心理治疗思想与其医学理论是相一致的，这实际上是其医学（西医）理论在心理治疗上的发展、延伸和具体体现。西医从其哲学基础的归因论、本质主义和基础主义出发，着重于探讨疾病的机理，寻找疾患的根本起因，在此基础上，探求具有很强针对性的治疗方法或措施。中国的心理治疗思想与中医学理论相一致，是其医学（中医）理论在心理治疗上的发展、延伸和具体体现。中医与西医不同，它不是用分析的方法，而是采用整体的方法，从自然环境、

---

[1] 曾文星. 文化与心理治疗 [M]. 北京：北京医科大学出版社，2002.43-46.

社会与人的关系以及人自身的整体协调或和谐与否等方面探讨疾病的更为深层次原因，它不是针对特定病变着眼于对致病因子（如病毒等）的排除或抵御，而是以人的整体机能的"补（恢复）"与"调（调理）"为指导思想与基本治疗方法或途径。

三是心理异常的起因上的差异。不同文化中，压力和情绪形成的模式以及人们应对的策略各不相同，由此导致心理异常的起因以及人们对它们的归因差异。同时，不同文化对影响心理健康的因素和人们的心理或行为如自杀、同性恋等的看法不同，也会导致心理异常的种类及其程度等也各有差异。

四是治疗的方法或途径上差异。西方心理治疗理念认为，所有的人都具有相同的生理和心理结构，因此所产生的问题（身体疾病和心理障碍）也大同小异，由此所采取的治疗方法或途径也没有什么差异。中国心理治疗理念突出"调"，包括人际关系的调整、人的内在素养与外部环境的调整、身与心的关系调整、心理各部分关系的调整等。

五是心理治疗目的与理念上的差异。西方心理治疗的目的主要是治愈心理疾患，恢复人的心理平衡，因此在治疗时主要是针对心理问题本身进行纠偏校正式治疗。中国的心理治疗目的是增进心理健康，而不只是治愈心理疾患，由此，其出发点就不仅是治，而且更重要的就是防，是治疗、预防与素养提升并重的。当然，中国的心理治疗思想或理论不像西方那样完整、系统、形态或模式多样，只是散居于中医理论、养生之道、体育思想之中，但其价值不容低估。[①]

心理治疗的文化比较，完全是立足于多元文化之间的对照和创造。这种文化比较所带来的是心理治疗的多元文化的发展和推进。不同的文化传统，不同的心理疾患，不同的治疗方案，不同的干预手段，都会体现出特定的文化资源，都会追随着特定的文化价值，都会丰富特定的文化创造。心理治疗的思想、方法、技术和工具等，都会在不同的文化传统和文化形态之中得到不同的创造、变化和改造。

---

① 李炳全. 中西方心理治疗思想之比较[J]. 医学与哲学（人文社会医学版），2007（8）. 58-59, 63.

第五节　心理治疗的文化思考

有研究探讨了文化心理学对传统心理治疗理论的影响。一是文化心理学视域下的心理病因观。研究认为，文化心理学在该问题上持心理病因的建构观。文化是心理赖以存在和发展的宏观变量，心理在本质上也是文化的，二者相辅相成、互为建构。没有绝对、客观的文化标准，同样也没有固定、普遍的心理治疗理论和模式。所有的治疗和咨询理论都是特定社会历史条件下的社会建构，仅仅是一些"隐喻"或者"叙事"，而不是对心理问题的客观表征。文化具有多元性和相对性，同样心理问题的标准和治疗理论也具有多元性和相对性。心理健康的标准在于心理与行为表现的文化契合性。例如，东方文化倾向于把谦虚、内敛、恭让看成人之美德，而西方文化则比较推崇竞争和张扬。二是文化心理学视域下的"医患"关系。传统心理治疗由于受人类自我中心主义和一元主义过度膨胀的影响，倾向于把治疗师看成拥有丰富知识，掌握客观标准的权威。心理治疗就是利用治疗家本身的权威，按照"绝对正确"的行为范本，去改造那些少数与之不符的个体。文化心理学认为该关系是文化霸权思想的体现，是科学主义时代"我—它"关系的产物，不利于患者心理问题的康复。在文化心理学家看来，治疗师抑或患者，究其本质而言，皆是文化的存在，心理治疗的过程是两种或多种文化相互碰撞、相互融合的过程。成功的心理治疗师皆能有效地消解不同文化间的壁垒，实现不同文化的"视域融合"。三是文化心理学视域下的心理治疗方法。在心理治疗方法上，文化心理学更多地持有文化相对主义和文化多元主义。所谓的科学、合理、有效的心理治疗标准不是绝对的，更不是唯一的。心理治疗手段和方式应更好地体现文化契合性，任何方式的选取和运用必须基于相应的文化背景。既然导致心理疾病的因素是多元的，那么心理疾患治愈的方法和手段也应是多元的。因此，那种所谓的超越文化，具有普适性的心理治疗方法是不存在的。四是文化心理学视域下的心理治疗效果评价观。传统心理治疗理论受基础主义和科学主义的影响，认为存在一个标准的、稳定的、健康的心理基础，心理治疗的目的就是通过科学、合理、有效的治疗方式促使病变的心理向标准化、预期化的心理模式转变。文化心理治疗理论认为，上述做法是文化霸权主义的体现，不仅心理病因基础主义本体论的探寻是徒劳的，心理治疗效果客观主义的追求更是对心理治疗应有本意的强奸。那么，心理治疗效果评价的标准就是相对的、生成的和建构的。心理治疗不应仅局限于引领患者达成既定的目标，还应当积极利用各种资源促进患者心理社会文化的适应性。文化不但是多元的，也是相对的。[1]

心理治疗可以被当成是医学心理学中的治疗技术应用来看待，也可以被当成是理论心理学中的治疗思想理论来把握。当然，最为重要的是对于心理治疗的依据于文化的，从文化视角的一系列特定的和深入的思考。这种文化思考可以透视的是心理治疗的文化的意义、文化的责任、文化的效果，等等。心理治疗的文化思考最为重要的是根源于文化的、依据于文化的、追随于文化的一系列把握。这也就给出了心理治疗本身的最为重要的、特别根本的和极其丰富的文化的内涵、文化的方式和文化的衡量。

---

[1] 孔宪福、何文广、宋广文. 文化心理学视域下的心理治疗［J］. 医学与哲学（人文社会医学版），2010（4）. 34-36.

第二十章　文化尺度与心理健康

在文化的环境之中，在文化的背景之下，存在着共有的和不同的心理健康。这包括了心理健康的文化标准、文化传统、文化差异、文化变迁、文化促进。因此，文化实际上决定了心理健康的各个不同的方面。考察和研究文化与心理健康的关系，实际上对于理解、把握和推进心理健康，都是至关重要的。

第一节　心理健康的文化标准

人不仅仅是自己心灵的被动体验者，而且也是自己心灵的主动创建者。当然，人的心理生活有正常的和不正常的区分，或者说有健康的和不健康的区分。健康心理与心理健康一直就是心理学研究中重要的论题。

首先是衡量健康的标准。什么是心理健康，有没有一个衡量心理健康的标准，这一直是使心理学家感到困扰的问题。因为，对心理学来说，的确十分难以确定一个固定不变的、适合于所有人的心理健康的标准。衡量心理健康可以涉及如下一些重要的方面。一个是年龄的标准。相对于成年人来说，儿童的心理是不成熟的。因此，应该有相对于不同年龄群体的心理健康的标准。一个是文化的标准。在不同的文化中，对相同的心理行为也许会有不同的认定。在某种文化中是健康的，在另一种文化中也许就是不健康的。一个是年代的标准。在不同的时代，在不同的历史时期，会有不同的心理健康的标准。所以，同样的心理行为，在不同的历史阶段，会有不同的评判标准。

其次是心理障碍的矫正。心理障碍的矫正可以按照心理障碍的程度而有所不同。人的心理障碍可以是一般的心理问题，可以是神经症，也可以是精神病。因此，心理障碍可以通过心理咨询加以矫正，也可以通过心理治疗加以矫正。但是，对于心理生活来说，无论是心理咨询还是心理治疗，其作用和影响，都要通过其成为心理生活的重要构成的部分。并且，心理障碍的矫正实际上就是心理生活的拓展。

最后是心理健康的追求。人的心理健康也可以有不同程度的区别。可以是没有心理疾病的健康，也可以是程度更高的健康，或者是成为心理得到充分成长的人。所谓的充分成长就在于心理生活的拓展。越是得到充分的拓展，那心理健康的程度就会越高。因此，心理健康就不仅仅是没有心理的疾病，而且是心理的充分拓展。这种拓展带来的是心理生活的更大的弹性，是心理生活的更充分的容含性，是心理生活的更广阔的发展性。

第二节 心理健康的文化传统

可以说，什么样的心理生活是健康的，什么样的心理生活是正常的，什么样的心理生活是合理的，这都要涉及心理健康的基本标准。当然了，将心理学研究的关注从心理现象转向心理生活，关于心理健康、心理障碍、心理矫治、心理成长的理解，显然也要有所改变或转换。

一 心理健康的生活

关于人的心理行为的健康已经有了大量的考察和研究，但是关于人的心理生活的健康就不仅仅是从心理行为到心理生活这样一个简单的概念的转换。

有研究者对心理健康的标准进行了中国文化解读的尝试。研究指出了，当代社会心理健康越来越受到重视，但是，由于心理现象极其复杂，个体千差万别，再加上社会、文化、历史等原因，作为心理健康概念具体化表现的心理健康标准一直没有得到统一。反观我国的传统文化，其中也蕴含了极其丰富的心理健康和心理治疗的思想。因此，也就可以立足于本民族文化，对心理健康标准进行中国文化解读。

该研究指出了，纵观目前主要的心理健康的标准及其制定标准的依据，可以确定主要有如下的七种。第一是众数原则，即以统计学上的常态分布作为标准。第二是社会规范，符合公认的行为规范的为正常，违反社会规范的则为异常。第三是生活适应，善于生活适应者为正常，生活适应困难者则为异常。第四是主观感受，自觉幸福、满足的视为健康，反之则为不健康。第五是医学标准，有临床症状的或有相应病因的视为异常。第六是成长标准，这是以心理成熟与发展水平为标准，身心两方面成熟和发展相当者为正常。第七是心理机能，以心理机能充分发挥为健康。

中国文化中虽然没有"心理健康标准"一说，但是相关的思想在诸子百家的典籍和文人大师的著作中随处可见，某些心理健康的思想甚至已内化为中国人的集体潜意识。关于心理健康标准的中国文化解读有以下几点。一是知己知彼。一个心理健康的人，首先对自我、他人及人我关系有客观清醒的认识，包括对身体和心理状态，自我的需要和动机，自己的性格和能力，以及对自然环境和社会关系等方面的认知。可以用一句浅显易懂的话进行概括，即"知己知彼"。二是反应适当。"反应适当"主要是指在进行正确认知的基础上，表现出适当的情感反应和行为反应。表现为与认知相应，与环境和角色协调，反应有效、不过分，能对反应进行控制。这也是心理健康的基本要求之一。三是真实和谐。真实是心理健康更高层次上的要求，契合了中国文化追求"天人合一"的境界。真实是透过表象看到实质的体验，和谐则意味着身心内外之和、人际之和、发展之和和天人之和。四是悦纳进取。"悦纳进取"也是更高层次的心理健康要求，"悦纳"意味着愉快地接受事物本来的面目；"进取"则是在悦纳基础上进行的积极改变和超越。一个心理健康的人能悦纳自我的优缺点、悦纳他人和环境的优缺点，有效地、有目标地、研究性地、欣赏性地生活和做事，能不断发展自我，实现自我。[1]

心理成长是一个非常重要的心理学概念。心理成长是一个历程，是一个逐渐的历程，是一个扩展的历程，是一个无终的历程，是一个上升的历程。首先是心理成熟与成长。相对于心理成长而言，心理成熟就是一个变化的过程。正如人的心理成长可以分成不同的阶段，那么相对于不同的成长阶段，就会有不同的心理成熟。也许按照更高的年龄段，更低年龄段的心理就是不成熟的。但是，在该年龄段却可以是成熟的。其次是个体的心理成长。心理的成长最为直接地体现为个体的成长。当然，

---

[1] 邓云龙、戴吉. 心理健康标准的中国文化解读尝试[J]. 中国临床心理学杂志，2010（1）. 125-126，124.

个体的成长可以包括身体生理的成长，社会经验的成长，职业角色的成长，等等。但是，个体成长最为重要的是心理的成长。最后是种族的心理发展。实际上，不仅有人类个体的心理成长，而且还有人类种族的心理发展。其实，人类种族的心理发展有两种不同的承载方式和传递方式。一种是遗传基因的承载方式，以及生物遗传的传递方式。另一种是文化产物的承载方式，以及文化遗产的传递方式。

二 心理生活的幸福

在心理学的研究中，幸福心理学已经成为当代的热流。关于幸福感和幸福观的研究既是跨学科研究的主题，也是心理学研究的焦点。幸福感研究为现代生活质量评估提供了新的视角，提供了新的指标，目的是促进人类与社会的健康发展。幸福心理学的探索正在不断地转换自己的研究主题，正在不断地扩展自己的研究视域，正在不断地深入自己的研究挖掘，正在不断地增进自己的研究深度。幸福心理学所导向的就是研究的多元化、多样化和多面化。这体现的是幸福心理学探索的丰富性、丰硕性和丰满性。幸福心理学正在追求扩展自己的研究视野，正在寻求与各种学术资源建立起关联。幸福与人类生活和与人类心理的各个方面都有着密切的关联。生活的质量、心理生活的质量，生活的丰满、心理生活的丰满，生活的扩展、心理生活的扩展，生活的境界、心理生活的境界，生活的快乐、心理生活的快乐，这都属于极其重要又彼此关联的重要方面。

无论是幸福感，还是幸福观，还是幸福体验，还是幸福追求，都属于幸福心理学考察的范围和研究的内容。将人的心理感受、心理生活、心理追求的一个特定的层面突出出来，使其成为一个特定的心理学研究领域，使其形成一个特定的心理学研究分支，这都表达或表明了幸福心理对于人类的重要性，对于人类社会生活的核心性，以及对于人的心理生活的关键性。进而，幸福心理的研究对于心理学的现实性，对于心理学探索的扩展性，对于心理学应用的价值性。其实，幸福心理学本身就成为了心理学研究中的热点，而生活质量、心理生活质量则成为了幸福心理学本身的热点。

可以说，幸福心理学的探索正在不断地推动自己的研究进程，正在不断地转换自己的研究主题，正在不断地扩展自己的研究视域，正在不断地深入自己的研究挖掘，正在不断地增进自己的研究深度。很显然，幸福心理学的快速发展，提供了关于幸福心理研究的更为丰富的知识，更为多样的方法，更为合理的理论和更为有效的技术。这不仅使幸福心理学的研究不断系统化，而且也使幸福心理学的探索不断丰富化。

幸福心理学的探索和研究已经形成了重要的研究导向和生活导向。这就是从历史到现实的导向，从理论到实证的导向，从学术到生活的导向，从分化到综合的导向，从客观到主观的导向，从消极到积极的导向，从体验到创造的导向。

幸福心理学的研究体现出多元化的趋势，多样化的结果，多面化的含义。这不仅是研究取向和研究主张上的分歧或对立，而且也表达出了幸福心理学所必须经历的和所必须拥有的过程。其实，幸福心理学所导向的就是研究的多元化、多样化和多面化。这体现的是幸福心理学探索的丰富性、丰硕性和丰满性。幸福心理学的研究吸纳了众多不同学科的研究方式和研究内容，并迅速地集合在了幸福心理学的研究课题之中。

生活的质量、心理生活的质量，生活的丰满、心理生活的丰满，生活的扩展、心理生活的扩展，生活的境界、心理生活的境界，生活的快乐、心理生活的快乐，这都属于极其重要又彼此关联的重要方面。幸福心理学的研究，心理生活质量的探讨，就需要关注所有这些不同的方面，并能够落实到人的心理生活之中，带来人的心理生活的幸福和提升人的心理生活的质量。其实，这也正是通过关于心理生活质量的考察和探索，而将其与心理生活幸福的研究关联在了一起。有质量的心理生活一定就属于幸福的心理生活。

三　心理健康的维系

有研究者概括和探讨了传统中国文化处理心理健康问题的三种思路。研究指出了，虽然传统中国文化没有现代心理学意义上的心理健康的说法，但是由于人的存在的共同性，传统中国文化客观上具有处理心理健康问题的功能。

目前，越来越多的学者关注中国文化与心理健康问题。这些研究主要集中在两个大的方面：一是传统中国文化对心理健康、心理异常影响的独特性方面。二是在传统的心理治疗方面，一些心理学家对中国传统的心理治疗进行了整理，如医家的心理治疗，也有人试图从传统文化发现蕴含的心理咨询和治疗的方式和技术。这方面的研究固然重要，但历史的、整体的研究同样是把握中国文化与心理健康不可或缺的方面。

传统中国文化中有关心理健康问题的理论（主张）和实践，大致可以分为三种不同的思路：一是信仰—养性思路，这类似西方心理学所说的 Spirit/Spirituality；二是治身—养生思路，这类似于当代心理学的身心关系，即 Mind/Body；三是迷信—功利思路，这属于民间的做法，即 Folk psychology。

信仰—养性思路指那些通过培养人的生存信仰来解决人的生存问题，包括解决心理问题的理论和方法。其特征是，通过教育，培养人的信仰，从而统合、控制，甚至压抑心理问题，客观上起到维护心理健康的功用。它们偏重于在人的生存价值和心灵层面上作用。儒家是正面控制，即发挥主体性，控制引发心理冲突或困惑的事件，解决心理问题；道家是采用退让，弃智守朴，去用取无，以下为上来处理遇到的困境；而佛教则是化解，把生存困惑化解为其他方面，以来生化苦、超脱轮回来解决人的困境和问题。

治身—养生思路指中国传统文化中的那些通过生理（身体）—精神控制、调整或治疗，实现健康包括心理健康的理论和方法，具体表现在中国传统的养生学说和中医治疗精神疾病的学说中。传统的阴阳五行学说、藏象学说和经络学说是治身—养生思路的理论基础。阴阳五行学说解释世界的起源和变化的机制，藏象学说主要是解释身体的结构和功能，经络学说则说明身体的不同部分和结构如何进行联系的。这都是完整地解释了人的物质结构与生理机能、精神的相互作用过程。治身—养生思路有两种做法：精神养生和修身养性，前者类似于现在所说的心理保健，后者类似于现在所说的心理成长。

迷信—功利思路指通过带有神秘性的、超现实的某种人或物的中介来调整心理，克服心理问题，解除精神苦恼的主张和方法。这一思路表现在各种各样的民间文化中。从心理健康的角度看，迷信—功利思路主要表现在以下两个大的方面。其一，具有心理调节作用的民间文化。主要有"缘"的观念，"报应"的思想，命定的思想。其二，具有心理治疗性的民间文化。常见的形式有民间宗教，算命，巫术。[1]

---

[1] 景怀斌. 传统中国文化处理心理健康问题的三种思路 [J]. 心理学报，2004（3）. 327-332.

有研究者对先秦儒学与老庄哲学的身心修养方法进行了探讨。研究指出了，先秦儒学与老庄哲学分别为中国传统文化最大流派儒、道两家学说的重要组成部分，二者都主张通过身心修养达到精神超越的境界，以寻求心理平衡、身心愉悦，只是由于其认知系统不同，其修养方法也各异。

首先是老庄哲学"自化"的身心修养方法。老庄"自化"身心修养方法是建立在老子自然主义的"天道观"和外"无为"内"无己"的认知结构基础上的。老庄的"自化"实为追求人的本性的回归，即"返璞归真"。他们把人的本性理解为人的原始性，具体表现为质朴、淳厚、少私、寡欲、无知、愚昧、混沌。如何"自化"，达到这种人性的复归呢？老子首先从探究人性丧失的原因着手。人类原始本性的丧失，其根本原因就在于后天人们有所作为，当然指那些违反规律的作为；人们之所以会有所作为，就在于人们多私多欲；人们之所以会多私多欲，就在于人们有志求学，当然指那些违反规律的巧诈之学。老庄对症下药，找到了"自化"身心修养方法的运作程序，即"顺其自然"→"绝学弃智"→"少私寡欲"→"虚净""无为"→"忘我""无己"→"返璞归真"。最后便达到了"无天怨，无人非，无物累"的境界，获得人性的复归，并达到修身养性之目的。老庄"自化"身心修养方法虽存在"绝学弃智"的偏颇和"避世养真"的神秘色彩，但它"朴""啬""和""柔"的基本要求和"养气存神"的修养方法仍闪烁着中国传统文化智慧的光芒。

其次是先秦儒学"教化"的身心修养方法。与老庄哲学的"自化"不同，先秦儒学提倡"教化"的身心修养方法。这种修身养性方法显然是建立在先秦儒学"天命论"的宇宙观和内"仁"外"礼"的认知结构基础上的。人们不可能自然而然地进入"仁"的境界，这就必须通过"教化"，向人们宣传和灌输"礼"的政治理想和"仁"的道德规范，教育人们去掉自身的恶习，逐步达到"仁"的精神境界。而崇高道德情操的培养，既有利于社会进步，又能使个人身心愉悦而益寿延年。这种"教化"身心修养方法的运作程序为："立志"→"博学"→"自省"→"改过"→"力行"→"乐道安仁"。通过"教化"，用"礼"和"仁"规范人们的行为，抑制人们的种种贪婪欲望、偏激情绪、不良习性，最后进入"仁"的最高境界，使人们精神境界超然自得、心理状态恬静和谐、生活态度乐观向上，从而达到养德以养身的目的。

与老庄哲学"自化"的身心修养方法相比,先秦儒学"教化"的修养方法不是注重顺其自然的个体直观体悟,而是注重外力施加教育,使其通过立志、学习等一系列过程达到个体领悟的目的。这种方法也许更适合对那些丧志、颓废、堕落的精神疾病和心理障碍患者进行认知治疗。对健康人,特别是对青少年的心理保健也起着一定的积极作用。①

心理健康的维系存在着文化的方式,也具有文化的方法。因此,在不同的文化之中就体现和表达着维护心理健康、保持心理健康、促进心理健康、推广心理健康等不同的方式和方法。这体现在维系心理健康的基本思路的不同,也体现在维系心理健康的基本方法的不同。中国本土的文化学传统,中国本土的心理学传统,就内含和表达了维系心理健康的独特的思路。

第三节 心理健康的文化差异

有研究探讨了心理健康与文化的研究论题,认为这所带来的是研究视角的转换。研究指出了,20世纪80年代末到90年代初,文化取向的心理健康研究开始出现,此取向承袭了冯特早期的文化意识与维果茨基社会文化历史学派的思想逻辑,将文化视为心理过程的"先在的""决定性的"因素,认为人的行为(包括心理疾病的表达)应该被放在文化情境中予以解释,因为任何特定的心理过程都内在地蕴含文化因素,要从社会文化背景中的特有现象与问题出发,并尽力寻求应对与解决的办法。每个人的心理健康都与其所处的文化相互构成,不但受历史文化制约,也深受地方性的人文精神影响,可以说文化与心理健康是相互交织在一起的。心理健康是社会文化建构的,文化规范作为群体所确立的行为规则,可以使个体减少不确定感,获得意义及安全。心理咨询与治疗,无论是从治疗理念、治疗思路,还是治疗方法,无不折射出文化的影子。②

有研究试图运用文化人类学的理论,通过跨文化的案例分析,说明

---

① 胡凯. 先秦儒学与老庄哲学的身心修养方法初探 [J]. 中国医学伦理学, 1996 (4). 58-59.

② 井世洁. 心理健康与文化:一个研究视角的转换 [J]. 中国社会心理学评论, 2018 (15). 1-15.

对心理健康观念进行文化分析的重要意义,并提出了三种维度的分析模式。一是宏观分析——文化区域群体间的比较;二是中观分析——文化族群间的比较;三是微观分析——文化个体间的比较。文化区域群体间比较涉及的是各区域占主体地位的文化模式。这里借用的是人类学的文化区域的概念,即有特色的一套文化特征倾向居于主体地位的地区。例如,西方基督教地区,主要包括了西欧、北美和澳洲等的文化传统特质,体现为个人主义、基督教基本信仰、理性主义和科学主义等。现代心理健康观念有显著特点。例如,把肉体和心灵看作彼此独立的部分,心理健康长期不受重视;后发性的心理健康服务受医学模式的影响很大,技术不断精湛和发达;带有个人主义和享乐主义色彩,以至于现代西方心理健康的主要标准是个体情绪的快乐,对心理健康的道德方面重视不够,忽视个体精神的需要,尤其是对人生意义的追求。东方儒家地区一般指中国、日本、韩国和越南等地,因为这些地方曾长期受到发源于中国的儒家文化的影响。儒家文化在价值取向上偏重社会道德,倡导君子式的圣贤人格。强调心理健康与道德修养的有机结合。健康兼顾身心和谐发展,讲求心理本身和心理与外界关系的中和。个体的主体性得不到充分的承认。较偏重道德境界的完善,而忽视日常情绪的技术性调适。民族文化族群间的比较是由于所处自然环境、社会历史条件和生计方式等方面的制约,同一区域内不同特定民族群体的文化传统也是丰富多彩,差异鲜明。在不同民族中,特定文化影响该社会成员的性格形成、心理机制、精神病理、特有心理问题、临床表现、对待心理问题的态度、求助行为与心理治疗方式。文化个体间的比较强调的是个人差异,实际上就带着微妙却值得注意的文化差异。无论是心理卫生的价值取向和心理保健的基本策略方面,还是心理问题、精神病理、特有心理问题类型、临床表现、对待心理问题的态度、求助行为与心理保健与治疗方式等具体方面,不同文化区域和文化群体的人们,以及不同文化个体间,都存在不同程度的差异。[1]

显然,心理健康在不同的文化之中,会有着特定的文化差异。这并不仅仅是在心理健康的含义上的不同,也不仅仅是在心理健康的增进上

---

[1] 常永才. 文化与心理健康观念的研究:分析的框架与意义[J]. 内蒙古师大学报(哲学社会科学版), 2001(4). 57—61.

的差异，也不仅仅是在心理健康的干预上的差异，而且最为重要的是在心理健康的导向上的差异。文化创造应该能够带来的是人类的成长性和丰满性。这在所有的文化中都是共同的。但是，心理健康的文化差异就在于对待的方式和方法上的不同。

第四节 心理健康的文化变迁

有研究对文化与心理健康的研究进行了评述。研究指出了，关于文化与心理健康关系的探索经历了一个历史演变的过程。在西方史前的文化中，人们认为是一种超自然的力量（如神魔附体）导致心理问题的出现，通常他们会采用祷告、驱魔等方式来驱除邪灵以达到治疗心理疾病的目的。从这种角度来看，史前的西方人认为心理疾病是由宗教文化因素所引起。公元前5世纪，希波克拉底反对这一理论，他认为心理疾病的产生是由于生理的原因造成的。从中世纪到18世纪这一段时间，由于受到基督教世界观的影响，心理疾病的发生与发展被认为是与上帝、魔鬼和天使等神学上的各种超自然力量有关，心理健康的问题又重新与宗教文化建立了密切的联系。

18世纪中期至19世纪，随着启蒙运动（还原论、唯物主义和自然主义）的兴起以及达尔文进化论思想的影响，人们又逐渐将文化因素逐出了心理健康的范畴，科学家们认为心理疾病的产生完全是由自然的、生理的原因引起的。在20世纪末，人们开始对启蒙运动的纯粹物质主义的观点进行反思，并认识到科学的绝对中立和绝对理性是不存在的，尤其是在心理学领域。文化心理研究表明，生活在不同文化规范下的人所具有的心理与行为特征深深地根植于当地的文化传统之中，因而形成了各自的心理学传统。从此，人们又重新开始审视文化因素的重要性，将文化因素重新引入心理学领域，重视文化因素对心理疾病、心理健康的影响。

纵观国内外关于心理健康的研究发现，科学界对于心理健康的界定由没有疾病到社会适应性，再到个体全面发展，并由静态向动态完善。现今完善的心理健康的定义为：一种合乎某种社会标准的行为，一方面个体的行为能被社会所接受，另一方面它能为个体带来心理上的自我完善和积极的发展。从定义上可以看出，不同的社会文化对心理健康的认定显然是不同的。[①]

在更大时间的尺度上，在超越个体的空间中，是有关人的心理健康的文化的变异，文化的变迁。在文化的跃变之中，心理健康本身也就会发生重要的改变。这不仅可以体现在不同文化传统的形成之中，而且也可以体现在不同文化革新的更替之中。文化的变迁所直接导致的就是心理健康的变化。这不仅改变的是心理健康的表现，而且更可以改变的是心理健康的质量。同样，更进一步，心理健康的文化变迁可以最为鲜明地和最为显著地体现为心理健康的学术研究上的变革，研究方式上的更新，干预技术上的创造。

很明显，心理健康是伴随着文化的变迁而演进的。这实际上是一系列的由文化所主导的更新和变革。不同的文化时代，不同的文化形态，不同的文化价值，等等，实际上是有所不同的心理健康的表达、表现、表露。心理健康的全方位的揭示和解释，就包含着不同文化的变化所决定的心理健康。文化变迁的最为核心的改变实际上是价值尺度的变革，这对于心理健康的发展来说，也就是评价的标准、价值的追求、价值的创造上的革命性的改变。

第五节 心理健康的文化促进

人的心理生活也许并没有问题和疾病，并没有障碍和变态。但是，人的心理生活却很有可能是单调的，是单一的，是贫乏的，是贫困的。这会涉及一个非常重要的问题，那就是人的心理生活的丰富化、丰厚化、多样化、多元化的问题。这是衡量人的心理生活的非常重要的指标，也是人的心理生活的非常重要的追求。

中国当代的社会变革和经济发展，使中国社会的物质生活条件开始得到了空前的改善和极大的丰富。中国社会生活的快速发展，在一个特定的富裕程度上，生活质量的问题就突显了出来。目前，生活质量的问

[①] 梁挺、徐雪花、张小远. 文化与心理健康研究述评［J］. 医学与哲学，2017（1）. 35–38.

题已经进入学术界的视野。[1] 有学者开始去探讨生活质量的指标体系。[2] 有学者已经在考察生活质量的测评。[3] 在社会的生活质量中，精神生活的质量或心理生活的质量是其基本的组成及核心方面。[4] 生活质量的主观指标得到了特别的关注。[5] 所谓的精神小康也就提到了基本的日程。[6] 生活的质量问题，特别是心理生活的质量问题，现在已经成为社会普遍关注的突出问题。如何使物质生活与心理生活协调发展，如何在提升了物质生活质量之后提升人的心理生活的质量，现已经成为重大的社会性课题，也应该成为心理学学术界应该考察和探索的学术性课题。如何或怎样提升人的整体生活质量，特别是如何或怎样提升人的心理生活质量，不仅需要得到整个社会的关注，而且需要得到科学的研究，特别是需要心理科学的研究。对心理生活质量的研究可以为人的社会生活提供心理学的学术探索，可以为中国社会的发展提供心理学的学术建议，可以为改善人的生活品质提供心理学的科学引导，可以为提升人的心理生活质量提供心理学的科学依据。

理解社会生活中的心理生活质量，就要突破和扩展西方实证心理学关于心理学研究对象的理解。这种理解是把心理学的研究对象界定为心理现象。关于心理现象的理解则割裂了智力因素与非智力因素，割裂了认知与情意。心理生活的研究则致力于对人的心理进行统合的研究。这将为中国本土的心理学创新提供新的研究对象和研究课题，将为中国心理学的发展确立自己的思想、学说、理论、假设、观点。这是中国心理学本土化发展的重点阶段，是创建本土的新心性心理学的重要理论建构，也是创建中国本土心理学学派的重大学术努力。

通过把心理生活确定为心理学的研究对象，就可以系统地揭示人的

---

[1] 蔡静诚. 论全面小康社会的生活质量 [J]. 长江论坛, 2004 (4). 42-44, 59.

[2] 罗萍等. 国内生活质量指标体系研究现状评析 [J]. 武汉大学学报（人文社会科学版）, 2000 (5). 645-649.

[3] 陆汉文. 论生活世界的内涵与生活质量的测评 [J]. 学术论坛, 2005 (11). 109-114.

[4] 王凯、周长城. 生活质量研究的新进展：主观指标的构建与运用 [J]. 国外社会科学, 2004 (4). 38-42.

[5] 周长城等. 生活质量主观指标的发展及其研究 [J]. 武汉大学学报（哲学社会科学版）, 2004 (5). 582-587.

[6] 申俊龙等. 论精神小康的内涵、结构体系与评析标准 [J]. 山东理工大学学报（社会科学版）, 2006 (5). 49-52.

心理生活的性质、构成、成长、质量等。这可以重新确立我国心理学研究的重心、视角、入手点、侧重点。这也可以把中国心理学的发展奠定在中国本土的文化资源之上。从而推动对中国本土文化中的心理学资源的开发和利用，推动中国本土心理学的原始性创新和建构。这可以为心理学的整个学科的发展，包括为心理学的各个分支的发展，提供重要的学术启示。

涉及人的心理生活，就要涉及心理生活的质量。所谓心理生活质量的高低，不仅是指有无内心的冲突、矛盾的认识和痛苦的体验等，而且是指有无心理的扩展、心理的成长和境界的提升。随着我国社会的发展和进步，重要的问题不但是要提高物质生活的水平，而且是要不断地提高心理生活的质量。心理生活的质量研究会涉及对人类、人性、人心、社会、文化、历史等的理解和关联。

对心理生活质量的考察涉及对心理生活的创新性的考察和研究，揭示心理生活基本的性质、特征、内涵、品质、方式，等等。对心理生活质量的探索，包括确定心理生活质量的基本体现，主要的指标，改进方式，提升的方法，等等。创建中国本土的新心性心理学的基本理论，是考察和提升心理生活质量的基本框架。心理生活的探讨是新心性心理学的重要构成部分，并可以搭建起关于心理学研究对象的完全不同于以往的研究平台。这涉及如何理解心理生活的质量，如何揭示心理生活质量的基本内涵，如何确定心理生活质量的主要指标，如何推进心理生活质量的提升，如何把心理生活质量纳入对社会生活及其发展的理解中。这也涉及如何把对心理生活的揭示和理解引申到心理学的研究中，使之改变心理学现有的研究对象、研究内容、研究方式，创建新的考察和衡量人的心理生活的心理学的标准和尺度，使心理学的研究更为完整和深入，使心理学的理论、方法和技术能够更为完善和有效。这也涉及怎样把心理生活质量的概念、标准等，放入社会发展的指标体系，进入社会政策的制定程序，成为社会发展的关注内容。这也包括研究和设计了解、衡量、干预、影响、提升人的心理生活质量的技术方式和技术方法。这涉及社会政策的制定、干预途径的确定、技术手段的形成。

人的心理生活是人所创造的、体验的和拥有的。[1] 人的心理生活可以

---

[1] 葛鲁嘉. 心理生活论纲——关于心理学研究对象的另类考察 [J]. 陕西师范大学学报，2005（2）.112-117.

是由心理学来加以引导。正因为心理学存在着不同的形态，所以人的心理生活既可以由常识形态的心理学来引导[1]，也可以由哲学形态的心理学来引导，也可以宗教形态的心理学来引导，也可以由类同形态的心理学来引导，也可以由科学形态的心理学来引导，也可以由资源形态的心理学来引导。那么，怎样去揭示人的心理生活就是十分必要的和非常重要的。

当心理学的研究涉及人的心理行为时，就不仅是指个体的心理行为，或者说就不仅是指孤立个体的心理行为。其实，人的心理行为同时具有个体和族群的属性。所以，要理解个体的心理行为，就必须理解群体的、社会的和人类的心理行为。反过来也是如此。同样，人的心理行为，都是与人的性质相匹配的。没有脱离开人性的心理行为。或者说，要想理解人的心理行为，就必须要理解人的本性。从西方起源的科学心理学曾经是分离性地理解人的心理行为。这包括研究者与研究对象的分离，研究对象中的个体与群体的分离，研究对象中的心理行为与所处环境的分离。应该说，人的心理行为也可以从整体的方面去加以理解。这包括研究者与研究对象是一体化的，人类个体与人类群体是一体化的，人类心理与周围环境是一体化的。这就有必要从不同的方面去理解人的心理生活的质量。可以是从个体心理的角度去理解，也可以是从群体心理的角度去理解。可以是从人类心理的角度去理解，也可以是从生活环境的角度去理解。但是，可以肯定的是，人的心理行为是发生于、融贯于社会、文化和历史之中。文化与自我的关系就体现了交互的关系。[2] 文化心理学的研究可以通过特定的质化研究方式来考察人的文化心理。[3] 文化心理学正是通过文化来思考人的心理。[4] 因此，可以通过社会、文化和历史来理解人的心理行为，也可以通过人的心理行为来理解社会、文化和历史。

可以说，人并不仅仅就是自己心理生活的被动体验者，而且也是自

---

[1] 葛鲁嘉. 常识形态的心理学论评［J］. 安徽师范大学学报（哲学社会科学版），2004（6）. 715-718，727.

[2] Markus, H. R., & Kitayama, S.. Culture and the self: Implications for cognition, emotion, and motivation［J］. *Psychological Review*, 1991（2）. 224-253.

[3] Ratner, C.. *Cultural psychology and qualitative methodology*［M］. New York: Plenum Press, 1997. 20.

[4] Shweder, R. A.. *Thinking through cultures: Expeditions in cultural psychology*［M］. Cambridge, MA.: Harvard University Press, 1991. 59.

己心理生活的主动创建者。① 当然，人的心理生活有正常的和不正常的区分，或者说有健康的和不健康的区分。心理健康是一个非常重要的心理学概念。对于什么是心理健康，有没有一个衡量心理健康的标准，这一直都是心理学家长期探索和追问的问题。因为，对心理学来说，的确十分难以确定一个固定不变的、适合于所有人的心理健康标准。

人的心理生活是人自己所创造的，是人自己所体验的，是人自己所拥有的。涉及人的心理生活，就要涉及心理生活的质量。所谓心理生活质量的高低，不仅是指或并非取决于有没有内心的冲突，有没有扭曲的认识，有没有痛苦的体验，有没有偏执的性格，有没有良好的适应，等等。而且，也是指或也取决于有没有对生活的期望，有没有对生命的尊重，有没有对他人的关爱，有没有对成长的追求，有没有对社会的责任，有没有对未来的把握，有没有对价值的认定，有没有对历史的关怀，有没有心理的扩展，有没有心理的成长，有没有境界的提升。等等。

随着我国社会的发展和进步，重要的问题不但是要提高物质生活的水平，而且是要不断地提高心理生活的质量。心理生活的质量涉及心理生活的健康，心理生活的成长，心理与环境共生，心理生活的创生。

有研究者在探讨生活世界和生活质量时，就已经把人的心理体验的层面突出了出来。研究认为，以行动者的主体性为中心，生活世界首先是一个实存的世界，是由人与自然、人与人、个体的无限心灵与其所处的有限现实之间的关系共同构造出来的世界。又因为行动者的主体性在实质上是一种个体性和具体性，所以生活世界同时还是一个意义建构与体验的世界，是行动者个体在人与自然、人与人、个体的无限心灵与其所处的有限现实之间的关系中所感知与体验到的一种生存状态。由此出发，生活世界可以区分为两个不同的层面，即实存的层面和体验的层面；每个层面涉及三个不同维度的关系，即人与自然的关系、人与人的关系、个体的无限心灵与其所处的有限现实之间的关系。就具体个人来说，实存世界只是自在的世界，体验世界才是自为的世界。传统的发展研究大多将问题设定在自在的实存世界或其某一个维度上，从而使得发展在很多时候变成了外在的乃至强加的发展，未能进入当事人的生活体验之中。

---

① [美]里奇拉克（许泽民等译）. 发现自由意志与个人责任 [M]. 贵阳：贵州人民出版社，1994. 220-221.

与以往的发展研究不同，生活质量研究将关注的焦点投注于自为的体验世界中，即以生活世界体验层面的三维关系为中心，致力于分析当下的、具体的人的需要及其满足感，进而探讨社会发展问题。因此，正是通过将生活质量理解为体验世界的基本状况，生活质量研究凸显了发展研究的另一个方向，弥补了其以往的不足，为更加完整、更加深入的发展理论与实践奠定了基础。[①]

把心理生活确立为人类生活、社会生活等的重要的组成部分，并且在人类发展、社会进步的实际进程中，将人的心理生活的质量突显出来，这应该是顺理成章的事情。心理学的探索转向心理生活，特别是在中国本土心理资源的基础之上，将心理学的研究重心转向人的心理生活的质量，这也应该是情理之中的事情。心理生活应该从自发走向自觉，并导向质量的追求。

---

① 陆汉文. 论生活世界的内涵与生活质量测量 [J]. 学术论坛，2005（11）. 109-114.

第二十一章　文化传统与本土心理

文化、文化心理学，本土、本土心理学，文化心理、本土心理，文化心理学、本土心理学，所具有的是最为直接的和紧密的关联。这不仅仅是在于文化的本土性存在和特性，而且也是在于本土的文化心理和行为。这所形成的是一种天然的和直接的关系。有研究指出，本土心理学是新出现的心理学研究领域。这是试图扩展普通心理学的边界和内涵。尽管本土心理学和普通心理学两者都是寻求去发现人类行为的普遍的事实、原理和规律，但是其研究的起点却是不同的。普通心理学是寻求揭示无背景的、机制性的和普遍性的原理，而心理学的理论是普遍适用的。然而，本土心理学则是质疑现存的心理学理论的普遍适用性，并试图去发现在社会的、文化的和生态的背景之中的心理学的普遍规律。本土心理学所表明的研究取向是将内容和背景整合到研究设计之中。[1] 本土心理具有自己的文化根基、文化资源、文化演变、文化环境、文化体现、文化多元。这也就决定了、构成了、实现了文化的与本土的心理行为和心理探索的衔接的、互动的、共生的关系。

第一节　本土心理的文化根基

中国文化中的非常独特和非常重要的理论贡献就是心性的学说。道就是人性的根本，就是人心的本性。这就是心性说。儒家、道家和佛家开创和确立了不同的心性学说。这些不同的心性学说，发展出了不同的对人的心灵或对人的心理的解说。心理学的研究都有自己相应的文化历

---

[1] Kim, U., Yang, G. S. and Huang, K. K. (Eds.). *Indigenous and cultural psychology——Understanding people in context* [M]. New York: Springer, 2006. 3.

史资源。西方的心理学有自己的西方文化历史的资源,中国的心理学也同样有自己的中国文化历史的资源。这种文化思想资源实际上决定了心理学存在的土壤,决定了心理学演变的根基,决定了心理学探索的方式,决定了心理学应用的途径,也决定了心理学未来的走向。儒家的心性论是儒学的核心内容,强调的是仁道就是人的本性,就是人的本心。道家的心性论也是道家思想的核心内容,是把天道看作人的本性,也就是人的道心,也就是人的本心。佛教的心性论也是佛家的核心内容,强调佛性就在人的心中,是人的本性或本心。心性说或心性论却是中国本土心理学传统中的根本的或核心的部分。

一 中国本土心性学说

中国文化中的非常独特和非常重要的理论贡献就是心性的学说。中国的文化具有的是崇尚"道"的传统。但是,道的存在与人的存在,道的存在与心的存在,道并不是外在的或远人的。道就是人心中的存在,心与道是一体的。道就是人性的根本,就是人心的本性。这就是心性说,就是心性论。可以说,只有了解心性学说,才能了解中国文化。

在中国的文化传统中,哲学就是无所不包的学问。正如有学者所指出的,从某种意义上来说,中国的哲学就是一种心灵哲学,就是回到心灵的自身,解决心灵自身的问题。中国的哲学传统赋予了心灵特殊的地位和作用,认为心灵是无所不包的和无所不在的绝对主体。① 其实,中国本土文化中的心性说,就是关于人的心灵的重要学说。

儒家的心性论是儒学的核心内容,强调的是仁道就是人的本性,就是人的本心。通常认为,儒学就是心性之学。② 有的研究者就认为,心性论是儒学的整个系统的理论基石和根本立足点。所以,儒学本身也就可以称为心性之学。③ 儒家的心性论强调人的道德心和仁义心是人的本心。对本心的体认和践行,就是对道德或仁义的体认和践行。那么,人追求的就是尽心、知性、知天。这也就是孟子所说的"尽其心者,知其性也。知其性,则知天矣"。这也就是孔子所说的下学上达。儒家所说的性是一个形成的过程,亦即"成之者性",所以孔孟论"性"是从生成和"成

---

① 蒙培元. 心灵的开放与开放的心灵 [J]. 哲学研究,1995(10).57-63.
② 杨维中. 论先秦儒学的心性思想的历史形成及其主题 [J]. 人文杂志,2001(5).60-64.
③ 李景林. 教养的本原——哲学突破期的儒家心性论 [M]. 沈阳:辽宁人民出版社,1998.2-3.

性"的过程上着眼的。① 这就给出了体认仁道和践行仁道的心理和行为的一体化的历程。

道家的心性论也是道家的核心内容，把天道看作人的本性，也就是人的道心，也就是人的本心。这强调的是人的自然本性。这一自然本性也就是人的"真性"，也就是人的自然本心，这也就是人的潜在本心。道家的心性论把"无为"作为根本的方式。无为就是道的根本存在方式，也是人的心灵的根本活动方式。"无为"强调的是道的虚无状态，强调的是"致虚守静"的精神境界。"无为"从否定的方面意味着无知、无欲、无情、无乐。"无为"从肯定的方面则意味着致虚、守静、澄心、凝神。道家也强调"逍遥"的心性自由境界。② 老子强调的是人的心性的本然和自然，庄子强调的是人的心性的本真和自由。③

佛教的心性论也是佛家的核心内容，强调佛性就在人的心中，是人的本性或本心。中国的禅宗是佛教非常重要的派别。禅宗的参禅过程就是对自心佛性的觉悟过程。这强调的是自心的体悟、自心的觉悟的过程。禅宗也区分了人的真心和人的妄心，区分了人的净心和人的染心。真心和净心会使人透视到人生或生活的真相。妄心和染心则会使人迷失了真心和污染了净心。④ 禅宗的理论和方法可以有两个基本的命题。一是明心见性，一是见性成佛。禅宗的修行强调的是无念、无相、无住。"无念为宗，无相为体，无住为本。"⑤

中国本土心理学的发展和演变就应该是立足本土的资源，就应该是提取本土的资源，就应该是运用本土的资源。在本土文化的基础之上，在本土文化的传统之中，在中国文化的背景之下，在中国文化的资源之内，来建构特定的心理学，来创造本土的心理学。这也是近些年来许多学者努力的方向。在中国本土文化的基础之上来建构中国本土的心理学，这也是当前中国心理学研究者追求的目标。回到中国本土文化之中，挖掘中国本土文化中的心理学资源，这已经成为许多中国心理学研究者的

---

① 李景林. 教养的本原——哲学突破期的儒家心性论 [M]. 沈阳：辽宁人民出版社，1998.8.
② 郑开. 道家心性论研究 [J]. 哲学研究，2003（8）.80-86.
③ 罗安宪. 中国心性论第三种形态：道家心性论 [J]. 人文杂志，2006（1）.56-60.
④ 方立天. 心性论——禅宗的理论要旨 [J]. 中国文化研究，1995（4）.13-17.
⑤ 汤一介. 禅宗的觉与迷 [J]. 中国文化研究，1997（3）.5-7.

自觉的行动。当然，不同的研究者着眼的焦点也就不同，关注的内容也就不同，思考的方向也就不同。但是，心性说或心性论却是中国本土心理学传统中的根本的或核心的部分。

二 心性心理学的源流

中国是一个历史悠久的文明古国。因此，我国有着博大精深的文化传统。但是，在现代文明的进程中，中国曾经一度落在了后边。在中国本土传统文化的框架中，并没有诞生出现代意义上的科学。中国的现代科学是从西方传入进来的。同样，中国本土文化中，也没有诞生出西方现代意义上的科学心理学。中国现代的科学心理学也是从西方传入的，也带有西方文化传统的印记。

那么，在中国发展自己的科学心理学时，所面临的一个非常重要的问题就是，中国的本土文化中有没有自己的心理学传统。如果有，那么这种本土的心理学传统具有什么性质，包含什么内容。如果有，那么应该如何去理解、解说、阐释和对待这种本土的心理学传统。可以肯定的是，中国本土的文化传统中，也有自己独特的心理学传统。因此，最为重要的问题就在于，中国本土的心理学传统能否成为中国科学心理学发展和创新的有益资源。所以，如何理解中国本土的心理学传统，就成为决定中国心理学未来发展的一项基础性的和发展性的研究任务。[①] 到目前为止，在对中国本土传统心理学的研究中，出现过一些十分不同的见解和观点。总结起来，共有如下的几种不同的理解。

第一种是心理学的文化历史资源的土壤说。这实际上是将心理学的文化历史资源看成心理学植根和生长的文化历史土壤。这成为一种非常重要的理解心理学的文化历史资源的隐喻。该隐喻能够支配关于中国本土心理学资源的研究和探索。文化的创造、文化的历史、文化的传统和文化的发展，都是在文化土壤之中生发出来的。心理文化的创造、心理文化的历史、心理文化的传统和心理文化的发展，都是在心理文化土壤之中生发出来的。

第二种是心理学的文化历史资源的氛围说。这实际上是将心理学的文化历史资源看成心理学存在和运作的文化历史氛围。氛围会产生特定

---

① 葛鲁嘉.中国心理学的科学化和本土化——中国心理学发展的跨世纪主题[J].吉林大学社会科学学报，2002（2）.5-15.

的约束，会形成特定的结果，会导致基本的涵养。在人的社会生活中，在人的心理生活中，文化历史氛围构成了对人的心理行为的最基本的引导。文化历史氛围实际上所构成的是有关心理学学科的价值定向、价值引导、价值评判、价值创造的活动。

第三种是心理学的文化历史资源的环境说。文化历史环境是人所面对的环境构成中的最为根本和重要的环境条件。这些环境条件会制约心理学的学科探索、学术研究、学科发展和学术创造。当然，心理学的学科所生存的环境可以是多元化的或多样化的。无论是硬环境，还是软环境；无论是物质环境，还是思想环境；无论是自然环境，还是意义环境；文化历史环境在其中都占有着非常重要的位置或地位。显然，文化历史环境更多地属于软环境，属于思想环境，属于意义环境。

第四种是心理学的文化历史资源的思想说。这所强调的是，心理学是一种特定的思想理论，是一种设定的思想解说，是一种独特的思想形态，是一种独创的思想文化。在人类文化的构成中，心理学应该占有一席之地。无论是在思想的创造，思想的传统，还是在思想的传承中，心理学都是非常重要的人类文化思想。

第五种是心理学的文化历史资源的传统说。心理学是一门科学学科，但也是文化创造的产物，也构成了文化历史的传统。这体现在心理学创造了特定的心理生活的方式，创造了特定的心理解说的方式，创造了特定的心理干预的方式。这通过文化的方式存在，通过文化的形态延续。

心理学的研究都有自己相应的文化历史资源。西方的心理学有自己的西方文化历史的资源，中国的心理学也同样有自己的中国文化历史的资源。这种文化思想资源实际上决定了心理学存在的土壤，决定了心理学演变的根基，决定了心理学探索的方式，决定了心理学应用的途径，也决定了心理学未来的走向。

中国文化传统中的心理学也有自己独特的验证理论假说的方式和方法，而不仅仅就是思辨和猜测。当然，在中国的本土文化当中，并没有产生出西方科学意义上的实证方法或实验方法。但是，中国古代的思想家却提出了知行合一的原则，也就是践行或实践的原则。任何的理论解说或理论说明，包括心理学的理论解说和理论说明，其合理性要看能否在生活实践中获得预期的结果，或者说行动实现的是否就是理论的推论。这形成的是另外一套验证理论的途径。把西方科学心理学的研究方法与中国传统心理学的验证方法相对比的话，那就是实验与体验的对应，那就是实证与体证的对应。体验的方法或体证的方法就是中国本土心理学独特的方式和方法。

中国文化传统中的心理学也有自己独特的干预心理行为的手段和技术，并形成了对人的心理生活的引导、扩展和提升。人的心理就有了横向的扩展和纵向的提升的可能。心理的横向扩展就在于能够包容更多的内涵、包容天地、包容他人、包容社会、包容自己等。心理的纵向提升就在于能够提高心灵的境界。这是一种纵向比较的心性心理学。人与人不是等值的，而是有心灵境界的高下之分。境界最为低下的就不是人，而是畜生。境界最为高尚的就是圣人。因此，中国本土的心性心理学是境界等差的学说，是境界高下的学说，是境界升降的学说。心理的差异实际上就成了德行、品德、人品、为人和境界等方面的差异。反思、反省就成为重要的手段和技术。

三　心性心理学的探索

在中国本土的文化传统之中，存在着丰富的心理学的资源。这关系到的内容包括心性心理学、智慧心理学、儒家心理学、道家心理学和佛家心理学。这是中国本土文化中的心性学说在心理学领域中的体现和展现。

中国文化中的非常独特和非常重要的理论贡献就是心性的学说。中国的文化具有的是崇尚"道"的传统。但是，道的存在与人的存在，道的存在与心的存在，道并不是外在的或远人的，道也不是离心的或心外的。道就是人心中的存在，心与道是一体的。道就是人性的根本，就是人心的本性。这就是心性说，就是心性论。可以说，只有了解心性学说，才能了解中国文化。

中国本土文化中的心性说，就是关于人的心灵的重要学说。儒家的心性论是儒学的核心内容，强调的是仁道就是人的本性，就是人的本心。通常认为，儒学就是心性之学。儒家的心性论强调人的道德心和仁义心是人的本心。对本心的体认和践行，就是对道德或仁义的体认和践行。那么，人追求的就是尽心、知性、知天。道家的心性论也是道家的核心内容，是把道看作人的本性，也就是人的道心，也就是人的本心。这强调的是人的自然本性。这一自然本性也就是人的"真性"，也就是人的自然本心，这也就是人的潜在本心。道家的心性论把"无为"作为根本的方式。无为就是道的根本存在方式，也是人的心灵的根本活动方式。"无为"强调的是道的虚无状态，强调的是"致虚守静"的精神境界。佛教的心性论也是佛家的核心内容，强调佛性就在人的心中，是人的本性或本心。中国的禅宗是佛教的非常重要的派别。禅宗的参禅过程就是对自心的佛性的觉悟的过程。这强调的是自心的体悟、自心的觉悟的过程。

中国本土心理学的发展和演变就应该是立足本土的资源，就应该是提取本土的资源，就应该是运用本土的资源。在本土文化的基础之上，在本土文化的传统之中，在中国文化的背景之下，在中国文化的资源之内，来建构特定的心理学，来创造本土的心理学。这也是近些年来许多学者努力的方向。在中国本土文化的基础之上来建构中国本土的心理学，这也是当前中国心理学研究者追求的目标。回到中国本土文化之中，挖掘中国本土文化中的心理学资源，这已经成为许多中国心理学研究者的自觉的行动。当然，不同的研究者着眼的焦点也就不同，关注的内容也就不同，思考的方向也就不同。但是，心性说或心性论却是中国本土心理学传统中的根本的或核心的部分。

一是心性心理学研究。内容涉及中国本土文化资源中的"心性论"所具有的心理学内涵，"心性论"的传统文化思想中所体现出来的心理学，从"心性论"中所能够挖掘出的当代心理学的价值，以及"心性论"在民众生活中具有的传统心理学影响。二是智慧心理学研究。智慧心理学是人类心理在人类生活中的合理化运用，这并不同于在西方心理学中盛行的智力心理学的研究。中国文化传统具有丰富的智慧心理学的资源。三是儒家心理学研究。儒家心理学所讲的心，同时是心，同时是性，同时是理，同时是道。人的本心即是性，所谓心性合一；而性则出于天，所谓天命之谓性。那么，心、性、天就是通而为一的。四是道家心理学研究。道家心理学主张道内在于心而存在，这就是与道合一的道德心。道德心来源于宇宙生生之道，具有超越意。道德心的活动表现为神明心，具有创生意。道德心是潜在的，而神明心则可以将其实现出来。五是佛家心理学研究。佛家心理学讲宇宙之心，这是宇宙同根，万物一体的形上学本体，这也称为"本心"或"佛性"。禅宗主张众生皆有佛性，佛性就在每个人的心中，或者说每个人的心中本来就有佛性。

第二节　本土心理的文化资源

天人合一的基本体现就是心道的一体。道是容含的总体，但是道又不是在人心之外，而就是在人心之内。心性论是中国文化传统之中的非常成熟的理论类型和理论构造。这实际上是从天道、天命、天理、天性、天人等的理论预设和理论构造之中延续、延展、延伸而来的。中国本土文化中的心性说实际上涉及了人的心理的几乎是所有重要的方面。这实际上是将人的心理内含在了心性之中。反过来，也就可以从中国本土的心性论或心性说之中，引出关于人的心理的系统化的解说。因此，可以说，从心性论之中就可以引出心性心理学，从心性心理学中就可以创造出"新"心性心理学。心性论就在于给心理学的研究提供了理解人的心理行为的思想根基、文化根源、心理基础、意义来源等合一或统一的方式和方法。心性说或心性论就是中国本土心理学传统中的根本的或核心的部分。

一　心道一体的设定

天人合一不仅是指在根源上天与人是一体的，而且是指在发展中人与天也是一体的。当然，这里的天不是指自然意义上的天，不是指宗教意义上的天，而是指生活意义上的道理或规律。所谓的天道是指自然演化过程中、生物进化过程中、人类实践过程中的规律。这里的人不是指自然意义上的人，也不是指生物意义上的人，而是指创造意义上的人。

天人合一的含义就是指人的心理行为与人的生活环境的共生的关系。如果单纯说环境创造了人，这是不完整的。环境决定论导致的是，把人看作被动地受到环境的影响，受到环境的制约，受到环境的塑造。那么，人就成了环境的奴隶，成了环境的附属，成了环境任意宰割的对象，成了环境挤压蹂躏的存在。同样，如果单纯说人创造了环境，那也是不完整的。主体决定论导致的是，把人看作无所不能的主宰者，人可以任意地妄为，人可以无所不为。那么，人就成了不受约束的主人，成了破坏的源头，成了自然的敌人，成了自毁前程的存在。其实，人与环境是共生的关系，是共同成长的历程。可以说，人是通过创造了环境而创造了自己。或者说，环境通过改变了人而改变了自身。人与环境是共荣共损的关系，是共同成长或共同衰退的历程。

天人合一的基本体现就是心道的一体。道是容含的总体，但是道又不是在人心之外，而就是在人心之内。所以，人心可以包容天地，包容天下，包容世界，包容社会，包容他人。这就是人在自己的内心中去体道的过程，也是在自己的践行中去证道的过程。但是，在人的生活中，人却常常会失去自己的本心，被自己的欲望所蒙蔽。从而，人就会背道而驰，人就会倒行逆施，人就会见利忘义，人就会为富不仁。那么，怎么样才能复归本心，怎么样才能明心见性，怎么样才能仁爱天下，这就是体道的追求，这就是证道的功夫，这就是践道的过程，这就是布道的行为。当然了，心道一体可以有许多不同的理解，也可以有许多特定的含义。

首先，心道一体的一个最为重要的含义在于，道并不是在人心之外。也就是说，道并不是外在的对人心的奴役，也不是人迫不得已所接受的外在的限制，也不是人必须无可奈何接受的外在的存在，也不是人力所不及的天生的存在。其实，道就是心，心就是道。道是人心的根本，是人心的根基，是人心的根源。这其中的含义就是，人只要觉悟到内心的道的存在，人只要遵循着内心的道的引导，人就会随心所欲，就会创造世界，就会无中生有，就会促进新生。

其次，心道一体的一个非常重要的含义在于，心与道是相互共生的，是共同创生的。所谓彼此是互相创造出来的含义，就是指心迷失了道就会迷失了自己生长的根基，道离开了心就会失去了自己演出的舞台。正因为人心中有道，才会有所谓的心正，才会有所谓的心善，才会有所谓的心诚，才会有所谓的心真。道为正，道为善，道为诚，道为真。人心可以无所不包，但这正是因为人心中有道。所以，在人的生存中，在人的生存境遇中，在人的生活中，在人的生活追求中，在人的心理中，在人的心理生活中，也就是对人而言，心正而正天下，心善而善天下，心诚而诚天下，心真而真天下。

最后，心道一体的一个非常重要的含义在于，道创生了万物，创造了世界，而心也同样是创生了生活，创造了人生。道是万物演生的根本，心则是人生演化的根本。人通过自己的心来体认道的存在，也通过自己的心来创造自己的生活，也通过自己的心来创造社会的生活。人可以在心理文化、心理生活、心理环境的通路中，生成自己的生活和心理的根基，生成自己的生活和心理的平台，生成自己的生活和心理的意义，生成自己的生活和心理的价值。这是人体认道的存在的最为根本的方面。

这就是人的心理资源，心理资源也是重要的文化资源，文化资源就是人的文化根基，也就是人的文化创造。这就是人的心理文化，心理文化也是人的心理行为和心理探索所形成的文化，心理文化就是解说、阐释和决定了人心理的文化。这就是人的心理生活，是人的有质量的心理生活，是人的有追求的心理生活，是人的有成长的心理生活，是人的有成就的心理生活。这就是人的心理环境，是人的有和谐的心理环境，是人的有建构的心理环境，是人的有意义的心理环境，是人的有生命的心理环境。这就是人的心理成长，是人的心理不断丰富和丰满的成长，是人的心理境界不断扩展和提升的成长。这就是人的心理科学，心理科学是与人类心理共生或共同生成的科学门类。对于生命、生活、社会、人类、个体来说，心理资源、心理文化、心理生活、心理环境、心理成长、心理科学，都是安身立命的需要，都是延续命脉的根本。因此，对于每一特定的文化和特定的社会来说，心理资源、心理文化、心理生活、心理环境、心理成长、心理科学，都是其必不可少的构成。

二　心性论理论构造

心性论是中国文化传统之中的非常成熟的理论类型和理论构造。这实际上是从天道、天命、天理、天性、天人等的理论预设和理论构造之中延续、延展、延伸而来的。因此也可以说，在心性论的理论构造之中，就包含了从心中可以引出的所有重要的和关键的内容和问题。这可以在中国本土文化传统之中的有关的思想家和有关的学说那里，得到非常鲜明的体现。

孔子是中国文化传统中的大思想家。那么，在孔子所提供的具有原初性或原始性的思想理论之中，就包含或包括了心性论的理论构造。这也就是孔子或儒家的心性论。有研究者考察了孔子的心性学说的结构。有研究认为，孔子的心性之学有欲性、仁性、智性三个不同的层面。这三个不同的层面所涉及的则是不同的问题。

孔子心性之学结构的第一个层面是欲性的问题。这所涉及的是利欲问题。一般的做法是套用西方哲学的概念，称为感性。但是，孔子眼中的利欲与西方人眼中的感性，并不完全一致。因为总的来说，西方的感性和理性处于两分结构的两极，彼此对立，而孔子心性结构中的利欲与其他层面是一种价值递进的关系，并不构成绝对的对立。孔子把人分为君子和小人，划分的标准，即在于君子志于道，小人怀于利。一个人的生命或高大或渺小，全在于自己的价值选择，选择的价值层面高便高大，选择的价值层面低便渺小。君子（士）以行道为己任，这就决定了他们在自己的生命中必须有高层面的价值选择，以崇高的人格承担起道统的重担。既不排斥一定程度的利欲，又要追求高层面的价值选择，这之间有一定的矛盾。解决的办法，全在一个义字。"义者，宜也"。凡利都要看是不是合义，合义，即是正确的，可以接受；不合义，即是不正确的，不可以接受。

孔子心性之学结构的第二个层面是仁性的问题。概括地说，仁性可以有四个特点，即情感性，内在性，自反性，流失性。仁性的第一个特点是情感性。情感在孔子思想中占有重要地位。应该如何对待别人，只要设身处地，问问自己的好恶情感就可以知道了；自己不愿意的，也不应该对人，这叫"己所不欲，勿施于人"；自己愿意的，也施之于人，这叫"己欲立而立人，己欲达而达人"。情感总是内心的感受，并不存在于外边，这就决定了仁性的第二个特点：内在性。在孔子看来，仁与不仁的根源只有一个，即心之安与不安；仁与不仁的标准也只有一个，亦即心之安与不安。仁与不仁的根源和标准都取之于心，心是内在的，所以仁是内在的。由于仁内在于心，所以能不能得到仁，完全在于自己，即仁有自得性，这是仁性的第三个特点。虽然通过内省自讼可以自得于仁，但仁的境界很高，很难保证时时处处与之相合，这就形成了仁性的第四个特点：流失性。

孔子心性之学结构的第三个层面是智性的问题。在孔子思想体系中，智性即是在人之为人的过程中，通过学习使人成就道德的一种性向。这也就是说，人要成就道德，光有仁性还不够，还必须不断向外学习。所以智性在孔子心性结构中是绝对不可缺少的一个层面。守其善道有两条，一条是笃信，另一条就是好学。可见学习之不可或缺以及智性之重要。智性与仁性互不相离，相互为用，以其层面而言，以智性为上，以其所本而言，以仁性为重。[1]

张岱年在论述中国哲学之中的心性与天道的关系时，分离出了三个

---

[1] 杨泽波. 孔子的心性学说结构 [J]. 哲学研究，1992（5）. 62-70.

关系。这也就是人与天道的关系，性与天道的关系，心与天道的关系。[①]人与天道的关系实际上就是所谓的天人关系。这所涉及的是天道与人道的关系，是天理与人理的关系。性与天道的关系实际上就是所谓的天性与人性的关系，是天命与人命的关系。心与天道的关系实际上就是所谓的本心与习心的关系，是公心与私心的关系。

当然了，在众多的中国本土思想家的思想理论之中，都内含有多样的和复杂的心性论的理论构造。这些不同的理论构造提供了关于人的心性的各种不同角度、不同思路、不同方面和不同层次的理解和解说。

很显然，对于独特的中国文化来说，"道"是根本和核心。那么，与"道"相关联的就是"性"，这成为所有事物的根本和决定的方面。例如，所涉及的就有天"性"、人"性"、心"性"、理"性"、智"性"、感"性"、"性"命、"性"灵、"性"情、"性"格，等等。应该说，在当代的心理学研究中，尽管是对"心理"的研究，但是却缺失了对"理"的理解和探索；尽管是对"个性"的研究，但是却缺失了对"性"的理解和探索；尽管是对"感觉"的研究，但是却缺失了对"觉"的理解和探索。

三 心性论理论扩展

凡是从事中国哲学研究的人现在几乎承认，中国传统哲学是以人为中心的哲学，不管称之为人本主义，还是称之为人文主义，总归是以人的存在、价值和意义为主题而展开讨论的。在中国传统哲学看来，人的精神存在是知情意的统一，是整体的存在。但是，在知情意之中，传统哲学最关注的是情而不是知或意，就是说，情感因素在传统哲学中占有极其重要的地位，或者说传统哲学具有强烈的情感色彩。从比较哲学的角度看，西方哲学是理智型哲学，而中国哲学则是情感哲学。

这并不意味着传统哲学不讲知。传统哲学也重视知，也是"智慧"之学，但却并没有把知和情截然分开，形成主客对立的哲学系统以及理论理性的系统哲学。传统哲学把人的情感需要、情感态度、情感评价以及情感内容和形式，放在特别重要的地位，并以此为契机，探讨人的智慧问题和精神生活问题。

[①] 张岱年. 论心性与天道——中国哲学中"性与天道"学说评析 [J]. 河北大学学报（社会科学版），1994（2）. 1-6.

中国传统哲学所说的情感，含义极其复杂广泛，从某种意义上说，情感是中国的人学形上学的重要基础。这不仅是有情感感受（"感于外而动于中"），而且有情感体验；不仅有经验层次的体验，而且有超越的体验，这是中国的儒、道、释所共有的。儒家哲学是建立在道德情感之上的，孔子所提倡的"真情实感"就是以孝与仁为内容的，孟子则进而提出"四端"说，把四种道德情感作为人性的根源。老子反对"仁义"，却主张"孝慈"，他否定了情感中的道德内容，提倡纯粹自然的真实情感。庄子反对世俗之情，提倡超伦理的"自然"之情，亦即"无情之情"。佛教哲学否定情欲、情识，提倡绝对超越，但是中国化的禅宗，却并不否定七情六欲，不否定人的现实的情感活动，不仅如此，禅师们在"扬眉瞬目"、情态百出之间体验佛的境界。中国传统哲学所提倡的，是美学的、伦理的、宗教的高级情感，绝不是情绪反应之类，是理性化甚至超理性的精神情操、精神境界，绝不是感性情感的某种快乐或享受。

超越层面的情，表现为一种情操、情境、情趣或气象，是一种很高的精神境界，其最高体验就是所谓"乐"。道家提倡"至乐"，儒家提倡"孔颜之乐"，佛家提倡"极乐"，它们都不是指感性的情感快乐，而是能够"受用"的精神愉快、精神享受。中国传统哲学既是体验之学，它的智慧也就是与体验相联系的人生智慧，情感问题始终是它所关注的重要课题。无论美学体验、道德体验，还是宗教体验，都离不开人的性情。情感是有不同层次的，有感性情感（如情欲、情绪），有理性化的情感（情理、情义），还有超理性的情感（神秘体验、宗教体验）。[①]

那么，中国本土文化中的心性说实际上涉及了人的心理的几乎是所有重要的方面。当然了，这实际上是将人的心理内含在了心性之中。那么，反过来，也就可以从中国本土的心性论或心性说之中，引出关于人的心理的系统化的解说。因此，可以说，从心性论之中就可以引出心性心理学，从心性心理学中就可以创造出"新"心性心理学。

心性论的理论扩展至少可以包含着如下几个方面或几个层面。一是在学科层面的理论扩展。中国本土的心性论可以通过特定的学科分支，涉及和包含非常广泛的内容。这可以表达和体现在现代学科体系中的多个不同学科的研究中，其中就可以包括哲学、文学、美学、医学、伦理

[①] 蒙培元. 论中国传统的情感哲学［J］. 哲学研究，1994（1）. 45-51.

学、历史学、思想史、艺术学、管理学、教育学、政治学，等等。二是在思想层面的理论扩展。中国本土的心性论也涉及和包含了非常丰富的思想内容。这实际可以体现在关于天性、本性、物性、人性、自性、习性、理性、知性、智性、悟性等的思想探索方面。三是在社会层面的理论扩展。这实际上可以体现为关于个体性、群体性、集体性、国民性、社会性等的探索和解说之中。四是在个体层面的理论扩展。这实际上可以体现在个体身心的一系列重要的和决定的方面。这包括了个体的修性、养性、品性、德性、个性、灵性、秉性等的特性。

四　心性论心理内涵

中国本土文化之中的心性学或心性论，是从非常独特的文化视角，是从非常系统的思想论域，涉及了特定的心理学的内容。或者说，是给出了有关人的心理行为的有价值的理论解说。这包括了一系列在西方心理学的传统之中属于空白或弱点的心理学的重要和重大的课题。

应该说，心性论并不是专门的心理学的探索，而是属于哲学的探索。但是，通过特定的学科之间的转换，仍然能够从中理解到心理学的内容。这实际上可以成为独特的心性心理学的探索。心性论的心理内涵就在于给出了人的心理的基本思想预设，就在于给出了人的心理的核心理论根据，就在于给出了人的心理的系统理论推演。这其中就包括了在西方的科学心理学探索和研究之中，所一直受到忽视和排斥的内容。

心性论给出了有关人的心理的内容或意义的阐释。杨国荣先生论述了心性之学与意义世界的关系。研究指出和表明了，就人与对象世界的关系而言，心性论的进路不同于对存在的超验构造。在超验的构造中，世界往往被理解为知行过程之外的抽象存在。相对于以上的超验进路，心性之学更多注重世界对人所呈现的意义，而不是如何在人的存在之外去构造一个抽象的世界。较之于无极、太极或理气对于人的外在性，心性首先关联着人的存在；进入心性之域，则同时表明融入了人的存在之域。与之相联系，从心性的视域考察世界，意味着联系人自身的存在以理解世界。人不能在自身的存在之外去追问超验的对象，而只能联系人的存在来澄明世界的意义；换言之，人应当在自身存在与世界的关系中，而不是在这种关系之外来考察世界。

以人与对象的关系为出发点，心性之学难以悬空地去构造一种宇宙的图式，也无法以思辨的方式对世界的结构作逻辑的定位。这并非让意识在外部时空中构造一个物质世界，而是通过心体的外化（意向活动），赋予存在以某种意义，并由此建构主体的意义世界；与之相关的所谓心外无物，亦非指本然之物（自在之物）不能离开心体而存在，而是指意义世界作为进入意识之域的存在，总是相对于主体才具有现实意义。

心性之学对意义的追寻，当然并不限于化对象世界为心性之域的存在。从更内在的层面看，以心性为出发点的意义追寻所进一步指向的，是精神世界的建构和提升。作为精神世界的具体形态，境界更多地与个体相联系，并以个体的反省、体验等为形式。如果说，化对象世界为心性之域的存在首先伴随着对存在意义的理解，那么，物我一体之境则更多地包含着对存在意义的个体领悟。

作为意义世界的表现形式之一，精神之境蕴含了对存在的体与悟，同时又凝结并寄托着人的"在"世理想。与存在及"在"的探寻相联系，境界表现了对世界与人自身的一种精神的把握，这种把握体现了意识结构的不同方面（包括理性与情意等）的综合统一，又构成了面向生活实践的内在前提。就人与世界的关系而言，境界展示了人所体验和领悟的世界图景；就人与内在自我的关系而言，境界又表征着自我所达到的意义视域，并标志着其精神升华的不同层面。①

对于心理学的研究来说，探索心理的机制与探索心理的内容，一直就是科学心理学或实证心理学非常难以面对和解决的问题。现代实证心理学实际上是抛弃了心理的内容，而仅仅是探索心理的机制。这给心理学的研究和发展带来了许多难以克服的障碍。将天人合一与心道一体的理念引入心理学的探索和研究，就可以吸纳能够融心理机制与心理内容为一体的新的研究理念和探索方式。

心性论就在于给心理学的研究提供了理解人的心理行为的思想根基、文化根源、心理基础、意义来源等合一或统一的方式和方法。因此，所谓的心性心理学就是在天人合一或主客统一的基础之上，去重新确立或确定心理学研究的内容和方式。研究根基的转换也就带来了心理学研究和心理学创造的更为广大的空间。

心性论心理内涵所体现和表达的就是心性心理学所涉及的基本的内容，所考察和所探索的就是心性心理学基础之上的新心性心理学的创造

---

① 杨国荣. 心性之学与意义世界 [J]. 河北学刊, 2008（1）. 35-38.

和创新。这就将心性论的思想内容和理论内容汇入了心理学的探索和研究，并入了新心性心理学的理解和理论之中。

第三节 本土心理的文化演变

在不同的社会生活之中，在不同的文化背景之下，本土的心理、本土心理的演变，实际上是与文化的存在、文化的演变、文化的发展，等等是一体化的。文化与人类是密不可分的关系。人类创造了文化，反过来文化又创造了人类。文化的存在与心理的存在则是互生的关系，是互依的关系。那么，就可以从文化发展和文化演进的方面去理解本土的心理。与此同时，也可以从本土的心理创造和心理建构的方面去理解文化的发展。本土心理与文化演变实际上就是一种共生的关系。

多元文化论主张文化与行为的联系和多元文化对行为的不同影响。这是站在西方主流心理学的对立面上，认为传统的跨文化心理学研究文化的方式是文化帝国主义的，表现的是西方心理学的"文化殖民主义"倾向。站在后现代主义的角度，多元文化论强调多样化的价值观，认为不同文化在其价值上是平等的，并主张超越主流心理学和传统跨文化心理学对单一西方文化的依赖，在文化价值平等的基础上从事跨文化心理学的研究。这种主张促使了跨文化心理学的转向和发展。多元文化论强调文化因素对心理学研究的重要性。依据多元文化论的观点，行为并非是由内部的过程或机制决定的，而是文化制约的。儿童通过社会化的过程习得了特定社会的文化价值观，这种文化价值观决定着人们怎样看待世界、怎样看待自己和他人。因此，行为是文化的产物。多元文化论认为应该从多元文化的角度出发，把心理与行为上的特殊性研究与一般性研究结合起来。既强调文化与行为的联系，也注重文化的多元性，同时也注意行为特殊性和行为一般性研究的结合。真正把心理学建立在文化的基础之上。[1]

跨文化发展心理学是发展心理学的一个组成部分，是跨文化心理学比较研究的一个重要分支。发展心理学研究人类心理系统发生发展的过

---

[1] 叶浩生. 多元文化论与跨文化心理学的发展 [J]. 心理科学进展，2004（1）. 144-151.

程和个体心理发生发展的规律,而跨文化发展心理学的目的在于研究不同文化背景中不同年龄的个体行为表现或心理发展的类似性和差异性。跨文化发展心理学的成果有助于解释人类行为的起源及其发展过程,有助于区别在文化依赖和文化独立两种情况下产生、发展的行为,还有助于揭示影响儿童如何仿效成人行为的各种因素,如家庭结构,宗教信仰、经济状况等。跨文化发展心理学的基本特征就是比较研究不同文化背景下儿童经验和行为,以发现文化因素对儿童心理发展模式的不同影响。它采用的方法就是跨文化研究和发展研究二者方法的密切结合。跨文化研究就是力图从人们超越地理环境的各种历史活动中去发现和把握各种不同文化的形态差异,探讨文化的静态结构,而发展研究是指从人类个体的胚胎期开始一直到衰老的全过程,探讨个体心理如何从简单低级水平向复杂高级水平的变化发展。[1]

  文化心理学着重于研究人的文化心理的形成与发展。人类发展史表明,人类(包括其心理)的形成过程是一个文化产生的过程,即整个人类的文化化过程。正是文化,把人和人的心理与动物和动物的心理区别开来,使人成了人,具有了人所特有的心理。文化心理学认为,研究人的心理和行为的生成与发展,可从人类或种系(宏观)与个体(微观)的生成和发展两个角度进行研究。从人类或种系的进化和发展的角度看,人的心理和行为是在人不断优化和发展自己的活动中形成与发展的,体现了人与对象的关系即对象化关系的生成与演变。正是对象化关系的生成与演变,既生成和发展了人的生理结构,同时也形成和发展了人的心理和行为结构。较具体地说,人在进化和发展过程中,一直追求自身的不断优化或发展,为此不断地进行各种文化活动,创造各种文化物,这些文化物反过来又改变人的行为;人的行为改变导致人的活动方式的改变,进而导致人的生理结构的改变,同时行为的内化导致心理活动的改变与发展。[2]

  文化的演变给本土心理提供的是独特的空间,通过文化的演变来理解本土心理的存在与发展变化的可能,则给本土心理的研究和探索提供的是独特的视域。这包括在一元文化论到多元文化论的变革和发展的历

---

[1] 王亚同. 论跨文化发展心理学[J]. 心理发展与教育,1991(1).37-42.
[2] 李炳全. 文化视域中的心理学探析[J]. 西北师大学报(社会科学版),2007(3).52-57.

程之中，也给本土心理的研究和本土心理学的发展带来了截然不同的变化。

第四节　本土心理与文化环境

文化的环境涉及文化的创造。文化环境是人的存在和社会发展赖以依托的各种文化条件的总和，是由人创造的、与人发生效应的人的境遇。人类的心理不仅具有人类共有的性质和特点，而且具有文化特有的性质和特点。传承是人类文化的生存模式；传承方式即是民族文化传承的方法、手段和实际内容。心灵传承是民族文化诸多传承方式中最为特殊的一种。文化环境既是人赖以存在和发展的根基，又可以成为制约人及社会进步的强大力量。人类心理具有自觉的性质，这种自觉的心理历程也是文化创生的历程。

一　文化的创造

有研究从时空的角度，考察了人的文化环境。研究指出了，从文化哲学角度看，时间与空间不仅仅是物质的存在方式，更是人的生命和文化的展开方式。时空观念的演变直接反映人类文化的历史变迁和人类自身生存与发展的现实境遇，文化时间和文化空间是构成文化环境的本体论维度。

人是文化的存在，文化是人的存在方式，人的存在的时间性直接表现为文化的时间性。作为个体的人，他的一生是划分为阶段的，作为人类的总体同样以阶段来划分。文化时间并不在人与文化之外，而是内含于人的文化存在方式中，文化时间与人的生命存在即人的文化存在内在一致。文化的时间性表现为文化的历史过程性、传统连续性以及民族现实性。

首先，文化是一个历史过程。文化是人有目的、有意识的活动，是人的自我创造活动。人通过文化创造活动，把整个自然界纳入人的活动体系中，变成属人世界，创造出人类社会，从而实现自然存在向人的存在的转变，体现人的生命活动和人类进步，实现人的存在价值，凸显人的创造本性。这样，人与自然的关系不再是一体的、直接的，而是通过人的创造性活动形成，并以"人化"和"物化"的形式表现出来的能动的、生成的、间接的关系。事实上，自从有了人类，就有了文化，也就有了人类的历史。一部人类史，其实就是一部文化史。文化就是人类自我创造、自我发展、自我实现的历史过程，文化的时间性来自于人的文化创造，也就是人的自我创造。历史记录着人的文化生成与创造、发展与繁荣、传播与演进，是人之所以为人的文化确证。依此而言，历史是人的积极的存在，是人的自觉存在，是人的自我创造的过程。

其次，文化是一种传统的存在。文化的传统性是文化时间性的重要表征。作为传统存在的文化，使每一个人类个体的文化创造都获得永恒的意义，它通过文化传承对传统文化和未来文化产生影响。任何一种现实的文化，都是人们在长期历史发展过程中创造和累积而成的，文化在产生、发展、繁荣、衰落、复兴等历史演进过程中形成文化传统，文化传统构成文化的价值实质，是文化发生和演进的方式。

最后，民族时间是一个民族特有的意义空间。文化时间不仅凭借过程性和连续性来昭示生命尺度的意义，而且还通过民族性现实地展现其作为人的发展空间的维度。

自然的物理空间构成人的现实存在的前提，属人的文化空间才是人的存在的现实。只有以人的发展标准和尺度来重新安排周围世界，把人的世界和人的关系还给人自己，建构一个真正的属人的文化空间，才能使人日益生活在自己的现实世界中。

首先，文化空间是人的世界的一种基本存在形式。文化哲学视野下的空间，不是物理空间、自然空间，而是文化空间。文化空间是人的世界的空间维度，是从空间角度考察的人的世界，是人的世界的一种基本的存在形式。进一步说，文化空间是人及其文化赖以生存和发展的场所，是文化的空间性和空间的文化性的统一。文化的产生构成了一个属人的意义世界，逐渐把人从自然界中提升出来；文化的发展，丰富着人的世界的形式和内容，逐步完成了人的生成。文化塑造着人的意志、情感、兴趣、爱好、世界观、人生观、价值观、生活方式、生产方式、思维方式，人的方方面面无不是文化赋予的，同时文化世界包括的物质文化、制度文化、精神文化，又都是由人创造的，文化世界的一点一滴都是人类智慧的结晶。

其次是文化空间的人文意义。文化空间与物理空间、自然空间不同，文化空间是一种意义空间。文化空间是一个生成、创造和获得价值与意义的领域，是人们情感发生、寄予和表达的场所，在其中人们可以经历并感受到最有意义的文化生活和文化体验。文化空间作为人的活动的广延性，规定着人生存和发展的阈限。

最后是文化空间的特性。文化空间具有动态性。文化空间和文化时间联系密切，这决定文化空间随文化时间迁移的动态性。文化空间具有不可逆性，一旦破坏便是毁灭性的，因此需要人们放弃眼前利益，把目光投向未来，与此同时要不断提高文化保护方面的知识，提高人们的素质。文化空间具有时代性。任何文化空间都是具体的，都与一定的时代、社会和民族相联系。文化空间具有意识形态性。文化空间并不是简单的空间存在形式，而是一种意义的象征，向人们传达一种文化理念、价值取向、审美旨趣。

文化时间与文化空间是文化环境的两个基本维度，离开文化时间和文化空间，文化环境就无从谈起。① 因此，文化的时间存在和时间性质，文化的空间存在和空间性质，就成为文化环境的时空的性质。

可以说，文化是由人或由人的心理行为所创造出来的，文化环境也就是人的心理行为所创造出来的。文化的存在、文化的演变、文化的影响、文化的继承、文化的改造、文化的创新等，都实际上内含着人的心理行为的存在、演变、影响、继承、改造、创新，等等。

二 文化的历史

有研究通过考察维果茨基文化历史理论的现代意义，探讨了文化与心理之间具有的关系。研究指出了，人类的心理不仅具有人类共有的性质和特点，而且具有文化特有的性质和特点。实际上，这一问题的关键在于如何揭示出文化与心理的关系，即文化如何影响人的心理的产生和发展，人的心理活动又如何影响文化的形成。维果茨基文化历史理论高度重视文化对心理发展的作用，提出了高级心理机能的社会起源说。维果茨基第一次明确了文化历史因素在心理发展中的作用，第一个提出了关于历史观点应成为建立人类心理学的主要原则。维果茨基对心理发展的文化机制的研究具有开创性的历史意义，同时亦对当今研究文化与心理关系问题有重要的启示。

---

① 苗伟. 文化时间与文化空间：文化环境的本体论维度[J]. 思想战线，2010(1). 101-106.

对于人类心理的文化特点和规律性,比较心理学和民族心理学都给予了一定的关注。特别是民族心理学,如冯特在民族心理学的研究中,试图通过对语言、神话、风俗等民族文化历史产物的分析,了解人类心理行为的文化特点。虽然冯特看到了语言、神话、风俗等文化历史产物在研究人类心理的文化特征的作用,但是他没有抓住语言、神话、风俗等文化历史产物的共同之处,没有深入揭示心理的文化机制。

维果茨基创造性地以符号为中介,以符号作为高级心理机能社会文化历史理论的基础认为人的高级心理机能就像人的实践活动以劳动工具为中介一样,是以社会文化的产物——符号为中介。人正是借助符号,特别是语词系统的中介从根本上改变着一切心理活动,从而形成人类特有的高级心理机能。人所特有的心理过程结构最初是在人的外部活动中、在人们的协同活动和人与人的交往活动中形成,然后才能转至内部,成为人的内部心理过程的结构。①

有研究通过对维果茨基学派的心理学解读,而解说了心理学研究中的文化阐释。研究指出了,维果茨基在心理学中首次提出了文化历史理论。其含义是,在人类历史发展过程中形成的物质文化和精神文化,对人的心理发展起着决定作用。维果茨基将人的心理机能区分为既有联系又有区别的两种形式:一种是自然的、直接的低级心理机能;另一种是社会的、间接的高级心理机能。这就是维果茨基的"中介"和"内化"的概念,它们是高级心理机能产生与发展极为重要的机制。可见,在维果茨基那里,社会文化决定个体心理含有下列图式:集体(社会)活动—文化—符号—个体活动。研究个体心理的形成必须先探索这个图式各个环节的转化。②

可以说,文化的历史也就是心理的历史,文化的演变也就是心理的演变,文化的创造也就是心理的创造。这不仅是说文化本身就含纳了人类心理,而且也是说人类心理本身就体现为社会文化。因此,文化的传承也就是心理的传承,文化的转换也就是心理的转换,文化的变革也就是心理的变革。

---

① 郑发祥、叶浩生. 文化与心理——研究维果茨基文化历史理论的现代意义 [J]. 心理学探新, 2004 (1) .7-11.
② 王光荣、杨晓萍. 文化的阐释:维果茨基学派心理学解读 [J]. 宁夏大学学报(人文社会科学版), 2009 (4) .172-174.

三 文化的传承

有研究考察了文化的传承与社会的心理之间的关联。研究指出了，中华传统文化的博大精深，给予的不仅仅是东方文明的智慧、矜持和力量，还有那富含现代文明与意义的哲学观、伦理观和价值观。首先，厘清优秀传统文化的精神价值和哲学思想所在，通过吐故纳新，赋予传统文化更多的科学精神和时代精神。其次，正确解读和梳理传统伦理道德的核心价值意义及要义所在，通过去伪存真，在人文道德理念与精神的传扬中，强化并规范人们健全的民主意识和现代法治观念。儒家文化中"仁、义、礼、智、信"的确立，为传统中国人的伦理道德规范与行为进行了多层次、多侧面的教化和训导。为此，传统中国人讲亲情、重孝悌，讲义气、重友谊，讲规矩、重礼节，讲大是大非、重言而有信等，是中国传统文化中最为显著的特色之一。再次，积极面对和调整传统社会心态的影响及作用，通过由表及里的分析和体验，让人们在洞明世事、练达人情的过程中，于传统的生存教益里注入更通达的现代心理健康理念。最后，深入挖掘和倡扬传统文化思想中有关人生境界和社会责任的哲理与价值，通过修身明志，激发和鼓励人们在自我超越中实现其个性化与社会化的完美统一。[①]

有研究从文化的角度考察了民族心灵的传承。研究指出了，传承是人类文化的生存模式；传承方式即是民族文化传承的方法、手段和实际内容。心灵传承是民族文化诸多传承方式中最为特殊的一种。不同于其他传承方式，这是在特定传承场中对人类精神智慧的直接"传达"和"体认"，这种传达和体认是超出了认识、观察、经验乃至直觉等理性认知范畴，或者说排除了理性认知甚至语言概念。通过这条途径，人类精神文化中最为基层和最为隐秘的部分自远古以来一直传续不绝。心灵传承具有共时性、非语言性等特点。心灵传承的主要载体是不同形式的宗教传统和与之相关的文化事象。

一是原型传承。集体无意识和原型理论是荣格庞大理论体系中最重要和最基本的假设。荣格认为在个体无意识即人类主观精神之下，还有一种更深层次的、非个体后天获得而是唯一依赖遗传而存在并发生作用

---

① 胡江霞．文化传承中的变异与国民社会心理偏差的调适［J］．江汉论坛，2010 (10)．135-139．

的无意识,亦即有史以来沉淀于人类心灵底层的普遍共同的人类本能和经验遗存,他将此种普遍的超越个体的人类共有的远古精神的遗留物称为"集体无意识"。"原型"是集体无意识的重要内容和载体,是最古老和最普遍的人类思维形式。原型不仅作为传承的一种方式而存在,由于它在人类心理当中的深层次性和在民族文化中的核心性,它也将代表所有心灵传承的基本特点。

二是母题传承。母题是指民间文学领域中反复出现在不同文本里的最基本的叙事单位和情节的最小单位——主题、情节或人物类型。相对于原型母题而言,民间文学母题的外延已经扩大,并且一个故事可以由单个母题构成或者由多个母题复合而成;一系列顺序和组合相对稳定的母题即构成一个完整的故事或故事类型。一个简单的相同的母题可以在不同的地方独自产生,也可以被从一个地方转移到另一个地方,在不同时代和不同地域的文化生态环境中又构造或孕育类似的故事类型。一个故事可以有一个核心母题和若干个非核心母题。

三是觅母传承。"觅母"具有"回归"、"寻访"、"回溯"等意义。觅母就是文化的基因,文化的传播就是通过觅母的"模仿式"复制而实现的。人类的本性乃至民族特性、民族心理素质等并非来自基因而将归于"觅母"。觅母理论到目前只是建立在假说的基础上,但在民族文化的传承研究中,则提供了一种新的思路和启示,至少也是一种参照。

四是梦授与神授。这些特点与心灵传承有关。传统上,民间以梦授与神授指称某些群体和个体以异常方式获得一些正常情况下无法获得的神秘知识,或者说,超出理性思考和接受范围地获得某种有关民族群体或个体的信息或知识。神授的心灵传承方式普遍存在于民间巫术和一些民间祭祀仪轨、降神活动和过渡礼仪当中。

五是轮回与转世。轮回与转世是宗教,特别是藏传佛教密宗的内容。藏传佛教的活佛转世及与之相关的中阴教法则是东方神秘文化之心灵传承实践的典范与极致,这不仅代表一般心灵文化的传承,而且是死亡与再生智慧的实践与传承。[①]

实际上,文化的传承就内含着民族、群体、个体等的心理行为方式和心灵活动的模式。这构成了文化历史进程和文化历史传承的核心性的

[①] 和晓蓉. 民族心灵传承文化浅论 [J]. 思想战线, 2008 (1) . 84-87.

内容。因此，在文化的传承之中，也就提供了文化环境与心理环境的重要的场域。

四 文化的影响

有研究探讨了文化环境的功能。研究指出了，文化环境与人类的前途、民族的命运、社会的发展、国家的利益、个人的幸福息息相关，是与人类存在和发展的方方面面都密切相连的社会历史现象。文化环境既是人赖以存在和发展的根基，又可以成为制约人及社会进步的强大力量。正因为文化环境对人具有双重效应，努力创造一个良好的、进步的文化环境，对人的健康发展至关重要。

文化环境是一种效应环境，它不是僵化的、枯死的，而是变化的、鲜活的，和人发生互动作用的效应场。文化是包括一套工具及一套风俗——人体的或心灵的习惯，它们都是直接地或间接地满足人类的需要。文化环境的效应是对人的效应，因为任何文化创造、文化抉择乃至文化优化，无不围绕人的存在和发展而展开，无不以人的解放、自由、幸福和价值实现为最终目标。因此，关注文化环境，也就是关注人自身。

文化环境是人赖以存在和发展的根基，文化一旦形成就成为一种具有客观力量的生活模式和生存环境。每一个文化个体都是被"抛入"到文化世界中来的，其生长和发展都以文化环境的存在为前提和依托，以被迫接受文化环境的熏陶、塑造为起点，通过与文化环境间的相互作用，生成中的文化个体逐渐理解、适应、掌握、驾驭、超越文化环境，最终完成从自然人向文化人的转化和生成。文化环境有助于人格的塑造和养成。影响和制约人格形成的因素十分复杂，但对于文化人来说，文化环境对人格的塑造和养成具有决定性的作用。文化环境为人的发展提供价值指向。任何文化环境都是以某种占主导地位的价值体系为导向。

文化环境中落后保守方面往往扼杀人的创造力。人的创造性的发挥自始至终受到来自环境尤其是文化环境的制约。恶劣的文化环境是病态人格的温床。优质文化环境有利于良好、健康、高尚人格的塑造和养成，但落后保守的、甚至是反动的文化环境或者是文化环境中某些腐朽的方面，以及文化环境的失调，往往制约人们的日常思想和行为，给人的进步和发展带来障碍，造成人格发展的内在不协调，从而容易形成病态人格。文化环境扼杀人的本质的丰富性，阻止人的潜能的全面实现。文化环境异化为文化困境,从而阻碍人的发展。①

　　无论是关于心理学的发展,还是关于心理学的研究,研究者关于心理学与文化的关系的理解千差万别。合理地理解心理学与文化的关系,是决定心理学的发展和研究的十分重要的方面。所谓心理学与文化的关系是指心理学在自身的研究、发展和演变的过程中,与文化的背景、与文化的历史、与文化的根基、与文化的资源、与文化的现实等所产生的关联。应该说,心理学的学科、心理学的研究、心理学的发展,都是植根于文化的土壤之中的。但是,不同的心理学研究者关于心理学与文化的关系的理解和认识是十分不同的。甚至于在很长的历史时段中,很多的心理学家并没有意识到文化对于心理学研究和心理学发展的重要意义和价值。

　　尽管实证科学的心理学是在心理学实验室中诞生的,但是心理学学科本身的历史发展和演变却是在特定的文化生态环境中进行的。对于心理学的研究来说,无论是研究对象,还是研究方式,都有着文化的体现。或者说,都有着文化的性质、文化的特征。可以说,如果没有对心理学与文化的关系的合理理解,就会使心理学的研究和发展具有很大的盲目性。其实,当心理学的发展依附于自然科学的传统,而忽视自己的社会科学和文化科学的传统时,心理学关于对象的理解和关于学科的理解都曾经是扭曲的。

　　有研究把跨文化心理学、文化心理学和本土心理学看作涉及心理学与文化关系的三种不同的心理学研究,是有关文化与心理学关系的三种主要的研究模式。跨文化心理学的研究对象是不同文化群体的心理行为比较,文化心理学研究文化对人的心理行为的影响,本土心理学研究本土背景中与文化相关的和从文化派生出来的心理行为。它们从不同的角度阐明了文化与心理学的关系。②

　　对人的心理行为的研究可以有两极。一极是自然生物的,一极是社会人文的。因此,在心理学的分支当中,就有从属于这两极的学科分支。从属于自然生物的心理学分支学科有生物心理学、生理心理学、神经心

---

① 苗伟.论文化环境的效应——文化环境的功能论探析[J].未来与发展,2011(10).12-14.
② 乐国安、纪海英.文化与心理学关系的三种研究模式及其发展趋势[J].西南大学学报(社会科学版),2007(3).1-5.

理学；从属于社会人文的心理学分支学科有社会心理学、跨文化心理学、文化心理学。

尽管心理学是把心理行为作为本学科的研究对象，但是心理学的早期目标却是把近代自然科学的成功研究方式移植到心理学中，而并没有考虑到心理学研究对象的独特性质。这导致的一个直接的后果，就是按照近代自然科学的方式来理解和对待人的心理行为。心理学的研究因此而忽略和无视人的心理行为的文化特性，也因此而忽略和无视心理科学的文化特性。[①] 心理学当代的目标应该有一个重要的转折，那就是从研究对象的独特性质出发，去开创心理科学的独特研究方式，而不是以放弃人的心理行为的某些性质和特点，去贯彻自然科学的研究方式。人类心理与自然物理既有彼此的关联，又有彼此的区别。其最根本的关联在于，人类心理也是自然的存在，也是自然发生和变化的历程。其最根本的区别在于，人类心理具有自觉的性质，这种自觉的心理历程也是文化创生的历程。正是由于人类心理的特殊性质，导致了人类心理的多样性和复杂性，也导致了心理学研究在理解人类心理时的困难、局限、分歧、争执、对立和冲突。

在心理学科学化的进程当中，西方主流心理学的研究就倾向于把人的心理理解为自然的现象，或者说具有与自然现象类同的性质。这一方面促进了心理学成为独立的科学门类和使心理学越来越精密化，但另一方面也使心理学的研究具有了一定的缺陷。缺陷主要体现在两个方面。一是无文化的研究，或者说是弃除了人类心理的文化性质。如心理学早期的实验研究中，所运用的刺激是物理的刺激而不是文化的刺激，所着眼的反应是生理心理的反应而不是文化心理的反应。二是伪文化的研究，或者说是扭曲了人类心理的文化性质。如心理学的一些研究中，仅仅把文化看作一种外部的刺激因素，或者说假定了人类心理的共有机制，文化的内容只是其千变万化的表面现象。这也是在心理学的研究中还原论十分盛行的一个重要的原因，亦即把复杂多样的人类心理还原到了生理的甚至是物理的基础上。

显然，对心理学研究对象的理解应该和必须发生一个重要的改变或转折。那就不仅是把心理理解为自然的和已成的存在，而且是把心理理

---

① 孟维杰、葛鲁嘉. 论心理学文化品性［J］. 心理科学，2008（1）. 253-255，248.

解为自觉的和生成的存在。如此看来，人拥有的心理就不仅是能够由研究者观察到的现象，而且是拥有心理的人自觉生成的生活。人的心理生活是通过心理的自主活动构筑的，也是人的心理自觉体验到的。这强调了人与其他自然物的不同，人的心灵具有自觉的性质，而其他的自然物则不具备这样的性质。其他的自然物只能成为研究者的认识和改造的对象，而不能成为自己的认识和改造的对象。心理生活是常人自主生成和自觉体验到的，它不仅可以成为研究者的认识和改造的对象，而且可以成为生活者自己的认识和改造的对象。心理生活的生成历程实际上就是文化的生成历程，所以说心理生活具有文化的性质，或者说文化不过是心理生活的体现。当然，对于人类个体来说，作为人类生活产物的文化可以成为背景或环境。但是，无论是就人类整体而言还是就人类个体而言，脱离了心理生活的文化只能具有自然物理的属性，脱离了人类文化的心理也只能具有自然物理的属性。

第五节　本土心理与文化心理

本土心理与文化心理的关系实际上是被包容和包容的关系，也就是本土心理是被文化心理所包容的，反过来文化心理也就可以含纳本土心理。正是在这个意义上，所谓的本土心理实际上也就是本土的文化心理。本土的文化心理是从属于文化心理的。但是，在本土心理学和文化心理学的具体研究之中，本土心理与文化心理既有着彼此的一致和衔接，也有着特定的差异或不同。进而，这两者既会有着许多的重叠和交叉，也会有着彼此的借鉴和吸纳。这所促进的就是更深入的理解。

本土心理与文化心理的一致和衔接包括了如下的几个方面。一是本土心理就是在本土文化背景、文化环境、文化存在、文化构成等之下所产生和存在的。二是本土心理就是具有本土的文化特性、文化特征和文化特点的心理行为。三是本土心理就是以本土文化的方式和本土文化的形态所展现出来。四是文化心理都是在本土的境遇和本土的生活之中所存在着的。五是文化心理都是文化的特异化的和具有本土文化色彩的本土心理行为。六是文化心理可以是和应该是与本土心理在很大程度上相互重叠的。

本土心理与文化心理的差异和不同则包括如下的几个方面。一是本土心理都是更具地域性的心理行为，是特定地域之中所流行的心理行为。二是本土心理都是只能够通过本土的社会场景和生活系统才可以体现和表达的。三是本土心理都是具有突出的本地特色、本地属性和本地性质的心理行为。四是文化心理更突出的是文化的单一性的特征的，是与特定的文化系统相匹配的。五是文化心理所具有的是文化的共有性的特征的，是更能够展现特定文化的心理行为。六是文化心理是具有文化比较价值的和文化交换价值的心理行为的存在，这意味着不同的文化心理是可以跨越本土的限制和制约的。

其实，正是在更为宽泛的意义上，本土心理和文化心理才可以画等号。当然，限定本土心理和文化心理的相通的边界和不同的差异，才能够很好地或更好地理解和把握本土的心理行为和文化的心理行为。在本土心理学的研究中，在文化心理学的研究中，彼此区别开来可能会更好地将研究限定在合理的范围之内。很显然，不同的文化心理可以体现的是本土的心理，相同的本土心理则可以体现的是文化的心理。

本土心理学的研究者会更倾向于和更偏重于对文化心理的探索，以及对文化心理学本身的依赖。文化心理学的研究者也会更宽容于对本土心理学本身的容纳。这两者可以成为很紧密的同盟。进而，两者能够相互促进和彼此支撑。从而，进一步去深化关于本土心理和关于文化心理的研究。本土心理学的研究者会从文化心理学中获取思想的灵感和学科的资源，文化心理学的研究者也会从本土心理学中提取学术的思想和探索的课题。

尽管本土心理与文化心理可以分属于本土心理学的研究和文化心理学的探索，但是你中有我和我中有你，才是本土心理学和文化心理学的研究和探索所共同追求的。那么，从原则上来看，本土心理学的研究是属于心理学中的一种潮流和趋势，而文化心理学的研究则是属于心理学的一个分支和学科。这还并不是具有一致性的类别区分。但是，彼此之间的相互吸纳和融汇却是双方都愿意进行的。因此，本土心理学的研究聚合了大量的文化心理学的研究者，文化心理学的分支也集结了大量的本土心理学的研究者。而且，在具体的研究之中，在共有的课题之中，也形成了双方可以共同接纳和运用的思想原则、理论概念、研究方法、应用技术。

第六节 本土心理与文化多元

如果是在一般的理解之中，本土心理学的研究是关联到本土文化存在的探索，多元文化心理学的研究则是涉及多元文化存在的探索。这实际上都是涉及或关联到文化的心理学探索。但是，本土心理所涉及的是本土文化，其实是与多元文化的存在，并不就是完全一致的。进而，本土心理学的研究在涉及特定文化中的人的心理行为的时候，所强调的还仅仅就是本土的文化，这实际上是一元化的或一元性存在的文化。那么，多元文化的存在，多元文化的研究，会与本土心理或本土文化心理的研究和探索是什么样的关系，就成了重要的问题。

有研究考察了本土心理学与多元文化论在人类心理学理论前景中的相遇。以西方心理学为基础的输入、验证、修订、发展以及跨文化比较等传统研究与本土心理学构成了心理学本土化的两大走向。前者强调舶来知识在本土文化中的效度，与主流心理学相一致，居于发展中国家心理学科学话语的中心；后者以文化转向的理念，致力于从本土文化中发掘本土性契合的心理学知识。在人类心理学或全球化心理学的语境中，各国本土文化之间的差异，被约同于多元文化论所指涉的文化多样性。在本土心理学与人类心理学的相互定位中，多元文化论被用为元理论的基础。本土心理学希望以多元文化论统摄异质性民族文化之间的分歧，在元理论层面上满足众多民族国家各自发展本土心理学的诉求，同时以理想主义的人类心理学蓝图，引导本土心理学发展的方向。但考虑到其自身所包含的重重纷扰，多元文化论能否以及如何承担本土心理学的这种元理论承诺，就成为理论研究必须面对的问题。

本土心理学所使用的文化概念更多地涉及传统文化，并以此彰显民族文化的特殊性；总体文化转向所强调的，则是主流心理学所忽视的文化一般。在逻辑上，总体文化转向的文化概念具有包容本土文化的普遍性。援引多元文化论作为本土心理学的"逻辑起点"，所要解决的不是本土心理学在心理科学体系中的定位问题，而是用以建构本土心理学与人类心理学之间的关系。在本土心理学元理论研究中，作为对这一问题的回应，以多元文化论为逻辑起点，以本土心理学作为通向人类心理学的中介，是一种典型的理论构念。本土心理学与多元文化论心理学在文化多样性问题上指向相反的方向。

本土心理学与多元文化论在人类心理学理论前景上的相遇，至少包含三种历史的和逻辑的根源。第一，两者都是心理学文化转向的一部分；第二，本土心理学尚缺乏坚实的理论基础，多元文化论则缺乏现实的知识支撑；第三，文化特殊性和多样性之间的内在逻辑关联把两者紧紧地捆绑在同一个问题平面上，双方不得不面对根本上相同的问题。这一问题表达为互相牵制的两个方面：在元理论层面，一方面心理学必须同时考虑多元化、多样化的文化现实，因而不能陷入任何形式的文化中心主义；另一方面心理学必须面对和表达文化特殊性本身，即必须能够居于特定文化的主位立场。两个方面的辩证统一，逻辑地要求某种"去文化"的多元文化论立场。对于本土心理学来说，这种立场意味着元理论的文化基础；对于多元文化论来说，这种立场则是知识学的具体途径。在这个意义上，"去文化"的多元文化论可能意味着心理学中某种范式或知识型的转移。[1]

那么，本土心理与文化多元之间的关系就会凸显出来，成为理解本土心理、文化心理、多元心理等的一个需要加以深入阐释的问题。对于本土心理学的研究者来说，文化的存在、文化的生活、文化的心理、文化的历史、文化的环境是单元的还是多元的，似乎并不是最为重要和关键的。那么，对于多元文化心理学的研究者来说，多元文化的存在应该是涵盖了本土文化的存在。多元文化心理的表达也就应该是包含了本土文化心理的表达，多元文化心理学的发展也就应该是涵盖了本土文化心理学的存在。这也就是说，当代心理学发展进程之中的多元文化论心理学思潮实际上是裹挟了本土心理学的潮流。那么，反过来也同样会是如此。

---

[1] 宋晓东、叶浩生. 本土心理学与多元文化论——在人类心理学理论前景中的相遇 [J]. 徐州师范大学学报（哲学社会科学版），2008（1）. 112–116.

第二十二章 文化与跨文化心理学

尽管文化心理学与跨文化心理学有着密切的联系，但是两者还是有着重要的区别。有研究探讨了文化与心理学领域中的一系列核心主题之间的关系。研究指出，跨文化心理学家一开始是试图寻求跨文化适用的普遍原理。因此，传统的跨文化心理学所关注的是跨文化检验西方心理学的理论，认为文化是独立于个体的，是与心理活动和原理相分离的。跨文化心理学家搜集的数据是跨越多元文化的，并通过比较和对照来确定关于现象的知识哪些是普遍性的，哪些是文化特定的。从而，去确定不同的文化是怎样影响到心理行为的。因此，跨文化心理学家都是运用的西方主流心理学家的研究设计和研究方法。文化心理学的研究者则开始将文化看成是内在于人的，文化心理学所运用的方法和研究的问题则来自特定文化日常生活，重心就在于发现文化与生活于该文化之中的人的心理特征之间的关系。[①] 这给出了关联到文化存在、文化环境、文化表达的心理学研究一个更为开阔的视野，更为细致的把握。对于跨文化心理学来说，存在着完全不同的研究定向，因而有着去文化的跨文化心理学，进而是融文化的跨文化心理学，更进一步则是新文化的跨文化心理学，最后则转换到多文化的跨文化心理学。这实际上是跨文化心理学的一种进步、提升、扩展、更新。

第一节 文化与跨文化的心理学

尽管对于跨文化心理学来说，是试图通过不同文化的比较而得出关

---

① Keith, K.D. (Ed.). *Cross-cultural psychology-Contemporary themes and perspectives* [M]. Malden, MA: Wiley-Blackwell, 2011.7-9.

于人的心理行为的普遍的理解，但是文化的存在和影响却是无法跨越的。有研究探讨了跨文化心理学的文化概念与文化观点。研究认为，跨文化心理学的文化概念具有适合于心理学的可操作性的特点。跨文化心理学的文化概念包括了识别符号、行为背景、刺激变量这三种功能及其派生的多种含义。

一是作为识别符号的文化。当把"跨文化"冠于"心理学"之前作为学科名称的时候，文化乃是作为一种识别符号而言的，文化用以标示不同的人类群体（例如中国文化、美国文化）而具有指称功能。因此，"跨文化心理学"便可以理解为对于不同文化群体中的人类心理和行为进行比较的学科。不过，在更广泛的意义上，文化作为人的独特创造和区别于其他动物的重要标志还有一个"大共名"，即"人类文化"。在这个意义上，一切特定的文化只不过是人类文化整体的不同表现而已。这是文化指称含义的第二层意思。当试图将文化与心理进一步联系起来的时候，人的历史和本质既然与人类文化密不可分，人的心理和心理学本身就不可能不涉及文化。因此不妨说，迄今为止的一切心理学都是文化的心理学。

二是作为背景变量的文化。人的一切心理和行为无不受到特定社会环境和文化传统的深刻影响和模塑作用。然而，当指出文化具有指称功能和符号识别功能的时候，并没有将文化与社会甚至民族在概念上严格区分。也就是说，跨文化心理学同时包含跨社会、跨民族和跨文化三种含义在内。当力图将文化与社会或民族在含义上作出区分并由此确定文化对人的模塑作用和影响力的时候，文化便作为人的行为背景和心理内容而凸显出来。文化是一种符号系统和意义系统。一切文化层次，从器物、技术到制度、习俗都必须对人有意义才能称得上本来意义上的文化，而价值、信念等核心部分也只有转化为心理符号才能影响和支配人的行为。

三是作为刺激变量的文化。如果说跨文化心理学的核心课题是研究文化影响人的心理行为的哪些方面、影响到何种程度和如何影响的话，那么，文化的第三种意义是作为社会刺激的意义而存在。进一步而言，如果说文化的某些方面——即使不是全部——和人的心理及行为的某些方面可以量化的话，那么，寻求这些刺激变量同人的心理行为之间的相关（或者证明没有相关）便是必要的和可能的了。跨文化心理学作为人的心理行为的社会刺激变量的文化的第一层含义,指所谓文化的心理学是在充分考虑人类特定群体文化状况和个体文化状况的基础上,来研究人的心理和行为及其内在机制与实现过程的。作为人的心理行为的社会刺激变量的文化的第二层含义,有赖于从不同人类文化群体之间的文化互动中加以揭示。这就要涉及内外群体的互动及其与之同时发生的文化接触与文化融入等概念。①

无论是什么含义的文化概念,文化的存在和影响都是心理学研究、文化心理学探索、跨文化心理学考察等的核心性的内容和主题。当然,在跨文化心理学的研究之中,文化显然有着不同的理解和运用。

第二节 去文化的跨文化心理学

有研究探讨了在本土心理学和多元文化论之间的去文化范式。研究指出,"去文化"意味着尽可能地放弃任何关于文化的预设,在实现"去文化"的根本途径上,要求心理学研究能够融入所面对的当下文化情境之中。可以看出,所谓"去文化"的主张无非是方法论行为主义和生态主义理论批判的继续,作为文化相关的研究策略,这与科学主义的立场之间并无冲突。积极意义上的"去文化的多元文化论"包括各种现实的本土化研究和作为本土心理学新知识形态的探寻,二者之间仅仅在理论上可以相互区别。在相当长的一段时间里,将同时存在两种不同形态的心理学:输入的心理学和本土心理学。两者之间对话和通约的研究,向理论心理学研究途径提出了挑战,而两者之间的消长态势,则重新规划着本土和世界范围的心理科学的格局。②

有研究探讨了跨文化心理学中的去文化的研究定位。研究指出了,跨文化心理学家确信,科学的目的正是要认识这种"抽象",认识这种"普遍性存在",其最终的结果是产生一种放之四海而皆准的理论。跨文化心理学所要做的就是对任何一种"准理论"的跨文化概括性进行检验。

---

① 王宏印. 跨文化心理学的文化概念与文化观点 [J]. 陕西师范大学学报(哲学社会科学版),1994(3).57-62.
② 宋晓东、叶浩生. 本土心理学与多元文化论——"去文化"范式的多元文化论心理学 [J]. 天中学刊,2008(1).132-136.

对心理学理论的"文化剥离"或"去文化"是跨文化心理学最基本的学科定位。尽管在跨文化心理学中,文化还不是研究的主要兴趣,仅仅被视为需要"祛除""剥离"的因素,但这是心理学中最早联系文化变量开展的一种研究形式。正是从跨文化心理学研究开始,"文化"才进入了心理学研究的对象表,促使心理学研究走出象牙塔,走出实验室,去接近现实的社会文化生活。跨文化心理学预设了贯通性、普适性的心理学规律的存在,所谓"跨文化的"就是"贯通"所有文化的,也就是对所有文化都通用的。[①]

跨文化心理学的"去文化"的探讨和研究,成为跨文化心理学很长的时期之中的占主导性的研究倾向。所谓的跨文化心理学也就成了真正的"跨"文化或"跨越"文化的心理学。那么,对不同文化之中的心理行为进行的比较研究,就是为了剔除文化的独特性和文化的差异性。文化的存在常常被当成了多余的、附加的、无关的。那么,"去文化"的跨文化心理学研究,很容易形成重视和强调文化存在、文化影响和文化特征的心理行为研究的表面的幻象。

第三节 融文化的跨文化心理学

有研究探讨了跨文化心理学中,通过文化适应所导致的文化融合。这可以称为融文化的跨文化心理学。研究认为,文化适应是指由个体所组成的,且具有不同文化的两个群体之间,所发生的持续的、直接的文化接触,导致一方或双方原有文化模式发生变化的现象。早期的文化适应研究是由人类学家或者社会学家所组织进行的,并且一般都是集体层次上的研究,探讨的通常是一个较原始的文化群体,由于与发达文化群体接触而改变其习俗、传统和价值观等文化特征的过程。心理学家在这一领域的贡献通常更加注重个体这个层次,强调文化适应对各种心理过程的影响。文化适应的过程实际上对发生相互接触的这两个不同文化都会产生影响,但是由于影响程度大不相同,对一直生活在主流文化中的

---

① 杨莉萍. 从跨文化心理学到文化建构主义心理学——心理学中文化意识的衍变 [J]. 心理科学进展,2003(2).220-226.

群体影响很小，对新到这个文化环境的群体的影响相对而言就大得多，这一过程甚至可以影响到他们生活的所有方面。

一是单维度的文化适应理论。这一理论认为文化适应中的个体总是位于从完全的原有文化到完全的主流文化这样一个连续体的某一点上，并且这些个体最终将到达完全的主流文化这一点，也就是说对于新到一个文化环境的个体来说，其文化适应的最后结果必然是被主流文化所同化。同时，个体受到主流文化的影响越多，原来民族文化对他的影响就相应地越少。虽然单维度模型在20世纪前期和中期都占据着统治地位，但是自20世纪后期以来越来越多的心理学家对其提出了挑战。一些心理学家相继提出了双维度模型。

二是双维度的文化适应理论。这一理论是指，文化适应中的个体对自己原来所在群体和现在与之相处的新群体的态度来对文化适应策略进行区分，两个维度分别是保持传统文化和身份的倾向性，以及和其他文化群体交流的倾向性。根据文化适应中的个体在这两个维度上的不同表现，可区分出4种不同的文化适应策略：整合，同化，分离，边缘化。当文化适应中的个体既重视保持原有文化，也注重与其他群体进行日常交往时，他们所采用的策略就是"整合"；当个体不愿意保持他们原来的文化认同，却与其他文化群体有经常性的日常交流时，他们所使用的策略就定义为"同化"；当这些个体重视自己的原有文化，却希望避免与其他群体进行交流时，就出现了"分离"；最后，当这些个体对保持原来文化，对和其他群体进行交流都没有什么很大可能性，也缺乏兴趣时，这时的文化适应策略就是"边缘化"。

三是多维度的文化适应理论。这是在上述的双维度模型的基础上，加入了文化适应期望和主流文化群体在强有力的相互文化适应过程中所扮演的角色的维度。主流文化群体可以通过种种手段来促进移民的"同化"时，试图把所有少数民族文化都融化进去。当这些主流文化群体追求并加强"分离"时，采用的是"隔离"策略。当主流文化群体将文化适应中的群体"边缘化"时，实际上采用的是一种"排斥"策略。当主流文化群体承认其他文化的对等重要性，就出现了与"整合"相对应的"多元"策略。

四是多元化的文化融合理论。前面的理论都与文化适应的维度有关，新的理论则是文化融合的模型。文化适应中的个体实际上面对的是一种新的"整合的文化",而不是单一的主流文化,或者原有文化。这种整合的文化可能包含了两种文化里所共有的精华部分,也可能包含着某一文化所特有的但并不突出的内容。[①]

融文化的跨文化心理学所导致的是不同文化之中的心理行为在异文化之中的保持和改变。这并没有将文化当成是一种隔离和隔绝,而是强调跨越文化界限的融合和融会。这种跨文化心理学所强调和重视的是不同文化或多元文化之间的汇合。

第四节 新文化的跨文化心理学

有研究指出了,从跨文化心理学到文化建构主义心理学是心理学中文化意识的衍变。冯特之后,从跨文化心理学到文化心理学,再到文化建构主义心理学思潮,心理学中的文化意识发生了重要衍变,表现为在不同阶段,心理学对文化与心理的关系有完全不同的认识和理解,其中蕴含着一系列认识论、方法论的转变。尽管跨文化心理学采用了跨文化比较的研究方法,但就其本质而言,其还不属于文化取向的研究范畴,而是一种完全的经验主义范式。与跨文化心理学家仅仅将文化作为心理过程发生的"场地"或"背景"不同,文化心理学承袭了冯特早期的文化意识与维果茨基社会文化历史学派的思想逻辑,将文化视为心理过程的"先在的""决定性的"因素。正因为将心理视为文化的投射物、对应物,文化心理学坚决反对跨文化心理学把文化作为寻找具有普遍意义的心理规律所要规避、排除、克服的"干扰因素",文化心理学认为人的任何内在、深层的心理结构及其变化不可能独立于文化的背景和内容,心理和文化既是有着相对区分的各自不同的动态系统,又彼此贯穿、相互映射、相互渗透。以对文化与心理关系的认识转变为导引,实地研究方法作为实验方法的重要补充,正逐步由边缘走向中心,成为文化心理学最常用的研究方法。

从时间上看,文化建构主义思潮与文化心理学几乎同步发生发展。

---

① 余伟、郑钢. 跨文化心理学中的文化适应研究 [J]. 心理科学进展, 2005 (6). 836-846.

文化建构主义与文化心理学的观点具有许多的相似性或一致性，既是因为二者由同样的"时代精神"所孕育，也因为它们有着共同的思想渊源，都可以追溯到维果茨基的历史文化学说。文化建构主义思潮与文化心理学的一致性具体表现在：两者都始于对经验主义、实证主义心理学的批判；都强调心理的社会文化属性，力主心理学研究应由"个体的"视角转向"社会的""文化的"视角；文化心理学倡导的实地研究与文化建构主义的多元文化方法论也具有相同的精神实质。然而相似仅是表面的。文化心理学与文化建构主义分属于两大不同的思想阵营，前者属现象学取向，后者属后现代取向。两者对文化与心理关系的认识在深层次上有显著差异，是两种不同性质的"文化意识"。文化心理学视心理为"文化的投射"，而文化建构主义则视心理为"文化的建构"。文化建构主义心理学大大拓宽了心理学研究的视野。传统心理学只关注个体内在的心理过程，而文化建构主义将对人类行为的解释的焦点从内部心理结构转向外部的互动过程，将心理学研究拓展到作为个体的人与社会、文化的关系领域。[1]

这种"新"文化的跨文化心理学所重视和强调的，实际上是新的文化建构，是新的文化创造，是新的文化发展，等等，以及在此基础之上的跨文化心理学研究、理论、方法、技术和工具的新的突破和创造。

第五节　多文化的跨文化心理学

有研究探讨了多元文化论与跨文化心理学的发展。研究指出了，多元文化论主张的是文化与行为的联系和多元文化对行为的不同的影响。这是站在西方主流心理学的对立面上，认为传统的跨文化心理学研究文化的方式是文化帝国主义的，表现的是西方心理学的"文化殖民主义"倾向。站在后现代主义的角度，多元文化论强调多样化的价值观，认为不同文化在其价值上是平等的，并主张超越主流心理学和传统跨文化心理学对单一西方文化的依赖，在文化价值平等的基础上从事跨文化心理

---

[1] 杨莉萍. 从跨文化心理学到文化建构主义心理学——心理学中文化意识的衍变[J]. 心理科学进展，2003（2）. 220-226.

学的研究。这种主张促使了跨文化心理学的转向和发展。

依照多元文化论的观点,文化的研究可以有三种形式:第一种是跨文化心理学的研究方式,是站在文化之外研究文化,这种研究方式以某一种文化作为理想模式,通过两种或两种以上文化的比较,找出不同文化条件下的行为与心理功能上的共同特性;第二种方式不是采取跨文化比较的方式,而是从文化的特性分析心理与行为,其方法论的理想不是把在一个文化中确立的方法和程序应用到另一个文化,而是要通过文化内的生活风格和交往方式来分析心理与文化的内在关系。这是文化心理学的研究特点。第三种是本土心理学的研究模式。这种模式强调从本土文化的角度,在本土文化的框架内从事心理学的研究,确立符合本土居民特征的心理学概念和理论。三种研究方式虽然角度不同,但是都强调了文化与行为的联系。而在多元文化论看来,这三种模式虽然都关注了文化,却仅仅强调了文化与行为联系的一个方面。第一种模式强调了文化与行为的联系,但是却以文化帝国主义的方式把在一个文化中确立的方法和程序强加给其他文化;文化心理学和本土心理学从文化的内部研究文化,注重了心理与行为特殊性的研究,但是这种研究模式易于造成对行为的普遍性和一般性的研究忽视。因此,多元文化论认为应该从多元文化的角度出发,把心理与行为上的特殊性研究与一般性研究结合起来。既强调文化与行为的联系,也注重文化的多元性,同时也注意行为特殊性和行为一般性研究的结合。真正把心理学建立在文化的基础之上。

多元文化论所主张的文化的多元性,及其价值的平等性,极大地影响到了跨文化心理学,使跨文化心理学家意识到传统跨文化心理学的"欧美中心主义"的偏见。考虑到文化价值的平等性,在跨文化心理学的研究中,不能以研究者自己的社会文化标准解释心理学的实验和调查中获得的数据,把研究者自己的标准强加给被研究的文化。传统跨文化心理学恰恰忽视了这一点,经常以西方的文化价值观解释跨文化获得的研究资料,以隐蔽的方式表现出种族中心主义和文化帝国主义的研究方式。多元文化论的观点使得跨文化心理学家意识到这种研究方式的缺陷,促进了跨文化心理学家摆脱种族中心主义的干扰,向着文化价值平等的方向转变。

多元文化论对文化多样性和各种文化有其特殊性的论述,促进了跨文化心理学从普遍性研究策略向特殊性研究策略的方向转变的过程。跨文化心理学一直就是以普遍性策略作为指导思想，特殊性策略被放置在了边缘的地位，并没有得到跨文化心理学家足够的重视。多元文化论产生以后，跨文化心理学家意识到普遍性策略的不足和特殊性策略的重要意义，认识到在跨文化心理学的建立之初，作为研究的起点，普遍性的策略是有其独到价值的。但是随着研究的深入，有必要结合特殊性策略，把两者有机地结合起来，这种认识促进了跨文化心理学中两种研究策略的结合，从而出现了由普遍性研究策略向特殊性研究策略转变的趋向。与普遍性策略向特殊性策略转变相联系的是跨文化心理学与文化心理学和本土心理学结合的趋向。①

很显然，多元文化主义的主张在心理学的研究中，与跨文化心理学的研究主张并不是完全一致的。多元文化主义心理学所强调的对跨文化心理学的发展也产生了重要的和重大的影响。跨文化心理学所追求的普遍性的原则与多元文化论所主张的多样化的原则，可以说是有着根本的区别。

---

① 叶浩生．多元文化论与跨文化心理学的发展［J］．心理科学进展，2004（1）．144-151．

第二十三章 文化与心理史学研究

心理学与历史学的结合所诞生的是历史心理学和心理历史学。这成为文化心理学的非常重要的历史资源。心理历史学的演变和发展经历了自己的危机和转机。不同的思想流派和理论主张提出了不同的解说和阐释。这其中有历史定位与历史分析方法，也有心理定位与心理分析方法，更有文化定位与文化分析方法。这实际上都极大地丰富了历史心理学和心理历史学的探索。

第一节 心理历史学的兴起与发展

有研究对心理学与历史学的结合进行了考察。研究指出，心理学和历史学所共同关注的主题都是人的活动，这为两者的结合提供了可能。提出历史心理学这个概念，目的是从心理学出发来研究不同历史时期、不同历史人物的心理特征及其动态，研究有关人类心理的民族性、历史性等问题，从而得出对人类心理及个体心理发生、发展的规律性认识。西方历史心理学的研究，存在三种理论取向：心理史学研究取向、心态史学研究取向和心理学理论取向。之所以如此，是因为历史心理学的发生与心理学和历史学有极其密切的关系。

历史心理学与历史学关系极为密切，没有确切明显的界限。历史学是探讨某个民族生活的发展过程，包括民族生活的方方面面，是一种较为全面的研究；历史心理学主要研究历史上人们心理的演变规律，是一种较为特定的研究。历史学的任务主要是按顺序对历史事件进行叙述性的描述，是以时期为中心，讲述发生了什么；而历史心理学则是以问题为中心，进入历史深层结构中去，探究为什么会发生。

心理学与历史心理学的关系也像与历史学一样密切。心理学研究的是现实中活生生的人的心理，有显著的现实性；历史心理学虽也略为涉及现代人心理，但主要是探究古人的心理。心理学主要采用实验、测验、观察等偏向于自然科学的研究方法，具有实证性和具体性，历史心理学是采用历史资料分析法，具有较多的抽象性和逻辑性。历史心理学是很长时间跨度内和广泛的空间领域中对不同历史时期、不同文化背景中的人进行研究，具有广泛性和长时段性；心理学主要是在当前的时间和地点中，研究某个个体或有限的一小群人的心理，是一种短时段的研究。[1]

有研究是用历史心理学去整合和取代心理史学、心态史学。历史心理学是历史学和心理学两门学科的理论和方法互摄、互渗而形成的交叉学科。学者对心理史学、心态史学和历史心理学常作同义词使用，反映了三者密不可分的关系。但是，也有学者从研究内容、目的、侧重、属性、起源、词汇等方面说明三者有较大区别。那么，心理史学、心态史学和历史心理学在起源、词汇和侧重等方面固然有所不同，但这仅是表层的差异，实质上三者等同。首先，三者都是心理学和历史学的相互交叉渗透。这种跨学科性决定三者兼具心理学和历史学的双重属性，研究内容和研究方法上必然存在交叉重叠，在实际研究中更无界限之分。因此，很难区分某种研究属于心理学范畴还是历史学范畴，更难归类为三者中的某一种。其次，三者都以历史的心理现象作为主要研究对象。心态史学作为西方史学流派，其目的虽是研究历史，但实质却是研究人类心理，确切地说，是研究历史上的社会心理现象。心态史学研究普通群众的心态状况，其研究内容是大量日常重复出现的现象。历史心理学是研究历史上的个体心理和群体心理的发生、发展及其变化规律。心理学家、文化人类学家、社会学家、文学家对历史上的社会态度、人际关系、国民性的探讨，虽然所采用的术语、概念及表达方式不同，但都是研究人类心理现象，从中概括的理论、规律一定程度上反映了人类心理演变的历程。具有共同研究对象的心理历史学、心态史学和历史心理学实质上是同一学科的三种不同研究取向，那就有必要去统一三者，建立一门综合性的新学科。那么，采用历史心理学的名称较为妥当。历史心理学是研究历史上的个体心理和社会心理及其对历史事件、历史进程影响的

---

[1] 郑剑虹. 历史学与心理学的结合[J]. 社会科学, 1997 (5) . 68-71.

边缘学科，其主要的研究对象是历史上人类的心理现象，包括个体心理和社会心理两个层面。①

有研究曾经考察了现代历史心理学的产生和发展。研究指出，20世纪是现代历史科学的进一步成熟时期。在研究方法上，叙述史学向解释史学演化，形成各种理论模式和边缘学科；人文史学方面，历史学向行为科学演化，并深入对历史人物的心理及其行为进行分析和解释。这样，人的内部世界包括心理、感觉、欲望、个性，都成为历史研究的重要组成部分，现代历史心理学便由此应运而生。

弗洛伊德的历史心理学至少存在四大缺陷。第一是文明观的缺陷，即试图用人的生理性心理病态来解释政治，用道德批判的人学来兴建人道社会。这种天真，使他看不到当时社会存在的实质问题。第二是古典主义内心说的缺陷，即强调历史人物的个人性格决定历史和国家命运，伟人的童年生活会对几十年后国家的命运发生决定性影响，这自然是非历史主义的。第三是在方法论上全凭模型推论，没有史实的分析基础。第四是弗洛伊德"人是病人"的结论未免太悲观，因为人总有正常的时候。所有这些缺陷反映出早期历史心理学的古典主义特征。20世纪中期，古典弗洛伊德派历史心理学开始向新弗洛伊德心理历史学转化，开始从人的群体文化背景中考察人的心理与行为，并建立了一套比弗洛伊德心理史学更加复杂的解释体系，开始用社会文化背景来分析人物的社会群体心理。

如果说早期弗洛伊德主义理论的重心在于强调个性形成和个性的反叛，新弗洛伊德派理论的重心则在于研究人的心理社会化过程，那么，社会历史心理学则是在探讨文化同社会心理之间的联系。这种社会心理起源于一定的文化背景之中，制约着人的行为，并且决定着时代的风尚和个人的想法。社会心理历史学是从社会文化背景中来探索时代风尚和社会心理，再从社会一般风尚中去看个人的行为。社会心理学派与弗洛伊德学派之间的一个重大区别在于，前者是研究社会的一般的正常心理，并在一定的程度上把社会心理看作决定个人心理的先决条件，后者则是研究社会中的逆反异常心理，并探索这种个人心理变态的原因及对社会

---

① 郑剑虹、陈劲. 再谈历史心理学［J］. 重庆大学学报（社会科学版），1996（2）. 92-96.

的反作用。①

第二节 心理历史学的危机与转机

有研究论述了当代心理史学的变化。研究认为，一部心理史学史就是心理史学理论、研究方式不断发生嬗变的历史。弗洛伊德所创立的精神分析理论，被运用到文字、艺术、历史等，形成了一整套对世界的独特理解。心理学与历史学之所以会结合，这是因为人类创造了历史，人们的心理活动在历史行为中占很大的比重，从很大程度上来看，人类历史就是心理史。运用精神分析理论对伟人进行研究，会发现一些以前从未有过的新观点，这造成历史学家对往昔进行重构。

精神分析理论是在医疗实践中发展起来的，是弗洛伊德在对病人的病症进行治疗中发现的，是对人类非理性研究的理论，研究对象大都是患有病症的病人。大量的心理史学较好的作品基本上是由精神分析学家完成，而非历史学家，且存在着用理论套事实之嫌，对历史资料考证不详，将自己的主观意志加于其中，按著者自己的方式来重构历史，结果造成心理史学无真实性可言，这与历史追寻的真实性相悖。这一切危机使得心理史学家们开始反思，精神分析理论与历史的结合能否有助于对历史的研究。

基于传统心理史学的危机背景下，当代心理史学发生了转机。这是一个从危机到转机的过程。这个过程本身就是心理史学家对传统心理史学进行继承、比较、融合、再形成新的观点的过程。因此，当代心理史学要解决的问题是，精神分析理论与历史学相结合来研究历史应将社会、文化因素考虑进去，进而揭示历史的真实性。基于这些问题，传统心理史学发生了嬗变，从中分离出两个主要的分支：集体心理史学与心理传记学。

集体心理史学是运用心理学理论对集体历史心理进行研究的心理史学。这主要处理集体心理特质或形成的经验，如纳粹青年、美国黑奴等。这在理论上，从仅靠精神分析理论解释转变到利用其他学科的观点综合

---

① 朱孝远. 现代历史心理学的产生和发展[J]. 历史研究, 1989 (3).

来解释。传统心理史学主要分析的是历史上的伟人，精神分析理论只注重对伟人的内心精神生活的追寻，而不去发掘伟人的生活环境是怎样的。新观点把社会、文化因素考虑进去，对人的分析更理性化，人在社会大背景里，行为、思想等都不再是个人自己的精神世界，而是集体心理，是对当时历史精神层面的再现，这在某种意义上赋予历史新的意义。集体心理史学研究特殊人群的心理状态，而心理传记则注重对个人的心理研究。当代心理传记学是在继承传统心理史学研究理论、方法基础上，进行自我修正、创新而成的。当代集体心理史学、心理传记学在传统心理史学的危机上发展起来，解决了由传统心理史学带来的某些问题，如社会因素、资料的考证等。但其并未解决心理史学最大的问题，即心理史学的研究方法能否揭示历史的真实性。从后现代主义的观点看，当代的心理史学是在对历史的意义进行探询，而非历史事实，只是历史事实近似的探询。心理史学在当代的转机，表明心理史学本身的复杂性、多变性。①

第三节　历史定位与历史分析方法

有研究集合了当代中国史学对心理史学的回应。研究表明了，当代中国史学的一个明显特点是：历史不再被看成是僵死的事实的堆积，史学也不再是零散的史料的排列，因为治史者能够把历史看成是由活生生的人所创造的。所以，人们在研究历史创造者的活动时，不仅仅要考察、确定他们表面的言行以及这些言行所体现的历史过程、历史现象、历史因果，同时也力图考察伴随这些活动的历史创造者们的内心世界。史学家是可以与心理学家、社会学家、文化人类学家等携手合作的。

长期以来，由于传统史学观念的影响及对唯物史观机械的理解，在中国史学中是涉及不到人的心理领域的，也不可能借用心理学的方法来研究历史。可以说，这个领域几乎是一个禁区。20世纪晚期以来，中国的史学工作者开始突破这一禁区，从不同角度、不同程度上开始对心理史学这一领域进行探索。研究主要涉及的问题包括：历史研究中重视人

---

① 高露露. 当代心理史学的变化［J］. 史学史研究，2004（3）. 74-80.

的心理状况的研究以及借助心理学方法研究历史问题是符合唯物史观的要求的,也是深化史学研究所需要的。心理学原理可以在历史研究中审慎地加以利用。心理学有它自己的发展史,是研究人类心理活动的规律的科学。既然历史学与心理学的研究对象有一定的共同性,所以应该消除两个学科之间的障碍,共同合作研究人类的历史活动。史学研究中应重视研究社会心理对人们创造历史活动的影响。社会心理不是系统的意识形态,是人们自发形成的不系统、不定型、不具理论形态的社会意识,主要表现为人们的愿望、动机、情感、情绪、意志、态度、审美情趣、风俗习惯等。作为一种潜在的精神力量,可以干预和调节人们的社会行为,因而也会对历史发展的面貌产生这样或那样的影响。史学研究也应重视对个别历史人物个性心理的分析。历史不过是追求自己目的的人的活动。尽管个别历史人物的性格特点是一种"偶然情况",但也能在一定程度上影响历史发展的加速和延缓。在重视社会心理对历史创造者的影响的同时,也要看到社会心理、特别是社会认知心理对认知主体即历史研究者的影响,这种影响也会对历史研究和历史编纂的结果产生一定的作用。[1]

第四节 心理定位与心理分析方法

有研究对 20 世纪的中外心理史学进行了阐述。研究认为,如果说法国年鉴学派的心理史学,主要是以史学为主体而借助于心理学的分析方法的话,那么弗洛伊德,则是以心理学为主体把比较科学意义上的心理分析理论应用于历史研究的具体实践。二者的视角不同,学术路数自然相异。后者这种产生于史学外部的心理史学,可能更具典型的现代科学意义。第二次世界大战后,美国成为与法国心理史学相对应的学术研究重镇。这主要是由于第二次世界大战期间人们对于法西斯主义那种狂热行为的关注,由此而加强了对于无意识和非理性行为的研究。心理史学成为当时新兴的而且是最活跃的学科,被当时的学者称为"新心理历史学"。作为基本形成体系的"新心理历史学",其包括了四大方面的内容,即个人传记,家

---

[1] 邹兆辰. 当代中国史学对心理史学的回应[J]. 史学理论研究,1999(1). 26-37.

庭历史，集体心理，社会问题。

一是在个体心理研究方面，具体的心理分析一旦与历史人物的研究结缘，便会产生以"心理传记"为形式的心态史著述，类似于弗洛伊德为达·芬奇所作的传记。弗洛伊德十分强调潜意识的作用；由于人的潜意识主要在童年形成，因此弗洛伊德的理论偏重于人的童年，尤其是过分强调生物性的本能冲动和欲望的作用。这样的理论在心理史学奠基之初，虽具有拓宽历史研究领域的作用，但对于历史人物的行为分析还不能令人信服。埃里克森作为弗洛伊德的学术后人，他除了重视人的自我发展在童年期之后的持续性外，他还注意到了整个社会文化因素的影响。二是在家庭历史研究方面，这既与历史人物的个体相联系，又与集体心理相沟通。因此，这是处在一个相互交叉的中心领域。不过，心理史学最初对家庭历史的关注是源于对于历史人物儿童期的心理分析，因此这也被称为"儿童史"。三是在集体心理研究方面，这是"二战"后迅速兴起的心理史学新领域。由于法西斯主义的出现，以及世界各地民族运动与政治运动的兴起，"二战"后心态史的研究便由个体心理研究转向群体心理探索。群体狂热、民族仇恨，以及群众对法西斯专制的支持等的问题都成为重要的研究对象。四是在社会问题研究方面，主要是以历史事实说明历史人物的行为，心理分析理论仅仅作为分析历史事实时的工具。有研究在使用心理学方法的同时，还借助于社会人口学、社会统计学的方法，并把文学作品作为参考资料，真正实现了多学科方法的综合。心理史学理论真正付诸具体实践是运用了文化心理学的分析方法，对传统社会与近代社会给予了相当深刻的分析，注重从民族心理、民族性格入手去做深层的分析。[①]

第五节　文化定位与文化分析方法

有研究区分了两种文化，世界的文化和人类的文化，这两种文化是彼此互动的。这也可以称之为外在的文化和内在的文化，或是公共的文化和个人的文化。这两种文化之间并不是简单的和直接的关系。没有人

---

① 陈曼娜. 二十世纪中外心理史学概述 [J]. 史学史研究, 2003 (1). 61-69.

想要去重复 20 世纪中期人类学中的有关国民性的过度研究或是忽视许多心理人类学家所提出的对文化内变量的那些研究。

公共的文化和文化的习得的复杂性决定了人类的文化具有六个基本的特征。一是人的解释框架是特定的、冲突的和图式的；二是图式超越了给定的信息，并导致对共有经验的不同的解释；三是建构性的行动者观点来看，自我想象、情绪唤起、心理动机是关键性的；四是意义是情境性的，图式作为解释性的心理框架的转换要更为缓慢；五是信念是以不同的方式内化的；六是信念是被看成是文化而变化的，因此并不是自然性的和普遍性的。①

文化建构主义思潮与文化心理学几乎同步发生和发展。文化心理学将心理理解为"文化的投射"，而文化建构主义则将心理理解为"文化的建构"。"文化的建构"并不是对"文化的投射"的简单否定，而是对其的超越。作为后现代精神与后现代文化在当代心理学中的体现，文化建构主义从一开始就谋求消解外源论、内源论所隐含的主、客体二元论局限，试图在外源论—内源论的两极钟摆之外，构造一种全新的理论框架。这一框架既不是将心理视为单纯的精神表征，即对客观事实的经验性描述（经验主义），也不是将其视为一种先验的结构性存在（理性主义），而是将心理置于社会互动过程中，将其作为一种建构过程的结果加以理解。文化建构主义心理学不仅否定了实证的客观主义范式，也否定了文化心理学的主观主义范式，而是肯定了一种超越主客对立的后现代取向。以批判为基础，文化建构主义试图在心理学现代叙事的对立面上，创建一种全新的反基础主义、反本质主义的后现代的心理学理论主张与思想构造。文化心理学强调以本土的心理学取代普适的心理学，重视对心理的文化内涵的分析。与之不同，文化建构主义则以作为知识、理论、心理的载体的"话语"作为自己的突破口，通过阐释语言的生成、本质、意义，深刻揭示了知识、理论、心理作为社会文化建构的本质。除了话语分析之外，建构主义关注的另一个焦点是人的内在、外在世界的双向建构过程。建构主义认为"人"、"自我"、"情感"乃至一切"人对现实的信念"，都是通过社会互动建构起来的。

---

① Quinn, N. (Ed.). *Advances in culture theory from psychological anthropology* [M]. Switzerland: Palgrave Macmillan, 2018. 109-112, 116-132.

第二十四章 文化心理与心理文化

从心理学的视野来看，文化心理与心理文化是特定文化中的关系到心理行为和心理科学的一个完整的构成。联系到文化心理学的研究，这也就是文化心理学的研究对象的文化性质和文化心理学的研究方式的文化性质的统一体。其实，任何心理学的探索，包括文化心理学的探索，都是研究对象与研究方式的构成整体。当然，只是为了研究的方便，才会分别去考察和探索研究对象和研究方式。从而，可以将研究对象的部分称为文化心理，将研究方式的部分称为心理文化。

第一节 文化心理学的研究定位

文化心理学是立足于科学的规范和以科学方法，依据于特定的文化环境、文化背景、文化条件、文化影响、文化规制等，所进行的关于人类的文化心理和文化行为的考察、探索、描述、解释、解说。文化心理学所提供的是有关文化心理的研究结果，研究把握，研究阐述。文化心理学是将人类的大脑、心理、行为、人格等，放置在了人类创造的文化生活、文化历史、文化传统、文化框架、文化氛围、文化制约等之中所进行的研究。文化心理学的研究定位就在于，这是关于人类心理行为、文化心理行为、传统心理行为、社会心理行为等的探索和把握。

文化心理学所涉及的文化心理是表达和体现在特定文化构成之中的，这所否定和排斥的是将人类的或个体的心理行为从其文化的生态、文化的环境、文化的传统、文化的存在、文化的条件之中，分离和割裂出来，孤立地加以考察、探索、研究、解释和解说。

有研究分别考察了文化心理与心理文化，并对两者的关系也进行了探索。该研究明确指出了，文化进入心理学的研究视野之后最初体现为对研究对象文化特征的认识,力图扩展主流心理学关于心理普遍性的设定,把心理行为看作特定文化的产物,重视各种文化条件下的心理行为的独特性。文化心理研究基于这样的认识,即人类心理行为是文化历史的产物,与特定文化有着密切关系,无法脱离文化历史背景进行理解。因此,传统的作为心理学研究对象的"心理"概念应该有一个改变,由"统一心理"变为"建构心理",由"普通心理"变为"文化心理"。文化心理的研究具有重要意义,其拓展了研究人类心理行为的视野,把文化作为透视人类心理行为的重要视角。以文化与心理关系为核心问题,文化心理的研究对人的心理行为作出了新的理解。[1]

很显然,文化心理学的研究定位就在于将人的文化心理行为当成是基本的核心。这实际上也是在人类复杂多样的心理行为中,划分出了关联到具体和特定的文化的各种不同的心理行为。例如,涉及或关联到中国本土文化的心理行为研究,具有本土文化的独特性质的中国人的心理行为会涉及家族、关系、孝道、缘分、人伦、人情、人缘、面子、恩仇、报恩、报仇、报复、抱怨、恩怨、亲人、仇人、中庸、天理、王法、自己、自身等一系列重要的和典型的文化心理和文化行为。进而,这些独特的心理行为也会体现为和关联到集体主义、家族主义、关系主义、社群主义、社会取向、他人取向、权威取向、克己复礼、推己及人、忠恕之道、差序格局等一系列关键的和凸显的文化理念和文化特性。那么,在关于独特的文化心理行为的研究中,所遵循的将是具有明确文化价值的研究的框架、原则、尺度、思想、理念、理论、方法、技术、工具。

很明确,文化心理学的研究定位也在于将心理学的探索的理论、方法、工具和技术都理解为和把握为文化的存在、文化的方式、文化的体现、文化的内涵、文化的影响。文化心理学的研究理念、研究方式、研究干预、研究影响等也就必须是内置于特定的文化,符合特定的文化规范,负载特定的文化价值。因此,中国本土的文化心理学也就应该能够去开发和创造具有本土文化特色的理论、方法、技术和工具。

其实,在任何一种特定的文化之中,或者是在各种不同的文化之中,实际上都存在着独特的文化心理行为,也都存在着独特的心理研究方式。

---

[1] 田浩、刘钊. 从文化心理到心理文化:心理学文化意识的拓展[J]. 西北师大学报(社会科学版), 2007(3). 58-62.

这都能够在本土的文化之中找寻到根源和资源。因此，立足于特定的和本土的文化，就可以去考察文化特有的心理行为和推进文化独有的心理探索。

第二节　心理文化学的研究定位

心理文化学是从跨文化的角度，对生长于不同文化根基和相应于不同心理生活的中西心理学传统进行比较和分析，探讨其彼此之间沟通的可能性和心理学发展的新道路。起源于西方文化的科学心理学，立足于客观的研究方法和客观的知识体系，提供了对心理现象的合理的理论解释和有效的技术干预，但其仅仅揭示了人类心灵和精神生活的一个部分或一个侧面。起源于中国文化的本土心理学也是自成体系的心理学探索，揭示了有意义的内心生活和给出了自我超越的精神发展道路。西方的心理学传统是中国现代科学心理学的直接来源，目前则正在经历本土化的历程和改造。中国本土的心理学传统在西方文化中的流传，也使西方的科学心理学得到了启示和受到了影响。促进二者的沟通，将有助于形成一种新的心理学科学观，并推动心理学的新发展。确立心理文化的概念，可以重新审视西方心理学的文化适用性，并推进对其进行全面的改造；可以重新审视中国本土的心理学传统，并推进对其进行深入的挖掘。这有利于正确对待从西方引入的心理学，并开创中国自己的心理学发展道路。

"心理文化"的概念是用以考察心理学形成和发展的文化根基，探讨心理学研究和探索的文化内涵，挖掘心理学创新和创造的文化资源。心理学的产生和发展都是立足于特定的文化，都是存在和延续于特定的文化环境，都是体现和依据于特定的文化方式。或者说，文化就是心理学植根的土壤和养分的来源，就是心理学成长的氛围和扩展的基础。在西方心理学的过去和传统的研究中，无论是心理学的发展还是对心理学发展的探索，都缺失了文化的维度。文化成为心理学研究和心理学发展所回避的内容和方式。其实，文化是心理学发展和演变的重要基础，文化也是考察当代心理学发展和演变的重要视角。文化作为重要的背景，文化作为重要的资源，文化作为重要的方式，已经成为心理学学科的重要的和关键的发展依据和发展基础。当代心理学的发展已经开始越来越重视对相关文化的关注，对心理文化的探索，对文化心理的考察。[1] 文化心理学也成为一个快速发展的学科分支。[2] 西方科学心理学和中国本土心理学生长于不同的文化根基，植根于不同的心理生活。起源于西方文化的科学心理学，立足实证的研究方法和客观的知识体系，提供了对心理现象的某种合理理论解释和有效技术干预。但它仅揭示了人类心理的一个部分或侧面。起源于中国文化的本土心理学也是自成体系的心理学探索，它揭示了具有意义的内心生活和给出了精神超越的发展道路。"心理文化"概念的提出有利于探明不同文化传统中蕴藏的心理学资源和推进对其挖掘，有利于审视西方心理学的文化适用性和推进对其改造，有利于考察中国本土的心理学传统和推进对其解析。中国现代科学心理学主要来自西方科学心理学，问题是中国本土也有自己的心理学资源。探察该资源，就要扩展心理学的视野和设置文化学的框架，将中国本土心理学看作与西方实证心理学具有同等文化价值的探索。要发展中国的心理学，就有必要追踪中国本土文化中的心理学传统，确定其所含的资源，具有的性质，包括的内容，起到的作用。心理文化的探索力图找到和深入挖掘心理学创新的文化根基。[3][4][5] 中国有自己的文化传统、心理文化、心理学探索、创新性资源。

对于心理学研究来说，不但其研究实施是人，而且其考察对象也是人，所以是人对自身的了解。更进一步地说，去认识的是人的心灵，被认识的也是人的心灵，所以是心灵对自身的探索。人类的心灵既是生物演化的自然历史的产物，也是人类创造的文化历史的产物。分开来看，得到考察的心灵活动所展示的是文化的濡染，进行考察的心灵活动所透显的则是文化的精神。合起来看，成为对象的心理行为与阐释对象的探索研究是共生的关系。不仅对特定心理行为的把握就是特定的心理学传

---

[1] Adamopoulos, J. and Lonner, W. J.. Culture and psychology at acrossroad: Historical perspective and theoretical analysis [C]. In David Matsumoto. *The handbook of culture and psychology*. New York: Oxford University Press, 2001. 15-25.

[2] Cole, M.. *Cultural psychology* [M]. Boston, MA: Harvard University Press, 1998. 2.

[3] Kim, U.. Culture, science, and indigenous psychologies: An integrated analysis [C]. In David Matsumoto. *The handbook of culture and psychology*. New York: Oxford University Press, 2001. 54-58.

[4] Markus, H. R., & Kitayama, S.. Culture and the self: Implications for cognition, emotion, and motivation [J]. *Psychological Review*, 1991 (2). 224-253.

[5] Vijver, F. V. D.. The evolution of cross-cultural research methods [C]. In David Matsumoto. *The handbook of culture and psychology*. New York: Oxford University Press, 2001. 78-92.

统，而且特定的心理学传统所构筑的就是特定的心理行为。二者共同形成的就是心理文化（mental cultures）。不同的文化圈产生和延续的是独特的心理文化。那么，特定文化圈拥有的心理文化就会与其他文化圈拥有的心理文化存在着很大的差异。这表现为心理行为上的差异，也表现为心理学性质上的差异。

人类的心理行为不仅具有人类共有的性质和特点，而且具有文化特有的性质和特点。冯特（W. Wundt）在创立科学心理学时，构想了两部分心理学。一是个体心理学，通过对个体心理意识的考察，探讨人类心理行为的共有的性质和特点。二是民族心理学，通过对民族文化历史产物，如语言、神话、风俗等的分析，了解人类心理行为的文化所特有的性质和特点。但是，科学心理学后来的发展，只推进了个体心理学，而忽略了民族心理学。这揭示给人们的，似乎是只有唯一的心理学，那就是实验的个体心理学，这揭示的是人类心理行为共有的性质和规律。无论是实证科学意义上的还是其他意义上的心理学家，都生活在特定的文化圈中。在他们的探索之中隐含着的理论框架或理论设定无不体现其独特的文化精神。进而，心理学家了解和认识心理行为或心理生活的途径，解释和理解心理行为或心理生活的理论，影响和干预心理行为或心理生活的手段，都属于相应的文化方式。所以，可以将心理学看作文化历史的构成，是文化历史的传统。

心理文化学的研究定位显然不同于文化心理学的研究定位。心理文化学是对植根于特定文化的心理学传统的考察和探索，解释和把握。文化心理学则是对置身于特定文化的人的心理行为的呈现和描述，揭示和解说。很显然，文化心理学与心理文化学的匹配和整合，是构成完整的新文化心理学的探索和研究。

第三节　双重定位的相互间关系

所谓文化心理学研究和探索的双重定位是指将文化心理和心理文化都放置在核心的位置之上。这实际上也就是将文化与心理学的研究对象和文化与心理学的研究方式，看成是分别的、分离的、分裂的存在，而不是一个共生的整体。这种将文化心理与心理文化的分离的或割裂的考察和对待，无论是给文化心理学研究，还是给心理文化学的探索，都带来了重大的和重要的弊端。

当然，在科学心理学的发展历程之中，心理学的研究对象与心理学的研究方式曾经有过分离的把握和对待。心理学的研究对象之中是否应该包含着文化心理行为，与心理学的研究方式并没有直接的关联。同样，对于心理学的研究方式是否具有文化的性质和文化的形态的考察和探索，也与心理学的研究对象并没有直接性的联系。这也就是分离性的单一定位，是将文化心理学的研究对象和研究方式进行了割裂。

但是，随着文化心理学在当代的发展和壮大，以及心理文化学在未来的兴起和扩展，文化心理与心理文化之间的关联和关系就成了突出的问题、关键的节点、突破的重点。文化心理的定位与心理文化的双重的定位就存在着关系的问题。两者的相互间的关系实际上是相互支撑的共在、共生、共享的关系。这决定的是文化心理学和心理文化学相互衔接的研究对象和研究方式的合理性。

文化心理学的双重的定位所带来的是文化心理学的双重的责任，那就是揭示和解释不同文化之中的心理行为，以及建构适宜特定文化的心理学探索和研究，包括提供独特的思想理论的框架，创建独特的心理学的学术语言、研究方法、技术工具。在此基础之上的文化心理学的学术建构、思想理论、知识构造、研究方法、技术工具等才是完整性的、合理性的和有效性的。

文化心理学的双重定位彼此之间的关系就在于，心理行为的本土性存在决定了心理科学的本土化发展。反过来也是如此，心理科学的本土化探索决定了心理行为的本土性展现。这两者所共同形成和构成的就是一体化的植根于本土文化的新文化心理学。因此，文化心理学并不是单一化的或单向性的文化心理探索，而是双重化的和双向性的学术性研究。

第四节　心理学科的文化学基础

在心理学的思想演进和理论构造中，不同的心理学研究者就会存在着、持有着和运用着不同的隐喻。关于隐喻的考察和阐释给心理学所带来的是研究的明晰化、研究的自主性、探索的深入化、探索的建构性。

在某种意义上说，心理学发展的历史就是心理隐喻变迁的历史，心理隐喻的变迁成为心理学发展的历史见证。心理学理论的发展始终伴随着心理隐喻的变迁。隐喻研究进入心理学的途径包括心理学的隐喻和隐喻的心理学。无论是捕捉隐喻的存在，还是揭示隐喻的变化，还是说明隐喻的特性，还是确定隐喻的作用，还是理解隐喻的意义，都可以是诸多不同学科的共同的任务、相互的协作、彼此的促进、多面的应用。

一　文化的隐喻性存在

隐喻是意义表达的专用、引申、转换和放大的独特方式。这可以是文化中的，也可以是心理中的，也可以是生活中的，也可以是学术中的，也可以是思考中的，也可以是行动中的。隐喻可以和明示相对应，隐喻也可以与推理相对应。因此，隐喻本身也就缺失明确的逻辑环节，而是直指底层的意义和背后的价值。隐喻可以成为思想的基点、逻辑的起点，也可以带来意义的放大、思想的扩大。在涉及特定学科的思想理论、研究方法和技术工具的创造发明和构造创新之中，隐喻都可以成为重要的导向标。

在心理学的学术探索的活动之中，在心理学的学科思想的构成之中，在心理学的学理建构的历程之中，无论是对于学者，还是对于研究，还是对于知识，还是对于理论，还是对于方法，还是对于技术，都存在着基本的、隐含的、支撑的思想预设。这常常是通过隐喻的方式，而成为心理学研究的基本框架、基本思路、基本原则、基本引导、基本方式。

关于隐喻的系统化考察和探索并不仅仅是在心理学的领域之中，而是广泛地存在于自然科学、社会科学和人文科学之中。因此，关于隐喻的探讨也就成了广泛关注的内容。许许多多的科学分支之中，都会在研究者自觉的基础之上，去关注、解释、说明、重设、遵循自身学科的思想或理论隐喻。

当然，关于隐喻、思想隐喻、理论隐喻的探索，也就体现在了不同学科的思想者的研究和探索之中。例如，哲学家关于隐喻的考察和探索，文学家关于隐喻的挖掘和解说，艺术家关于隐喻的描绘和明察，宗教家关于隐喻的把握和理解，心理学家关于隐喻的揭示和论证，文化学家关于隐喻的追踪和透视，社会学家关于隐喻的透视和捕捉，政治学家关于隐喻的运用和引申，等等。

应该说，人类的心理是最为难以把握的存在，也是最多变化发展的进程，在把握、解释和引导人类心理的进程之中，隐喻都是非常重要的心理学研究探索的内容。特别是在迄今为止的心理学思想理论的构造和演变之中，以及在关于心理学学科的发展和壮大之中，隐喻都是重要的，甚至是核心的部分。

当然，心理学中的隐喻的探索和研究实际上是在两个不同的层面之上。第一个层面是将隐喻看成是心理现象，心理学关于隐喻的描述、说明、揭示和干预，都在于涉及隐喻心理的存在方式、基本内涵和变化过程。第二个层面在将隐喻看成是研究构成，心理学关于隐喻的反思、确立、运用和依赖，都在于涉及心理学的研究本性、思想基础和理论预设。这两个基本的方面，就构成了心理学对待隐喻的不同方式。为了区分这两个不同的层面，可以将第一个层面的含义称为心理隐喻，可以将第二个层面的含义称为心理学隐喻。

那么，在心理学的思想演进和理论构造中，不同的心理学研究者就会存在着、持有着和运用着不同的隐喻。从而，也就导致了心理学的探索、心理学的理论、心理学的方法和心理学的技术，都依据和延伸着特定的心理学的隐喻。因此，这也就是上述的第二个层面上的关于隐喻的考察和探索。这给心理学研究带来的则是研究的明晰化、研究的自主性、探索的深入化、探索的建构性。

二　心理学研究的隐喻

心理学科学化以来，精致性、确定性和中立性的科技理性和逻辑思维一直拥有着绝对的话语权，剥夺、放逐了心理学语言中另一种权力——隐喻权力。在心理科学领域，隐喻的存在总有其道理。隐喻既是一种语言现象，也是一种文化现象。作为一种思维方式，隐喻是对逻辑演绎和科技理性的一种超越，是对事物以另外视角的深层次理解和求索。其创造、代替、表达及模式等作用，越来越以一种丰富性、内隐性及不可穷尽性等特征，使心理学流溢出民族文化品性。在承认由逻辑语言所构建心理学科学世界伟大的同时，也会深感到心理科学离弃隐喻的失落，因为心理学所遗失的不仅仅是一种语言权力的诉求，更重要的是丢弃了一个世界——人文世界，消解了理解人类心灵的平台，也弃绝了一种视野，关闭了通往人性世界的大门。

隐喻具有如下的特性。一是隐喻具有表达性。隐喻不像逻辑语言那样清晰和直白，而是抛开了严格的逻辑界定，以语言本身的特有功能，淋漓尽致地表达内心感受。隐喻的任务不只是描摹事物，而是理解事物；不只是传递观念或思想，而是促使人们去行动。二是隐喻具有内隐性。隐喻无法言传，不能简单化约为字面陈述。隐喻蕴含着丰富的意义，超越逻辑结构，以一种无法言说的洞见，寻求"弦外之音"，任何企图以逻辑语言来解读隐喻的想法都是不现实的。三是隐喻具有归属性。隐喻是人类首先创造出来用以表述心灵之声，寄托家园精神的一种语言形式。四是隐喻具有民族性。隐喻作为一种语词表达方式，是以一定的民族文化背景为前提、为基础的。民族的思维方式、风俗习惯、传统文化等方面，无一不会影响和制约着隐喻的表达样式，并构成了隐喻表达的不同民族特点和差异。五是隐喻具有日常性。隐喻以一种浅显的道理支持和架构着人类日常生活中深刻的"道"或理念，无处不有，无时不在。六是隐喻有创造性。隐喻不仅仅是一种意义转换，更是一种意义创造。

心理学隐喻具有特定的价值与意义。首先，人类的心理是一种自然存在，也是一种文化存在。其次，心理学所面对的不仅仅是可见、可知和可感的心理现象世界，还要面对无法感知，无法视听，但能体验和自觉的心理生活世界。再次，与其说隐喻是一种说明事物的独特用法，不如说隐喻是一种独特的思维方式。最后，心理学隐喻的存在，凸显了心理学文化意义。[1]

有研究者考察了心理隐喻的变迁与心理学的发展。研究指出，心理学的发展始终伴随着心理隐喻的变迁，每一种理论、每一个流派背后都蕴含着一个独特的心理隐喻，支撑着研究领域的共同理解。心理隐喻经历了由物到人、由被动到主动、由消极到积极、由个体到社会的历史变迁，影响了心理学研究对象的转移、研究方法的变化与研究取向的更替。

在某种意义上说，心理学发展的历史就是心理隐喻变迁的历史，心理隐喻的变迁成为心理学发展的历史见证。一是行为主义的隐喻为人是机器。这样的隐喻引发了心理学发展史上一次哥白尼式的革命，华生宣称传统的意识心理学为安乐椅上的玄思，与科学精神背道而驰，旗帜鲜明地提出心理学不是研究无法观察的内部意识，而是研究可以观察的外部行为。以机器为隐喻内在地决定了行为主义心理学必然具有的机械论、

---

[1] 孟维杰、马甜语. 论心理学中的"隐喻"[J]. 南京师大学报（社会科学版），2005 (5). 101-106.

还原论、环境决定论。二是精神分析的隐喻为人是动物。达尔文的生物进化论声称人由动物发展而来，动物与人具有发展上的连续性。弗洛伊德深受进化论思想的启发，创立了精神分析学派，开创了心理学发展的新纪元。提出心理学研究的对象不是意识而是潜意识，人的潜意识活动的能量是本能，本能是所有潜意识活动的终极原因或者主要源泉和动力。三是信息加工心理学的隐喻为人是计算机。信息加工认知心理学将人脑与计算机进行类比，认为智能的本质就是对信息的加工，人的认识过程就是信息加工过程。四是人本主义心理学的隐喻为人是自我实现者。这倡导了一种崭新的人性论，强调人性的积极向上，强调社会、环境应允许人性潜能的实现。五是社会建构主义的隐喻为人是创造者。在社会建构主义者眼中，知识、观念不是对客观现实的反映、表征，而是人的主观建构，这种建构不是个人的而是社会的，产生于人际交往之中，发生在具体的历史文化背景之下，建构于受特定文化制约的话语实践。心理现象并不存在于人的内部，而是存在于人与人之间，是人际互动的结果，是社会建构的产物。

三　心理学隐喻的变迁

心理学理论的发展始终伴随着心理隐喻的变迁。一是由物到人的变迁。早期的心理学范式的隐喻主要为物。行为主义心理学、精神分析学派、信息加工认知心理学的隐喻范式集中于物，"目中无人"，其研究是一种"无人化"或"非人化"研究，虽不乏成就，但毕竟偏离了"研究人的心理现象与行为"的根本宗旨。人本主义心理学坚持以人为本，相信人有自我实现的潜能，将人真正作为人来研究。社会建构主义心理学作为后现代心理学的代表将人视为知识的发明家、创造者，对于真正恢复人作为万物之灵的神圣地位居功至伟，为告别传统心理学的机械论、还原论、因果决定论扫清了障碍。心理学隐喻由"物的范式"向"人的范式"的转换，可以视为心理学发展的一座新的里程碑。二是由被动到主动的变迁。精神分析、行为主义、信息加工认知心理学将人比喻为动物或机器，完全无视人作为人的本质属性。人本主义心理学坚信人具有自我实现的内在积极性，人可以充分利用优良的社会条件主动寻求内在的发展。社会建构主义心理学将人喻为发明家、创造者，对人的主动性、积极性推崇备至。由被动反应、表征转变为主动建构、发明，心理隐喻的这一转移再次升华了人性，影响了心理学研究范式的变更。三是由消极到积极的变迁。精神分析以动物喻人,描绘了人如何像动物一样屈从于本能,为本能所奴役。行为主义以机器作比,否认人的任何积极性、能动性的存在,人只能消极地接受刺激、被动地做出反应。认知心理学将人的大脑由普通的机器升级为计算机,能够利用认知结构对行为进行一定的调节和控制。人本主义心理学以宣扬人的积极性为基本宗旨,肯定人的价值与尊严,突出人的自我实现,人完全成为心理与行为的主人。社会建构主义心理学将人的积极性发挥到了极致,人不再是世界的反映者、表征者,而是世界的建构者、创造者。四是由个体到社会的变迁。精神分析、行为主义、认知心理学将人喻为动物、机器、计算机,都是个体水平上的类比与分析。人本主义心理学自我实现论的探讨也是局限于个体之内。现代心理学的心理隐喻及其理论分析都是个人主义的,社会建构主义摆脱了个体主义心理学的局限,将研究目光投向了社会文化历史的广阔天地。研究重心由个体到社会的转向为心理学的发展开辟了光明前景,带来了无限生机。

　　心理隐喻的变迁直接影响到的是心理学研究对象的转移、研究方法的变化与研究取向的变更,心理隐喻变迁的轨迹反映了心理学发展的历程,预示着心理学发展的方向。一是心理隐喻由物到人的变迁,实现了心理学研究对象的返璞归真。二是心理隐喻由被动到主动的变迁,促进了心理学方法论的进步。三是心理隐喻由消极到积极的变迁,助长了积极心理学的发展。四是心理隐喻由个体到社会的变迁,推动了心理学研究中文化转向的出现。心理隐喻由个体到社会的变迁,昭示了心理学研究范式从个体到社会的转变,心理学研究发生了由"个体的"、"心理的"视角向"社会的"、"文化的"视角的转变。心理隐喻与心理学发展相伴始终,休戚相关,只要心理隐喻在延伸,心理学理论就在发展。[①]

　　孟维杰在研究中对心理学隐喻进行了文化分析。研究指出,"隐喻"的基本词义是把一个对象的诸方面"传送"或"转换"到另一个对象上去,使第二个对象可以被说成是第一个对象,以便更好地去理解第一个对象。隐喻并不是严格的逻辑、纯粹理性的,而是借助联想和相似的言语机制,以独特性、生动性和表达性来解说一件事情、一种现象、一类

---

　　① 麻彦坤. 心理隐喻的变迁与心理学的发展 [J]. 西南师范大学学报(人文社会科学版), 2003 (6) . 25-30.

物质。隐喻正是以其独特的思维方式和语言现象，以传递和表达某种逻辑语言无法陈述的内在意义，努力寻求言外之意，成为人们话语方式独特的表达。这不仅仅是一种意义转换，更是一种意义创造。在逻辑语言力量强盛的科学心理学领域，隐喻以其顽强的生命力寻找着属于自己的生存与发展的空间，这不能不说即便是科学心理学抽象逻辑思维的形成与发展，也离不开隐喻思维。心理学为了弘扬其科学精神而借助常规的逻辑语言去追求"明晰"和"雄辩"，正在将隐喻压制到边缘境地，这对于心理学来说，无疑是失去了一种独特思维表达方式，一种创新的现实力量，一种人文精神的独特表征。心理学发展离不开隐喻思维方式，心理学创新呼唤心理学隐喻思维方式的彰显和回归。

首先，隐喻可扩展理解人类心理的视野。人类心理既是一种自然存在，有着与自然同样的发生和变化问题，又是一种文化存在，文化提供了人类适应生态环境与社会环境，建构自我心理的工具，带有一定的自觉性。概言之，人类心理不仅仅只是一个自然进化和社会化过程，也是一个内在价值、意义体验和获得过程。隐喻则既可以避免逻辑语言之所短，又可发挥其相似性、内隐性和创新性之所长，不但可以解说复杂的心理问题，而且借以表达作者独特见解和见地，扩展心理学理论视野。其次，与其说隐喻是一种说明事物的独特用法，不如说是一种独特的思维方式。隐喻有着逻辑思维所不具备的优势，如果说逻辑是一种表层说明力量，那么隐喻则是直接认同；逻辑以明晰规则表征事物，而隐喻以想象力量达至事物本质；逻辑思维长于说明，追求严谨和雄辩，隐喻重于创造，追求独特性和生动性；掌握逻辑依赖于专业知识学习和应用，理解隐喻则需依赖于个体文化背景和生活经验。最后，心理学隐喻构筑起心理学人文精神殿堂。心理学作为一门科学，具有深刻的自然科学精神与独特的人文价值。

从数字化、符号化、机械化的逻辑语言中重拾心理学隐喻，并非是要以隐喻语言取代心理学科学术语，而是期望隐喻与逻辑共存，理性与非理性同在，使之能更好地传达人类心灵之声，实现心理学科学精神与人文精神的融合与统一。[①]

---

① 孟维杰. 心理学与人文精神——心理学隐喻文化分析[J]. 心理科学，2010（2）. 503-505.

赵宗金探讨了隐喻研究进入心理学的途径。研究指出了，心理学与隐喻两者之间关系密切。隐喻研究进入心理学的途径至少有以下的两种方式。一种方式是横向和纵向考察心理学的隐喻。每一种心理学形态都有其根本的隐喻。在不同的隐喻基础上，不同的心理学理论形态才得以建立，并可以相互区别。此外，也可以对于不同层面和水平的心理现象进行隐喻式的考察。一种方式是对于隐喻的心理基础的考察。一方面，隐喻成为反思心理学研究本身的手段，具有的是方法论意义；另一方面，隐喻也成为心理学研究的直接对象，作为研究客体而存在。隐喻作为一种思维的方式或过程，本身有其独特的心理基础。隐喻的心理发生以及隐喻理解的过程，都是对隐喻过程进行心理考察的内容。

传统的看法是把隐喻单纯看作一种修辞手段。而当代的隐喻研究则表明，隐喻概念的重要性已经远远超出了最初的设定。隐喻研究成为文学、语言学、心理学、文化学和哲学的一个重要交汇点和热点。心理学的隐喻是对心理学研究过程中所采用的隐喻方法的考察和分析。隐喻对于心理学而言所具有的基本意义，就是从第三者的角度，去考察心理学知识的获得过程，亦即具有方法论上的反思与批判的意义。

四　隐喻的心理学价值

隐喻研究进入心理学的途径一：心理学的隐喻。首先是心理学历史中的隐喻。每一种心理学理论，或者说每一种心理学形态都有其根本的隐喻。在不同的隐喻基础上，不同的心理学理论形态才得以建立并相互区别。在心理学历史上，存在着机械隐喻、生物隐喻、计算机隐喻等几种主要的隐喻观念。其次是知识社会学角度的切入。知识社会学是考察知识获得过程影响因素的一个学派。在隐喻与心理学的关系上，知识社会学从心理学知识的获得过程入手，分析隐喻在这个过程中所起的作用和机制。知识社会学研究考察知识获得与隐喻的关系。这种考察的理论前提是，隐喻思维是一种基本的认知方式，人们对于新现象的认知不能够脱离隐喻性。从知识社会学的角度出发，可以考察心理学研究方法所隐含的隐喻思维。可以从心理过程和心理状态的角度，从不同心理现象的具体研究过程出发，考察心理学家们所使用的隐喻思维。最后是从心理学内部对于不同层面和水平的心理现象进行隐喻式的考察。

隐喻研究进入心理学的途径二：隐喻的心理学。隐喻的心理学指对于隐喻的心理基础的考察。隐喻作为一种思维的方式，本身有其独特的心理基础。隐喻的心理发生以及隐喻的理解过程，都是对隐喻过程进行心理考察的内容。首先是隐喻的心理发生。其次是隐喻的理解过程。对隐喻的理解过程进行分析，所解决的主要问题是，描述和分析如何获得隐喻的意义。在隐喻的理解过程中存在以下几个重要的因素：字面意义、表达意向、共同心态以及语义理解规则等。意向分析是隐喻理解过程的关键。

隐喻思维作为人的基本的思维方式，体现了认识过程和意义过程的统一。事实上，对心理学的隐喻的考察本身就是对心理学研究方式的一种反思和重估，或者说是对于研究心理过程与状态的方式和途径本身的考察。此外，中国文化的研究从一开始就明确奠定了隐喻三个方向，即认知、修身和教化。[①]

有研究者考察了语境论与心理学的叙事隐喻。研究指出了，隐喻是人类认识世界的一种思维形式。扎根隐喻方法勾画了四类基本的世界假说：形式论、机械论、机体论和语境论。语境论作为反对占统治地位的机械论的一种看待世界的方式，对现今心理学和其他社会科学有着广泛影响。作为语境论的扎根隐喻的叙事在认识人的精神世界中发挥着日益独特的作用。

隐喻被认为在人类认知过程中起着关键作用。隐喻在近代科学概念的形成和发展、科学理论的建构和陈述上，也起着无法替代的重要作用。扎根隐喻勾画解释了四类世界假说：形式论、机械论、机体论和语境论。"语境"术语是基于达尔文把语境作为"行为意义和作用的历史情境"的观点。当前行动的作用反映了过去事件的影响，并以不断变化的、动态的方式影响着将来。当形式论、机械论、机体论这三副作为科学主义看世界的眼镜受到越来越多的质疑后，语境论这副眼镜便受到青睐了。

语境是语言环境和言语环境的总称或简称，指语言存在和运用的环境。从语言学的角度看，语境既包括语言本身的语内环境，又包括语言以外的语外环境。语内环境包括语音环境、词语环境、词篇环境等。语外环境既指语言所依赖的社会环境、文化环境等客观条件，又指说话者的年龄、身份、职业、信念、个性等主观环境。当语境作为这样一种观

[①] 赵宗金. 隐喻研究进入心理学的途径 [J]. 内蒙古民族大学学报（社会科学版），2006（1）. 103-107.

察世界事物的基点时,便成为了一种称为"语境论"的科学实践观和方法论。语境论在科学实践中结构性地引入了历史的、社会的、文化的和心理的要素,吸收了语形、语义和语用分析的各自优点,借鉴了解释学和修辞学的方法论特征。因此是一个有前途的、可以融合各种趋向而集大成的倾向。

语境论是从语言学走出来的方法论,必然也与语言学的本家——叙事走到了一起。由于叙事原理引导着对人类事件的解释以及人类行为的实施,因此叙事实际上成为人类组织情节、行为和对行为思考的一种方式。叙事的组织原则作为一种方法取向运用于社会科学研究中,便形成了称为叙事研究的范式。叙事研究不是任何单个学科内的东西,而原本就是跨学科的。叙事研究扩展了社会科学中的"解释转向"。当自然科学方法的现实主义对理解社会生活有一定限制时,学者便转向把叙事当作人类行为的组织原则,从而在理论发展中,形成了所谓"叙事转向"。

心理学不管是偏于自然科学还是社会科学,但作为认识、理解人的精神世界的学科,要了解精神世界中所充满的作为主体的人的情感、想象、意志、观念、价值、目的等,必然要超越科学主义强调精确观察、测量和严格控制的方法论的束缚,走向与其研究对象的本性更为相容的方法。人不仅生活在现实的物质世界中,而且生活在由生活体验构成的自己的世界中。叙事充满着对生活经验的体验、表达和理解,具有建构自我和认识他人的双重作用。

叙事对叙事者来说,是一种人格的重构过程。在叙事的过程中人们重新整理自己的经验,当片断的情节连接和组织成完整的故事时,隐藏在情节后面的意义便凸显出来,潜意识中的观念被推到意识的前台。许多问题在这一过程得到澄清,从而建构出新的自我。当人们在倾听他人叙说时,也就进入理解他人内心世界并进而理解更广阔世界的过程。人类活动产生着各种各样的叙事文本(故事)。这是作为主体的文本生产者,即叙事者与客观环境交互作用的产物,蕴含着特定时空条件下的特定意义。研究者(阅读者)通过对这些文本的体验和理解而复活文本原先体验和象征的生活世界,展现出叙事者当初的心理世界。

因此,叙事可以成为作为精神科学的心理学的方法。作为一种方法,叙事的作用可以概括为:一是叙事可以反映人类复杂而丰富多彩的心理世界。二是研究者可以通过倾听研究对象的故事进入其内心世界,获得对研究对象的全息了解，特别是包括对极其隐蔽的情感侧面和动机结构的了解。三是在干预性研究（如心理辅导与治疗）中，研究者可以通过引导研究对象重构个人生活故事而达到重构人格的目的。四是通过叙事的表达，发掘具有客观性和一般性的真理。①

心理隐喻的探讨原本就可以是在两个不同的层面上。这也就是在心理存在的层面，心理隐喻是人的心理活动的一个非常基本的和重要的方式。这也可以是在心理研究的层面，心理隐喻成为心理学研究的思想前提和理论预设的表达。这可以影响到心理学研究者的具体的研究。

五　隐喻的跨学科探索

无论是捕捉隐喻的存在，还是揭示隐喻的变化，还是说明隐喻的特性，还是确定隐喻的作用，还是理解隐喻的意义，都可以是诸多不同学科的共同的任务、相互的协作、彼此的促进、多面的应用。很显然，隐喻是一个容纳了不同意蕴、性质和内容的框架性的、引导性的和释放性的特殊存在。这原本在文化、文学、文艺、文典、文史、文明等之中的隐喻，实际上也存在于科学、数学、理学、化学、医学、农学等之中。这也就决定了可以从多学科或跨学科的视角去探索隐喻。

有许多学者从不同的方面涉及和探讨了隐喻。隐喻思维的实质是不同领域之间相互关联的认知方式。人类将某一领域的经验用来说明或理解另一类领域的经验，其实质是概念从一个认知领域投射到另一个认知领域。隐喻化从本质上说就是，人们用熟悉、具体的经验结构去构造理解陌生、抽象的经验域的过程。② 心理学家能够对某个重要的理论问题，提出自己的隐喻，那可能意味着重要的理论发现和成就。使用隐喻，一方面可以启发自己，另一方面也启发了别人。隐喻是认识世界的重要方式。隐喻是思想交流的重要方式。③ 隐喻常常为心理学的研究提供了理论建构隐含的前提假设，在心理学的理论建构中，如果没有这种根基，没有这种框架，那么这座理论的大厦是不可能建成的，所以可以说，心理学建构的理论假设在实质上也是隐喻的，也是离不开隐喻的。心理学在

---

① 施铁如．语境论与心理学的叙事隐喻［J］．华南师范大学学报（社会科学版），2004（4）．95-100．

② 费多益．认知研究的隐喻描述［J］．自然辩证法研究，2009（3）．8．

③ 辛自强．心理学的措辞、隐喻和故事的意义［J］．华东师范大学学报（教育科学版），2005（2）．67-68．

实质上就是隐喻的,也正是心理学的隐喻实质,决定了心理学在本质上便离不开隐喻,决定了心理学的研究离不开隐喻的研究。[1] 有研究区分了结构的隐喻和定向的隐喻。前者是一个概念是通过另一个概念来构造的,后者则是通过概念整体或概念系统来关联到概念彼此。这种定向并不是任意和武断的,而是基于人们的物理的和文化的经验。[2] 有研究探讨了隐喻与思想的关联。第一,需要明确的是隐喻是如何运作的和怎样得到理解。第二,得到强调的是情境化的隐喻研究,其所重视的是全面理解人类认知、交往和文化,特别是重视日常生活中的隐喻思维。第三,隐喻研究目前更为关注的是隐喻在思想和沟通中的存在。第四,大量的隐喻研究开始重视不同的学术领域,从而大大扩展了关于隐喻的功能和意义的探讨。第五,隐喻研究的跨学科性质已经能够认识到隐喻的更为复杂的方式,也就是与大脑、身体、语言、文化等的彼此互动的关联。第六,隐喻的研究也是观点对立和互动的,因而表明了隐喻就是创造性的,是创新性的,是文化性的。[3] 有研究提出了隐喻本身也有好的和坏的,也有善的和恶的。从而,也就有恰当的隐喻和不恰当的隐喻。前者也许会导致有利的结果,而后者则可能会导致不利的结果。[4] 有研究讨论了关于隐喻的理解。隐喻使人们能够相互理解和沟通。特别是涉及容易产生障碍的理念或概念。[5] 隐喻所关联到的是语言和思想,或者说是涉及现实的语言和思想。例如,就有主张认为,人的认知是心灵构造的结果。这实际上就超越了现实所给定的信息,这是通过了人的知觉、记忆、语言等等。客观的世界是由人的知识和语言建构的。[6] 隐喻都是依赖于背景的,脱离了特定的背景,就无法把握和理解特定的隐喻。[7] 隐喻的文化变异会涉

---

[1] 熊韦锐、于璐. 心理学中的隐喻以及隐喻对于心理学的启发 [J]. 理论月刊, 2012 (5). 145-148.

[2] Lakoff, G. and Johnson, M.. *Metaphors we live by* [M]. Chicago:The University of Chicago Press, 1980. 14.

[3] Gibbs, R. W. (Ed.). *The Cambridge handbook of metaphor and thought* [M]. Cambrige:Cambridge Press, 2008. 3-5.

[4] Raffel, S.. *The method of metaphor* [M]. Bristol:Intellect, 2013. 135-136.

[5] Knowles, M. and Moon, R.. *Introducing metaphor* [M]. London and New York:Routledge, 2006. 48.

[6] Ortony, A. (Ed.).. *Metaphor and thought* [M]. Cambrige:Cambridge Press, 1993. 1-2.

[7] Stern, J.. *Metaphor in context* [M]. Cambridge, MA:MIT Press, 2000. 10-11.

许多的维度，这其中就包括了社会的维度、种族的维度、地区的维度、风格的维度、亚文化的维度、时间的维度、发展的维度、个体的维度。问题则在于打破维度的界限。① 如果不仅是想要描绘出科学和心理学的本性和历史，而且是勾画和关联到未来的世界，那隐喻及其所涉及的方面就会得到细心的选择，全面的刻画，以及公正的运用。②

当然，关于心理学思想演进和理论构造中的隐喻，其存在和作用也是跨学科的，因此其考察和探索也就应该是跨学科的。这种多学科可以是心理学的，也可以是哲学的，也可以是语言学的，也可以是文化学的，也可以是历史学的，也可以是社会学的，一系列不同学科从不同角度和层面的解释和阐释。当然，更可以是跨学科的多元和整合的研究和探索。

关于心理学中的隐喻的跨学科探索应该是多学科整合的，也应该是多元化视角的，也应该是多阐释整合的。这不仅在于跨学科带来了更宽广的域界，而且在于跨学科导致了更深入的理解。这一方面会带来关于隐喻的多学科的合作的探索，另一方面则会带来关于隐喻的更完整的解说。

对于心理学思想演进和理论构造中的隐喻进行跨学科的探索，可以从多侧面把握心理学的思想起源和繁荣，可以从多资源促进心理学的理论创造和建构。寻求合理的思想或理论隐喻，会成为心理学创新性发展的促进。同样，去除不合理的思想或理论隐喻，则会成为矫正心理学的迷途的指引。

对心理学中的隐喻进行跨学科探索，可以遵循的原则就在于如下的方面。一是将心理学中的隐喻的存在明确化和合理化，这所能够保证的是使得心理学的研究是保持在合理的和有序的范围之内。二是将心理学中的隐喻的存在功能化和有效化，这所直接保证的是能够促进和推动心理学的探索和研究。三是将心理学中的隐喻的存在多样化和多元化，这所有效保证的是心理学理论、方法和技术的不断创新和繁荣。

有关心理学思想演进和理论构造中的隐喻的探索和研究，还可以有效地去避免心理学探索、研究和发展的歧路和错误。并不是相关的心理学隐喻都是合理的和正当的，这很有可能使心理学的探索付出更大的代

---

① Kovecses, Z.. *Metaphor in culture* [M]. Cambrige：Cambridge Press, 2005. 88-111.
② Leary, D. E. (Ed.). *Metaphors in the history of psychology* [M]. Cambrige：Cambridge Press, 1990. 361.

价。对不合理的隐喻的纠正，对有缺失的隐喻的完善，其对于心理学研究的功能和价值是不言而喻的。这也就成为心理学发展中的最为关键和核心的，以及不可替代的和必要的考察和反思。

但是，隐喻的跨学科探索应该是立足于心理学的，是以心理学为核心的。这不仅在于是汇聚到心理学的研究和探索之中的隐喻，而且是通过心理学来集合不同的学科的探索。这也就将非常广泛的不同学科的探索内容集中和汇聚到心理学的学科范围和心理学的发展路径之中。无论是隐喻心理学的研究，还是心理学隐喻的反思，都将是多学科和跨学科的领地和推进在心理学中的体现和实施。这也就给了心理学一个能够通过跨学科的路径引领自身进步的机遇。

第五节 文化学科的心理学基础

可以说，无论是从文化的存在和演变，还是从文化的革新和创造，还是从文化的传承和光大，文化都是人类自己所创造出来的。那么，文化本身的起始、发展、变迁、影响、制约等就都具有与人类的存在，与人类的创造，与人类的生活，直接相关的心理学的基础。因此，文化学的心理学基础就在于，文化学必须立足于心理学的探索，才能够完成关于文化的创造、更新、理解、把握、阐释、传承。人类的存在也是个体的存在，个体的存在也是心理的存在，心理的存在也是文化的存在，文化的存在也是创造的存在。

文化的建构就是立足于心理的创造，文化的理解就是立足于心理的认知，文化的传承就是立足于心理的语言，文化的影响就是立足于心理的传递，文化的互动就是立足于心理的关系。这实际上所构成的就是文化学的心理学的基础。心理学所能够提供的是文化学最为重要的现实存在、施加影响和发展壮大的心理基础、心理依据、心理动力。

有关文化的创造、存在、承继、演变、传播、扩展，无论是哪一种文化的形态、文化的分类、文化的构成，都必然是要立足于人类的心理。当然，文化与心理之间是典型的共生的关系，任何一方的存在和变化，都要取决于和依赖于另一方。文化的进步要依赖于心理的成长，心理的丰满则要取决于文化的丰富。

文化的价值、意义、功能、影响等都是来自心理的创造、接纳、把握、理解。同样，心理的生成、演变、扩展、丰满等也都是来自于文化的养育、培植、灌输、滋养。如果脱离了这种共生的关系，那文化就成了毫无意义的存在，而心理则成了动物性质的适应。

　　文化的心理基础与文化学的心理学基础是相互呼应的。前者是在人类生活之中的，而后者则是在科学发展之中的。后者取决于有关前者的考察和探索，前者也取决于后者的揭示和解释。这同样也会适用去理解关于文化心理、文化心理学、心理文化、心理文化学。

第二十五章 文化心理学未来走向

在心理学的多样化和多元化的学科分支当中，文化心理学是属于有着巨大的发展潜力的学科分支。这在心理学本土化和全球化的潮流之中，显得尤其突出和鲜明。当然，文化心理学自身的发展和演变，会体现出一系列重大的转换和转折，会具有思想原则、理论基础和研究范围上的不断扩展。这包括在文化心理学研究范式上的转换，体现出文化心理学在发展趋势上的特征，以及在文化心理学的学科使命上的承担。因此，文化心理学的未来的走向实际上正在汇聚着一系列的重要的资源，正在积聚着一连串的重大的变革，正在凝聚着一波次的重点的转换。

第一节 文化心理学的学科变革

文化心理学在自身的产生和发展的历程之中，最为重要的是从民族心理到文化心理的研究转向。有研究考察了创建科学心理学的德国心理学家冯特所起始的民族心理学的探索。研究指出了，冯特所开创性分离的个体心理学与民族心理学，除了重视实验室对个体心理的研究之外，还同样重视研究种族心理。这属于人的社会经验和文化产物。这也就是由民族心理学所体现的文化心理学的研究。他所探索的民族心理学的问题包括了如民族的语言、艺术、宗教，乃至于婚姻与家庭，图腾与崇拜，鬼神与迷信，信仰与皈依，道德与法律，劳动与生产，战争与武器等人类文化的要素。这些要素虽受各种自然条件和社会环境的制约，但实质上是心理活动的表现。冯特所重视的不仅是实验室中对个体对象的研究，他在民族心理学这一领域中，是以群体为研究对象的。这实际上就是对"人类文化的全部要素"进行考察。冯特的《民族心理学》包括四个主要部分：第一部分是原始人，涉及原始人的发现，婚姻和家庭，社会结构，语言和思维，早期的巫术和魔鬼的信仰，艺术的萌芽，智力特征和道德特征。第二部分是图腾制度，涉及图腾制度的一般特点，图腾文化的阶段，图腾的部落组织，图腾制度的婚姻，图腾崇拜的发展形式，图腾时代的艺术。第三部分是英雄与神的时代，涉及英雄时代的外部文化，家庭组织，阶级分化与职业分工，法律制度的起源与发展，神的起源，英雄时代的艺术。第四部分是人性的发展，涉及的内容包括：一方面，"人性"指全人类，或者至少绝大多数的人；另一方面，"人性"具有价值属性。这涉及人际关系和民族间交往中所表现出的伦理特性。这一层意思使"人性"一词包含了双重含义，即"人类"和"人类本性"的含义。世界帝国、世界文化、世界宗教和世界历史代表了人性发展的四个主要步骤。冯特的民族心理学研究为心理学开拓了一个十分广阔、亟待开展的新领域。[①]

从民族心理学的开端，科学心理学的研究对象不仅是关注涉及人类个体、人类生理和人类生物的心理行为，而且也关注涉及人类群体、人类社会和人类文化的心理行为。因此，民族心理学不仅涵盖了群体心理、进而涵盖了社会心理，并且涵盖了种族心理，更是涵盖了文化心理。那么，在心理学开端的民族心理学是广义的民族心理学，是包括了群体、社会、种族和文化的心理行为的探索和研究。

从文化心理学的发展转向上来看，从民族心理学到文化心理学的进程，就体现了一个非常重要的研究提升。这预示着文化心理学从开端的相对狭小的研究范围扩展到了后来的相对宽广的探索空间。尽管从早期的发展上来看，民族心理学、种族心理学、社会心理学、文化心理学等都是在同一个架构之中，但是在后来的学科分化、细化、整合、综合的进步中，却可以将这些不同的探索框定在各自有限的学科门类之中。

文化心理学在自身的发展和进步的历程之中，最为关键的是从文化心理到心理文化的研究转向。其实，从文化心理学成为独立的心理学的学科分支门类开始，一直所着眼的是关于文化心理，亦即是将在特定的文化生态、文化存在、文化环境、文化条件等之中的人类的心理行为，当成了自己的研究领域、研究对象、研究内容。但是，在特定的文化生

[①] 张世富. 冯特的《民族心理学》：体系、理念及本土意义 [J]. 西北师大学报（社会科学版），2004（1）. 2004（1）. 108-113.

态圈之中，不仅是存在着特定的人类的文化心理和文化行为，而且也生成了和延续着特定的心理文化。这包括了人类所创造的，特别是心理行为的研究者、解说者、干预者等所提供的关于人类的心理行为的不同的理论、方法、技术、工具等心理学的文化构造、文化构成和文化产物。前者就是所谓的文化心理，而后者则是所谓的心理文化。文化心理与心理文化才共同构成了一个完整的整体。因此，心理行为与心理探索、心理探索与心理文化、心理文化与心理科学等才是文化心理到心理文化的最为重要的体现和表达。

文化心理学在自身的进步和扩展的历程之中，最为核心的是从心理文化到文化建构的研究转向。心理文化不仅是人类的创造和表达，而且也是心理的产品和传统。那么，心理文化所能够体现的更进一步的发展，就是文化的建构、文化的发明、文化的创造、文化的更替和文化的演变。建构、建构主义、文化建构、文化建构主义等就与心理学交融在了一起并共同构成了特定的发展样态。

文化心理学在自身的发展和进步的历程之中，最为根本的是从文化建构到文化创造的研究转向。文化建构是强调文化本身整合相关的要素而创造性的构造。这所反对和摒弃的是本质主义的理论预设，提倡和强调的是生成主义的理论前提。因此，文化心理学的研究和探索就在于重视和依赖于文化的创造主义。

第二节　文化心理学的研究扩展

文化心理学在自身的发展和壮大的历程之中，还在各个不同的方面经历了重要的研究扩展。这特别是可以体现在学科自身的研究基础、研究原则、研究预设、研究根脉等方面的重大的扩展。这也是文化心理学从弱小走向强大的一个非常鲜明的体现。文化心理学的研究存在着实证论的扩展、解释学的扩展、建构论的扩展、历史学的扩展、文化学的扩展等的系列化的扩展。

一是文化心理学研究的实证论的扩展。文化心理学的研究一直和长期贯彻了实证主义的哲学理念。实证论哲学也可以称之为实证主义（positivism）。实证主义具有多种理论形态，在此主要泛指传统自然科学获取客观知识的科学方法论。实证主义的科学方法论，不仅涉及获取经验资料的方法，而且涉及构造科学理论的规则。实证主义坚持的原则在于，任何知识都必须依据于来自观察和实验的经验事实，理论命题只有被经验证实或证伪，才是具有实际意义的。这种实证的原则在科学研究中或心理学研究中的最为典型的体现，就是实验主义和操作主义。实验主义是对实验方法的强调和依赖，实验方法的长处在于保证了感官经验或经验事实的可靠性，不仅能使之得到精确的分解和测定，而且能使之得到必要的重复和反复的验证。操作主义是对理论规则的强调，操作定义的长处在于保证了科学概念的有效性，亦即任何科学概念或理论构造的有效性，都取决于得出该概念或该理论的程序的有效性。心理学作为自然科学家族中的一员，采纳了实证主义的立场。这表现为科学心理学一度对实验主义和操作主义的投靠和依赖。许多的心理学家都信奉实验方法，并坚信实验方法对理论的优先功效。这有时被称为"以方法为中心"。坚持实验主义的心理学研究者，会在实验室中像对待其他自然现象那样来捕捉和切割心理现象。操作主义也曾经在心理学中颇为流行，许多心理学家都希望借此来重新清理和严密定义心理学中的许多概念。实证主义的立场使心理学只能以特定的研究方式来考察人的心理。

二是文化心理学研究的解释学的扩展。文化心理学的研究也一度和曾经贯彻了解释学的思想方法。解释学也常常被称为释义学。解释学是现代西方哲学中非常重要的思想流派。解释学对西方现代心理学的发展产生过重大的影响。许多的心理学研究者从不同的方面，考察过解释学对西方心理学的思想性和理论性的引导作用。有研究者指出，解释学、现象学、实证论一道成为西方心理学方法论的"三大势力"，对西方心理学特别是对精神分析心理学的发展产生了巨大的影响。从解释学的发展来看，其经历了狄尔泰的理解心理学、海德格尔和伽达默尔的本体论解释学思想，以及利科的结构主义解释学和拉康的后现代精神分析学。解释学的方法论对心理学的发展产生了深刻的影响，将人的心理和行为视为解释的文本，支持了人文科学倾向的心理学的发展，促进了精神分析理论与治疗方法的新发展，强调了心理学研究的系统性和动态性。[1]

解释学的方法论的蕴涵，以及对心理学的影响，可归纳为如下的几

---

[1] 谭文芳. 解释学的心理学方法论蕴涵 [J]. 求索，2005 (7). 116-118.

个重要的方面。一是将人的心理和行为视为需要解释的文本。体现在心理学的研究中，就是把人的心理和行为看作需要解释的"文本"，可以通过理解、体验的方式来解释人的意义和价值。二是支持了人文科学倾向的心理学的发展，促进了精神分析理论与治疗方法的新发展。解释学方法论在心理学研究中的引入，对自然科学主义倾向心理学研究取向发起了挑战，强调了人类复杂而多样的心理活动并非用简单的数据就能替代，而应依助于理解、解释、体验等人文科学的研究方法，对人的心理和行为进行"解释性"的说明，极大地支持和推动了人文科学倾向的心理学的发展。三是强调心理学研究的系统性。解释学特别强调整体对于部分的重要性，正由于解释学将人的心理或行为视为一个可以理解的"文本"，所以在探究其具有的意义与内涵的同时，必须要把握文本的整体性与系统性，才能理解其真实的意蕴。四是强调心理学研究的动态性。解释学认为人的存在和理解都会受到历史的制约和影响，强调了个体心理活动的动态性与发展性。[1]

解释学具有重要的心理学方法论意义。解释学方法论作为西方心理学方法论的"第三势力"，支持了人文科学倾向的心理学的发展，但同时它自身又具有浓厚的主观主义和非理性主义的色彩。纵观西方心理学百年发展史，解释学对现代西方心理学尤其对理解心理学和精神分析学有着巨大的影响，特别是对现代西方心理学具有方法论的指导意义，主要体现在：以"文本"为对象，以理解和解释为方法，重视整体性和强调历史制约性原则等四个方面。其一是以"文本"作为对象。解释学的关注焦点是日常实践活动的语义的或文本的结构。这个结构是一个有意义的关系整体。表现在心理学中，就是把人的心理现象或人的心理行为看作一个有意义的、有内在结构的统一体，是一个"文本"。其二是理解和解释的方法。与研究对象相适应，解释学所运用的方法既不是逻辑分析的方法，也并非观察或实验的方法。解释学所倚重的是内省、体验、理解和解释。其三是关联性或整体性的原则。如把人的心理现象或行为看作一个文本，那么，这必定要遵循意义的整体性原则。关联性或整体性强调的是整体对于部分的重要性。其四是时态性或历史制约性。人的存在和理解都表现为一种历史。相对于人类复杂的心理和行为来说，纯粹

---

[1] 谭文芳. 解释学的心理学方法论蕴涵［J］. 求索，2005（7）. 116-118.

的客观性和价值中立是无法实现的，因为人类的心理生活中包含有幸福、满意、本能或目的等价值指向成分。因此，解释学强调解释的时间性和历史性，强调解释必定受一定的历史文化条件、受解释者的知识经验、受解释者所带有的"成见"、"期望"或"设想"的影响，反而是一种十分合理的见解。

　　三是文化心理学研究的建构论的扩展。社会建构论已成为当代社会科学以及当代心理学研究中，一种具有很大影响的，但也极具争议的思潮的统称。建构主义实际上是后现代主义社会理论、知识社会学和哲学思潮汇流的结果。建构主义思想进入了多个学科领域。在心理学中，建构主义被发展成为明确的理论导向。把理论视为一种社会建构，而不是对经验事实的概括和抽象，这就为心理学理论的未来发展开辟了新的视角。当代心理学研究中的社会建构论思潮的主张，就在于反基础主义、反本质主义、反个体主义、反科学主义。反基础主义认为，心理学的概念并没有一个客观存在的"精神实在"作为基础。反本质主义认为，人并不存在一个固定不变的本质，所谓人的本质是社会建构出来的。反个体主义认为，个体并不是孤立的，而是社会建构的。反科学主义认为，从主流心理学面临的批评和促进心理学家对学科自身的反思方面来说，西方心理学的后现代取向有其合理的一面。

　　在后现代的背景之下，建构论成为否定本质主义和预设主义的一个重要的理论选择。那么，在关于人的生活的理解，在关于人的心理的理解中，社会建构论则成了一个非常重要的基础。心理学研究的建构论基础，对于理解心理学的研究对象，对于理解心理学的研究方式，都是一种重要的转向。很显然，追求关于人类心理本质的认识也就成了虚妄的科学追求，追求关于心理科学真理的认识也就成了无理的科学目标。有研究者指出，社会建构论是西方心理学中的后现代取向的主要代表，其特征主要体现在以下几方面。其一是反基础主义。认为心理学的概念并没有一个客观存在的"精神实在"作为基础。其二是反本质主义。认为人并不存在一个固定不变的本质，所谓人的本质是社会建构出来的。其三是反个体主义。个体只是社会互动、社会构成等整体之中的存在。其四是反科学主义。科学的实证真理并不存在，一切都是建构和生成的过程。从主流心理学面临的批评和促进心理学家对学科自身的反思方面来说，西方心理学的后现代取向有其合理的一面。但是其反实在论倾向和相对主义的科学观却是值得商榷的。① 社会建构论心理学把心理学的研究和探索推进到了一个特定的平台上。心理学研究不再是把揭示心理现象的本质和规律放在核心的地位，而是把人的心理生活与环境的共生性的创建放在了核心的地位。

四是文化心理学研究的历史学的扩展。有关心理学与历史学相互交叉的研究，有历史心理学的分支。历史心理学的研究存在有不同的取向，这包括心理历史学的取向，心态历史学的取向，心理传记学的取向。文化人类学与历史心理学也有很大关系，文化人类学是研究史前人类和野蛮民族及其文化的科学。原始人心理和民族心理（主要是野蛮民族的心理）是其研究的重要内容。历史心理学要探讨历史上人类心理的演变规律，是离不开对原始人心理和野蛮人心理的了解的。历史心理学所要探讨的问题与社会学也有关系。社会学中的社会冲突和变迁理论、社会角色理论、社会控制理论、社会分层理论，对于研究历史心理学都有重要的参考和使用价值。

心理历史学一般简称为心理史学，也有学者称其为心态史学。事实上，在广义的心理历史学的范畴之下，有心理史学与心态史学两个不同的概念，其差异并不仅在于前者盛行于美国，而后者勃兴于法国；还在于两者在关注人类的心理因素、精神状态在历史中的作用的同时，在具体的研究内容与方法上的分野，即分别有着不同的学术渊源与侧重，是当代西方心理历史学的两个主要流派。

心理史学与心态史学是不同的。首先，从两者的理论来源看，心理史学的理论基石主要是弗洛伊德的精神分析学说，而心态史学则植根于法国史学悠久的历史积淀和传统，在理论上偏重于集体心理学或社会心理学。其次，两者的研究对象和范畴也不同。由于精神分析学主要是一种个性心理学，因此传统的心理史学研究主要以心理传记为主，往往偏重于一些在历史上产生过重要影响和作用的精英人物。尽管最近的研究已逐渐地在群体史方面有所突破，但其理论依然根深蒂固地建立在弗洛伊德的个人心理学的基础上。而年鉴学派的历史学家在一开始就将眼光从个体转向集体，用"集体无意识"来取代或压倒弗洛伊德所说的个人

---

① 叶浩生. 社会建构论与西方心理学的后现代取向 [J]. 华东师范大学学报（教育科学版），2004（1）.43-48.

的无意识。最后，两者传播的地区范围不一样，这是一个最明显也是较为模糊的特点。心理史学与心态史学的两个最主要的阵地分别是美国和法国，两者基本是在相对独立的范围内各自发展起来的，成为现当代西方史坛一种特有的史学景观。

五是文化心理学研究的文化学的扩展。文化学的研究是关于人类文化的考察和探索。这是对人类文化或社会文化的性质、构成、演变、发展、内涵、功用的研究。当然，文化学是多学科或大学科的研究领域。许多的学科都要涉及文化的问题，都要涉足文化的研究。那么，文化学研究与心理学研究的关系，应该是两个学科的研究及研究结果的互涉的问题。其实，在心理学的研究中，无论是关于人的心理行为的理解和解说，还是关于心理学学科的理解和解说，都会与文化产生重要的关联。在心理学成为实证科学的门类之后，心理学的研究曾经以物理学、化学为榜样和为楷模，也曾经以生物学、生理学为根基和为依据。这给心理学力求成为精密科学带来了希望。但是，心理学在这样做的同时，却忽略了、忽视了、歪曲了、扭曲了人的心理的文化的性质和内涵。文化建构主义思潮与文化心理学几乎同步发生和发展。文化心理学视心理为"文化的投射"，而文化建构主义则视心理为"文化的建构"。

第三节　文化心理学的重心转换

文化心理学的考察和研究也有着自己的研究纲领或研究范式。这实际上成为制约着文化心理学的重要的思想原则和理论框架。在文化心理学的学科发展历程中，不仅有研究成果的不断积累和循序渐进，而且也经历着研究框架、研究原则、研究思路和研究预设的重大的转换，颠覆的革命，研究的跃进。这其中就包括了文化心理学理论框架从实证到实践的范式更替，从描述到解释的范式更改，从单元到多元的范式更迭，从分离到共生的范式更续，以及从普适到本土的范式更换。

一是文化心理学理论框架从实证到实践的范式更替。实证论哲学也可以称之为实证主义（positivism）。实证主义具有多种理论形态，在此主要泛指传统自然科学获取客观知识的科学方法论。

心理学作为自然科学家族中的一员，采纳了实证主义的立场。这表现为科学心理学一度对实验主义和操作主义的投靠和依赖。许多的心理学家都信奉实验方法，并坚信实验方法对理论的优先功效。这有时被称之为"以方法为中心"。坚持实验主义的心理学研究者，会在实验室中像对待其他自然现象那样来捕捉和切割心理现象。操作主义也曾经在心理学中颇为流行，许多心理学家都希望借此来重新清理和严密定义心理学中的许多概念。实证主义的立场使心理学只能以特定的研究方式来考察人的心理。

二是文化心理学理论框架从分析到解释的范式更改。有研究是在现象学的解释学的基础之上，探讨了文化心理学的研究的开展。这是试图在心理学的实证论的基础之上的研究以外，另辟蹊径，开辟解释学基础之上的文化心理学的探索。这实际上就是处于文化之中的"另一种心理学"。文化实际上并不在人、心理、心理学等之外，而就是一体化的存在。解释学转向的文化心理学将放弃原有的"文化变量""文化影响""文化模式"等概念及其支撑系统。这将重新确立被实证心理学所抛弃的宗教、情感、诗意等心理学的重要的内容领域。[1]

解释学具有重要的心理学方法论意义。解释学方法论作为西方心理学方法论的"第三势力"，支持了人文科学倾向的心理学的发展，但同时它自身又具有浓厚的主观主义和非理性主义的色彩。纵观西方心理学百年发展史，解释学对现代西方心理学尤其对理解心理学和精神分析学有着巨大的影响，特别是对现代西方心理学具有方法论的指导意义，主要体现在：以"文本"为对象，以理解和解释为方法，重视整体性和历史制约性原则等四个方面。其一是以"文本"作为对象。解释学的关注焦点是日常实践活动的语义的或文本的结构。这个结构是一个有意义的关系整体。表现在心理学中，即是把人的心理现象或人的心理行为看作一个有意义的、有内在结构的统一体，是一个"文本"。其二是理解和解释的方法。与研究对象相适应，解释学所运用的方法既不是逻辑分析的方法，也并非观察或实验的方法。解释学所倚重的是内省、体验、理解和解释。其三是关联性或整体性的原则。如把人的心理现象或行为看作一个文本，那么，它必定遵循意义的整体性原则。关联性或整体性强调的是整体对于部分的重要性。其四是时态性或历史制约性。人的存在和理

---

[1] 余德慧.文化心理学的诠释之道［J］.本土心理学研究，1996（6）.146-202.

解都表现为一种历史。相对于人类复杂的心理和行为来说，纯粹的客观性和价值中立是无法实现的，因为人类的心理生活中包含有幸福、满意、本能或目的等价值指向成分。因此，解释学强调解释的时间性和历史性，强调解释必定会受一定的历史文化条件、受解释者的知识经验、受解释者所带有的"成见"、"期望"或"设想"的影响，反而是一种十分合理的见解。

三是文化心理学理论框架从单元到多元的范式更迭。很显然，在西方文化生态环境中发展起来的现代科学的心理学，是具有单一文化性质的心理学。但是，这种单一西方文化中的心理学却打着科学心理学的旗号，被推广到了不同的非西方文化生态环境之中。这成为心理学后来的本土化历程的重要转换。那么，在世界范围之内，文化却是多元的存在。心理学从单一文化的基础过渡到多元文化的基础，这就使得心理学的发展有了根本性的改变。因此，可以说，心理学的发展曾经是建立在单一文化的背景或基础之上，传统的西方心理学就是建立在西方的一元文化的基础上。

在心理学的研究中，多元文化主义心理学的出现和滥觞，给了心理学的发展和演变一个重要的转机和提示。心理学的发展也就不再是具有唯一标准和唯一尺度，也就不再是具有唯一根源和唯一基础。多元文化纳进心理学的研究视野，多元文化成为心理学的研究基础，多元文化汇入心理学的研究内容，这都在各个层面上改变了心理学的研究进程。这凸显了文化的存在，凸显了文化的价值、凸显了文化的功能、凸显了文化的作用。

四是文化心理学理论框架从分离到共生的范式更续。在科学研究中，在心理学研究中，在对人的心理行为的研究中，分析、分离、分解、分割常常是占有重要的位置。这就把原本是一个整体的对象进行了分门别类的细致的考察和研究。西方的主流心理学从物理学等发达的自然科学的研究中，继承了客观主义的模式，其最为重要的特点是分割了主体和客体，主体是观察者和研究者，客体是人的心理和行为。从而，观察者和研究者就是镜子，提供的是公开的资料，可为他人重复获得，提供的是公开的理论，可为他人重复检验。在实证心理学的研究中，心理学的实验研究所采取的是分析的研究方式。心理现象与环境条件都可以分解成不同的因素，然后在实验室中定量分析这些因素之间的关系。

共生主义的研究原则是把原本一个整体的存在，但被人为分割成不同的部分，又重新组合和整合为一个整体。对共生本质的认识，最早是从生物界之间的相依为命的现象开始，共生双方通过相依为命关系而获得生命，失去其中任何一方，另一方就不可能生存。生物界的这种相互依存现象反映了生物界的存在本质是共生。进入人类社会，乃至整个宇宙，一般的共生内涵就是：共生是人类之间、自然之间以及人类与自然之间形成的一种相互依存、和谐、统一的命运关系。共生的基本类型可分为包括生物学的共生和人类社会的共生等类型。前者是指生物学性的异种之间的关系，后者则是指以人类这一生物学上的同种为前提的，并有着不同质的文化、社会、思想和身体的个体与团体之间的关系。共生就是共同的变化，就是共同的成长，就是共同的创造，就是共同的扩展，就是共同的命运，就是共同的结果。

五是文化心理学理论框架从普适到本土的范式更换。在心理学的研究中，有所谓的普适主义，也可称之为通用主义。这是主张在心理学的研究中，寻求单一的研究原则和研究标准，追求普遍适用的方法和技术，强调对心理行为的唯一描述和解说。这成为心理学研究的支配性与核心性的通则。

心理学的产生和发展都是立足于特定的文化。或者说，文化是心理学植根的土壤和养分的来源。在过去，无论是心理学的发展还是对心理学发展的探索，都缺失了文化的维度。其实，文化是考察当代心理学发展和演变的重要视角。当代心理学的发展越来越重视对文化、心理文化、文化心理的探讨。心理学本土化就是对西方心理学以科学化的名义对非西方文化的排斥的一种反叛。心理学本土化就是建立在文化多元化的基础之上。因此，多元文化论强调文化的多元性，强调把心理行为的研究同多元文化的现实结合起来。

第四节 文化心理学的演变趋势

文化心理学从诞生之日起就在不断地演进，这给文化心理学本身不仅带来了或呈现了迅速的学科壮大和知识丰富，而且也提供了或展示了重要的发展走向和演变趋势。毫无疑问的是，文化心理学已经成为心理学众多分支之中发展最为迅猛的学科。当然，文化心理学的演变所呈现出来的趋势主要可以体现在三个方面，那就是多元化的演变趋势、多学科的演变趋势、生态化的演变趋势。

首先是文化心理学发展的多元化的演变趋势。文化心理学的发展和演变正在从一元化的历程转换到多元化的趋势。强调文化的单一化和单边化是文化心理学在自身的发展进程之中所体现出来的重要的特征。这包括了在文化心理学的研究中所贯彻的是西方的优势文化的支配性和主导性。这成为文化心理学一直流行和贯彻的文化支配性。但是，伴随着各种不同的和多元的文化的相互碰撞和交叉，文化的多元化、思想的多元化、研究的多元化等就在文化心理学研究中逐渐占据了主流的趋势。

其次是文化心理学发展的多学科的演变趋势。文化心理学在自身的演变和发展的历程之中，逐渐开始摆脱和放弃了单一学科的研究方式，转而采纳和聚合了多个学科的研究模式。这不仅在于文化存在和文化心理的多内容领域的存在，而且也在于文化探索和文化研究的多学科探索的聚合。这体现在文化学与哲学、法学、文学、经济学、社会学、政治学等多学科的紧密关联，而且也体现在文化心理学与理论心理学、社会心理学、经济心理学、政治心理学、文艺心理学等多分支学科的彼此交叉。因此，文化心理学的研究和探索就必然要走多学科合作的道路。

再次是文化心理学发展的生态化的演变趋势。文化心理学本身就是处在生态化的背景之中。这里所谓的生态化至少包括了如下的几个重要的方面。一是文化的生态化，文化的多元化、文化的多样化、文化的多重化，共同导致了文化的构成、构造和构建的生态性的存在和表达。二是研究的生态化，这所体现和倡导的是关于文化存在、关于文化心理等等方面的研究是多样化和多元化共生的关系。这在文化心理学研究中所带来的和贯彻的就是生态学的方法论，就是生态化的研究原则和探索思路。

最后是文化心理学发展的应用化的演变趋势。文化心理学不仅是在心理学的基础研究之中开始显现其存在和功用，而且也在心理学的应用研究之中已经有所体现和表达。文化心理学的应用课题涉及了人类生活的方方面面。例如，在多元文化的互动和沟通方面的应用性的课题，这在当代社会生活之中，不同文化的碰撞，多元文化的交融，文化一元的解体，文化心理的沟通，文化行为的协调，文化互动的加速，等等，都给文化心理学提供了必要的用武之地。很显然，文化心理学在普通人的日常生活之中已经成为必不可少的知识框架和认知途径。

第五节　文化心理学的学术使命

有研究提出了宏观的文化心理学的理念。所谓的宏观的文化心理学是立足于一个非常简单的假设。正是因为宏观的文化因素是人类生存和实现自己的方式，所以心理行为就必然在于对其所进行的建构、维系和界定。例如，要想建构、维系和界定社会情境、人工器物、文化理念，人们就必然要发展特定形式的自我、觉知、思维、情感、学习等，这与宏观的文化因素是相匹配的。[1] 文化心理学从诞生开始，就预示着一种独特的学术使命，那就是不仅成为一门非常重要和不可替代的心理学分支学科，而且也是心理学学科发展和研究进步的具有关键性质和成为指导原则的研究方法论。因此，这也就使得文化心理学成为描述、解说和预测人类的文化心理和文化行为的科学门类，以及同时也成为引导和支配心理学合理发展的方法论原则和研究性预设。这实际上就属于文化心理学的双重的学科使命。而且，正是由于文化可以成为方法论原则和研究性预设，从而就使得文化心理学的关于文化心理行为的探索能够成为可能和可行。因此，文化心理学的学科使命就包括了五个重要的方面：那就是成为心理学研究的理论范式、研究原则、思想框架、方向引导和学科规制。

一是文化心理学能够成为心理学研究的理论范式。文化心理学转换成为心理学研究的理论范式，就在于文化心理学所能够提供的关于理解人类的心理行为的理论预设，以及关于心理的科学研究的思想前提。就如同生物学、生理学、神经学曾经一度通过还原论，而成为心理学的研究原则和解释原理一样，文化学、社会学、民俗学也同样可以通过整体论，而成为心理学的研究原则和解释原理。因此，文化心理学实际上就具有了双重的功能和作用，一是心理学的分支学科门类，二是心理学的

---

[1] Ratner, C.. *Cultural psychology - A perspective on psychological functioning and social reform* [M]. London: Lawrence Erlbaum, 2006. 14.

研究方法论原则。后者也正是将文化心理学当成是心理学发展的理论范式的根本。

二是文化心理学能够成为心理学探索的研究原则。文化心理学不仅是心理学的一个正在蓬勃发展的学科分支，而且也可以是心理学研究的基本原则。这实际上也是心理学能够摆脱物理主义、生物主义、生理主义等不同的生物学化的重要的思想基础、理论原则、研究框架。文化心理学所能够提供的心理学探索的研究原则包括了文化决定的原则，文化传统的原则，文化环境的原则，文化创造的原则。

三是文化心理学能够成为心理学考察的思想框架。文化心理学可以成为心理学研究的重要的和支配的思想框架。这也就将文化的历史、文化的传统、文化的环境、文化的条件、文化的预设等均放置在了心理学探索和解说的首要的位置上。因此，将人类的心理行为的存在，将科学的心理探索的活动，都可以看成是文化的存在和文化的活动，都可以体现着文化的性质和文化的特征。

四是文化心理学能够成为心理学发展的方向引导。文化心理学在心理学学科的整体发展之中，也可以起到方向性的引导，从而平衡心理学的探索和研究的曾经一直存在的和应该纠正的偏颇。正视文化的存在、文化的背景、文化的现实、文化的发展，重新构造心理学的理论思路，重新确定心理学的发展路径，重新规划心理学的研究走向，就给了心理学的学科发展一种全新的定向。

五是文化心理学能够成为心理学进步的学科规制。文化心理学的兴起和发展完全可以平衡心理学在自身的发展过程之中所一度出现的物理学化、生物学化和生理学化的倾向。从而扭转心理学发展过程之中的偏差。成熟和壮大的文化心理学通过关于文化心理和文化科学的约定和原则，来规划和制定心理学本身的常规的跃迁的进步和发展。生物学显然给心理学带来过支配性的、决定性的、引领性的制约作用，那么同样，文化学也可以给心理学带来启迪性的、扩展性的、重构性的学科规制。

文化心理学的学术使命并不仅仅就是在于揭示文化心理、文化情感、文化行为、文化人格等心理行为的独特的文化性质和文化存在，而且也在于框定心理科学、心理探索、心理解说、心理干预等学科发展的独特的文化方向和文化路径。因此，文化心理学就肩负着促进心理学学科、学术、学理、学说等的快速发展的重任和使命，文化心理学也承担着扩展心理学的应用、影响、干预、引导等的生活价值的职责和功能。这也就无疑是放大了文化心理学的探索的视野、存在的空间、学术的景观和实施的场域。

参考文献

一　中文文献

Allis，C. D. and et al（朱冰等译）.表观遗传学［M］.北京：科学出版社，2009.

［美］白璧德（孙宜学译）.性格与文化——论东方与西方［M］.上海：上海三联书店，2010.

白云静等.行为遗传学：从宏观到微观的生命研究［J］.心理科学进展，2005（3）.

蔡静诚.论全面小康社会的生活质量［J］.长江论坛，2004（4）.

岑延远.文化适应心理学研究的困境与出路［J］.西北师大学报（社会科学版），2014（1）.

常保瑞、谢天.情绪表达矛盾一定会带来心理症状吗——文化规范的调节作用［J］.中国社会心理学评论，2018（15）.

常永才.试论英美人类学对文化心理学的意义［J］.社会心理研究，2013（4）.

常永才.人类学经典涵化概念的局限及其心理学视角的超越［J］.世界民族，2009（5）.

常永才.文化与心理健康观念的研究：分析的框架与意义［J］.内蒙古师大学报（哲学社会科学版），2001（4）.

陈京军、陈功.科学心理学中的实证主义方法论问题［J］.科学技术与辩证法，2007（6）.

陈曼娜.二十世纪中外心理史学概述［J］.史学史研究，2003（1）.

陈向明.质的研究方法与社会科学研究［M］.北京：教育科学出版社，2000.

陈向明.社会科学中的定性研究方法［J］.中国社会科学，1996（6）.

陈向明.扎根理论的思路和方法［J］.教育研究与实验，1999（4）.

陈英敏、邹丕振．在全球化与本土化之间：建构一种多元文化的现代心理学观［J］．山东师范大学学报（人文社会科学版），2005（3）．

崔红、王登峰．中国人的人格与心理健康［J］．心理科学进展，2007（2）．

崔丽霞、郑日昌．20年来我国心理学研究方法的回顾与反思［J］．心理学报，2001（6）．

邓云龙、戴吉．心理健康标准的中国文化解读尝试［J］．中国临床心理学杂志，2010（1）．

丁道群．解释学与西方心理学的发展［J］．湖南师范大学教育科学学报，2002（2）．

丁道群．库恩范式论的心理学方法论蕴涵［J］．自然辩证法研究，2001（8）．

杜艾文等．文化、社群、治疗与疗愈［J］．社区心理学研究，2017（1）．

范向阳、滕建隆．我国文化心理学研究之回顾与展望［J］．贵州师范大学学报（社会科学版），2010（2）．

范为桥、张妙清、张建新、张树辉．兼顾文化共通性与特殊性的人格研究：CPAI及其跨文化应用［J］．心理学报，2011（12）．

方立天．心性论——禅宗的理论要旨［J］．中国文化研究，1995（4）．

费多益．同中之异：心智的表观遗传视角［J］．自然辩证法通讯［J］．2014（6）．

费多益．认知研究的隐喻描述［J］．自然辩证法研究，2009（3）．

费小冬．扎根理论研究方法论：要素、研究程序和评判标准［J］．公共行政评论，2008（3）．

丰怡、蔡华俭、施媛媛．文化产品研究——文化心理学的独特视角［J］．心理科学进展，2013（2）．

冯军．认知语言学的"文化转向"［J］．四川民族学院学报，2015（2）．

付翠、汪新建．心理障碍的文化建构——健康心理学发展中的新趋向［J］．心理学探新，2006（1）．

高兵．跨文化心理学研究［M］．北京：中央民族大学出版社，2010.

高觉敷（主编）．西方心理学史论［M］．合肥：安徽教育出版社，1995.

高觉敷（主编）. 中国心理学史［M］. 北京：人民教育出版社，1985.

高岚、申荷永. 中国文化与心理学［J］. 学术研究，2008（8）.

高露露. 当代心理史学的变化［J］. 史学史研究，2004（3）.

葛鲁嘉. 新理论心理学——心理学研究的思想理论框架［M］. 杭州：浙江教育出版社，2019.

葛鲁嘉、陈雷. 心理学研究中的还原主义问题考察［J］. 心理学探新，2018（4）.

葛鲁嘉. 民族心理学研究的基本方式［J］. 苏州大学学报（教育科学版），2017（4）.

葛鲁嘉. 宗教形态的心理学——宗教传统和研究的心理学智慧［M］. 上海：上海教育出版社，2016.

葛鲁嘉. 常识形态的心理学——心理学的生活形态和日常存在［M］. 上海：上海教育出版社，2016.

葛鲁嘉. 资源形态的心理学——心理资源的基本性质与核心内涵［M］. 上海：上海教育出版社，2016.

葛鲁嘉. 类同形态的心理学——不同科学门类中的心理学探索［M］. 上海：上海教育出版社，2016.

葛鲁嘉. 理论心理学研究的本土根基［J］. 苏州大学学报（教育科学版），2016（1）.

葛鲁嘉. 科学形态的心理学——心理学的科学追求与科学身份［M］. 上海：上海教育出版社，2015.

葛鲁嘉. 心理科学论总——心理学命运与前途的全景考察［M］. 上海：上海教育出版社，2015.

葛鲁嘉. 心理学的多元化思想根源［J］. 吉林师范大学学报（人文社会科学版），2015（1）.

葛鲁嘉. 哲学形态的心理学——哲学心理学与心理学哲学［M］. 上海：上海教育出版社，2014.

葛鲁嘉. 心理学本土化——中国本土心理学的选择与突破［M］. 上海：上海教育出版社，2014.

葛鲁嘉. 心理生活论纲——心理生活质量的新心性心理学探索［M］. 北京：经济科学出版社，2013.

葛鲁嘉．心理成长论本——超越心理发展的新心性心理学主张［M］．北京：人民出版社，2012．

葛鲁嘉．从心理环境的建构到生态共生原则的创立［J］．南京师大学报（社会科学版），2011（5）．

葛鲁嘉．心理资源论析——心理学的历史、现实和未来的形态［M］．北京：中国社会科学出版社，2010．

葛鲁嘉．文化心理学的多重含义与多元取向［J］．阴山学刊，2010（4）．

葛鲁嘉．心理学研究的生态学方法论［J］．社会科学研究，2009（2）．

葛鲁嘉．新心性心理学宣言——中国本土心理学原创性理论建构［M］．北京：人民出版社，2008．

葛鲁嘉．当代社会人的心理生活的质量与提升［J］．长白学刊，2007（6）．

葛鲁嘉．心理学中国化的学术演进与目标［J］．陕西师范大学学报（哲学社会科学版），2007（4）．

葛鲁嘉．体证和体验的方法对心理学研究的价值［J］．华南师范大学学报（社会科学版），2006（4）．

葛鲁嘉．新心性心理学的理论建构——中国本土心理学理论创新的一种新世纪的选择［J］．吉林大学社会科学学报，2005（5）．

葛鲁嘉．对中国本土传统心理学的不同学术理解［J］．东北师范大学学报（哲学社会科学版），2005（3）．

葛鲁嘉．心理生活论纲——关于心理学研究对象的另类考察［J］．陕西师范大学学报（哲学社会科学版），2005（2）．

葛鲁嘉．对心理学方法论的扩展性探索［J］．南京师大学报（社会科学版），2005（1）．

葛鲁嘉．常识形态的心理学论评［J］．安徽师范大学学报（人文社会科学版），2004（6）．

葛鲁嘉．心理学应用的理论、方案和领域研究［J］．河南师范大学学报（哲学社会科学版），2004（6）．

葛鲁嘉．中国本土传统心理学术语的新解释和新用途［J］．山东师范大学学报（人文社会科学版），2004（3）．

葛鲁嘉．心理学的五种历史形态及其考评［J］．吉林师范大学学报（人文社会科学版），2004（2）．

葛鲁嘉．中国心理学的科学化和本土化——中国心理学发展的跨世纪主题［J］．吉林大学社会科学学报，2002（2）．

葛鲁嘉、陈若莉．当代心理学发展的文化学转向［J］．吉林大学社会科学学报，1999（5）．

葛鲁嘉．心理学研究本土化的立足点［J］．本土心理学研究，1998（9）．

葛鲁嘉．中国本土传统心理学的内省方式及其现代启示［J］．吉林大学社会科学学报，1997（6）．

葛鲁嘉．大心理学观——心理学发展的新契机与新视野［J］．自然辩证法研究，1995（9）．

葛鲁嘉．心理文化论要——中西心理学传统跨文化解析［M］．大连：辽宁师范大学出版社，1995．

郭爱妹．库恩的范式论与心理学的发展［J］．江海学刊，2001（6）．

郭本禹．当代心理学的新进展［M］．济南：山东教育出版社，2003．

郭英．跨文化心理学研究的历史、现状与趋势［J］．四川师范大学学报（社会科学版），1997（4）．

郭永玉．精神的追寻：超个人心理学及其治疗理论研究［M］．武汉：华中师范大学出版社，2002．

韩东屏．审视文化决定论［J］．探索与争鸣，2016（6）．

韩家炳．多元文化、文化多元主义、多元文化主义辨析——以美国为例［J］．史林．2006（5）．

韩忠太．心理人类学的三大来源［J］．云南民族大学学报（哲学社会科学版），2008（4）．

韩忠太、张秀芬．学科互动：心理学与文化人类学［J］．云南社会科学，2002（3）．

何伶俐．情绪体验和表达的文化差异［J］．医学与哲学，2017（5）．

何友晖、彭泗清、赵志裕．世道人心：对中国人心理的探索［M］．北京：北京大学出版社，2007．

何友晖等．儒家文化对认知发展的影响［J］．教学研究，2005（5）．

和晓蓉．民族心灵传承文化浅论［J］．思想战线，2008（1）．

［美］亨廷顿等主编（康敬贻等译）．全球化的文化动力：当今世界的文

化多样性［M］．北京：新华出版社，2004．

侯玉波．文化心理学视野中的思维方式［J］．心理科学进展，2007（2）．

胡波．试论历史心理学及其研究对象［J］．学习与探索，1988（2）．

胡江霞．文化传承中的变异与国民社会心理偏差的调适［J］．江汉论坛，2010（10）．

胡凯．先秦儒学与老庄哲学的身心修养方法初探［J］．中国医学伦理学，1996（4）．

黄力之．多元文化主义的悖论——对亨廷顿理论的再评价［J］．哲学研究，2003（9）．

黄囇莉．科学渴望创意、创意需要科学：扎根理论在本土心理学中的运用与转化［A］．本土心理研究取径论丛（杨中芳主编）．台北：远流图书公司，2008．

霍嘉西、赵蒙、霍涌泉．文化心理学与人类学积极融合的新趋势［J］．心理学探新，2019（5）．

霍涌泉、李林．当前心理学文化转向研究中的方法论困境［J］．四川师范大学学报（社会科学版），2005（2）．

霍涌泉．心理学文化转向中的方法论难题及整合策略［J］．心理学探新，2004（1）．

纪海英．文化与心理学的相互作用关系探析［J］．南京师大学报（社会科学版），2007（4）．

姜祖桐．易学心理学［M］．上海：上海三联书店，2005．

蒋京川．智力与文化：一种新的视域融合［J］．自然辩证法通讯，2009（4）．

蒋京川．文化与人格研究：历史、现状与未来趋向［J］．国外社会科学，2005（5）．

井世洁．心理健康与文化：一个研究视角的转换［J］．中国社会心理学评论，2018（15）．

景怀斌．传统中国文化处理心理健康问题的三种思路［J］．心理学报，2002（3）．

［英］卡麦兹（边国英译）．建构扎根理论——质性研究实践指南［M］．重庆：重庆大学出版社，2009．

［美］坎托（王亚男等译）. 文化心理学［M］. 昆明：云南人民出版社，1991.

［美］科尔（洪建中译）. 文化心理学——历史与未来［M］. 北京：人民出版社，2018.

孔宪福、何文广、宋广文. 文化心理学视域下的心理治疗［J］. 医学与哲学（人文社会医学版），2010（4）.

［美］拉森、巴斯（郭永玉译）. 文化与人格［M］. 北京：人民邮电出版社，2009.

郎丽娜. 文化基因研究的概念和历史［J］. 广西民族大学学报（哲学社会科学版），2017（2）.

乐国安、纪海英. 文化与心理学关系的三种研究模式及其发展趋势［J］. 西南大学学报（社会科学版），2007（3）.

Lehman, D. R., 赵志裕, and Schaller, M.. 心理学与文化［J］. 中国社会心理学评论（第五辑），2018（5）.

李炳全、叶浩生. 文化心理学的基本内涵辨析［J］. 心理科学，2004（1）.

李炳全、叶浩生. 主流心理学的困境与文化心理学的兴起——文化心理学能否成为心理学的新主流［J］. 国外社会科学，2005（1）.

李炳全. 文化心理学［M］. 上海：上海教育出版社，2007.

李炳全. 中西方心理治疗思想之比较［J］. 医学与哲学（人文社会医学版），2007（8）.

李炳全. 文化视域中的心理学探析［J］. 西北师大学报（社会科学版），2007（3）.

李炳全. 文化与心理治疗［J］. 医学与哲学（人文社会医学版），2007（2）.

李炳全. 文化心理学与跨文化心理学的比较与整合［J］. 心理科学进展，2006（2）.

李炳全. 论文化心理学在心理学方法论上的突破［J］. 自然辩证法通讯，2005（4）.

李炳全. 文化心理学的元理论突破及其局限性［J］. 心理学探新，2005（3）.

李炳全. 主流心理学的困境与文化心理学的兴起——文化心理学能成为

心理学的新主流吗？［J］．西北师大学报（社会科学版），2005（1）．

李炳全、叶浩生．文化心理学的基本内涵辨析［J］．心理科学，2004（1）．

李恒威、武锐．认知科学：再启两种文化的对话［J］．社会科学战线，2018（3）．

李加莉、单波．文化适应心理学研究的脉络与新走向［J］．理论月刊，2012（6）．

李瑾．从米德的符号互动论看跨文化研究［J］．齐鲁学刊，2013（6）．

李景林．教养的本原——哲学突破期的儒家心性论［M］．沈阳：辽宁人民出版社，1998．

李静，张智渊．民族心理研究的理论与实践［J］．甘肃社会科学，2014（5）．

李思强．共生构建说论纲［M］．北京：中国社会科学出版社，2004．

李伟民．论人情——关于中国人社会交往的分析和探讨［J］．中山大学学报（社会科学版），1996（2）．

李莹丽（编著）．文化心理学［M］．苏州：苏州大学出版社，2019．

李越．试论心理学的文化研究模式及其新兴趋向［J］．华中科技大学学报（社会科学版），2003（4）．

李志刚．扎根理论方法在科学研究中的运用分析［J］．东方论坛，2007（4）．

［美］里奇拉克（许泽民等译）．发现自由意志与个人责任［M］．贵阳：贵州人民出版社，1994．

梁挺、徐雪花、张小远．文化与心理健康研究述评［J］．医学与哲学，2017（1）．

林锦秀．浅谈动机研究取向的变化和发展［J］．福建教育学院学报，2004（10）．

凌建勋、凌文辁、方俐洛．深入理解质性研究［J］．社会科学研究，2003（1）．

刘承华．文化与人格：对中西方文化差异的一次比较［M］．合肥：中国科学技术大学出版社，2002．

刘铎、邵志芳．从基因科学角度对人类心理行为的探讨［J］．心理科学，

2006（1）.

刘将、葛鲁嘉．文化神经科学的进展与前瞻［J］．心理研究，2010（6）.

刘俊坤．中庸：中国人性格的秘密［M］．北京：当代中国出版社，2011．

刘晓陵等．行为遗传学研究之新进展［J］．心理学探新，2005（2）．

刘燕青．科学结构、科学革命与科学家的创新精神［J］．江南大学学报（人文社会科学版），2009（3）．

刘毅．论民俗及其心理分析的可能性与途径——民族心理学研究的新视角［J］．贵州民族研究，1994（1）．

刘长林．文化基因的内涵与作用［A］．闵家胤（主编）．社会—文化遗传基因（S-cDNA）学说．桂林：漓江出版社，2012．

陆汉文．论生活世界的内涵与生活质量测量［J］．学术论坛，2005（11）．

论语［Z］．

罗安宪．中国心性论第三种形态：道家心性论［J］．人文杂志，2006（1）．

罗萍等．国内生活质量指标体系研究现状评析［J］．武汉大学学报（人文社会科学版），2000（5）．

吕晓峰、孟维杰．多元文化心理观：全球化语境下心理学观的选择［J］．山东师范大学学报（人文社会科学版），2010（3）．

麻彦坤．当代心理学文化转向的动因及其方法论意义［J］．国外社会科学，2004（1）．

麻彦坤．心理隐喻的变迁与心理学的发展［J］．西南师范大学学报（人文社会科学版），2003（6）．

麻彦坤．文化转向：心理学发展的新契机［J］．南京师大报（社会科学版），2003（3）．

马广海．文化研究的社会心理学意义［J］．山东大学学报（哲学社会科学版），1999（4）．

马前锋、孔克勤．文化与人格：心理人类学的解释［J］．心理科学，2007（6）．

［美］马塞勒等著（任鹰等译）．文化与自我——东西方人的透视［M］．

杭州：浙江人民出版社，1988.

［美］马斯洛（林方译）．人性能达的境界［M］．昆明：云南人民出版社，1987.

马威．五十年来情绪人类学发展综述——心理人类学发展的趋势［J］．广西民族研究，2006（3）．

马小茹．"共生理念"的提出及其概念界定［J］．经济研究导刊，2011（4）．

马怡、翟学伟．社会学的社会心理学：研究取向及其现状［J］．内蒙古社会科学，2003（3）．

蒙培元．心灵的开放与开放的心灵［J］．哲学研究，1995（10）．

蒙培元．论中国传统的情感哲学［J］．哲学研究，1994（1）．

孟维杰．心理学文化探索［M］．北京：中国社会科学出版社，2018.

孟维杰．文化视域下认知心理学范式演进探新［J］．心理科学，2015（3）．

孟维杰．心理学与文化精神论纲［M］．北京：中国社会科学出版社，2011.

孟维杰．心理学与人文精神——心理学隐喻文化分析［J］．心理科学，2010（2）．

孟维杰、葛鲁嘉．论心理学文化品性［J］．心理科学，2008（1）．

孟维杰．心理学文化品性［M］．哈尔滨：黑龙江大学出版社，2007.

孟维杰．从文化转向到跨文化对话：心理学发展新思维［J］．南通大学学报（教育科学版），2006（2）．

孟维杰．从心理学文化转向到心理学文化品性探寻［J］．自然辩证法通讯，2006（1）．

孟维杰、马甜语．论心理学中的"隐喻"［J］．南京师大学报（社会科学版），2005（5）．

孟子·尽心上［A］．中华经典藏书——孟子（万丽华、蓝旭译注）．北京：中华书局，2007.

苗伟．论文化环境的效应——文化环境的功能论探析［J］．未来与发展，2011（10）．

苗伟．文化时间与文化空间：文化环境的本体论维度［J］．思想战线，2010（1）．

闵家胤（主编）. 社会—文化遗传基因（S-cDNA）学说［M］. 桂林：漓江出版社，2012.

闵家胤. 社会—文化遗传基因（S-cDNA）学说［J］. 杭州师范大学学报（社会科学版），2010（3）.

潘明军、李玉辉. 中国儒道文化中的心疗思路与认知治疗［J］. 山西高等学校社会科学学报，2007（5）.

潘威. 扎根理论与解释现象学分析的比较研究［J］. 西华大学学报（哲学社会科学版），2010（3）.

彭凯平、王伊兰. 跨文化沟通心理学［M］. 北京：北京师范大学出版社，2009.

彭璐珞、郑晓莹、彭泗清. 文化混搭：研究现状与发展方向［J］. 心理科学进展，2017（7）.

彭彦琴. 另一种声音：现代新儒学与中国人文主义心理学［J］. 心理学报，2007（4）.

秦金亮、李忠康. 论质化研究兴起的社会科学背景［J］. 山西师大学报（社会科学版），2003（3）.

秦金亮、郭秀艳. 论心理学两种研究范式的整合趋向［J］. 心理科学，2003（1）.

秦金亮. 论质化研究的人文精神［J］. 自然辩证法研究，2002（7）.

邱仁富. 文化共生论纲［J］. 兰州学刊，2008（12）.

任俊. 积极心理学［M］. 上海：上海教育出版社，2006.

任其平. 心理健康教育的文化意蕴［J］. 教育研究，2007（10）.

上官子木. 心理疾患的社会文化根源［J］. 北京社会科学，1994（2）.

申荷永. 中国文化心理学心要［M］. 北京：人民出版社，2001.

申荷永、高岚. 易经与中国文化心理学［J］. 心理学报，2000（3）.

申俊龙等. 论精神小康的内涵、结构体系与评析标准［J］. 山东理工大学学报，2006（5）.

沈杰. 社会心理学中两种研究取向的历史作用及其综合趋势［J］. 社会科学辑刊，1996（3）.

施铁如. 语境论与心理学的叙事隐喻［J］. 华南师范大学学报（社会科学版），2004（4）.

［英］史密斯等（严文华等译）. 跨文化社会心理学［M］. 北京：人民

邮电出版社，2009.

宋广文、何文广．现代视野中的文化心理学初探［J］．西北师大学报（社会科学版），2005（1）．

宋红燕、郭志华、李占江．认知行为治疗运用中涉及的中国文化因素［J］．医学与哲学，2018（2）．

宋晓东、叶浩生．本土心理学与多元文化论——"去文化"范式的多元文化论心理学［J］．天中学刊，2008（1）．

宋晓东、叶浩生．本土心理学与多元文化论——在人类心理学理论前景中的相遇［J］．徐州师范大学学报（哲学社会科学版），2008（1）．

隋红．跨文化交际与文化习俗［M］．武汉：武汉大学出版社，2016.

孙俊才、傅永聚．文化建构情感的特点与机制——以儒家文化为例［J］．苏州大学学报（教育科学版），2014（4）．

孙俊才、石荣．儒家文化的情感智慧［J］．南京师大学报（社会科学版），2016（5）．

孙晓娥．扎根理论在深度访谈研究中的实例探析［J］．西安交通大学学报（社会科学版），2011（6）．

孙玉杰、公文华．文化转型与人格障碍［J］．山东医科大学学报（社会科学版），1996（3）．

谭文芳．解释学的心理学方法论蕴涵［J］．求索，2005（7）．

汤一介．禅宗的觉与迷［J］．中国文化研究，1997（3）．

陶成涛．文化乡愁：文化记忆的情感维度［J］．中州学刊，2015（7）．

田浩．中国文化心理学的方法论启示［J］．心理学探新，2009（2）．

田浩、刘钊．从文化心理到心理文化：心理学文化意识的拓展［J］．西北师大学报（社会科学版），2007（3）．

田浩．文化心理学的双重内涵［J］．心理科学进展，2006（5）．

田浩．文化心理学的发展线索［J］．内蒙古师范大学学报（哲学社会科学版），2005（6）．

田浩、葛鲁嘉．文化心理学的启示意义及其发展趋势［J］．心理科学，2005（5）．

田浩．文化心理学的方法论困境与出路［J］．心理学探新，2005（4）．

童辉杰．中国传统文化中的自我意识［J］．心理科学，2000（4）．

［苏］瓦西留克（黄明等译）．体验心理学［M］．北京：中国人民大学出版社，1989．

万明钢．文化视野中的人类行为——跨文化心理学导论［M］．兰州：甘肃文化出版社，1996．

汪凤炎．中国文化心理学：研究意义、内涵与方法［J］．江西社会科学，2017（9）．

汪凤炎、郑红．中国文化心理学［M］．广州：暨南大学出版社，2008．

王登峰、崔红．人格结构的行为归类假设与中国人人格的文化意义［J］．浙江大学学报（人文社会科学版），2006（1）．

王光荣．文化的诠释：维果茨基学派心理学［M］．济南：山东教育出版社，2009．

王光荣、杨晓萍．文化的阐释：维果茨基学派心理学解读［J］．宁夏大学学报（人文社会科学版），2009（4）．

王国芳．解释学方法论与现代西方心理学［J］．南京师大学报（社会科学版），1999（4）．

王海英．论科学主义心理学研究中的还原论倾向［J］．社会科学战线，2008（9）．

王宏印．跨文化心理学的文化概念与文化观点［J］．陕西师大学报（哲学社会科学版），1994（3）．

王宏印．跨文化心理学导论［M］．西安：陕西师范大学出版社，1993．

王佳宁、于璐．从文化视角对成就动机内涵的思考［J］．学术交流，2011（11）．

王京生、王争艳、陈会昌．对定性研究的重新评价［J］．教育理论与实践，2000（2）．

王凯、周长城．生活质量研究的新进展：主观指标的构建与运用［J］．国外社会科学，2004（4）．

王妮．后现代文化心理学的文化观［J］．甘肃社会科学，2007（5）．

王沛、林崇德．社会认知研究的基本趋向［J］．心理科学，2003（3）．

王曙光．人格与文化特性——跨文化心理人类学的研究［J］．社会科学研究，1991（1）．

王锡苓．质性研究如何建构理论？——扎根理论及其对传播研究的启示［J］．兰州大学学报（社会科学版），2004（3）．

王晓丽、姜永志、张海钟. 文化框架：心理学研究的文化取向辨析［J］. 内蒙古师范大学学报（教育科学版），2011（7）.

王亚同. 论跨文化发展心理学［J］. 心理发展与教育，1991（1）.

［苏］维果茨基（李维译）. 思维与语言［M］. 北京：北京大学出版社，2010.

沃野. 关于社会科学定量、定性研究的三个相关问题［J］. 学术研究，2005（4）.

吴飞驰. 关于共生理念的思考［J］. 哲学动态，2000（6）.

吴晓燕、陈忠华. 文化认知观：认知的生态、社会和文化特征［J］. 烟台大学学报（哲学社会科学版），2007（1）.

［美］西格里斯特（秦传安译）. 疾病的文化史［M］. 北京：中央编译出版社，2009.

［美］希雷等（侯玉波译）. 跨文化心理学：批判性思维和当代的应用［M］. 北京：中国人民大学出版社，2013.

向敏、王忠军. 论心理学量化研究与质化研究的对立与整合［J］. 福建医科大学学报（社会科学版），2006（2）.

［美］肖恩·加拉格尔（邓友超译）. 解释学与认知科学［J］. 华东师范大学学报（教育科学版），2004（1）.

肖水源. 精神疾病的文化相通性与文化相对性［J］. 国外医学与精神病学分册，1992（1）.

辛自强. 心理学的措辞、隐喻和故事的意义［J］. 华东师范大学学报（教育科学版），2005（2）.

熊韦锐、于璐. 心理学中的隐喻以及隐喻对于心理学的启发［J］. 理论月刊，2012（5）.

熊韦锐、于璐. 正念疗法——一种新的心理治疗方法［J］. 医学与社会，2011（1）.

熊哲宏、杨慧. 是认知心理学，还是进化史——论"进化心理学"研究方法的内在矛盾［J］. 华中师范大学学报（人文社会科学版），2003（4）.

徐冰. 文化心理学：跨学科的探索［J］. 社会心理研究，2010（3）.

徐光兴. 心理禅——东方人的心理疗法［M］. 上海：文汇出版社，2007.

徐光兴、肖三蓉．文化适应的心理学研究［J］．江西社会科学，2009（4）．

许春燕、孙继民．进化心理学与文化心理学的文化观之比较［J］．河南理工大学学报（社会科学版），2010（4）．

严国红、高新民．还原论概念的多维诠释［J］．广西社会科学，2007（8）．

严文华．西方人格工具在中国：文化的思考——以多元文化人格问卷为例［J］．心理科学，2009（4）．

严由伟．我国关于实证主义与现代西方心理学研究的综述［J］．心理科学进展，2003（4）．

严瑜．进化心理学对主流心理学的反思和批判［J］．武汉大学学报（人文科学版），2008（4）．

杨国荣．心性之学与意义世界［J］．河北学刊，2008（1）．

杨国枢、陆洛．中国人的自我——心理学的分析［M］．重庆：重庆大学出版社，2009．

杨国枢、黄光国、杨中芳（主编）．华人本土心理学（上册）［C］．重庆：重庆大学出版社，2008．

杨国枢、黄光国、杨中芳（主编）．华人本土心理学（下册）［C］．重庆：重庆大学出版社，2008．

杨国枢．本土人格研究：中国的情况［A］．中国社会心理学评论（第四辑）．北京：社会科学文献出版社，2008．

杨国枢（主编）．社会及行为科学研究法（上册）［C］．重庆：重庆大学出版社，2006．

杨国枢．中国人的社会取向：社会互动的观点［J］．中国社会心理学评论（第一辑）．北京：社会科学文献出版社，2005．

杨国枢．心理学研究的本土契合性及其相关问题［J］．本土心理学研究，1998（9）．

杨国枢、余安邦（主编）．中国人的心理与行为——理念及方法篇［C］．台北：桂冠图书公司，1993．

杨国枢．我们为什么要建立中国人的本土心理学［J］．本土心理学研究，1993（1）．

杨国枢（主编）．中国人的心理［M］．台北：桂冠图书公司，1988．

杨国枢、文崇一（主编）. 社会及行为科学研究的中国化［C］. 台北："中央研究院"民族学研究所，1982.

杨洪贵. 多元文化主义的产生与发展探析［J］. 学术论坛，2007（2）.

杨慧芳、郭永玉、钟年. 文化与人格研究中的几个问题［J］. 心理学探新，2007（1）.

杨莉萍. 析社会建构论心理学思想的四个层面［J］. 心理科学进展，2004（6）.

杨莉萍. 从跨文化心理学到文化建构主义心理学——心理学中文化意识的衍变［J］. 心理科学进展，2003（2）.

杨莉萍. 范式论对于心理学研究的双重意义［J］. 南京师大学报（社会科学版），2001（3）.

杨玲丽. 共生理论在社会科学领域的应用［J］. 社会科学论坛，2010（16）.

杨明、张伟. 个人主义：西方文化的核心价值观［J］. 南京社会科学，2007（4）.

杨维中. 论先秦儒学的心性思想的历史形成及其主题［J］. 人文杂志，2001（5）.

杨文登、叶浩生. 论心理学中的还原论［J］. 心理学探新，2008（2）.

杨鑫辉. 中国传统心理治疗探讨［J］. 南京师大学报（社会科学版），1995（4）.

杨鑫辉. 中国心理学思想史［M］. 南昌：江西教育出版社，1994.

杨宜音. 自我与他人：四种关于自我边界的社会心理学研究述要［J］. 心理学动态，1999（3）.

杨泽波. 孔子的心性学说结构［J］. 哲学研究，1992（5）.

杨中芳. 本土化心理学的研究方法［A］. 华人本土心理学（上册），重庆：重庆大学出版社，2008.

杨中芳. 如何研究中国人：心理学本土化论文集［C］. 台北：桂冠图书公司，1997.

杨中芳. 试论如何深化本土心理学研究［J］. 本土心理学研究，1993（1）.

叶浩生. 社会建构论与心理学理论的未来发展［J］. 心理学报，2009（6）.

叶浩生．超越现代主义与后现代主义：走向释义学的心理学［J］．河南大学学报（社会科学版），2009（2）．

叶浩生．社会建构论及其心理学的方法论蕴含［J］．社会科学，2008（12）．

叶浩生．释义学与心理学的方法论变革［J］．社会科学，2007（3）．

叶浩生．有关进化心理学局限性的理论思考［J］．心理学报，2006（5）．

叶浩生．有关西方心理学中生物学化思潮的质疑与思考［J］．心理科学，2006（3）．

叶浩生．文化模式及其对心理与行为的影响［J］．心理科学，2004（5）．

叶浩生．多元文化论与跨文化心理学的发展［J］．心理科学进展，2004（1）．

叶浩生．社会建构论与西方心理学的后现代取向［J］．华东师范大学学报（教育科学版），2004（1）．

叶浩生．西方心理学研究新进展［M］．北京：人民教育出版社，2003．

叶浩生．西方心理学中多元文化论运动的意义与问题［J］．山东师大学报（人文社会科学版），2001（5）．

叶浩生．关于西方心理学中的多元文化论思潮［J］．心理科学，2001（6）．

叶浩生．试析现代西方心理学的文化转向［J］．心理学报，2001（3）．

余安邦．文化心理学的历史发展与研究进路：兼论其与心态史学的关系［J］．本土心理学研究，1992（6）．

余德慧．文化心理学的诠释之道［J］．本土心理学研究，1996（6）．

余伟、郑钢．跨文化心理学中的文化适应研究［J］．心理科学进展，2005（6）．

喻闽喜．中国古文化环境身心学——易经、堪舆、古文化心理探秘［M］．南昌：江西高校出版社，2007．

袁加锦等．从个体关系的角度看文化对社会脑功能的塑造［J］．心理科学，2013（4）．

袁年兴．共生哲学的基本理念［J］．湖北社会科学，2009（2）．

曾红．儒道佛理想人格的融合——中国文化心理结构［M］．济南：山东教育出版社，2012.

曾文星．文化与适合华人的心理治疗［J］．中国心理卫生杂志，2011（4）．

曾文星．文化与心理治疗［M］．北京：北京医科大学出版社，2002．

翟成、盖笑松等．正念训练中的认知转变机制［J］．东北师大学报（哲学社会科学版），2016（2）．

翟学伟．中国人行动的逻辑［M］．北京：社会科学文献出版社，2001．

张爱卿．论人类行为的动机——一种新的动机理论构理［J］．华东师范大学学报（教育科学版），1996（1）．

张伯源．心理活动及其异常表现的社会—文化根源［J］．心理科学通讯，1987（1）．

张博树．从"基因决定论"到"基因—文化协同进化"观——人类社会生物学述评［J］．中国社会科学，1988（4）．

张岱年．论心性与天道——中国哲学中"性与天道"学说评析［J］．河北大学学报，1994（2）．

张红川、王耘．论定量与定性研究的结合问题及其对我国心理学研究的启示［J］．北京师范大学学报（人文社科版），2001（4）．

张积家．论民族心理学研究中的十种关系［J］．华南师范大学学报（社会科学版），2016（1）．

张积家．加强民族心理学研究促进中国心理科学繁荣［J］．心理科学进展，2012（8）．

张坤、李其维．遗传与环境的相关及交互作用分析——兼评行为遗传学研究方法的新进展［J］．心理学探新，2006（2）．

张梦中等．定性研究方法总论［J］．中国行政管理，2001（11）．

张世富．跨文化心理学研究［M］．昆明：云南人民出版社，2016．

张世富．冯特的〈民族心理学〉：体系、理念及本土意义［J］．西北师大学报（社会科学版），2004（1）．

张兴贵．成就动机的跨文化研究述评［J］．湛江师范学院学报（哲学社会科学版），1995（2）．

张永缜．共生理念的哲学维度考察［J］．辽宁师范大学学报（社会科学版），2009（5）．

张永缜．共生：一个作为事实和价值相统一的哲学理念［J］．西安交通大学学报（社会科学版），2009（4）．

张镇、张建新．自我、文化与记忆：自传体记忆的跨文化研究［J］．心理科学进展，2008（2）．

张志学．自我发展与文化环境的相互作用［J］．心理发展与教育，1990（2）．

赵志裕．跨文化心理测量：文化变量的多样性与互动关系［J］．中国社会心理学评论（第11辑）．北京：社会科学文献出版社，2016．

赵志裕、康萤仪（刘爽译）．文化社会心理学［M］．北京：中国人民大学出版社，2011．

赵宗金．隐喻研究进入心理学的途径［J］．内蒙古民族大学学报（社会科学版），2006（1）．

郑发祥、叶浩生．文化与心理——研究维果茨基文化历史理论的现代意义［J］．心理学探新，2004（1）．

郑剑虹．心理传记学的概念、研究内容与学科体系［J］．心理科学，2014（4）．

郑剑虹．历史学与心理学的结合［J］．社会科学，1997（5）．

郑剑虹、陈劲．再谈历史心理学［J］．重庆大学学报（社会科学版），1996（2）．

郑开．道家心性论研究［J］．哲学研究，2003（8）．

郑雪．跨文化智力心理学研究［M］．广州：广州出版社，1994．

钟年、谢莎．建设有文化的文化心理学［J］．苏州大学学报（教育科学版），2014（2）．

钟年．中文语境下的"心理"和"心理学"［J］．心理学报，2008（6）．

钟年、彭凯平．文化心理学的兴起及其研究领域［J］．中南民族大学学报（人文社会科学版），2005（6）．

钟年．不同民族不同文化的相处之道——现代化问题与文化多样性［J］．世界民族，2001（6）．

周兵．心理与心态——论西方心理历史学两大主要流派［J］．复旦学报（社会科学版），2001（6）．

周波．中西方人格思想的文化比较［J］．山东师范大学学报（人文社会科学版），2015（5）．

周宁、刘将．心理传记学探析［J］．五邑大学学报（社会科学版），2008

（1）.

周长城等. 生活质量主观指标的发展及其研究［J］. 武汉大学学报（哲学社会科学版），2004（5）.

朱宝荣. 现代心理学方法论研究［M］. 上海：华东师范大学出版社，1999.

朱钦士. 什么是"表观遗传学"［J］. 生物学通报，2014（8）.

朱孝远. 现代历史心理学的产生和发展［J］. 历史研究，1989（3）.

朱新秤. 进化心理学［M］. 上海：上海教育出版社，2006.

邹广文、赵浩. 个人主义与西方文化传统［J］. 求是学刊，1999（2）.

邹兆辰. 当代中国史学对心理史学的回应［J］. 史学理论研究，1999（1）.

二 英文文献

Adamopoulos, J. and Lonner, W. J.. Culture and psychology at a crossroad: Historical perspective and theoretical analysis［A］. In David Matsumoto. *The handbook of culture and psychology*. New York: Oxford University Press, 2001.

Altarriba, J. （Ed.）. *Cognition and culture-A cross-cultural approach to cognitive psychology*［M］. Amsterdan: Elsevier Science Peblishers, 1993.

Asma, S. T. and Gabriel, R.. *The emotional mind-The affective roots of culture and cognition*［M］. Cambridge: Harvard University Press, 2019.

Badcock, C. R.. *Evolutionary psychology: a critical introduction*［M］. Cambridge: Polity Press, 2000.

Bains, G.. *Cultural DNA-The psychology of globalization*［M］. New Jersey: Wiley, 2015.

Balcetis, E. and Lassiler, G. D. （Eds.）. *Social psychology of visual perception*［M］. New York: Psychology Press, 2010.

Bao, V. and Walton, M. （Eds.）. *Culture and public action*［M］. Stanford: Stanford University Press, 2004.

Bechtel, R. B. and Churchman, A. （Eds.）. *Handbook of environmental psychology*［M］. New York: John Wiley & Sons Press, 2002.

Beckstead, Z. （Ed.）. *Cultural psychology of recursive processes*［M］. Charlotte, NC: Information Age Publishing, 2015.

Bell, P.. *Confronting theory-The psychology of cultural studies* [M]. Chicago: The university of Chicago Press, 2010.

Belzen, J. A.. *Towards cultural psychology of religion-Principles, Approaches, applications* [M]. London: Springer, 2010.

Bennett, A.. *Culture and everyday life* [M]. London: Sage Publications, 2005.

Benson, C.. *The cultural psychology of self* [M]. London: Routledge, 2001.

Berry, J. W., Poortinga, Y. H., and Pandey, J. (Eds.). *Handbook of cross-cultural psychology1-Theory and method* [M]. Boston: Allyn and Bacon, 1997.

Berry, J. W., Dasen, P. R., and Saraswathi, T. S. (Eds.). *Handbook of cross-cultural psychology2-Basic processes and human development* [M]. Boston: Allyn and Bacon, 1997.

Berry, J. W., Segall, M. H., and Kagitcibasi, C. (Eds.). *Handbook of cross-cultural psychology3-Social behavior and applications* [M]. Boston: Allyn and Bacon, 1997.

Berry, J. W., and et al.. *Cross-cultural psychology-Research and applications* [M]. New York: Cambridge University Press, 2002.

Bhugra, D. and Bhui, K.. *Cross-cultural psychiatry-A practical guide* [M]. London: Arnold, 2001.

Bhattacharya, R., Cross, S. and Bhugra, D. (Eds.). *Clinical topics in cultural psychiatry* [M]. London: RCPsych Publications, 2010.

Boesch, E. E.. *Symbolic action theory and cultural psychology* [M]. New York: Springer-Verlag, 1991.

Burman, E.. *Deconstructing developmental psychology* [M]. London: Routledge, 1994.

Buss, D. M.. *Evolutionary psychology: the new science of the mind* [M]. New York: Allyn and Bacon, 2008.

Carson, R. A. and Rothstein, M. A. (Eds.). *Behavioral genetics-The clash of culture and biology* [M]. London: The Johns Hopkins University Press, 1999.

Causadias, J. M., Telzer, E. H. and Lee, R. M.. Culture and biology interplay: introduction [J]. *Cultural diversity and ethnic minority psychol-*

ogy. 2017（1）.

Charmaz, K.. *Grounded theory: A practical guide through qualitative analysis* [M]. London: Sage Publications Ltd, 2006.

Chun, K. M., Organista, P. B. and Marin, G. (Eds.). *Acculturation-Advances in Theory, Measurement, and Applied Research* [M]. Washington, DC: American Psychological Association, 2003.

Clarke, A. and Parsons, E. (Eds.). *Culture, Kinship and genes-Towards cross-cultural genetics* [M]. New York: Palgrave Macmillan, 1997.

Cole, M.. *Cultural psychology* [M]. Boston, MA: Harvard University Press, 1998.

Cole, M.. *Cultural Psychology-A once and future discipline* [M]. London: The Bellmap Press of Harvard University Press, 1996.

Cortright, B.. *Integral psychology: Yoga, growth, and opening the heart* [M]. New York: State University of New York Press, 2007.

Crisp, R. J. (ed.). *The psychology of social and cultural diversity* [M]. Oxford: Blackwell, 2010.

Degnen, C.. *Cross-cultural perspectives on personhood and the life course* [M]. New York: Palgrave Macmillan, 2018.

Donald, M.. *Origins of the modern mind-Three stages in the evolution of culture and cognition* [M]. Cambridge: Harvard University Press, 1991.

Eaves, L. J., Eysenck, H. J. and Martin, N. G.. *Genes, culture and personality-An empirical approach* [M]. London: Academic Press, 1989.

Elovitz, P. H.. *The making of psychohistory-Origins, controversies, and pioneering contributors* [M]. New York: Routledge, 2018.

Elvin, M.. Between the earth and heaven: Conceptions of the self in China [A]. In M. Carrithers, S. Colins & S. Lukes (Eds.), *The category of the person*. New York: Cambridge University Press. 1985.

Ember, C. R. and Ember, M.. *Cross-cultural research methods* [M]. Lanham: Altamira Press, 2009.

Eshun, S. and Gurung, R. A. R. (Eds.). *Culture and mental health-Sociocultural influences, theory, and practice* [M]. Oxford: Blackwell Publishing, 2009.

Faucher, C. (Ed.). *Advances in culturally-aware intelligent systems and in cross-cultural psychological studies* [M]. Switzerland: Springer, 2018.

Frisby, C. L. & O'Donohue, W. T. (Eds.). *Cultural competence in applied psychology-An evaluation of current status and future directions* [M]. Switzland: Springer, 2018.

Gelfand, M. J., Chiu, C. Y., and Hong, Y. Y. (Eds.). *Advances in culture and psychology*1 [M]. New York: Oxford University Press, 2011.

Gelfand, M. J., Chiu, C. Y., and Hong, Y. Y. (Eds.). *Advances in culture and psychology*2 [M]. New York: Oxford University Press, 2012.

Gelfand, M. J., Chiu, C. Y., and Hong, Y. Y. (Eds.). *Advances in culture and psychology*3 [M]. New York: Oxford University Press, 2013.

Gelfand, M. J., Chiu, C. Y., and Hong, Y. Y. (Eds.). *Advances in culture and psychology*4 [M]. New York: Oxford University Press, 2014.

Gibbs, R. W. (Ed.). *The Cambridge handbook of metaphor and thought* [M]. Cambrige: Cambridge Press, 2008.

Glaser, B. G. and Stauss, A. L.. *The discovery of grounded theory: Strategies for qualitative research* [M]. New York: Aldine de Gruyter. 1967.

Goffman, E.. *The presentation of self in everyday life* [M]. Edinburgh: University of Edinburgh, 1956.

Gurung, R. A. R.. *Health psychology - A cultural approach* [M]. Belmont: Wadsworth, 2014.

Hanna, R. and Maiese, M.. *Embodied mind in action* [M]. Oxford: Oxford University Press, 2009.

Haque, S. and Sheppard, E. (Eds.). *Culture and cognition-A collection of critical essays* [M]. Bern: Peter Lang, 2015.

Hartel, C. E. G., Ashkanasy, N. M. and Zerbe, W. J. (Eds.). *Emotions in groups, orgnizations and cultures* [M]. Bingly, UK: Emerald Group, 2009.

Heelas, P.. Introduction: Indigenous psychology [A]. In P. Heelas & A. Lock (Eds.), *Indigenous psychology-The anthropology of the self*. New York: Academic Press. 1981.

Heider, K. G.. *The cultural context of emotion-Folk psychology in west Sumatra*

［M］. New York: Palgrave Macmillan, 2011.

Heine, S. J.. *Cultural psychology* ［M］. New York: Norton, 2016.

Helman, C. G.. *Culture, health and illness* ［M］. London: Hodder Arnold, 2007.

Henrich, N. and Henrich, J.. *Why humans cooperate—A cultural evolutionary explanation* ［M］. New York: Oxford University Press, 2007.

Inglehart, R. F.. *Cultural evolution—People's motivations are changing and reshaping the world* ［M］. Cambridge: Cambridge Press, 2018.

Johnson, F.. The Western concept of self ［A］. In A. Marsella, G. Devos, & F. L. K. Hsu (Eds.), *Culture and self*. London: Tavistock. 1985.

Kazarian, S. S. and Evans, D. R. (Eds.). *Cultural clinical psychology: Theory, research, and practice* ［M］. New York: Oxford University Press, 1998.

Kazarian, S. S. and Evans, D. R. (Eds.). *Handbook of cultural health psychology* ［M］. San Diego, CA: Academic Press, 2001.

Keith, K. D. (Ed.). *Cross-cultural psychology—Contemporary themes and perspectives* ［M］. Malden, MA: Wiley-Blackwell, 2011.

Kim, U.. Culture, science, and indigenous psychologies: An integrated analysis ［C］. In David Matsumoto. *The handbook of culture and psychology*. New York: Oxford University Press, 2001.

Kim, U., Yang, G. S. and Huang, K. K. (Eds.). *Indigenous and cultural psychology—Understanding people in context* ［M］. New York: Springer, 2006.

Kirchhoff, M. D.. Enaction: Toward a new paradigm for cognitive science ［J］. *Philosophical Psychology*, 2013 (1).

Knoop, H. H. and Fave, A. D. (Eds.). *Well-Being and cultures—Perspectives from positive psychology* ［M］. New York: Springer, 2013.

Knowles, M. and Moon, R.. *Introducing metaphor* ［M］. London and New York: Routledge, 2006.

Kovecses, Z.. *Metaphor in culture* ［M］. Cambrige: Cambridge Press, 2005.

Lakoff, G. and Johnson, M.. *Metaphors we live by* ［M］. Chicago: The University of Chicago Press, 1980.

Leary, D. E. (Ed.). *Metaphors in the history of psychology* ［M］. Cambrige: Cambridge Press, 1990.

Lee, Y. T. and etc. (Eds.). The Global Challenge of Ethnic and Cultural Conflict [A]. In *The psychology of ethnic and cultural conflict*. Westport: Praeger, 2004.

Loewenthal, K.. *Religion, culture and mental health* [M]. Cambridge: Cambridge University Press, 2006.

Lumsden, C. J. and Wilson, E. O.. *Genes, mind, and Culture-the coevolutionary process* [M]. Hackensack, NJ: World Scientific Publishing, 2005.

Macdonald, H.. *Cultural and critical explorations in community psychology* [M]. New York: Palgrave Macmillan, 2016.

Markus, H. R. and Kitayama, S.. Culture and the Self: Implications for Cognition, Emotion, and Motivation [J]. *Psychological Review*, 1991 (2).

Martin, L. M. W., Nelson, K. and Tobach, E.. *Sociocultural psychology - Theory and practice of doing and knowing* [M]. Cambridge: Cambridge University Press, 1995.

Matsumoto, D. and Juang, L.. *Culture and psychology* [M]. Belmont, CA: Wadsworth, 2013.

Matsumoto, D. and van de Vijver, F. J. R. (Eds.). *Cross-cultural research methods in psychology* [M]. Cambridge: Cambridge University Press, 2011.

Menon, S., Nagaraj, N. and Binoy, V. V. (Eds.). *Self, Culture and Consciousness-Interdisciplinary Convergences on Knowing and Being* [M]. Singapore: Springer, 2017.

Miller, P. H.. *Theories of developmental psychology* [M]. New York: Worth Publishers, 2009.

Munro, D., Schumaker, J. F. and Caar, S. C. (Eds.). *Motivation and culture* [M]. New York: Routledge, 1997.

Newman, B. M. & Newman, P.. *Development through life: a psychosocial approach* [M]. Belmont, CA: Wadsworth Publishing, 2008.

Niedenthal, P. M. and Ric, F.. *Psychology of emotion* [M]. New York: Routledge, 2017.

Ortony, A. (Ed.). *Metaphor and thought* [M]. Cambrige: Cambridge

University Press, 1993.

Paranjpe, A. C.. *Theoretical psychology: the meeting of East and West* [M]. New York: Plenum. 1984.

Paranjpe, A. G., Ho, D. Y. E. and Rieber, R. W.. *Asian Contributions to Psychology* [M]. New York: Praeger, 1988.

Pedersen, P. (Ed). *Multiculturalism as a fourth force* [M]. Washington, DC: Taylor Francis, 1999.

Pedrotti, J. T. and Edwards, J. M. (Eds.). *Perspectives on the intersection of multiculturalism and positive psychology* [M]. New York: Springer, 2014.

Pomerantz, A. M.. *Clinical psychology – Science, practice, and culture* [M]. London: Sage, 2017.

Prinz, J. J.. *Beyond human nature – How culture and experience shape the human mind* [M]. New York: W. W. Nordon & Company, 2012.

Quinn, N. (Ed.). *Advances in culture theory from psychological anthropology* [M]. Switzerland: Palgrave Macmillan, 2018.

Raffel, S.. *The method of metaphor* [M]. Bristol: Intellect, 2013.

Ratner, C.. *Vygotsky's sociohistorical psychology and its contemporary applications* [M]. New York: Springer, 1991.

Ratner, C.. *Cultural Psychology and Qualitative Methodology – Theoretical and empirical considerations* [M]. New York: Plenum Press, 1997.

Ratner, C.. *Cultural psychology – Theory and method* [M]. New York: Springer Science, 2002.

Ratner, C.. *Cultural psychology – A perspective on psychological functioning and social reform* [M]. London: Lawrence Erlbaum, 2006.

Ratner, C.. *Macro cultural psychology – A political philosophy of mind* [M]. New York: Oxford University Press, 2012.

Rennie, D. L.. Grounded theory methodology as methodological hermeneutics [J]. *Theory and Psychology*, 2000 (10).

Roccas, S. and Sagiv, L. (Eds). *Values and behavior – Taking a cross cultural perspective* [M]. Springer, 2017.

Rogoff, B.. *The cultural nature of human development* [M]. New York: Oxford University Press, 2003.

Ross, N.. *Culture and cognition-Implications for theory and method* [M]. London: Sage Publications, 2004.

Salvatore, S. and Zittoun, T. (Eds.). *Cultural psychology and psychoanalysis-Pathways to synthesis* [M]. Charlotte: Information Age Publishing, 2011.

Salzman, M. B.. *A psychology of culture* [M]. Gewerbestrasse: Springer, 2018.

Sansone, C. and Harackiewics, J. M. (Eds.). *Intrinsic and extrinsic motivation-Search for optimal motivation and performance* [M]. San Diego: Academic Press, 2000.

Schaller, M. and et al. (Eds.). *Evolution, culture, and the human mind* [M]. New York: Psychology Press, 2010.

Schaller, M. and Crandall, C. S. (Eds.). *The psychological foundations of culture* [M]. London: Lawrence Erlbaum, 2004.

Shiraev, E. B. and Levy, D. A.. *Cross-cultural psychology-Critical thinking and contemporary applications* [M]. New York: Pearson, 2010.

Shore, B.. *Culture in mind-Cognition, culture and the problem of meanings* [M]. New York: Oxford University Press, 1996.

Shweder, R. A.. *Thinking through Cultures: expeditions in cultural psychology* [M]. Cambridge, MA: Harvard University Press 1991.

Smith, P. B., Bond, M. H. and Kagitcibasi, C.. *Understanding social psychology across cultures-Living and working in a changing world* [M]. London: Sage, 2011.

Smith, T. B. and Trimble, J. E.. *Foundations of multicultural psychology-Research to inform effective practice* [M]. Washington, DC: American Psychological Association, 2016.

Squire, C. (Ed). *Culture in psychology* [M]. London: Routledge, 2000.

Stern, J.. *Metaphor in context* [M]. Cambridge, MA: MIT Press, 2000.

Stern, P. C.. Psychology and the science of human-environment interactions [J]. *American Psychologist*, 2000 (5).

Stevenson, A.. *Cultural issues in psychology* [M]. London: Routledge, 2010.

Stewart, J., Gapenne, O., and Di Paolo, E. A. (eds). *Enaction: Toward a New Paradigm for Cognitive Science* [M]. Cambridge, MA: The MIT Press. 2011.

Stevenson, A.. *Cultural issues in psychology* [M]. New York: Routledge, 2010.

Strauss, A. and Corbin, J.. *The basics of qualitative research: Techniques and procedures for developing grounded theory* [M]. Newbury Park, CA: Sage. 1998.

Strauss, C. and Quinn, N.. *A cognitive theory of cultural meaning* [M]. Cambridge: Cambridge University Press, 1997.

Sundararajan, L.. *Understanding emotion in Chinese culture–Thinking through psychology* [M]. New York: Springer, 2015.

Tomasello, M.. *The cultural origins of human cognition* [M]. Cambridge: Harvard University Press, 1999.

Tseng, W. S. and Streltzer, J. (Eds.). *Culture and psychotherapy–A guide to clinical practice* [M]. Washington, DC: American psychiatric Press, 2001.

Tu, W. M.. Selfhood and otherness in Confucian thought [A]. In A. Marsella, G. Devos, & F. L. K. Hsu (Eds.), *Culture and self*. London: Tavistock. 1985.

Valsiner, J.. *An Invitation to cultural psychology* [M]. London: Sage, 2014.

Valsiner, J.. Cultural psychology today: Innovations and oversights [J]. *Cultural Psychology*, 2009 (5).

Valsiner, J.. *Culture in minds and societies–Foundations of cultural psychology* [M]. New Delhi: Sage Publication, 2007.

Van De Vijver, F. J. R., Chasiotis, A. and Breugelmans, S.. *Fundamental questions in cross-cultural psychology* [M]. Cambridge: Cambridge University Press, 2011.

Varela, F. J., Thompson, E., and Rosch, E.. *The embodied mind: Cognitive science and human experience* [M]. Cambridge, MA.: The MIT Press, 1991.

Verkuyten, M.. *The social psychology of ethnic identity* [M]. New York: Psychology Press, 2005.

Vijver, F. V. D.. The evolution of cross-cultural research methods [A]. In David Matsumoto. *The handbook of culture and psychology*. New York: Oxford University Press, 2001.

Voestermans, P. and Verheggen, T.. *Culture as embodiment-The social tuning of behavior* [M]. Oxford: John Wiley & Sons, 2013.

Wexler, B. E.. *Brain and culture-Neurobiology, ideology, and social change* [M]. London: The MIT Press, 2006.

Wilber, K.. *No boundary: Eastern and Western approaches to personal growth* [M]. Boston: Shambhala Publications, 2001.

Witruk, E and Wilcke, A. (Eds.). *Historical and cross-cultural aspects of psychology* [M]. Frankfurd: Peter Lang, 2013.

Workman, L. and Reader, W.. *Evolutionary psychology: an introduction* [M]. New York: Cambridge University Press, 2008.

Wyer, R. S., Chiu, C. Y., and Hong, Y. Y. (Eds.). *Understanding culture-Theory, research, and application* [M]. New York: Psychology Press, 2009.

Yamaguchi, M., Stay, D. and Blount, B. (Eds.). *Approaches to language, culture, and cognition-The intersection of cognitive linguistics and linguistic anthropology* [M]. Basingstoke, UK: Palgrave Macmillan, 2014.

Yuki, M. and Brewer, M.. *Culture and group processes* [M]. New York: Oxford University Press, 2014.

后　记

我实际上很早就对文化心理学非常感兴趣，当自己还是本科生、硕士生和博士生的时候就一直在想，要么自己翻译一部文化心理学的著作，要么自己写作一部文化心理学的著作。但是，学识不够却成为一道障碍。不过，当了大学心理学教师之后，特别是将本土心理学研究当成了自己的研究主题之后，研究文化心理学，撰写文化心理学教材的愿望又变得非常强烈。当然，仅仅是写一部普通的知识性的教材，对于我来说又太简单了！能不能将关于文化心理学的研究与撰写知识性的教材结合起来，从而完成一部研究性的教材，就成为我的一个学术性的目标。但是，很长时间以来，我却一直都没有完整的时间来细化和落实自己的文化心理学研究。

我在自己的心理学研究和探索的职业生涯之中，对心理学的文化性质、心理学的文化资源、心理学的文化转向、文化心理行为研究、文化人格研究进程、本土心理行为考察、本土心理学的建构、本土心理学的资源、本土心理学的创新等的系列化的研究课题，充满兴趣，紧追不舍，深入探索。并且，与文化传统、文化资源、文化历史、文化现实、文化背景、文化环境、文化心理和文化学说等有关的研究，实际上也一直都在断断续续地进行着。其间，还出版和发表了一系列的学术和研究论文。那么，撰写一部文化心理学的研究专著的想法却越来越强烈和清晰。直到近些年来，我才静下心来去考虑这件事。那么，只是写一部专业教材，还是写一部学术专著？则又成了困扰！反复思量之后，我决定将这两个选择合并在一起，研究和撰写一部学术性的、研究性的、教材性的和专业化的著作。我将这称为专著型的教材。

我曾经在很多年之前，多轮次地讲授过文化心理学的本科生的课程、研究生的课程。在备课和授课的过程之中，我也系统化地阅读、梳理、评述、考量、研究过与文化心理学相关联的大量的文献资料。这其中就包括了相当数量的学术著作、授课教材、研究论文、专题报告，等等。在自己长期的关于本土心理学的研究和探索之中，文化环境、文化传统、文化心理、文化资源、文化科学都是我最为关注的内容和方面。长期的积累、不断的探索，最后都凝聚在了这部学术著作之中。

在自己心理学研究的职业生涯之中，心理、心理、心理，行为、行为、行为，文化、文化、文化，学科、学科、学科，思想、思想、思想，理论、理论、理论，方法、方法、方法，技术、技术、技术，等等，一直就反反复复地萦绕在我的心头。我在很多很多年之前，就系统地规划过自己的学术探索的主题。我将自己的研究规划统称为"中国本土心理学核心理论的突破与建构"。这共包括了六个研究系列，三十九个研究的课题。每个研究系列之中都含纳了五个到六个不等的研究专题。这也就是本土系列的研究、心性系列的研究、形态系列的研究、理论系列的研究、新探系列的研究和分支系列的研究。本土系列的研究包括了五个相互关联的课题：心性心理学、智慧心理学、儒家心理学、道家心理学和佛家心理学。心性系列的研究包括了六个相互关联的课题：心理资源论析、心理文化论要、心理生活论纲、心理环境论说、心理成长论本、心理科学论总。形态系列的研究包括了六个相互关联的课题：常识形态的心理学、哲学形态的心理学、宗教形态的心理学、类同形态的心理学、科学形态的心理学、资源形态的心理学。理论系列的研究包括了六个相互关联的课题：新理论心理学、心理学新思潮、心理学科学观、心理学本土化、心理学方法论和心理学价值论。新探系列的研究包括了五个相互关联的课题：科学心理学新探、本土心理学新探、东方心理学新探、文明心理学新探和体证心理学新探。分支系列的研究则共包括了十个相互关联的课题：新社会心理学、新文化心理学、新应用心理学、新本土心理学、新创造心理学、新管理心理学、新环境心理学、新历史心理学、新民族心理学和新宗教心理学。

我自己的三十九个研究课题之中，已经正式公开出版的学术著作已经有十三部了。目前完成并待出版的也有五部。正在研究和写作之中的著作则有十部。余下的课题也全部都完成了框架和文献的部分。我的学术研究和写作都是平行进行的，同时在研究和写作的著作常常有五六部之多。这部刚刚完成的《新文化心理学》，就是第六个研究系列，即心理学分支系列研究中排第二序位的学术专著。这部学术著作的完成实际上也就意味着，我自己的系列化的心理学学术研究又向前迈进了一大步。这是系列化的、系统化的、连贯化的和连续化的探索、研究、写作和出版。我计划研究和写作到80岁或更长的时候！我想在80岁的时候写作和出版一部我自己的学术传记，连题目我也都设计好了，就名为"我的心理人生"。这是双关的含义，既是我投身于心理学学科或心理学专业所走过的职业道路，所经历的事业生涯和所投身的学术研究，也是我自己的日常生活和专业活动的心理经验、心理体验和心理感悟。这也是我已经设计好的共五十卷的"葛鲁嘉心理学全集"的最后一卷书。

我很快就要退休了！当然，退不退休对我来说都是无所谓的了！我已经完全习惯了过一种研究的生活，不断地去从事专业的研究、学术的研究、生活的研究、人性的研究、人生的研究、心理的研究、文化的研究、理论的研究、价值的研究。研究已经成了我的生活的方式、生活的性质、生活的习惯、生活的常态、生活的追求！这也就是我自己的文化心理、文化心理学、新文化心理学。这实际上也就是在我自己的心理人生、心理专业、心理探索、心理生活、心理感悟等之间，所进行的打通、疏通、连通、贯通、畅通！我非常享受这样一种通达的状态。

文化和心理实际上就是人生的全部！

葛鲁嘉
于吉林大学哲学社会学院心理学系
2021年9月3日